La guerra de las Dos Rosas

Primera edición: mayo de 2025
Título original: *The Hollow Crown*

Diseño de cubierta: Taller de los Libros
Imagen de cubierta: Freepik, vihatran
Corrección: Javier Traité, Darío Méndez y Laura Serral

Publicado por Ático de los Libros
C/ Roger de Flor n.º 49, escalera B, entresuelo, oficina 10
08013, Barcelona
info@aticodeloslibros.com
www.aticodeloslibros.com

ISBN: 978-84-19703-97-2
THEMA: NHDJ
Depósito Legal: B 9393-2025
Preimpresión: Taller de los Libros
Impresión y encuadernación: Liberdúplex
Impreso en España — *Printed in Spain*

DAN JONES

LA GUERRA DE LAS DOS ROSAS

LA CAÍDA DE LOS PLANTAGENET Y EL ASCENSO DE LOS TUDOR

Traducción de

Joan Eloi Roca

ÁTICO DE LOS LIBROS

Barcelona - Madrid

Para Jo

Índice

Mapas

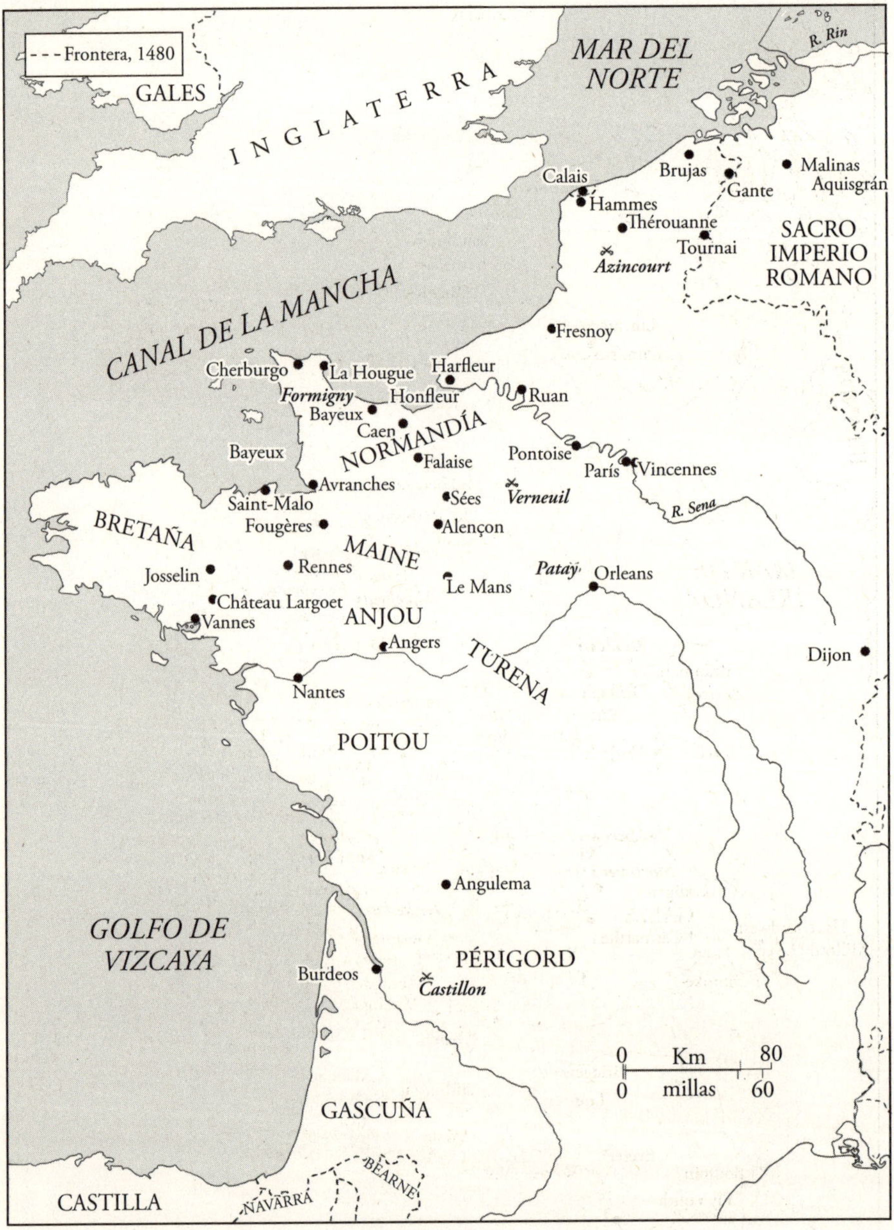

1. Francia y los Países Bajos

2. Inglaterra y Gales en el siglo xv

3. Propiedades nobiliarias en Inglaterra y Gales

Árboles genealógicos

LA CASA DE LANCASTER

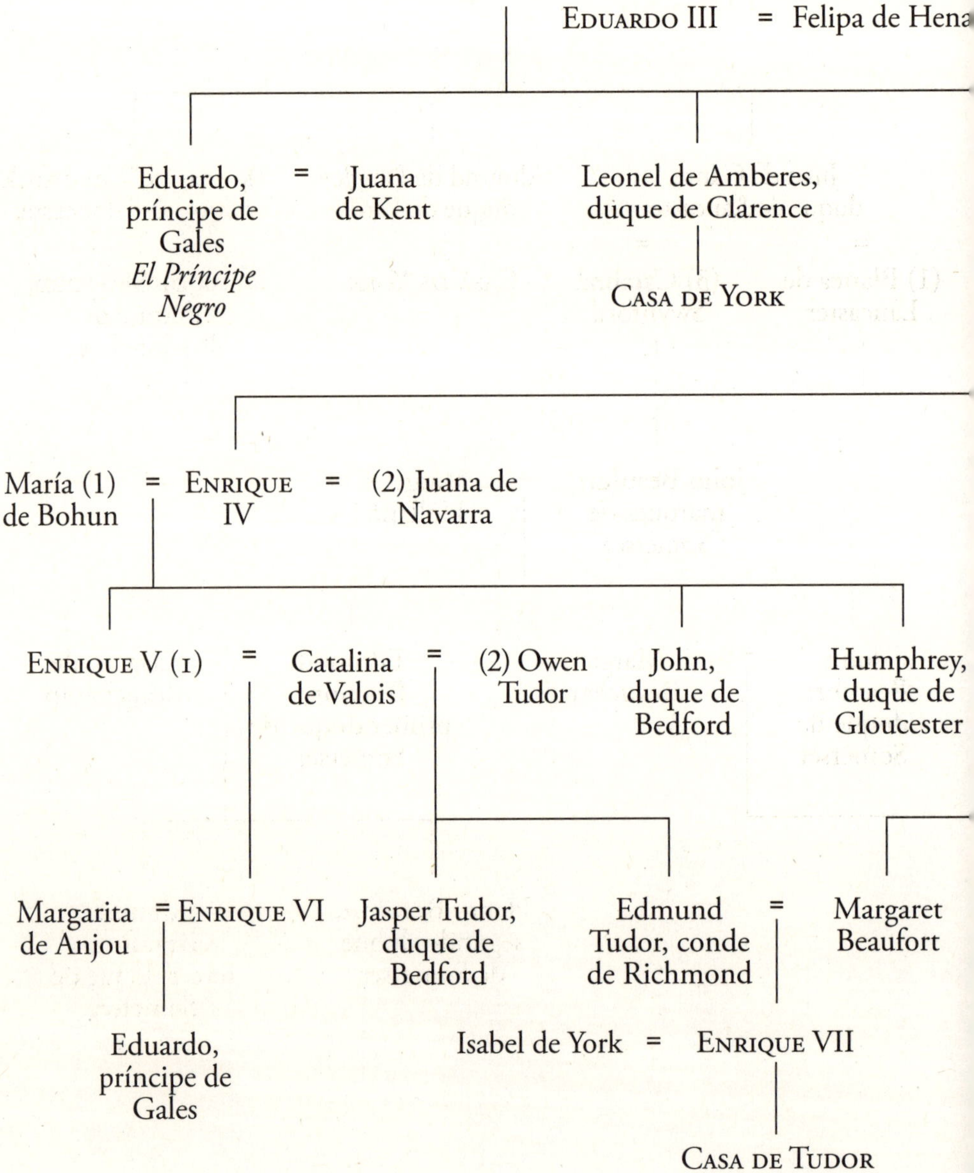

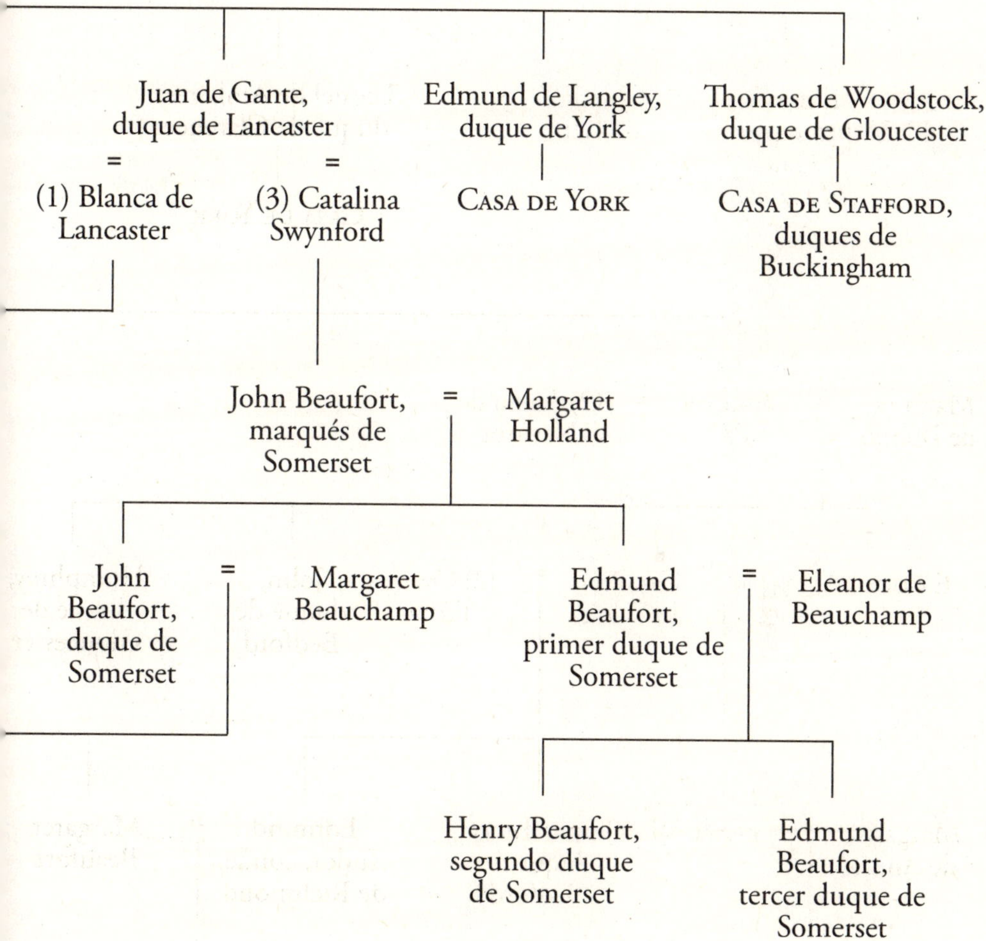
Juan de Gante, duque de Lancaster
(1) Blanca de Lancaster
(3) Catalina Swynford
Edmund de Langley, duque de York
Casa de York
Thomas de Woodstock, duque de Gloucester
Casa de Stafford, duques de Buckingham
John Beaufort, marqués de Somerset
Margaret Holland
John Beaufort, duque de Somerset
Margaret Beauchamp
Edmund Beaufort, primer duque de Somerset
Eleanor de Beauchamp
Henry Beaufort, segundo duque de Somerset
Edmund Beaufort, tercer duque de Somerset

EDUARDO III = Felipa de Henao

Eduardo, príncipe de Gales *El Príncipe Negro* = Juana de Kent

Leonel de Amberes, duque de Clarence

RICARDO II

Felipa = Edmund Mortimer, con[...] de la Marca

Roger Mortimer, conde de la Marca

Edmund Mortimer, conde de la Marca

LA CASA DE YORK

Ana de York

EDUARDO IV = Isabel Woodville

Edmund, conde de Rutland

Isabel = John de Pole, duq[...] de Suffo[...]

ENRIQUE VII = Isabel de York

EDUARDO V

Ricardo, duque de York

John de la Pole

Edmund de la Pole, conde de Suffolk

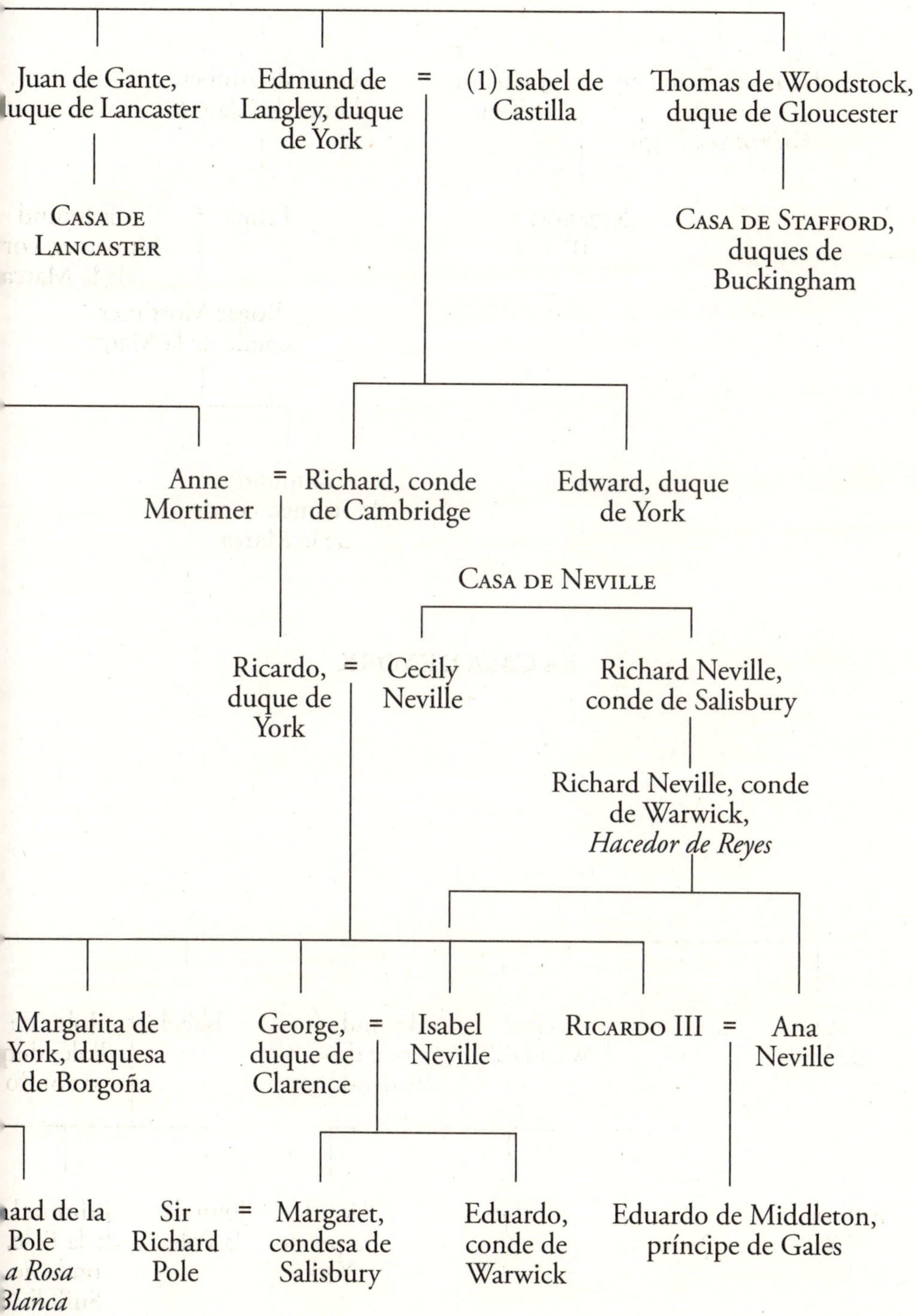
Juan de Gante,
[d]uque de Lancaster
Edmund de Langley, duque de York
=
(1) Isabel de Castilla
Thomas de Woodstock, duque de Gloucester
Casa de Lancaster
Casa de Stafford, duques de Buckingham
Anne Mortimer
=
Richard, conde de Cambridge
Edward, duque de York
Casa de Neville
Ricardo, duque de York
=
Cecily Neville
Richard Neville, conde de Salisbury
Richard Neville, conde de Warwick, *Hacedor de Reyes*
Margarita de York, duquesa de Borgoña
George, duque de Clarence
=
Isabel Neville
Ricardo III
=
Ana Neville
[...]ard de la Pole
[l]a Rosa [B]lanca
Sir Richard Pole
=
Margaret, condesa de Salisbury
Eduardo, conde de Warwick
Eduardo de Middleton, príncipe de Gales

Enrique IV = (1) María de Bohun

Enrique V (1)

LA CASA DE LOS TUDOR

Enrique VI

véase Casa de Lancaster

Arturo Tudor, príncipe de Gales

Margarita (1) Tudor = Jacobo VI de Escocia

Casa de Estuardo

rlos VI Francia = Isabel de Baviera

Maredudd ap Tudur ap Goronwy = Margaret ferch Dafydd Fychan

Catalina de Valois = (2) Owain ap Maredudd ap Tudur

véase Casa de Lancaster

Edmund (1) Tudor, conde de Richmond = Margaret Beaufort = (2) Sir Henry Stafford

= (3) Thomas Stanley, conde de Derby

Jasper Tudor, duque de Bedford

véase Casa de York

Enrique VII = Isabel de York

Enrique VIII

María Tudor = (1) Luis XII de Francia

= (1) Catalina de Aragón

María I

= (2) Ana Bolena

Isabel I

= (3) Juana Seymour

Eduardo VI

Nota sobre nombres, dinero y distancias

Los nombres de los protagonistas de este libro se han modernizado en aras de la familiaridad y la coherencia. De este modo, Nevill se convierte en Neville; Wydeville en Woodville; Tudur en Tudor, y así sucesivamente. Las fuentes latinas, francesas e inglesas arcaicas se han traducido o modernizado, salvo en contados casos en los que se han mantenido las grafías originales para ilustrar ciertas cuestiones históricas.

En los casos especialmente pertinentes, las sumas de dinero se han traducido a la divisa contemporánea con la ayuda de la herramienta de conversión de The National Archives, que ofrece valores actualizados para las cuantías antiguas y también una estimación de poder adquisitivo. No obstante, los lectores deben ser conscientes de que la conversión de valores monetarios a lo largo de los siglos es una ciencia muy inexacta, y que las cifras que se ofrecen son solo orientativas. Como aproximación, cien libras en 1450 valdrían hoy cincuenta y cinco mil libras (o noventa mil dólares). La misma suma representaría el salario de diez años de un trabajador inglés corriente a mediados del siglo XV.

Cuando se indica una distancia entre dos lugares, normalmente se ha calculado utilizando Google Maps Walking Directions, por lo que tiende a calcularse según la ruta más rápida por las carreteras modernas.

Los árboles genealógicos presentados al principio de este libro pretenden aclarar los complejos vínculos dinásticos que se describen más adelante en el texto. Se han simplificado por razones de espacio y claridad. En algunas partes, los hermanos se han colocado sin seguir el orden de edad.

¿Quién sabe ahora, cuando aquí está,
dónde estará otro año?
ANÓNIMO (1445)

Por Dios, sentémonos en tierra a contarnos
historias tristes sobre la muerte de los reyes;
depuestos unos, otros asesinados en la guerra
o acosados por los fantasmas de sus víctimas
o envenenados por su esposa, o muertos en su sueño,
todos asesinados. Pues en la corona vacía
que ciñe las sienes mortales de un rey
tiene su corte la muerte…

WILLIAM SHAKESPEARE, *Ricardo II* (c. 1595)

Introducción

¿La guerra de las Dos Rosas?

A las siete de la mañana del viernes 27 de mayo de 1541, en el recinto de la Torre de Londres, una anciana salió a la luz de un día primaveral. Se llamaba Margaret Pole. Por nacimiento, sangre y linaje era una de las mujeres más nobles de Inglaterra. Su padre, George, duque de Clarence, había sido hermano de un rey; su madre, Isabel Neville, había sido coheredera de uno de los mayores condados del país. Sin embargo, ambos progenitores habían desaparecido hacía tiempo, como recuerdos de otra época y otro siglo.

La vida de Margaret había sido larga y emocionante. Durante veinticinco años había sido condesa de Salisbury, así como una de las dos únicas mujeres que poseía un título de nobleza por derecho propio durante su época. Hasta hacía poco había sido una de las cinco aristócratas más ricas de su generación, con tierras en diecisiete condados. Ahora, a sus sesenta y siete años —una edad muy avanzada para los estándares de los Tudor—, parecía tan mayor que los testigos avispados le echaban ochenta o noventa años.[1]

Como muchos habitantes de la Torre de Londres, Margaret Pole era una prisionera. Hacía dos años, una ley del Parlamento la había despojado de sus tierras y títulos. Se la acusaba de haber «cometido y perpetrado diversas y varias detestables y abominables traiciones» contra su primo, el rey Enrique VIII. Nunca se supo a ciencia cierta cuáles fueron tales traiciones, porque en realidad las ofensas de Margaret contra la Corona eran más generales que particulares. Sus dos delitos principales habían sido su estrecha relación con el rey y su recelo hacia los coqueteos del monarca con las nuevas formas y doctrinas cristianas que habían barrido Europa durante las dos últimas décadas. Por estos dos hechos —el primero por razón de nacimiento y el segundo por conciencia—, Margaret había vivido durante los últimos dieciocho meses en la robusta e impenetrable fortaleza londinense de la ribera, cuya torre central encalada estaba llena de cañones.

Margaret había vivido bien en la cárcel. Se suponía que, para una aristócrata del siglo XVI, la cárcel implicaba una vida de movimientos restringidos atemperada por unas condiciones decentes —podríamos decir que incluso lujosas—, y ella se había preocupado por que su reclusión cumpliera los más altos estándares. Esperaba pasar una condena cómoda, tanto que, cuando las condiciones eran deficientes, se quejaba.[2] Antes de que la trasladaran a Londres, había pasado un año encerrada en Cowdray House, en West Sussex, bajo la vigilancia del poco apático Guillermo Fitzwilliam, conde de Southampton. El conde y su esposa estaban cansados de su actitud rebelde y crispada ante el encarcelamiento, por lo que se alegraron cuando la trasladaron.

En la Torre, Margaret podía escribir cartas a sus parientes y disponía de criados y comida exquisita y costosa. Su nobleza no se vio menoscabada. A principios de año se designó al sastre de la reina Catalina para confeccionarle un conjunto de ropa nueva, aun cuando apenas unas semanas antes había recibido más prendas, encargadas y pagadas directamente por el rey. Enrique también había enviado a su prima un camisón forrado de piel y otro de raso chipriota, enaguas, bonetes y medias, cuatro pares de zapatos y un par de zapatillas nuevas. En solo seis meses se había gastado en ropa más de quince libras, alrededor del salario de dos años de cualquier jornalero de la época. Al salir a tomar el aire fresco de aquella mañana, Margaret Pole bien pudo pensar que, aunque iban a decapitarla ese mismo día, al menos moriría con zapatos nuevos.

Su ejecución se había organizado apresuradamente. Hacía apenas unas horas la habían informado de que el rey había ordenado su muerte: un tiempo demasiado breve para que una anciana se preparara en cuerpo y en espíritu para el final. Según un informe que llegó a Eustace Chapuys, el excepcionalmente bien informado embajador imperial en Inglaterra, la condesa «encontró el asunto muy extraño», ya que ignoraba «de qué crimen se la acusaba y cómo se la había sentenciado». En realidad, pocos llegarían a comprender qué amenaza podía suponer esta débil anciana para un rey tan poderoso y engreído como Enrique VIII.

Un escaso público se había reunido para presenciarlo. Se habían agrupado junto a un tajo absurdamente pequeño, montado de forma tan apresurada que apenas lo habían colocado en el suelo y no, como era costumbre, elevado sobre un cadalso. Según Chapuys, cuando Margaret llegó ante el tajo, encomendó su alma a su creador y pidió a los presentes que rezaran por el rey Enrique y la reina Catalina, el hijo de dos años del rey, el príncipe Eduardo y la princesa María, su ahijada de veinticinco años. Sin embargo, mientras la anciana hablaba a los limitados espectadores (Chapuys cifró el número en ciento cincuenta; el embajador francés, Charles de Marillac, sugirió que eran menos), un sentimiento de inquietud recorrió el lugar. Le dijeron que se diera prisa y colocara su cuello sobre el pequeño trozo de madera.

El verdugo habitual de la Torre no estaba de servicio aquella mañana. Se encontraba en el norte, junto al rey Enrique, que había visitado el extremo más alejado de su reino para amortiguar la amenaza de rebelión contra su gobierno. Así pues, se había confiado el hacha de la Torre a un ayudante: un hombre de tierna edad y parca experiencia en el delicado arte de la decapitación. Chapuys lo describió como un «joven desdichado y torpe», que se enfrentó a una tarea totalmente inapropiada para su capacidad. Solo otra noble había sido ejecutada en Inglaterra desde la conquista normanda: la segunda esposa del rey, Ana Bolena. Un verdugo francés, traído especialmente para la ocasión, la había decapitado de un solo golpe de espada. Sin embargo, *esto* no era *aquello,* y el desafortunado verdugo lo sabía. Cuando se dio la señal, dejó caer el arma hacia el tajo…, pero lo hizo mal. En lugar de cortar el cuello de Margaret limpiamente y de un solo golpe, clavó la hoja del hacha entre los hombros y la cabeza de la anciana. No murió. Volvió a golpear con el hacha y falló de nuevo. Necesitó varios golpes más para despacharla. Fue una acometida salvaje mediante la cual el inepto verdugo despedazó la parte superior del cuerpo de la anciana; una carnicería vil y cruenta que conmocionaría a todos cuantos oyeran al respecto. «Que Dios, en su gracia, perdone su alma —escribió Chapuys—, porque ciertamente era una dama muy virtuosa y honorable».[3]

*

Margaret Pole fue, en cierto modo, una víctima más de las guerras religiosas que dominaron el siglo XVI, en las que los seguidores de la antigua fe —el catolicismo romano— y los diversos grupos escindidos de la nueva fe —el protestantismo— trataban de imponerse sobre otros. Estas guerras adoptaron diferentes formas. Ocasionalmente se libraron entre reinos alineados con confesiones opuestas, pero, con mucha más frecuencia, las guerras religiosas fueron conflictos civiles y dinásticos que desgarraron reinos individuales. Este fue sin duda el caso de Inglaterra durante la década de 1540, y la ejecución de Margaret representó en ese sentido un golpe deliberado del rey reformador contra una poderosa familia que se aferraba a la antigua fe.

Sin embargo, su muerte también puede considerarse el deshonroso acto final de un prolongado ciclo de violencia aristocrática —no religiosa— que había comenzado casi un siglo antes. Se trataba de guerras políticas y personales derivadas de la lucha por la hegemonía tras el lento, pero catastrófico colapso de la autoridad real a partir de finales de la década de 1440. Este conflicto, que normalmente se da por zanjado con la ascensión de Enrique Tudor como Enrique VII en 1485 y su defensa de la Corona en la batalla de Stoke en 1487, en realidad siguió acechando a la política del siglo XVI durante mucho tiempo después. Sin duda desempeñó un papel en la muerte de Margaret Pole, pues esta anciana era uno de los últimos miembros supervivientes de la dinastía Plantagenet, y una reliquia viviente de lo que hoy llamamos las guerras de las Rosas.

Docenas de miembros de la familia —tanto nuclear como extensa— de Margaret habían sido víctimas de estas guerras. Su padre, George, duque de Clarence, tenía veintiocho años cuando su hermano, el rey Eduardo IV, lo ejecutó por traición ahogándolo en una bota de vino dulce griego conocido como malvasía, en recuerdo de lo cual se decía que Margaret siempre llevaba un pequeño barril de vino en su brazalete.[4] Dos de sus tíos paternos habían muerto en batallas campales durante las décadas de 1470 y 1480. Sus dos abuelos también habían sucumbido en el campo de batalla; uno de ellos terminó sus días con la cabeza empalada en las puertas de la ciudad de York, con una corona de papel clavada en el cráneo. Eduardo, el hermano de Margaret, conocido como conde de Warwick, pero no investido oficialmente como tal, había pasado la mayor parte de sus veinticuatro años de vida encarcelado en la Torre de Londres. Enrique VII había ordenado su decapitación en noviembre de 1499, cuando corrieron rumores de un complot para sacarlo de la cárcel. El hijo mayor de Margaret, Henry Pole, lord Montagu, fue ejecutado en enero de 1539; su nieto mayor, heredero de Montagu y también llamado Henry, moriría encarcelado en la Torre poco después de 1542. Toda la historia de la familia Pole entre las décadas de 1470 y 1540 supuso una feroz destrucción perpetrada por tres reyes diferentes. En cualquier caso, estaban lejos de ser una excepción: solo fueron, simple y llanamente, la última de las grandes familias aristocráticas perseguida hasta la extinción durante las guerras de las Rosas.

El hecho de que en Inglaterra ya fuera costumbre matar a los hombres y mujeres más ilustres no restó importancia a la profunda conmoción que causó en toda Europa la cruel ejecución de Margaret Pole. Para el 13 de junio la noticia había llegado a Amberes, y una semana después corría por la corte imperial.[5] A principios de agosto, el segundo hijo de la condesa, Reginald Pole, un eclesiástico católico renegado que había alcanzado el rango de cardenal, escribió amargamente a Juan Álvarez de Toledo, cardenal arzobispo de Burgos, que su madre había «perecido, no por la ley de la naturaleza, sino por una muerte violenta, ejecutada además por la persona de quien menos se lo podía esperar: su primo». El único consuelo de Reginald ante el salvaje asesinato de su madre era que había sufrido la muerte de una mártir. «Sufrir como Cristo, sus Apóstoles y como tantos mártires y vírgenes sufrieron, no es ignominioso», escribió, pero Pole, sin embargo, comparó a Enrique VIII con los antiguos tiranos Herodes, Nerón y Calígula. «Su crueldad es superada con creces por la iniquidad de este hombre, que, con mucha menos apariencia de justicia, dio muerte a una mujer inocentísima, que era de su propia familia, de edad avanzada y que había envejecido con fama de virtuosa».[6]

Representar a Enrique VIII como un asesino despiadado en mitad una larga lista de reyes virtuosos es un tanto hipócrita. Enrique era ciertamente capaz de ejercer violencia y crueldad hacia los miembros de su propia familia, pero así eran los tiempos. De hecho, si algo podía decirse de la muerte de Margaret era que marcaba el final del baño de sangre que había continuado de forma intermitente desde la década de 1450. Cuando su desdichado y cercenado cuerpo cayó finalmente al suelo, apenas quedaba una gota de sangre real Plantagenet en Inglaterra, aparte de la poca que corría por las venas de Enrique VIII y sus tres hijos. Casi un siglo de carnicería llegaba a su fin no por decisión, sino por defecto: casi todas las víctimas potenciales ya estaban muertas.

*

Uno de los primeros usos registrados de la expresión «the war of the roses» ('la guerra de las Dos Rosas' en español) procede de la pluma de la escritora británica del siglo XIX y tutora real lady Maria Callcott. Su libro infantil *Little Arthur's History of England* se publicó por primera vez en 1835. Al describir la violenta agitación que convulsionó Inglaterra en el siglo XV, Callcott escribió: «Durante más de treinta años después, las guerras civiles en Inglaterra se llamaron las guerras de las Rosas».[7] Tenía razón, y al mismo tiempo se equivocaba. La frase exacta no se registra antes del primer cuarto del siglo XIX, pero la idea de un país dividido por las casas rivales de Lancaster y York, representadas respectivamente por los emblemas de las rosas rojas y blancas, se remontaba de alguna forma al siglo XV.

Las rosas fueron un símbolo popular en toda Europa durante la Edad Media, y se consideraba que sus colores, tanto en la política como en la literatura o el arte, tenían significados importantes y, a menudo, opuestos. El escritor italiano del siglo XIV

Giovanni Boccaccio utilizó rosas rojas y blancas en su *Decamerón* para simbolizar los temas entrelazados del amor y la muerte.[8] Las rosas aparecían garabateadas en los márgenes y en las letras iluminadas de libros de oraciones, calendarios y textos científicos.[9] En Inglaterra, las familias aristocráticas habían incluido rosas en sus insignias heráldicas al menos desde el reinado de Enrique III, ya en el siglo XIII.[10] Sin embargo, a finales del siglo XV, las rosas rojas y blancas empezaron a asociarse casi exclusivamente con la fortuna de los pretendientes rivales a la corona.

La primera rosa real fue la rosa blanca, que representaba a la casa de York, es decir, a los descendientes de Ricardo, duque de York, que hizo valer su derecho a la corona en 1460. Cuando Eduardo, hijo de Ricardo, se convirtió en el rey Eduardo IV en 1461, la rosa blanca fue uno de los símbolos que utilizó para anunciar su reinado. De hecho, ya de joven se conocía Eduardo como «la rosa de Ruan», y en sus victorias militares sus partidarios cantaban «¡Bendita sea esa flor!».[11] En décadas posteriores, muchos de los que decidieron alinearse con la memoria de Eduardo adoptaron la rosa blanca, sobre todo si deseaban reivindicar su preeminencia real en virtud de su parentesco con él.

La rosa roja fue mucho menos común hasta que Enrique Tudor (Enrique VII) la adoptó y promovió vigorosamente durante la década de 1480. El primer uso de la rosa roja relacionado con la realeza fue el de Enrique Bolingbroke (más tarde Enrique IV), que hizo decorar sus pabellones con estas flores durante su famoso juicio por combate contra Thomas Mowbray en 1398.[12] Hay algunos leves indicios de que las rosas rojas también se asociaron con Enrique VI, el nieto de Enrique IV. Sin embargo, no fue hasta después de la batalla de Bosworth, en 1485, cuando las rosas rojas florecieron como insignia real, representando la pretensión de Enrique VII a la corona mediante su vínculo con los antiguos duques de Lancaster. La rosa roja se utilizó entonces como contrapunto de la blanca, para enaltecer las débiles pretensiones de los Tudor a la legitimidad real. («Para vengar a la Blanca, floreció la Rosa Roja», escribió un cronista, siguiendo escrupulosamente la línea de su facción después de Bosworth).[13] Como rey, Enrique VII hizo que sus escribas, pintores y bibliotecarios llenaran los documentos con rosas rojas, e incluso modificó libros de reyes anteriores para que sus profusas iluminaciones incluyeran rosas de su color predilecto.[14] La rosa roja se invocaba más a menudo con afán retrospectivo, ya que su principal objetivo después de 1485 fue allanar el camino a una tercera rosa: la llamada «rosa de los Tudor», que era una combinación de blanco y rojo, superpuesta, cuarteada o simplemente entrelazada. La rosa Tudor se concibió para simbolizar la unidad que supuestamente se había logrado cuando Enrique VII se casó con la hija de Eduardo IV, Isabel de York, en 1486, enlazando así las dos ramas enfrentadas, las casas de Lancaster y York. La historia que narraba esta rosa era la de la política como romance: explicaba medio siglo de convulsión y derramamiento de sangre como el resultado de la división de dos familias que, finalmente, alcanzaron la paz gracias a un matrimonio que prometía unir a los rivales en pugna. Cuando Enrique VIII, hijo de Enrique VII, subió al trono en 1509, John Skelton, poeta de la corte que había crecido durante los más violentos episodios del conflicto, escribió que «la rosa blanca y la roja / crecen en una sola rosa». La idea de la «guerra de las Dos Rosas» —y, lo que es más importante, de su resolución con la llegada de los Tudor— se convirtió así en un lugar común a principios del siglo XVI. El concepto arraigó porque ofrecía una narrativa sencilla y eficaz: una historia que tornaba el mundo, si no blanco y negro, sí rojo y blanco. Por otra parte, justificaba implícitamente la pretensión de los Tudor a la corona. La idea, en fin, fue irresistible para los escritores a lo largo de los siglos —incluidos los historiadores de la época Tudor, Edward Hall y Raphael Holinshed; dramaturgos isabelinos como William Shakespeare; pensadores del siglo XVIII como Daniel Defoe y David Hume, y novelistas del siglo XIX como Walter Scott, todos los cuales invocaron las rosas en sus descripciones de las guerras—. Sin embargo, ¿era realmente cierta?

La respuesta, por desgracia, es negativa. Los historiadores contemporáneos han llegado a comprender que la guerra de las Dos Rosas fue mucho más compleja e imprevisible de lo que sugiere su seductor título. Las décadas centrales y finales del siglo XV experimentaron periodos esporádicos de extrema violencia, desorden, guerras y derramamiento de sangre, un número de usurpaciones del trono sin precedentes, el colapso de la autoridad real, la agitación política de la nobleza inglesa, asesinatos, traiciones, conspiraciones y golpes de estado, la salvaje eliminación de los descendientes directos del último patriarca Plantagenet, el rey Eduardo III, y la llegada de una nueva dinastía real, los Tudor, cuyo derecho de sangre para reclamar el trono era muy tenue, si no inexistente. Fue un periodo peligroso e incierto en el que la traicionera vida política de Inglaterra se vio impulsada por un elenco de personajes extraordinarios —hombres y mujeres por igual— que en ocasiones recurrieron a una brutalidad y crueldad inexplicables. La magnitud de la violencia, el tamaño y la frecuencia de las batallas que se libraron, los rápidos cambios en las lealtades y motivaciones de los rivales y la peculiar naturaleza de los problemas que surgieron desconcertaron a muchos contemporáneos entonces y han seguido desconcertando a muchos historiadores hasta hoy. Tales acontecimientos convergen en una estupenda razón por la que tan sencillo relato sobre familias enfrentadas, divididas y reunidas arraigó en el siglo XVI y ha perdurado tanto tiempo después. Sin embargo, también es cierto que esta versión de la historia se fomentó deliberadamente en el siglo XVI con fines políticos. Los Tudor, en particular Enrique VII, promovieron el mito de la rosa roja y la rosa blanca enérgicamente, recurriendo a métodos de propaganda dinástica que ya se habían empleado durante la guerra de los Cien Años para promover la monarquía dual de Inglaterra y Francia. Su éxito es evidente. Incluso hoy en día, cuando varias generaciones de historiadores han propuesto explicaciones más sofisticadas para las guerras de las Rosas —investigando el derecho, la economía, la cultura y el pensamiento político de la Baja Edad Media—, la sencilla narrativa de los Lancaster y los York sigue prevaleciendo cuando el siglo XV se cuela en la pantalla, la ficción popular y los debates en la prensa. ¡Victoria para los Tudor!: la propia noción de «guerra de las Dos Rosas» refleja el genio innato de esta dinastía para mitificarse a sí misma. Eran maestros en ese arte.

Varias historias se superponen en este libro. En primer lugar, trata de representar una imagen fidedigna de este difícil y turbulento periodo, superando en la medida de lo posible la lente distorsionadora del siglo XVI y de la historiografía de los Tudor, y contemplando el siglo XV en sus propios términos. Lo que encontraremos es el desastroso resultado de un colapso casi absoluto de la autoridad real bajo el reinado de Enrique VI, que comenzó su gobierno como un bebé llorón y lo terminó como un tontaina incompetente, y en el ínterin consiguió nada menos que desencadenar una crisis única en su especie y diferente a cualesquiera otras durante las etapas constitucionales anteriores de la Baja Edad Media en Inglaterra. No se trata de la historia de unos aristócratas vanidosos que intentan derrocar al rey en beneficio propio —de un «feudalismo bastardo» que se ha ido al traste y de unos «nobles poderosos» que conspiran para destruir el reino (ambas han sido, en ocasiones, las explicaciones que se han dado de estas guerras)—, sino de un sistema político vapuleado por todos lados por la catástrofe y lastrado por un liderazgo inepto. Es la historia de un reino que se hundió en la guerra civil a pesar de los esfuerzos de sus súbditos más poderosos por evitar el desastre.

Durante casi treinta años, el desesperado reinado de Enrique VI se mantuvo gracias a los empeños de hombres y mujeres excelentes. Sin embargo, tales esfuerzos tuvieron sus límites. La segunda parte de nuestro relato examina las consecuencias de la decisión de un hombre, que determinó que la mejor solución para el decadente reino no era inducir a un rey pusilánime a gobernar mejor su reino, sino directamente echarlo del trono y reclamar la corona para sí mismo. Los medios que empleó para ello Ricardo, duque de York, no carecían de precedentes, pero resultaron extremadamente destructivos. A la crisis de autoridad se añadió una crisis de legitimidad, ya que los «yorkistas» empezaron a argumentar que el derecho a gobernar no era solo una cuestión de competencia, sino que también lo merecían por derecho de sangre. Así, la segunda parte de nuestra historia describe esta fase del conflicto y la resolución del hábil y enérgico rey Eduardo IV, que restableció la autoridad y el prestigio de la Corona y, para el momento de su muerte, parecía haber devuelto a Inglaterra cierta apariencia de normalidad y buen gobierno.

La tercera parte del libro plantea una pregunta sencilla: ¿cómo pudieron los Tudor acabar reinando en Inglaterra? La familia engendrada por la improbable unión secreta de una princesa francesa viuda y su criado galés a finales de la década de 1420 no debería haber rondado una corona jamás. Sin embargo, cuando Eduardo IV murió en 1483 y su hermano Ricardo III usurpó la corona y mató a los hijos de Eduardo, los Tudor adquirieron de repente una enorme importancia. Así pues, el tercer capítulo de nuestra historia examina la lucha de los Tudor por establecer su propia dinastía real, que a la postre se convertiría en la más majestuosa y arrogante dinastía que Inglaterra hubiera conocido jamás. Solo de la carnicería y el caos del siglo XV podría haber salido triunfante una familia así, y solo continuando la matanza podrían asegurar su posición. Así pues, además de examinar la guerra de las Dos Rosas en su conjunto, este libro profundiza en la historia temprana de los Tudor, presentándolos no según su propio mito, sino tal y como el siglo XV los soportó.

Por último, este libro examina las luchas de los Tudor por conservar la corona después de 1485 y el proceso mediante el que establecieron el mito de la guerra de las Dos Rosas: cómo crearon una visión popular del siglo XV tan potente y memorable que no solo dominó el discurso histórico del siglo XVI, sino que ha perdurado hasta nuestros días.

Tal es, pues, mi objetivo. Mi anterior libro, *Los Plantagenet*, narra el establecimiento de la gran dinastía medieval de Inglaterra; este libro narra su destrucción. Los dos libros no se suceden cronológicamente, pero espero que puedan leerse como dos obras complementarias. Aquí también pretendo relatar la historia de una extraordinaria familia real de una manera científica, explicativa y entretenida.

Como siempre, debo dar las gracias a mi agente literaria, Georgina Capel, por su brillantez, paciencia y buen humor. También tengo una gran deuda de gratitud con mi visionario editor de Faber en el Reino Unido, Walter Donohue, y con la igualmente maravillosa Joy de Menil, de Viking, en Estados Unidos. Ellos y sus equipos han hecho que escribir este libro sea un placer. También estoy agradecido al personal de las bibliotecas, archivos, castillos y campos de batalla que he visitado durante la redacción de esta obra, y muy especialmente al personal de la Biblioteca de

Londres, la Biblioteca Británica y los Archivos Nacionales, donde he pasado gran parte de mi tiempo durante los últimos años. El libro está dedicado a mi esposa, Jo Jones, quien, junto con mis hijas Violet e Ivy, ha sufrido una vez más mis garabatos con amor y buen humor.

Así llegamos a nuestra historia. Para comprender plenamente el proceso por el que se destruyó el dominio de los Plantagenet y se estableció la dinastía Tudor, no empezamos en la década de 1450, cuando la política empezó a fracturarse en violencia y guerras; ni en la década de 1440, cuando surgieron los primeros signos de profunda agitación política, y ni siquiera en la década de 1430, cuando nacieron los primeros antepasados «ingleses» de los monarcas Tudor. Más bien, nuestra historia comienza en 1420, cuando Inglaterra era la nación más poderosa de Europa occidental; su rey, la flor y nata del mundo, y su futuro parecía más brillante que nunca: una época en que habría sido descabellado afirmar que en el plazo de una generación Inglaterra se convirtiera el reino con más problemas de Europa. Como en tantas tragedias, nuestra historia comienza en un momento de triunfo. Comencemos.

Dan Jones

Battersea, Londres, febrero de 2014

I

COMIENZOS
1420-1437

«Gozábamos de perfecta salud».
REY ENRIQUE VI
(a los diecisiete meses)

1

Rey de todo el mundo

Se casó en una boda de soldados. Poco antes del mediodía del Domingo de la Santísima Trinidad de junio de 1420, una gran banda de músicos entonó una melodía triunfal conforme la elegante iglesia parroquial de Saint-Jean-au-Marché, en Troyes, se llenaba de señores, caballeros y nobles damas espléndidamente ataviados, reunidos para observar la unión de dos poderosas familias enfrentadas desde hacía tanto tiempo. El arzobispo de Sens dirigió a la manera tradicional francesa el solemne acto, en el que Catalina de Valois, hija menor del rey loco de Francia, Carlos VI, y de su sufrida esposa, Isabel de Baviera, se casó con Enrique V, rey de Inglaterra.

Catalina tenía dieciocho años. Tenía rasgos delicados, una boca pequeña y delicada y unos ojos perfectamente redondos sobre el realce de los pómulos. Su esbelto cuello se inclinaba ligeramente hacia un lado, pero era una mancha aislada en la atractiva figura de una princesa en plena juventud. El hombre con el que iba a casarse era un guerrero curtido en mil batallas. Tenía los labios fruncidos y la nariz larga, característica del linaje de reyes Plantagenet del que descendía. Sus ojos oscuros y ligeramente saltones se parecían mucho a los de su padre, Enrique IV. Llevaba el pelo corto a la moda, y su rostro, demacrado y bien afeitado, mostraba varias cicatrices. Una era un profundo surco cuyos orígenes estaban en una batalla que había librado cuando solo tenía dieciséis años: una punta de flecha se le clavó profundamente en la mejilla, justo a la derecha de la nariz, y un cirujano tuvo que partírsela en el propio campo de batalla. A sus treinta y tres años,

Enrique V era el mejor guerrero entre los gobernantes europeos de su época. Su aspecto el día de su boda fue adecuado a tal reputación: «Él y sus príncipes hicieron gala de una gran pompa y magnificencia, como si en ese momento fuera el rey de todo el mundo», escribió el cronista francés Enguerrand de Monstrelet, de alta cuna y mejores contactos.[1]

La campiña devastada por la guerra en torno a Troyes, antigua capital del condado francés de Champaña, a unos ciento sesenta kilómetros al sureste de París, llevaba quince días rebosante de soldados ingleses. Enrique había llegado a la ciudad el 20 de mayo, acompañado por dos de sus tres hermanos: Thomas, duque de Clarence, y John, duque de Bedford, así como de un gran número de sus aristocráticos capitanes de guerra y unos mil seiscientos hombres más, en su mayoría arqueros. No había sitio para ellos dentro de las murallas de la ciudad, por lo que la mayoría de los hombres de Enrique se habían acuartelado en aldeas cercanas. El rey se alojaba en la mitad occidental de la ciudad, en un elegante hotel en la zona del mercado llamado La Couronne ('La Corona'). Desde este lugar se condujo con gran majestad durante las negociaciones para una paz definitiva entre los reinos beligerantes de Inglaterra y Francia.

Durante los siete años transcurridos desde la muerte de su padre en 1413, Enrique V había consolidado un reino poco seguro. El reinado de su padre había estado plagado de crisis, muchas de ellas derivadas del hecho de que en 1399 había depuesto al entonces rey, Ricardo II, y posteriormente lo había mandado asesinar después de que intentaran rescatarlo de la cárcel. Este fue el violento comienzo de un reinado inestable.

Ricardo no había sido un rey popular, pero la usurpación de Enrique IV había desencadenado una crisis de legitimidad. Había sufrido problemas financieros de larga duración, una insurgencia masiva en Gales bajo el mando de Owain Glyndwr y una serie de rebeliones en el norte, durante una de las cuales se decapitó al arzobispo de York por traición. Había estado muy enfermo durante largos periodos de su reinado, lo que había provocado enfrentamientos con sus hijos —especialmente con el joven Enrique— cuando se afanaban por ejercer la autoridad real en su nombre. A pesar de que Enrique IV había intentado gobernar como un rey poderoso e imperativo, en realidad dependía de los hombres que le habían ayudado a acceder al trono: principalmente sus partidarios del ducado de Lancaster, que había sido propiedad privada suya antes de su coronación. Esto provocó una prolongada escisión en la política inglesa que solo su muerte pudo remediar. Esta ocurrió, tras su última enfermedad, el 20 de marzo de 1413 en la Cámara de Jerusalén de la casa abacial de Westminster.

La llegada de Enrique V —rey por derecho y no por conquista— reunificó a Inglaterra bajo un líder indiscutible. Enrique era un rey vigoroso, carismático y seguro de sí mismo: un general consumado y un político inteligente. Su reinado destacó por sus éxitos en casi todos los ámbitos del gobierno y la guerra. Desde el principio hizo importantes gestos de reconciliación: perdonó a quienes se habían rebelado contra su padre y exhumó a Ricardo II de su sepultura en King's Langley, Hertfordshire, y trasladó sus restos a la tumba que el propio Ricardo había encargado en la abadía de Westminster junto a su primera esposa, Ana de Bohemia. Su reinado se centró en aprovechar las estrechas relaciones con sus principales nobles para emprender una guerra contra Francia. En menos de dos años de lucha, Enrique había llevado el poder inglés más lejos en el continente que en cualquier otro momento desde el reinado de Ricardo Corazón de León, más de dos siglos antes.

El matrimonio de Catalina con este joven rey y enérgico guerrero culminó esa política exterior tan audaz. Los reyes de Inglaterra llevaban siglos luchando contra sus primos franceses, pero rara vez con verdadero éxito. Desde 1337, los dos reinos se habían enzarzado en un ciclo de hostilidad particularmente enconada que hoy llamamos la guerra de los Cien Años. Numerosas reivindicaciones, reconvenciones y conflictos territoriales se sumaron a esta compleja y larga disputa. El rey Eduardo III, bisabuelo de Enrique, reivindicó por primera vez ser el rey legítimo de ambos reinos. Ni siquiera Eduardo, un magnífico luchador y astuto político, había logrado alcanzar este objetivo; sin embargo, al casarse con Catalina, Enrique estaba a punto de acercarse de forma prometedora. Con el tratado de Troyes, sellado en la catedral de la ciudad el 21 de mayo, Enrique no solo se había asegurado una novia francesa, sino que también se convirtió, como anunció en una carta dictada por él mismo, en «Enrique, por la gracia de Dios, rey de Inglaterra, heredero y regente del reino de Francia, y señor de Irlanda».[2] El tratado de Troyes reorientó la sucesión francesa: desheredó a Carlos —el hermano de diecisiete años de Catalina y último hijo superviviente de Carlos VI y la reina Isabel— en favor de Enrique y sus futuros hijos. La corona francesa pasaría por primera vez a manos inglesas.

*

El tratado de Troyes y el matrimonio real subsecuente fueron posibles gracias al lamentable estado de la Corona francesa. Durante casi treinta años, Carlos VI había sufrido una miscelánea de paranoia, delirio, esquizofrenia y depresión severa cuyas manifestaciones duraban meses. El primer ataque lo sufrió un caluroso día de agosto de 1392, mientras dirigía un ejército por la campiña cercana a Le Mans. Además de deshidratado, estaba traumatizado por el reciente intento de asesinato de uno de sus amigos íntimos, y espantado por un loco de la zona que le había vaticinado a gritos que se enfrentaba a una traición en el camino. En esas circunstancias, le sobrevino un ataque violento y acometió a sus compañeros con la espada. Mató a cinco durante la hora que se prolongó ese episodio de delirio.[3] Tardó casi seis semanas en recuperarse, y desde entonces su vida estuvo marcada por ataques psicóticos.

Los médicos de la época achacaron la anomalía mental de Carlos a un exceso de bilis negra, el humor «húmedo» o melancólico que, según se creía, hacía a los hombres susceptibles al estrés y a la enfermedad. También se especulaba que su débil constitución era hereditaria: la madre de Carlos, Juana de Borbón, había sufrido una crisis nerviosa total tras el nacimiento de su séptima hija, Isabel.[4] En cualquier caso, independientemente del diagnóstico exacto, las consecuencias de la enfermedad del rey en la política fueron catastróficas. Todos los años sufría ataques que le incapacitaban física y mentalmente. Olvidaba su propio nombre y el hecho de que era un rey con esposa e hijos. Trataba a la reina con desconfianza y hostilidad e intentaba destruir los platos y ventanas que ostentaban su escudo de armas. A veces se estremecía y gritaba que sentía un dolor como si le estuvieran atravesando la carne con mil púas de hierro. Corría desenfrenadamente por la residencia real de París —el Hôtel Saint-Pol— hasta desplomarse de agotamiento, lo cual preocupó tanto a sus sirvientes que tapiaron la mayoría de las puertas del palacio para evitar que escapara y se pusiera en evidencia en mitad de la calle. Durante meses se negó a bañarse, cambiarse de ropa o dormir a intervalos regulares: al menos en una ocasión, cuando los criados irrumpieron en sus aposentos para intentar lavarlo y cambiarlo, lo encontraron miserablemente enfermo y cubierto de sus propias heces. Se estableció un consejo de regencia para gobernar Francia durante sus periodos de indisposición, cada vez más frecuentes. Sin embargo, incluso cuando se consideraba que Carlos estaba lo bastante cuerdo para gobernar, su autoridad se veía debilitada por el hecho de que en cualquier momento podía recaer en la locura.

El estado de salud del rey Carlos había favorecido un vacío de poder en Francia. Todas las coronas medievales dependían de una cabeza sana y estable que las portara, y la enajenación mental de Carlos VI acabó provocando —o, al menos, contribuyó en gran medida a provocar— un periodo de violentos disturbios y una guerra civil que estalló en 1407 entre dos poderosos y despiadados grupos de nobles franceses y sus partidarios. Los protagonistas iniciales fueron Felipe el Atrevido, duque de Borgoña, y Luis de Valois, duque de Orleans, hermano del rey. Discutieron por tierras, por diferencias personales y, sobre todo, por su influencia en el consejo de regencia. Cuando el 23 de noviembre de 1407 Luis de Orleans murió en las calles de París apuñalado por quince enmascarados leales a Juan Sin Miedo —el hijo y heredero de Felipe el Atrevido—, el asesinato y la traición se tornaron en las características definitorias de la política francesa. Carlos, el hijo mayor de Luis, estableció una alianza con su suegro, Bernardo, conde de Armagnac, y Francia se dividió rápidamente en dos bloques de poder rivales, ya que los principales hombres del reino dividieron su lealtad entre las partes enfrentadas. El enfrentamiento entre borgoñones y *armagnacs* había comenzado.

Enrique V había enfrentado a los dos bandos de la guerra civil francesa con un éxito sorprendente. En 1412 firmó un tratado con los armañacs para darles su apoyo a cambio del reconocimiento del señorío inglés sobre varios territorios importantes del suroeste de Francia: Poitou, Angulema y Périgord, todos vinculados con la Corona inglesa desde tiempos antiguos. El tratado, sin embargo, no duró mucho. En 1415, Enrique había añadido a sus exigencias la soberanía inglesa sobre Normandía, Anjou, Maine, Turena y Bretaña. No se trataba de un grupo de estados arbitrario: estaba reclamando las tierras que una vez controlaron sus antepasados Plantagenet del siglo XII, Enrique II y Ricardo Corazón de León. Ante la negativa de los armañacs, Enrique invadió Normandía y sitió y conquistó Harfleur, una ciudad portuaria situada en la desembocadura del Sena. A continuación se abrió camino a través de la campiña francesa y, finalmente, luchó contra un enorme ejército francés en Agincourt el viernes 25 de octubre de 1415, día de San Crispín.

Los dos ejércitos se enfrentaron en un campo arado, con el barro bajo sus pies espesado por la intensa lluvia. A pesar del tamaño del ejército francés, que podía ser unas seis veces mayor que el de Enrique, la superioridad táctica y el excelente generalato dieron ventaja a los ingleses. Enrique se apoyó en gran medida en el uso de arcos largos, capaces de causar estragos en un campo de batalla abarrotado. El rey protegió a sus arqueros de los ataques de la caballería clavando estacas afiladas a su alrededor, y los arqueros le correspondieron: dispararon andanada tras andanada contra la caballería e infantería francesas que intentaban cruzar el campo de batalla. La ventaja numérica no significaba nada cuando llovían flechas del cielo y la terrible matanza se extendía ante la mirada de los soldados. En palabras de un testigo, «los vivos caían sobre los muertos, y a otros que caían sobre los vivos los mataban a su vez». Las muertes vinieron de un solo bando y supusieron el desastre para el otro: más de diez mil franceses murieron frente a la pérdida de unos ciento cincuenta ingleses.[5]

Al terminar la batalla, Enrique ordenó matar a miles de prisioneros y heridos para evitar cualquier amenaza de reagrupamiento del enemigo. Solo perdonó la vida a los de más alto rango para pedir su rescate. Sin embargo, estas órdenes tan despiadadas y poco caballerescas no echaban por tierra su asombrosa victoria, por la que se lo aclamó como un héroe. Cuando las noticias de Agincourt llegaron a Inglaterra, la gente lo festejó a lo grande; en Londres, a su regreso, se recibió a Enrique como a un nuevo Alejandro. Niñas y niños disfrazados de ángeles con la cara dorada cantaban: «Salve, flor de Inglaterra, caballero de la cristiandad», y en las calles se erigieron enormes castillos decorativos. Un admirado cronista escribió: «No nos consta que ningún rey de Inglaterra haya logrado tanto en tan poco tiempo y haya regresado a su reino con un triunfo tan grande y glorioso».[6]

Durante los años que siguieron a Agincourt, Enrique regresó a Francia para lograr hazañas aún más espectaculares. En julio de 1417 se lanzó a la conquista sistemática de Normandía: desembarcó en la desembocadura del río Touques y asedió y saqueó sin piedad Caen, seguida de las importantes ciudades militares de Exmes, Sées, Argentan, Alençon, Falaise, Avranches y Cherburgo, junto con todas las ciudades y castillos importantes entre ellas.[7] Entre julio de 1418 y enero de 1419, Ruan, la capital del ducado, fue sitiada y sometida a una hambruna inhumana: a los refugiados expulsados de la ciudad se les negó el paso a través de las líneas inglesas y se los dejó morir de hambre en tierra de nadie. A finales de verano, Enrique se había convertido en el primer rey inglés al mando efectivo de Normandía desde que su antepasado, el rey Juan, fuera expulsado en 1204 por Felipe II de Francia. París estaba a su alcance.

Con el amenazador avance inglés hacia la capital francesa por el Sena, toda Francia, aterrada, se sumió en el caos. Si los borgoñones y los armañacs hubieran sido capaces de resolver sus diferencias y unirse contra Enrique, quizá el reino se habría salvado. Sin embargo, no pudieron: el 10 de septiembre de 1419, durante una reunión de emergencia celebrada entre ambas facciones en un puente de la ciudad de Montereau, Juan Sin Miedo, duque de Borgoña —que había reclamado el control del rey, la reina y la corte— fue asesinado por un leal armañac que le destrozó la cara y la cabeza con un hacha. (Muchos años después, los monjes cartujos de Dijon aún conservaban el cráneo del duque como curiosidad; cuando el prior del monasterio mostró el cráneo al rey Francisco I, que estaba de visita, explicó que fue a través del agujero de su cráneo por donde los ingleses habían entrado en Francia). La reina Isabel y los borgoñones, visto el panorama, consideraron que cualquier otra forma de acabar la guerra sería mejor que firmar la paz con los abominados y traicioneros armañacs. Así pues, pidieron la paz a Enrique y le ofrecieron el mayor regalo que poseían: la corona francesa.[8] La demencia de Carlos VI era tal que no pudo participar en las negociaciones sobre el futuro de su propia corona. La paz se selló en la catedral de Troyes el 21 de mayo de 1420. Su primera cláusula preveía el matrimonio de la princesa Catalina con Enrique V, rey de Inglaterra y ahora «heredero y regente del reino de Francia».

El matrimonio de Catalina fue, por tanto, trascendental para ambas casas reales. Las princesas francesas ya se habían casado antes con reyes Plantagenet; de hecho, fue la unión entre Eduardo II de Inglaterra e Isabel de Francia en 1308 la que había mezclado la sangre real enemiga lo suficiente como para provocar la guerra de los Cien Años. Sin embargo, nunca se habían unido una dinastía inglesa y otra francesa con el objetivo específico de hermanar sus dos coronas en un solo rey, como ocurriría ahora cuando llegara la piadosa muerte del pobre Carlos, demente y cincuentón.

La ceremonia tuvo sus momentos de magnificencia. Según un cronista posterior, en el momento de los esponsales, Enrique había regalado a Catalina un anillo precioso y de valor incalculable como muestra de su estima.[9] Además, como era de esperar, hizo una generosa donación en metálico de doscientos nobles[*] a la iglesia en la que se casaron. Siguieron el protocolo francés, por lo que la noche de la boda una procesión se dirigió a la habitación de la pareja, donde el arzobispo bendijo el lecho real y les dio sopa y vino para la cena.[10]

Sin embargo, los invitados de Enrique apenas mencionaron las celebraciones en sus cartas dirigidas a Inglaterra. Había asuntos más importantes que tratar. Inmediatamente después de que la pareja se casara, el rey comunicó a los caballeros de su compa-

* El noble —no confundir con persona de la nobleza— es el nombre de la primera moneda inglesa de oro que realmente se produjo en grandes cantidades. *(N. del T.)*

ñía que al día siguiente abandonarían Troyes para asediar Sens, a un día de marcha hacia el oeste, donde Carlos, hermano de Catalina y pretendiente al trono, estaba instalado con sus partidarios de Armagnac. No se celebrarían justas ceremoniales para conmemorar la boda real. Según un cronista parisino de la época, Enrique dijo a sus hombres que una guerra verdadera en Sens era infinitamente más valiosa que un simulacro de batalla en el torneo: «Todos podremos cargar, justar y demostrar nuestra audacia y valía, pues no hay mejor acto de valor en el mundo que castigar a los malhechores para que los pobres puedan vivir».[11]

Mientras Enrique y sus seguidores marchaban para proseguir su larga y sangrienta guerra, a Catalina se le permitió viajar con su madre y su padre. Pasó el invierno viendo cómo los hombres de su marido se desplazaban de ciudad en ciudad, asediando y matando de hambre o masacrando a sus enemigos hasta someterlos. El 1 de diciembre de 1420 vio cómo su padre acompañaba a Enrique en su primera entrada oficial en París, donde se formalizó el tratado de Troyes y se completó el proceso oficial para desheredar a su hermano, al que los documentos oficiales ingleses se refieren como «Carlos, que se hace llamar el Delfín».[12] Dos meses después, Catalina zarpó de Calais rumbo a Dover, dejando atrás su país natal para comenzar una nueva vida al otro lado del mar. Desembarcó el 1 de febrero de 1421 e inmediatamente se preparó para su coronación.

*

La Inglaterra a la que Catalina llegó a principios de 1421 era un reino fuerte y estable, acaso más unido políticamente bajo el liderazgo de Enrique que en cualquier otro momento de su historia.[13] Durante los largos siglos de dominio Plantagenet, los reyes ingleses habían aumentado constantemente el alcance de su poder mediante la —normalmente— fructífera consulta con sus grandes magnates y barones, los comunes en el Parlamento y la Iglesia. Inglaterra era inequívocamente un Estado militar, que establecía elevados impuestos para pagar las aventuras en ultramar; sin embargo, tras Agincourt y las sucesivas victorias posteriores, el reino soportó sus cargas financieras animado por una fuerte sensación de triunfo. Aunque Thomas Walsingham, cronista monástico afincado en Saint Albans, Hertfordshire, escribió que el año anterior a la llegada de Catalina «había habido una desesperada escasez y falta de dinero [...], incluso entre la gente corriente apenas quedaban peniques suficientes para que pudieran acumular suficientes provisiones de grano», también señaló que a su vez había sido «un año de fértiles cultivos y una rica cosecha de fruta».[14]

La analogía medieval más común para describir un Estado era el cuerpo, con el rey como cabeza. «Cuando la cabeza está enferma, el cuerpo también lo está. Cuando un rey virtuoso no gobierna, el pueblo enferma y queda falto de buena moral», escribió el poeta y moralista de la época John Gower.[15] En este sentido, Inglaterra y Francia no podían ser más diferentes. Enrique era sin duda un rey virtuoso —incluso en el sentido musical del término—, y su reino había florecido en consecuencia. Durante la adolescencia había disfrutado de una esmerada educación política, la cual se manifestó durante la adultez en un reinado fuerte y capaz, legitimado en su derecho de nacimiento. Era un hombre carismático, gozaba de la simpatía y confianza de sus principales nobles y tenía el éxito suficiente en la guerra como para confiar en una fraternidad militar cohesionada. Tenía tres hermanos leales y capaces: Thomas, duque de Clarence; John, duque de Bedford, y Humphrey, duque de Gloucester, todos de gran valor tanto para gobernar el reino como para proseguir la guerra en el extranjero. Enrique obtuvo el favor de la Iglesia de Inglaterra por su empeño en la persecución de los lolardos, una secta herética que seguía las enseñanzas del erudito John Wycliffe y mantenía opiniones heterodoxas sobre el dogma de la Iglesia católica y la validez de sus enseñanzas. Gravó su reino con impuestos implacables, pero sus propios gastos domésticos eran ejemplarmente frugales, gestionaba el fisco con competencia y controlaba relativamente sus deudas de guerra. Complació a la población de los condados de Inglaterra con una campaña dura, pero ecuánime, para restablecer el imperio de la ley real y acabar con el desorden que había asolado el reinado de su padre. A menudo se reclutaba a los criminales para el servicio militar, donde podían satisfacer sus instintos violentos sin peligro, saqueando e incendiando los pueblos de Francia.[16]

> Que Dios salve ahora a nuestro rey,
> su pueblo y su buena voluntad;
> dale buena vida y buen final,
> para que podamos cantar con alegría.
> *Deo gracias!*[17]

Así rezaba una canción popular de la época, y con razón, pues el próspero reino de Inglaterra reflejaba toda la virtud de su poderoso gobernante.

El lugar de Catalina en su nuevo reino quedó establecido nada más llegar. El cronista francés Monstrelet oyó decir que fue «recibida como si fuera un ángel de Dios».[18] La reina, de diecinueve años, contó con un servicio elegido por su marido. La información que llegó a Walsingham desde la corte era que la casa de la reina estaba formada casi exclusivamente por nobles ingleses. «No quedó ningún francés a su servicio, excepto por tres mujeres de buena cuna, y dos sirvientas».[19] El 24 de febrero fue coronada en la iglesia de San Pedro de Westminster, y se celebró una fiesta a la que asistió la mayor parte de la nobleza inglesa y Jacobo I, rey de Escocia, cautivo durante mucho tiempo en la corte inglesa. (Jacobo había sido apresado por piratas frente a las costas inglesas en 1406, cuando tenía doce años, y había heredado la corona durante su cautiverio, en el curso del cual también recibió una educación completa y por lo general se lo trató como un huésped de honor). La fiesta fue un escaparate de la cocina inglesa. Como era Cuaresma, no se servía carne, pero las mesas rebosaban de anguilas, truchas, salmones, lampreas, fletanes, gambas y langostinos, grandes cangrejos y langostas, buccinos,* gelatinas decoradas con flores de lis, gachas dulces y cremas. Las «sutilezas» —preparaciones no comestibles, pero visualmente extraordinarias, que anunciaban cada plato del banquete— exhibían pelícanos, panteras y hasta un hombre montado a lomos de un tigre. En cada sutileza se representaba a la nueva reina

* Un tipo de caracola de agua. *(N. del T.)*

como Santa Catalina con su rueda, defendiendo el honor de la Iglesia.[20]

Tras la coronación, Catalina abandonó Westminster y se unió al rey en una gira por las Midlands. Pasó por Hertford, Bedford y Northampton de camino a Leicester, donde celebró la Pascua con Enrique. Inglaterra le pareció un país provechoso y hospitalario. «En las ciudades que visitaron, el rey y la reina recibieron preciosos regalos de oro y plata de los ciudadanos y prelados de cada ciudad», escribió el cronista John Strecche.[21] Sin embargo, Enrique no se quedó mucho tiempo en Inglaterra. Poco después de Pascua recibió la noticia de que su hermano mayor, duque de Clarence y su lugarteniente en Francia, había muerto combatiendo en Normandía. La guerra no se hizo esperar: en junio de 1421 el rey y la reina cruzaron de nuevo el canal en dirección a Calais. Catalina estaba embarazada de tres meses.

*

La reina no permaneció mucho tiempo en Francia a causa de su estado de salud. Dejó a Enrique batallando contra su hermano y regresó a Inglaterra para dar a luz a un heredero a la corona francesa rival. Para tener buena suerte en el peligroso tránsito del parto, Catalina portaba consigo una preciada reliquia: el prepucio del Santo Niño, conocido por ser una valiosa ayuda para las parturientas.[22] Con su ayuda, dio a luz a un niño sano en el palacio real de Windsor el 6 de diciembre, día de San Nicolás. Todas las campanas de Londres tocaron a la vez para celebrar la noticia, y en las iglesias se cantó el Te Deum.[23] Inevitablemente, el niño recibió el nombre de su padre. Sin embargo, los dos Enriques nunca llegaron a conocerse.

Las heroicas victorias de Enrique V en el campo de batalla le habían permitido trenzar los acontecimientos de forma que pudiera reclamar la autoridad legítima sobre dos reinos. Sin embargo, realizar políticamente tal pretensión puso a prueba cada fibra de su formidable personalidad. Su intervención en la política francesa había enconado las desavenencias entre borgoñones y armañacs; para estos últimos, la guerra parecía ahora una lucha por la existencia. Las fuerzas leales al delfín, decididas a resistir a Enrique a cualquier precio, se atrincheraron y guarnecieron castillos donde pudieron. Estaba claro que la conquista sería una empresa lenta y cada vez más agotadora.

Desde octubre, y durante todo el invierno de 1421-1422, Enrique dirigió el sitio de Meaux, una pequeña ciudad a pocos kilómetros al noreste de París. Las fortificaciones de Meaux eran robustas y sus defensores opusieron una feroz resistencia. El asedio comenzó a finales de año, duró más de seis meses y fue una experiencia miserable para ambas partes: poco a poco, la guarnición de la ciudad fue muriendo de hambre mientras, en el exterior, los sitiadores sufrían las horribles privaciones de la guerra invernal. Era una forma lenta y espantosa de librar una guerra, pero, si Enrique quería obligar a toda Francia a respetar sus derechos en virtud del tratado de Troyes, tendría que romper la resistencia más arraigada a su dominio.

A finales de mayo, Catalina regresó a Francia para visitar a su marido; había dejado a su hijo en Inglaterra, al cuidado de sus nodrizas. Pasó unas semanas a su lado, junto a sus padres. Sin embargo, al llegar el verano se hizo evidente que no todo iba bien con el rey. En algún momento, probablemente en las miserables condiciones del sitio de Meaux, Enrique V había contraído disentería. El «flujo sanguinolento», que provocaba al enfermo un terrible dolor intestinal y una grave deshidratación, era a menudo mortal, y Enrique lo sabía. Era un soldado experimentado y seguramente había visto a muchos de sus hombres correr la misma suerte. A medida que la enfermedad se agravaba, Enrique fue lo suficientemente perspicaz y pragmático como para redactar un testamento donde detallaba sus deseos para los acuerdos políticos en Inglaterra y Francia tras su muerte. Murió en el castillo real de Vincennes entre las dos y las tres de la madrugada del 31 de agosto, poco más de dos semanas antes de cumplir treinta y seis años. Con la misma y pasmosa inmediatez que había caracterizado todas las acciones de su vida, el extraordinario rey guerrero de Inglaterra se había ido. En casa, un bebé de apenas nueve meses iba a heredar la corona: sería la persona más joven en convertirse en rey de Inglaterra.

Si el nuevo rey superaba la infancia —lo cual no estaba garantizado—, Inglaterra se enfrentaría a la minoría real más larga de su historia. Los precedentes no eran prometedores: desde la conquista normanda, tres reyes ingleses habían heredado la corona siendo niños, y todos habían pasado por momentos muy difíciles. Enrique III tenía nueve años cuando se convirtió en rey en 1216, y durante sus primeros años estuvo dominado por ministros autoritarios que utilizaban el poder real para enriquecerse a sí mismos y a sus seguidores. Eduardo III subió al trono a los catorce años, en 1327, tras la abdicación forzosa de su padre, Eduardo II; durante los tres años siguientes, su madre, Isabel de Francia, y su cruel amante, Roger Mortimer, ejercieron el poder con sangre y avaricia hasta que fueron depuestos en un sangriento golpe palaciego. Ricardo II fue el último rey que había heredado la corona siendo niño, en 1377, cuando tenía diez años. Para el gobierno se pretendió que el niño-rey fuera un adulto competente, pero fue un fracaso estrepitoso. A los cuatro años de su ascensión, el Gobierno de Inglaterra estuvo a punto de ser derrocado por la Revuelta de los Campesinos —la gran rebelión popular de 1381—, y la progresión de Ricardo a la edad adulta estuvo plagada de facciones y agitaciones políticas. Las secuelas psicológicas derivadas de aquello lo acompañaron hasta su muerte.[24] El libro del Eclesiastés recogía perfectamente la experiencia de Inglaterra con monarcas inmaduros: «¡Ay de ti, tierra, cuando tu rey es un niño!...».[25]

Las cosas se complicaron aún más cuando Carlos VI murió el 21 de octubre de 1422. Tenía cincuenta y tres años y probablemente falleció por causas relacionadas con su larga enfermedad. El infante Enrique de Windsor no solo era el nuevo rey de Inglaterra, sino que también era, según los términos del tratado de Troyes, el heredero del reino inglés de Francia, una entidad política que aún era objeto de una furiosa guerra. El cuerpo del rey francés fue sepultado en el mausoleo de la iglesia abacial de Saint-Denis. Su reina, Isabel, continuaría viviendo en el Hôtel Saint-Pol, en lo que ahora era de hecho el París ocupado. Había llegado al fin de sus días políticos la que fuera un elemento clave, aunque controvertido, para dirigir el reino durante los ataques de locura de su marido. Los ingleses divulgaron escabrosas —y, probablemente, falsas— historias sobre su escandalosa promiscuidad, y afirmaron, demasiado a su favor, que el delfín no era realmente hijo de Carlos VI. En cuanto a los conquistadores del otro lado del mar, la muerte del rey loco los dejó al mando de Francia. En el funeral de Carlos VI, el hermano mayor superviviente de Enrique V, John, duque de Bedford, hizo llevar ante sí la espada de Estado, un gesto destinado a demostrar que, como representante de su sobrino, ahora encarnaba el poder efectivo en el reino.

Sin embargo, a pesar de toda la grandilocuencia y el triunfalismo, era imposible ocultar la verdad: el primer rey del reino dual era un bebé menudo e indefenso. Aquella era una situación militar sin precedentes y extremadamente delicada, que tendría que gestionarse sin una mano competente que guiara el camino durante casi dos décadas. ¿Cómo iba a acabar bien?

2

Gozábamos de perfecta salud

Los niños-rey no eran desconocidos en el siglo xv, pero planteaban muchas cuestiones difíciles al reino. Un rey que era un bebé, un niño pequeño o un adolescente podía reinar, pero no gobernar. Se había aceptado a Enrique VI como rey legítimo con solo nueve meses. Sin embargo, hasta que alcanzara la mayoría de edad o empezara a mostrar el suficiente criterio para participar en el gobierno, sería necesario tomar en su nombre todas las decisiones concernientes a su vida pública y privada. Como niño, el rey era incapaz de elegir a sus funcionarios y sirvientes o de dar instrucciones en la guerra y la justicia, y carecía de la competencia para tomar decisiones sobre la sucesión. Eran cuestiones críticas en las que descansaba la seguridad de Inglaterra, por lo que no podían ignorarse durante dieciocho años, hasta que el niño se convirtiera en un hombre.

Su padre había previsto, al menos en parte, este problema. Mientras Enrique V agonizaba en agosto de 1422, había reunido a sus compañeros y les había dado instrucciones para el cuidado de su hijo y de su reino tras su muerte. Su testamento establecía que la responsabilidad del joven Enrique VI recaería en su tío abuelo, Thomas Beaufort, duque de Exeter. El duque debía disponer del gobierno general de la persona real y la responsabilidad de elegir a sus sirvientes. Para ello, iba a contar con la ayuda de dos hombres que habían destacado por su lealtad al antiguo rey: sir Walter Hungerford, un antiguo mayordomo de la casa real, y Henry, lord Fitzhugh, un chambelán de confianza. Uno u otro debían asistir al rey en todo momento. (Más tarde les sucedieron en sus cargos otros dos soldados que habían sido leales al antiguo régimen: John, lord Tiptoft y Louis de Robesart). Sin embargo, cuando se trataba de los aspectos prácticos de la crianza de un niño pequeño, nadie había mejor que una madre: Catalina de Valois —ella misma recién salida de la infancia— también desempeñó un papel crucial durante los primeros años de vida y educación de su hijo.

La casa de Catalina y la de su hijo estaban separadas institucionalmente, pero en la práctica se solapaban mucho. La economía doméstica de la reina viuda complementaba la de su hijo y Catalina influía en la elección de sus sirvientes. De bebé, Enrique VI fue atendido principalmente por mujeres: tuvo una nodriza principal llamada Joan Asteley; otra de día, Matilda Fosbroke; una camarera, Agnes Jakeman, y una lavandera, Margaret Brotherman. Poco se sabe de ninguna de las mujeres, pero es imposible imaginar que Catalina no influyera en su selección, ya que pasarían mucho más tiempo con el niño que ella. Cuando Enrique tenía dos años, se nombró institutriz real a la antigua sirvienta de Catalina, la dama Alice Boutiller, con licencia oficial del consejo del rey para castigar a Enrique de vez en cuando y sin temor a represalias si se ofendía por su necesaria disciplina. Incluso cuando el rey creció y se añadieron más hombres a su compañía, la mano de Catalina seguía siendo visible. En 1428, Richard Beauchamp, conde de Warwick, asumió la responsabilidad de educar a Enrique, con el mandato de instruirle en las cualidades cortesanas y caballerescas de la realeza. Por otra parte, tanto el confesor de Enrique, George Arthurton, como el caballero principal de su cámara, sir Walter Beauchamp, habían sido sirvientes en la casa de la reina.[1]

La joven reina viuda poseía extensas tierras y propiedades por toda Inglaterra y Gales, incluidos los inmensos castillos galeses de Flint, Rhuddlan y Beaumaris, la imponente fortaleza de Knaresborough en Yorkshire y, más al sur, los castillos de Hertford, Leeds y Pleshey en Kent, así como Wallingford, un antiguo castillo real que se había reparado y acondicionado en profundidad para su comodidad y provecho. Dividía su tiempo entre sus residencias favoritas, pero la mayor parte del tiempo permanecía cerca de su hijo en los magníficos palacios reales del valle del Támesis, y en particular en Windsor, Westminster y Eltham.

Eltham, en Kent, residencia real preferente durante más de un siglo, permite vislumbrar los primeros años de vida del joven rey. Ofrecía espacio, grandeza, lujo y comodidad a la reina Catalina, y un montón de rincones intrigantes para que los explorara un niño pequeño. La rodeaban hectáreas de parques y jardines plantados de vides. Unos elegantes puentes de piedra cruzaban sus fosos y conducían a una red de dependencias: el joven rey podía toparse con los cocineros trabajando en la cocina y la mantequería, con los reconfortantes aromas del pan de la mañana que subían de la panadería y con los sabores exóticos de la especiería. El palacio había pasado a manos reales en 1305 y había sufrido tres importantes remodelaciones desde la década de 1350. Durante los primeros años del reinado de Enrique, se gastó aún más dinero para garantizarle todas las instalaciones limpias y modernas necesarias para criar a un joven rey.[2] Elegantes apartamentos de madera con chimeneas de piedra se unían a una gran capilla privada mediante patios. Catalina podía entretener a sus invitados por la noche en el vestíbulo y en una sala de baile especialmente construida para la ocasión; mientras, el servicio del rey se quedaba en sus habitaciones, centradas en un salón privado caldeado por dos chimeneas e iluminado por vidrieras, y decorado con aves, monstruos fantásticos y los emblemas de Enrique IV, el abuelo paterno de Enrique. Insignias y coronas reales rodeaban el lema del viejo monarca: *soueignex vous de moy*, 'recuérdame'.[3] En esta cámara, y en otras similares repartidas por los palacios de Inglaterra, el joven Enrique comenzó su camino hacia la madurez y la realeza: entreteniéndose con los juguetes y joyas que le regalaban en Año Nuevo; recibiendo lecciones académicas de su tutor, el médico y erudito de Oxbridge, John Somerset; aprendiendo de memoria las oraciones de su devocionario; riendo en los días festivos con los artistas de la corte, como Jakke Travaille o la compañía llamada los Judíos de Abingdon; aprendiendo a tocar los dos órganos que poseía y recibiendo instrucción temprana en artes marciales, al tiempo que vestía su «pequeña armadura» —especialmente fabricada para él— y blandía una espada larga. En privado, Enrique no vivía la vida de un rey, sino la de un joven príncipe: criado, educado, amado, entretenido y —ocasionalmente— castigado, como otros niños de la realeza. Sin embargo, las cosas eran mucho más complicadas en la esfera pública de la corte.

Inglaterra era un reino cuyo gobierno giraba en torno a la persona del rey. Institucionalmente, era sofisticado, maduro y complejo. El rey estaba obligado por su juramento de coronación a consultar a sus altos nobles sobre asuntos de estado, ya fuera mediante un consejo oficial o, más informalmente, pidiendo la opinión y recomendación de los grandes hombres de la tierra según lo considerara oportuno. Cuando se exigían impuestos, tenía que trabajar en colaboración con el reino a través de las asambleas de lores y comunes que se reunían cuando convocaba un parlamento. La justicia era impartida por funcionarios públicos cada vez más profesionales, responsables en última instancia ante el tribunal de cancillería, y las finanzas públicas se gestionaban a través de otra institución antigua y muy burocrática: la Hacienda.

En cualquier caso, y aunque era grande y complejo, el Gobierno real inglés no era una máquina que pudiera funcionar por sí sola. De hecho, el buen funcionamiento de la máquina y, por extensión, la fortuna del reino en general, seguían dependiendo fundamentalmente de la competencia personal del rey. El ingrediente mágico que hacía funcionar el Gobierno real era la absoluta libertad de la voluntad real: era ejerciendo dicha voluntad como el rey podía resolver las disputas entre los prohombres del reino, corregir los abusos y la corrupción del sistema y, en general, garantizar un sentido de liderazgo y dirección al país. Así, un rey seguro de sí mismo, decidido, persuasivo y guerrero como Enrique V pudo gobernar un reino unido y pacífico. Por el contrario, un rey vacilante, veleidoso, sin experiencia ni habilidad en el campo de batalla y carente de buen juicio, como había sido Ricardo II, podía ver cómo su gobierno se desmoronaba rápidamente y el desorden destrozaba el reino.[4]

Como es natural, un niño no podía cumplir estas funciones de la realeza, que marcaban la diferencia esencial entre reinar y gobernar. Sin embargo, desde el mismo día en que Inglaterra se enteró de la muerte de Enrique V, prácticamente toda la comunidad política inglesa hizo un esfuerzo asombroso y coordinado para ejercer el poder del joven rey en su nombre, con responsabilidad y sensatez.

En su lecho de muerte, Enrique había dado instrucciones para que su hermano mayor, John, duque de Bedford, asumiera la responsabilidad de los asuntos franceses.[5] La decisión era inapelable: en principio, Bedford era el heredero de la corona francesa; era un hombre sobrio, piadoso y trabajador, un político astuto y un lord que impresionaba sin proponérselo y que proyectaba esplendor principesco en todo lo que hacía. Más controvertidas fueron las medidas que Enrique propuso para el gobierno de Inglaterra. Una de las cláusulas del testamento de Enrique sugería que su hermano menor, Humphrey, duque de Gloucester, fuera nombrado tutor durante la minoría de Enrique VI. Es muy posible que este término se limitara a responsabilizar a Gloucester de la educación y crianza del nuevo rey. Sin embargo, también podía interpretarse que Gloucester ejercería plenos poderes de regencia en Inglaterra, respondiendo únicamente ante el propio rey.

Muchos en Inglaterra habrían aprobado esta interpretación, pues Gloucester gozaba de gran estima en el país. Era un hombre culto y leído, con conocimientos e intereses en todas las disciplinas, desde la poesía inglesa, francesa e italiana y el saber humanista de Italia hasta la alquimia, entonces popular en los círculos intelectuales. Empleó a eruditos extranjeros como secretarios, gastó grandes sumas en mecenazgo y promoción de artistas y escritores, coleccionó libros y fomentó un ambiente culto y cortesano en su casa. Además, era un veterano de la batalla de Agincourt, y la bella Jacqueline de Henao, con la que se casó en 1423, era una princesa querida por el pueblo de Inglaterra. Mantenía unas opiniones implacables y agresivas en cuanto a política exterior, y, aunque muchos de sus compañeros nobles no las compartían, en Londres se consideraba a Gloucester como el campeón de los intereses mercantiles y alguien que defendería a los comerciantes nativos.

Sin embargo, a pesar de todas estas virtudes y de su innegable popularidad entre los ingleses, Gloucester no contaba con la devoción de todos los que rodeaban al nuevo rey. Aunque era un ávido mecenas de la alta cultura, también podía ser pomposo y egocéntrico. En su carrera militar había querido mostrar una imagen caballeresca, pero era decididamente menos impresionante que sus tres hermanos mayores: Enrique V había sido un comandante sin par y un personaje magnético; Thomas de Clarence, un soldado valiente hasta el suicidio, y John de Bedford, un sobrio estratega. Gloucester, por su parte, tendía a primar la beligerancia ciega por encima de cualquier otra consideración táctica. Su necesidad de adoración popular alienó a otros que también tenían derecho al poder y lo convirtió en un líder un tanto superficial. Por otra parte, sus pretensiones de caballerosidad naufragarían en 1428, cuando abandonó cruelmente a Jacqueline de Henao y anuló su matrimonio para acostarse con una de sus damas de compañía, Leonor Cobham, la inteligente y seductora hija de un barón. Al igual que su hermano mayor Bedford, la reputación de Humphrey, duque de Gloucester, era de majestuosidad y grandeza. La suya, simplemente, sonaba más estéril.

Así pues, no es de extrañar que, cuando se conocieron las condiciones del testamento de Enrique V, se concertara un esfuerzo para impedir que Gloucester ocupara la posición que tanto ansiaba en el Gobierno. Bedford encabezó esta resistencia en alianza con otros señores del consejo real. En diciembre de 1422, durante el primer parlamento del nuevo reinado, se convocó a Gloucester para comunicarle que se le había concedido el título de «Protector y defensor del reino de Inglaterra y de la Iglesia inglesa y consejero principal del señor rey». Aunque sonara extraordinario, este título era estrictamente limitado, y quedaría en suspenso cada vez que Bedford, de mayor rango, visitara Inglaterra. Ni Gloucester ni nadie iba a ser lugarteniente, tutor, gobernador o regente. El duque no era más que el hombre preeminente en lo que resultaría ser un protectorado conciliar planeado al detalle: era el primer experimento de este tipo en la historia de Inglaterra, y se había levantado bajo una ficción muy singular. El gobierno se ejerció en nombre de Enrique, pero también continuó como si el niño-rey fuera de hecho una figura pública en plena actividad.

Gloucester se sintió amargamente decepcionado. Ni siquiera el gran salario que recibía en su nuevo cargo podía enmascarar el hecho de que le habían pasado por encima de tal manera que ni su propio hermano, con quien mantenía buenas relaciones, le consideraba apto para gobernar Inglaterra de forma independiente. Sin embargo, Gloucester no se retiró de la política ni concibió la rebelión. A pesar de dolerle aquel rechazo personal, parece que reconoció los mismos hechos que habían inquietado a todos los demás allegados a la Corona inglesa: que la muerte de Enrique V dejaba a Inglaterra en una posición muy peligrosa y que, sin un intento colectivo de instaurar una minoría de gobierno estable que durara al menos una década, el reino podía hundirse en el mismo desastre que había afligido a sus vecinos franceses. Desde este punto de vista, la decisión de pasar por alto a Gloucester en favor de un gobierno conciliar que sirviera a la idea de que el rey bebé era un auténtico gobernante fue tanto un artificioso repliegue constitucional como una idea brillante.

*

En el otoño de 1423, cuando aún no había cumplido dos años, el rey Enrique VI presidió el parlamento por primera vez en Westminster. Un parlamento medieval no tenía poder propio, salvo el derivado del soberano, fuera este un bebé, un hombre adulto o un anciano babeante. El viernes 12 de noviembre, por tanto, la reina Catalina se preparó para llevar a su hijo desde la guardería de Windsor, a través de las prósperas ciudades y pueblos de la ribera norte del Támesis, hasta Westminster, donde se reuniría con los representantes de sus súbditos al estilo tradicional. Windsor era aún más admirable que Eltham: era un castillo de cuento de hadas lleno de todos los adornos piadosos y caballerescos de la realeza inglesa; contaba con un bosque amurallado de torres y torreones, con gloriosos aposentos pintados y suntuosas viviendas, así como la magnífica capilla de San Jorge, sede de la Orden de la Jarretera. Fue de este tranquilo lugar de donde el rey, de veintitrés meses —ya un niño pequeño que comenzaba a mostrar voluntad propia—, estaba a punto de salir la segunda semana de noviembre.

Enrique no estaba muy emocionado ante la perspectiva del viaje. Aunque el trayecto empezó tranquilo y el pequeño rey estuvo bien atendido por sus nodrizas y niñeras, el viaje no le sentó muy bien. Tras el primer día de ruta, la comitiva real pasó la noche en Staines. Entonces, la mañana del domingo 13 de noviembre, mientras llevaban a Enrique a su madre, que estaba sentada en su carruaje y lista para viajar hacia Westminster vía Kingston, el niño tuvo una rabieta real. «Gritó y se agitó [es decir, chilló, se revolvió y lloró] y no quiso que lo llevaran más lejos, por lo que lo llevaron de nuevo a su posada, donde pasó todo el domingo», escribió un cronista de Londres.[6] Solo veinticuatro horas más tarde, tras un día de consolación en su alojamiento, el niño consintió que lo llevaran al parlamento. El 18 de noviembre llegó, fue presentado al reino en el regazo de su madre y escuchó, presumiblemente sin ningún interés, al presidente de la Cámara, el jurista y diputado John Russell, expresando el agradecimiento de todos ellos por su gran «consuelo y alegría al ver a su alta y real persona sentarse y ocupar su legítima sede y lugar en su parlamento».[7]

Si todo esto parecía más bien una tensa y extraña farsa política, no dejaba de tener una importancia capital para los hombres que la interpretaban. La realeza era un cargo sagrado e imprescindible, y durante la década de 1420 no se escatimaron esfuerzos para introducir al joven Enrique a sus rituales simbólicos. El gobierno cotidiano corría a cargo de un consejo con reglas claras y una composición fija. Inicialmente se nombraron diecisiete consejeros, se acordaron artículos de conducta para sus reuniones y se consideró necesario un cuórum de cuatro para que las decisiones fueran vinculantes. El consejo levantaba actas detalladas, que incluían los nombres de quienes habían tomado las decisiones, y se limitaba a desempeñar las funciones esenciales de la realeza. Vendía cargos y títulos solo para beneficio económico de la Corona, y no para clientelismo político privado. Ejercía un control absoluto y secreto sobre las finanzas reales. Era lo más parecido a un órgano político imparcial que podía concebirse.

Sin embargo, el rey seguía entrando en juego siempre que era posible. El primer mes del reinado de Enrique, se había celebrado una solemne ceremonia en Windsor para destacar el traspaso del Gran Sello de Inglaterra —instrumento esencial en el Gobierno real— de manos del canciller del antiguo rey, Thomas Langley, obispo de Durham. El bebé estaba rodeado en su cámara por los más grandes nobles y obispos del país, que observaron atentamente cómo «el canciller entregaba al rey Enrique el gran sello de oro del difunto rey en una bolsa de cuero blanco sellada con la estampa de dicho canciller, y el rey lo entregó por manos [del duque de Gloucester] a la custodia de [el guardián de los rollos de la cancillería], quien lo llevó consigo a Londres…».[8] Al día siguiente, el sello se llevó al parlamento y se entregó solemnemente a un empleado de la tesorería real para su custodia.

Era puro teatro, pero el tejido del gobierno inglés se vio materialmente sostenido cuando los suaves y diminutos dedos del rey pasaron sobre el fino cuero blanco de la bolsita del sello. La misma ceremonia se repitió casi dos años más tarde en el castillo de Hertford, cuando se volvió a llamar al rey para entregar el sello a su tío abuelo Enrique Beaufort, obispo de Winchester, que a su vez había sido nombrado canciller.[9] Cuando el rey tenía cinco años, los lores de su consejo recogieron en sus actas un resumen asombrosamente claro de su posición: «Si bien el rey es ahora de tierna edad, reside y está en su persona en este día la misma autoridad que estará en él en cualquier momento en adelante».[10]

Este intento de instaurar una realeza personal era, en ocasiones, cómico en su confección. Se conservan cartas oficiales, escritas durante los primeros años del reinado de Enrique VI, que no estaban redactadas como instrucciones de adultos que gobernaban en nombre de un bebé, sino con la pretensión de que el propio bebé era un adulto en plenas facultades que dictaba sus despachos reales personalmente. Una de ellas, escrita al duque de Bedford en Francia el 15 de mayo de 1423, cuando al rey aún le faltaban un par de semanas para cumplir los dieciocho meses, comenzaba así: «Muy fiel y amadísimo tío, te saludamos de todo corazón y te hacemos saber, para tu consuelo, que en el momento de escribir esto, agradecidos por Dios, nos encontramos en perfecto estado de salud, confiando en nuestro Señor, y deseamos que así sea…».[11] Cinco años más tarde, el rey empezó a mostrar signos de preparación para gobernar en el Parlamento: «El rey, bendito sea nuestro Señor, está […] muy avanzado y crecido en persona, en ingenio y entendimiento, y podrá, con la gracia de Dios, ocupar su propio poder real dentro de [unos] pocos años».[12] Para entonces tenía seis años.

De hecho, el gobierno conciliar continuó durante toda la década de 1420. En cuestiones en las que tradicionalmente un rey adulto habría intervenido en persona, como en el arbitraje de disputas entre los grandes nobles de los condados, un sistema de juramento mutuo servía para mantener la paz. No siempre era sencillo, pero en general se mantenía el orden. Solo en 1425 una enemistad personal amenazó con desestabilizar por completo la administración, cuando estalló una disputa entre dos de los hombres más poderosos y potencialmente peligrosos de Inglaterra: el frustrado protector Humphrey, duque de Gloucester, y el rico e influyente tío abuelo del rey, Henry Beaufort, obispo de Winchester.

*

El 29 de octubre de 1425, la ciudad de Londres hervía de excitación. Tomaba posesión de su cargo John Coventry, el nuevo alcalde electo. Sin embargo, justo cuando se sentaba a disfrutar de su banquete oficial, recibió un mensaje urgente que lo convocaba, junto con todos los hombres más importantes de la ciudad, a una reunión con el duque de Gloucester. Cuando llegó en presencia del duque, recibió instrucciones de asegurar Londres lo más rápidamente posible para la noche que se avecinaba. Se le informó de que una gran fuerza armada se reunía bajo el liderazgo de Beaufort en el lado sur del puente de Londres, en el suburbio de Southwark. Arqueros, hombres de armas y demás figuras leales al obispo se preparaban para invadir Londres al día siguiente, decididos a sembrar el caos en la ciudad y a atacar a cualquiera que fuera leal a Gloucester. Se avecinaba una larga noche de insomnio.

El trasfondo de la disputa era complejo. Gloucester y Beaufort eran hombres capaces y experimentados, con funciones vitales en la regencia. En ausencia del duque de Bedford, ambos compartían la responsabilidad para el mantenimiento de la paz, si bien sus puntos de vista sobre política exterior y asuntos internos chocaban con frecuencia, lo que provocaba recelos y hostilidad mutuos.

La personalidad desmesurada de Gloucester era bien conocida, pero Beaufort era también una figura imponente. Segundo hijo del bisabuelo de Enrique VI, Juan de Gante, y de su tercera esposa, Catalina Swynford, había sido nombrado cardenal y legado por el papa Martín V en 1417. El poder personal y la riqueza del cardenal procedían de su diócesis de Winchester, la más rica de Inglaterra, y su posición pública se debía a una larga vida de servicio. A sus cincuenta años, ya había ocupado altos cargos en Inglaterra durante más de dos décadas, y a menudo había contribuido a apuntalar las finanzas de la Corona mediante vastos y generosos préstamos. En 1425 era canciller de Inglaterra y probablemente el principal defensor del sistema conciliar de gobierno. Es probable que Beaufort, conservador por naturaleza, hubiera ayudado a coordinar la oposición a la regencia de Gloucester entre los lores del consejo. Todo esto significaba que los dos hombres eran, como dijo un lacónico cronista, «no buenos amigos».[13]

En 1425 su animosidad y sospechas mutuas eran intensas. La causa recaía sobre todo en Gloucester, quien el verano anterior había dirigido una expedición militar popular, pero extremadamente imprudente, a los Países Bajos, en pos de la reclamación de su esposa del condado de Henao. Para su desgracia, el hombre que ahora poseía el patrimonio de la esposa de Gloucester era su primer marido, Juan de Brabante, que contaba con el apoyo del duque de Borgoña, un aliado clave de los ingleses en su guerra contra la Francia armañac, y a cuyo cortejo Beaufort había dedicado mucho tiempo y esfuerzo. El hecho de que Borgoña se sintiera tan disgustada y enemistada por la insolente agresión de Gloucester ya era bastante malo, pero para empeorar las cosas, la campaña fue un absoluto fracaso. También se despertó un violento sentimiento antiflamenco en Londres, que desembocó en revueltas xenófobas y disturbios en las calles. Beaufort, como canciller, tuvo que calmar la capital. Nombró a un nuevo guardián de la Torre de Londres, Richard Woodville, como medida preventiva de mantenimiento de la paz, pero esto se interpretó como un intento de intimidar a los ciudadanos poniendo la fortaleza que se cernía sobre la ciudad en manos de un títere del Gobierno, y tuvo el efecto de despertar aún más la ira popular. En 1425, el cardenal

Beaufort se había convertido en el principal enemigo público de la capital, y se lo consideró amigo de los extranjeros y contrario a los londinenses nativos.

Así fue como estallaron las tensiones la tarde del 29 de octubre. Beaufort había llegado a creer que la intención de su primo era viajar de Londres a Eltham para tomar personalmente el mando del joven rey: una apropiación simbólica del origen del poder que habría supuesto un golpe de estado en toda regla. Es poco probable que Gloucester pretendiera secuestrar al rey, pero Beaufort no estaba dispuesto a apostar por la lealtad del duque. Así pues, había acuartelado Southwark y, cuando amaneció y la ciudad despertó, los ciudadanos corrieron a la orilla del río para ver que el lado sur del puente de Londres se había fortificado con enormes cadenas que lo cruzaban y hombres armados montando guardia en las ventanas, «como en tierra de guerra, como si hubieran luchado contra la gente del rey y quebrantando la paz». En el lado norte del puente, Gloucester y el nuevo alcalde de Londres habían cerrado las puertas de la ciudad. Era un enfrentamiento cuya conclusión más probable parecía ser una confrontación mortal en el propio puente. Hubo pánico en toda la ciudad. «Todas las tiendas de Londres cerraron en una hora», escribió un cronista sin aliento.[14]

Sin embargo, la batalla nunca llegó a entablarse. Hubo suficiente ímpetu a ambos lados del Támesis como para que se hubieran teñido de sangre los remolinos bajo los estrechos arcos del puente de Londres, pero, por suerte, en Inglaterra había cabezas más frías que las de los dos tíos insatisfechos del rey. Las más eminentes fueron Henry Chichele, arzobispo de Canterbury, y Pedro, príncipe de Portugal y duque de Coimbra, un primo viajero del rey Enrique, que se encontraba entonces en Inglaterra como invitado de honor de la corte.[15] Ambos coordinaron negociaciones frenéticas durante toda la jornada del 30 de octubre, y sus mensajeros cabalgaron ocho veces entre los bandos enfrentados hasta que finalmente se pactó una tregua.

Sin embargo, la mala sangre perduró en ambos bandos. Al día siguiente, Beaufort escribió una indignada carta a su sobrino Juan, duque de Bedford, rogándole que regresara de Francia y tomara el mando del conflictivo régimen. «Como deseáis el bienestar del rey, nuestro soberano señor, y de sus reinos de Inglaterra y Francia, así como vuestro propio bienestar y el nuestro, apresuraos a venir, porque en verdad os digo que, si os retrasáis, pondremos esta tierra en peligro con una batalla. Tal es el hermano que tenéis aquí. Que Dios haga de él un buen hombre», escribió.[16] Bedford regresó en enero y pasó todo un año restaurando la calma.

Fue un acto significativo: en cierto sentido, su regreso para mediar entre sus parientes enfrentados hizo que el duque actuara como rey en funciones. En cualquier caso, funcionó. El cardenal Beaufort dimitió como canciller, y su atención se desvió pronto por las instrucciones del papa para que liderara una cruzada militar contra los husitas, una herejía reformista en Bohemia. Sin embargo, la renuncia de Beaufort no significó que Gloucester se viera como victorioso: siguiendo las instrucciones de Bedford, se volvieron a promulgar los reglamentos que había establecido el escrupuloso gobierno conciliar de 1422-1424, y en enero de 1427 se celebraron dos reuniones separadas en la Cámara Estrellada de Westminster y en la posada de Gloucester en Londres, donde Bedford y Gloucester juraron sobre los Santos Evangelios y ante los señores reunidos en el consejo que apoyarían una forma de gobierno conciliar. Ambos acordaron que serían «aconsejados, señoreados [es decir, se podrían encargar de ellos] y gobernados por los señores del consejo y obedecerían al rey y a ellos como al rey». Es evidente que Gloucester prestó su juramento de mala fe: menos de un año después volvería a exigir una ampliación de sus poderes sobre el gobierno nacional y, airado, amenazaría con boicotear todos los parlamentos futuros a menos que se le concediera lo que deseaba. Sin embargo, sería abofeteado con contundencia una vez más: el parlamento le diría que se contentara con los poderes que el reino había considerado suficientes para él y le pediría enérgicamente que confirmara «que no desea ningún poder mayor». El compromiso general de preservar y defender el Gobierno real triunfó frente a cada grave crisis de autoridad.

Sin embargo, por muy celosamente que se observaran los principios del gobierno conciliar, el gobierno del rey, pero sin el rey, solo podía ser temporal, y cada desafío al orden existente cuestionaba la capacidad de todos los miembros de la mesa del consejo para preservar su pacto constitucional. La crisis de 1425-1427 ilustró precisamente por qué había tanto afán de ver en el niño-rey la capacidad de «ocupar su propio poder real en [pocos] años». Retirar a Bedford de Francia había sido una medida desesperada que no resultaría práctica ni deseable repetir. En resumen, a medida que avanzaba la década de 1420 se hizo evidente que Enrique tendría que madurar —o verse obligado a madurar— tan rápido como fuera posible. Sin embargo, no serían los asuntos domésticos los que favorecieron el desarrollo más significativo de Enrique. Más bien, fueron los acontecimientos al otro lado del Canal los que impulsaron a los gobernantes en funciones de Inglaterra a reclamar las primeras muestras de realeza a un niño de siete años.

3

Nacido para ser rey

El 17 de agosto de 1424, ocho mil hombres se alinearon en la llanura extramuros de la ciudad fortificada de Verneuil, en el este de Normandía, y se prepararon para la carga. Frente a ellos se levantaba un enorme ejército leal al delfín, o, como él prefería ser llamado, a Carlos VII de Francia. El propio Carlos no estaba presente, pero su primo lejano Jean, conde de Aumale, un príncipe de sangre francesa de veintiocho años que llevaba luchando contra los ingleses desde su adolescencia, mandaba entre catorce y dieciséis mil soldados, todos bien armados y preparados para luchar hasta la muerte. Sobre el ejército de Aumale ondeaban banderas y pendones que representaban a hombres de diversos orígenes: los franceses aguardaban hombro con hombro junto a seis mil quinientos soldados y arqueros escoceses y un contingente de españoles, flanqueados por dos divisiones de caballería de Lombardía, región del norte de Italia famosa por producir las mejores armaduras y los guerreros a caballo más temibles y mejor protegidos de Europa. La plomiza aproximación de estos caballos robustos y blindados, junto con el brillante destello de las lanzas y corazas de sus jinetes, bastaba para infundir un miedo mortal en los corazones de quien los viera. Puede que hubiera hasta dos mil de estos agentes de la muerte a caballo en el ejército francés. Las amplias y desprotegidas llanuras de Verneuil eran el terreno perfecto para ellos. Un espectáculo temible.[1]

Los ocho mil hombres que se prepararon para enfrentarse a estos temibles jinetes y a los miles de soldados que los acompañaban eran un ejército de ingleses y normandos bajo el mando de

John, duque de Bedford. El regente de Francia dirigía su ejército con una sobrevesta decorada con la cruz blanca de Francia y la roja de Inglaterra, un potente signo de la monarquía dual que representaba. Por encima llevaba la túnica de terciopelo azul de la Orden de la Jarretera. A su lado, en el campo de batalla, estaba Thomas Montacute, conde de Salisbury, un veterano canoso que, a sus treinta y seis años, era uno de los soldados más famosos de Europa. Formaban una impresionante pareja de líderes, pero, a pesar de todo su honor personal y experiencia, no podían ignorar los hechos del campo de batalla, que parecían favorecer con creces al enemigo.

Los hombres de Bedford y Salisbury estaban preparados para anticiparse al peligro que supondría la caballería en particular. Un caballo acorazado y un jinete cargando a toda velocidad podían derribar a un soldado y aplastarlo en el suelo, pero también ensartarlo con la lanza. La fuerza de cientos de soldados de caballería al mismo tiempo podía sumir a un ejército en un caos aterrador antes incluso de que comenzara la lucha cuerpo a cuerpo. Así pues, al igual que en la batalla de Agincourt, los arqueros ingleses protegieron sus líneas clavando afiladas estacas de madera en el suelo, como feroces obstáculos para frenar la carga de la caballería. El gran contingente de ingleses y normandos —caballeros desmontados que luchaban con armadura, espadas, hachas y puñales— se agrupó en una enorme división. Los caballos y los carros de equipaje se ataron detrás de ellos para levantar más barricadas defensivas. El resto se encomendó a Dios.

La batalla comenzó, como era de esperar, con una carga de la caballería lombarda, que se lanzó hacia el centro de Bedford y Salisbury. Chocaron con tal fuerza que atravesaron el centro de la línea inglesa y partieron en dos a todo el ejército; entonces emergieron por la retaguardia y atacaron a la fuerza de reserva ligeramente acorazada que se había mantenido rezagada para custodiar los suministros. Los reservistas saltaron sobre sus caballos y huyeron despavoridos del campo de batalla. Los lombardos emprendieron una persecución mortífera. Detrás de ellos, los soldados franceses y escoceses se dirigieron hacia la línea de infantería inglesa, ahora rota, y comenzó la caótica lucha cuerpo a cuerpo.

«La batalla fue sangrienta; nadie podía decir quién iba ganando», escribió un cronista parisino que no participó en Verneuil, pero logró captar en una frase la realidad de tantas batallas medievales.[2] Tan pronto como pasó la carga de caballería, se dice que el duque de Bedford exhortó a sus tropas a luchar no para «ganar o conservar bienes terrenales, sino solo para ser adorados por los justos de Inglaterra».[3] A continuación les ofreció su propio ejemplo y se lanzó varonilmente con una alabarda, mientras Salisbury hacía gala de la destreza marcial y la valentía que lo habían convertido en héroe de las guerras francesas. Fue una lucha desesperada, librada con intensa violencia por ambos bandos. En un momento dado, el estandarte inglés —la bandera que marcaba la posición central del ejército— cayó al suelo. Tradicionalmente, esto era señal de que un ejército había sido derrotado, pero un caballero normando se lanzó contra las líneas francesas y consiguió recuperarlo él solo.

El día se superó gracias a este tipo de coraje: los hombres de Bedford se limitaron a abrirse camino hacia la victoria mediante el combate cuerpo a cuerpo, más que siguiendo órdenes de táctica militar. Soldados de sangre noble lucharon junto a arqueros nacidos entre campesinos, todos entregados a la misma causa. Consiguieron masacrar a un número suficiente de franceses y escoceses como para que, cuando los lombardos regresaron al campo de batalla tras aplastar a la reserva inglesa, se encontraran con que la lucha ya había terminado y los jinetes ingleses masacraban a un enemigo destrozado, despachando a cualquiera que quedara a su alcance mientras intentaba huir.

Había sido una victoria extraordinaria. Los relatos de la batalla atribuyen a Bedford el generalato más puro e inspirador. Más de siete mil franceses y escoceses fueron masacrados en los campos de Normandía aquel día. Murieron algunos de los mejores comandantes del delfín, entre ellos Aumale y los condes de Buchan y Douglas, ambos líderes escoceses. Otros fueron hechos prisioneros. Cuando Bedford regresó a París para dar gracias por su victoria en Notre-Dame, los ciudadanos salieron vestidos todos de rojo y lo aclamaron por las calles. Según un escritor, lo recibieron «como si hubiera sido Dios».[4]

La batalla de Verneuil fue el clímax militar de la regencia de John, duque de Bedford, en Francia, así como del conjunto de las fortunas inglesas en el continente. Para la reputación del duque fue un triunfo: había vencido contra todo pronóstico, aparentemente mediante el mero ejercicio del honor, el valor y la virtud personal. Fue un triunfo apropiado para un hombre que siempre se esforzaría, por encima de todo, por preservar la memoria de su hermano mayor, Enrique V. Verneuil también encajaba bien con otra de las grandes devociones de Bedford, el culto a san Jorge. (El retrato del duque en *Las Horas de Bedford,* un texto devocional suntuosamente ilustrado que encargó en 1423, lo muestra con finas túnicas bordadas, arrodillado ante la solemne figura de su santo favorito, que lleva armadura completa y los ropajes de la Orden de la Jarretera).[5] La victoria parecía dar la aprobación del Todopoderoso a la causa del reino dual: una señal que justificaba todas las vidas y todo el dinero que habían gastado los ingleses persiguiendo los sueños de Enrique V y sus antepasados Plantagenet.

Si Verneuil fue la cúspide de las fortunas militares de Inglaterra y del mando personal de Bedford, los años que siguieron comprendieron un lento y doloroso descenso desde la gloria, la victoria y la supremacía. Cada vez más inútilmente, los ocupantes trataron de convencer primero al enemigo, y luego a sí mismos, de que el reino inglés de Francia podía mantenerse de forma realista.

*

No es difícil comprender por qué, en su lecho de muerte, Enrique V había recomendado a su hermano para la regencia de Francia. Alto, de robustas extremidades y físicamente imponente, además de una gran nariz aguileña, el duque era sensato y manifiestamente fiel. Era piadoso en extremo y, aunque podía mostrarse severo e incluso cruel con quienes lo ofendían, estaba verdaderamente comprometido con el buen gobierno y la impartición de justicia. Conocía bien las realidades de la ocupación y, particularmente en Normandía, se esforzó por servirse de las instituciones nativas para gobernar, empleando a normandos en puestos de poder y asegurándose de que muchos de ellos lucharan en los ejércitos que defendían su territorio de las fuerzas de Carlos VII. Aunque Bedford careció de una gran victoria militar hasta Verneuil, contaba con la confianza y la ayuda de experimentados y duros capitanes de guerra ingleses como Salisbury, sir John Fastolf, Thomas, lord Scales, sir William Oldhall y John Talbot. Bedford también se implicó personalmente en la política más amplia de las guerras francesas: estaba casado con Ana de Borgoña, la hermana del aliado extranjero más importante de Inglaterra, el duque Felipe; una vez juntos, la pareja estableció una impresionante corte que se reunía en las numerosas casas que Bedford tenía en París, Ruan y otros lugares, todas repletas de las vastas colecciones de arte, libros, tesoros, tapices y vestimentas religiosas a las que Bedford se había dedicado durante mucho tiempo. Como escribiría un cronista del siglo XV, el duque «representaba físicamente la persona del rey de Francia e Inglaterra», y se aseguraba de estar a la altura de la imagen que su posición exigía.[6]

La situación, sin embargo, no era sencilla. El reino inglés de Francia era, a primera vista, la ocupación más completa de su clase en Europa en casi cuatrocientos años, desde que Guillermo el Conquistador había invadido y conquistado la Inglaterra anglosajona en 1066. La alianza anglo-borgoñona controlaba casi la mitad de la superficie del reino, desde el condado de Flandes en el norte hasta el ducado de Gascuña en el sur, y desde las fronteras de Bretaña en el oeste hasta las orillas del río Mosa en el este. Una política de fuertes guarniciones en Normandía había afianzado el dominio inglés en todo el ducado. Además de los hombres que podían solicitarse de estas guarniciones para luchar en el frente, un flujo regular de soldados contratados durante ciclos de seis meses o un año engrosaba las fuerzas inglesas en época de campaña.

El delfín, de veintiún años, fue desterrado del corazón sagrado de su propio reino mientras la bandera inglesa ondeaba sobre Ruan, la capital de Normandía, y los tres lugares más sagrados de la realeza francesa: Reims, donde los reyes franceses eran consagrados; París, donde gobernaban, y Saint-Denis, donde se los enterraba. En las monedas francesas recién acuñadas figuraban los escudos de armas de Francia e Inglaterra, y un ángel apoyaba una mano sobre cada uno de ellos. Mientras tanto, en Normandía se promulgaban leyes que prohibían referirse al enemigo como «francés»: los que se oponían a los ocupantes ingleses solo podían llamarse por su nombre de facción, «armagnacs», mientras que Carlos VII debía describirse como «el que se llama a sí mismo delfín». Los castigos por desobedecer la nueva regla, ya fuera de palabra o por escrito, eran severos: se impondría una multa de diez *livres tournois* (583 libras) por la primera infracción a un noble y de cien *sous* (292 libras) a un plebeyo; la tarifa se multiplicaría por diez en la segunda infracción y se llegaría a la confiscación de todos los bienes en la tercera.[7] Se trataba de grandes sumas, equivalentes a los ingresos de muchos años; si los infractores no podían pagar, se les perforaría la lengua o se les marcaría la frente.

Sin embargo, la autoridad inglesa, por dominante que fuera, no podía calificarse de universal. Mientras el delfín estuviera en libertad, había un centro de poder político alternativo en Francia. Sin una victoria militar absoluta, Bedford no podía reclamar la plena legitimidad del dominio inglés. Además, la cuestión estaba más socavada aún por el hecho de que el papa Martín V rechazó refrendar el tratado de Troyes, negando la reclamación de Enrique VI a la corona con todo el peso moral de la Iglesia. La resistencia normanda era escurridiza y peligrosa: bandas de bandoleros campaban a sus anchas secuestrando, robando, extorsionando, saqueando, quemando propiedades y tomando —y a veces torturando— a rehenes. Estos insurgentes combinaban una ética básica de supervivencia y un instinto criminal con el eterno y justo resentimiento de un pueblo conquistado. Una banda de ladrones y salteadores de Normandía, liderada por el capitán bandolero Jean de Hallé, no se arredraba si tenía que secuestrar monjes o torturar a mujeres obligándolas a beber grandes cantidades de agua hasta reventarles el estómago y los intestinos. La tripulación de Hallé robaba en beneficio propio, pero también vestía uniforme y juraba «hacer cuanto estuviera en su mano para dañar e injuriar a los ingleses».[8]

Así, mientras Bedford guerreaba para defender la autoridad inglesa, pacificar a la población de las tierras conquistadas e intentar empujar a los armañacs al sur, más allá del río Loira, también se embarcó en una campaña de propaganda diseñada para atraer a todos los franceses que vivían bajo el gobierno nominal del joven rey del otro lado del charco, el cual sería conocido como Enrique II según la nomenclatura regia francesa. Poco sabía Bedford que los medios con los que llevó a cabo esta campaña serían muy imitados en Inglaterra, muchas décadas después de su muerte.

*

En 1425, un canónigo de Reims se vio obligado a pedir perdón al régimen inglés por visitar la catedral de Notre-Dame de París y destrozar un gran cartel colgado en el muro por orden de Bedford.[9] La imagen que había dañado era un árbol genealógico que ilustraba la ascendencia del rey Enrique VI de los antiguos reyes, tanto de Inglaterra como de Francia. Era uno de los muchos carteles de este tipo que se habían producido a gran escala y distribuido por Francia para convencer al pueblo llano de que en Enrique y su representante, Bedford, tenían a un gobernante que era rey no solo por derecho de conquista, sino también por línea de sangre. En todos los territorios ocupados se distribuyeron genealogías inglesas bien en forma de folletos, bien colgadas en iglesias y catedrales, para captar la atención y —se esperaba— la imaginación del pueblo llano.

Conocemos el aspecto del árbol genealógico de Notre-Dame gracias a una copia posterior realizada por orden de John Talbot, conde de Shrewsbury, en la década de 1440 (véase la sección de láminas).[10] En la parte superior había un medallón que representaba a Luis IX de Francia —san Luis, como se le conocía desde su canonización en 1297—, el piadoso y magnífico rey capeto que reinó en el siglo XIII. Detrás del medallón había un amplio fondo en forma de lágrima decorado con pequeñas flores de lis. Debajo de Luis figuraban sus descendientes, Felipe III y Felipe IV, seguidos de los cuatro hijos de Felipe IV, es decir, Luis X, Felipe V, Carlos IV e Isabel: las últimas generaciones de la casa de Capeto. Mientras tanto, a ambos lados del cartel había dos líneas de descendencia subsidiarias. A la izquierda estaba la casa de Valois; a la derecha, la casa real inglesa de Plantagenet, empezando por Eduardo I. En el lado inglés, la tabla mostraba a la hija de Felipe IV, Isabel, casándose con Eduardo II de Inglaterra en 1308. Después de esa unión se produjo una línea de descendencia directa de Isabel a Enrique V. Simétricamente, en el lado francés, el título de la casa de Valois descendía de Felipe VI a Catalina de Valois. Catalina se unía con Enrique V en la parte inferior del cartel —un matrimonio en virtud del tratado de Troyes, representado de forma nítida y esquemática—; de esos dos vástagos aparentes de las casas reales sale la última imagen de la tabla: el propio Enrique VI, sentado mayestáticamente en un trono, con ángeles descendiendo en picado para colocar dos coronas sobre su cabeza.

El mensaje era claro: Enrique VI era rey de Francia por derecho propio, no por lo que habían conquistado los ejércitos de su padre. Una reivindicación basada en la sangre era más permanente y sagrada, y el hecho de que Enrique culminara un linaje iniciado con la figura sagrada de san Luis implicaba que su propio ser era fuente de unidad y no de división. Era el verdadero heredero del soberano más consagrado de Francia; su destino, restaurar una casa dividida; y todo ello no por conquista, sino por herencia legítima. La pulcritud y la simetría de la genealogía y de la historia que relata confieren al cartel una belleza propia, muy satisfactoria.[11]

Los carteles de este tipo solían ir acompañados de un poema compuesto por uno de los empleados de Bedford, Lawrence Calot, en el que se describía la reivindicación con más detalle.[12] En Inglaterra, el poeta de la corte John Lydgate tradujo el poema, cuyo contenido apenas cambió. Citando la versión de Lydgate, el poema elogiaba a «Enrique VI, de cinco años de edad, / nacido para ser rey de dos dignos reinos». A continuación, se refería explícitamente a la genealogía que acompañaba y proclamaba a Enrique VI:

> Un heredero de la paz por sucesión justa,
> esta imagen con claridad demuestra
> [...]
>
> que este Enrique en octavo grado
> es de san Luis hijo y muy heredero
> [...]

> que este Enrique está en la sucesoria línea,
> mediante la mano de Dios y provisión divina,
> ha nacido justamente, para anular la discrepancia,
> para ser rey de Inglaterra y de Francia.

Al igual que el diagrama dinástico que glosaba, el poema —tanto la versión de Calot como la traducción de Lydgate— era bastante elegante. No obstante, también era una estafa: falsificaba numerosos hechos genealógicos e ignoraba deliberadamente la ley sálica francesa, según la cual la corona nunca podía pasar a través de una mujer. En un sentido limitado, esto no importó: como castigo por su acto de vandalismo, el secretario de Reims se vio obligado a pagar dos nuevas copias del árbol genealógico trucado de Enrique. Sin embargo, en el esquema más amplio de la política, importaba mucho. No era el linaje lo que decidiría quién triunfaría en Francia, sino la sangre derramada en el campo de batalla.

*

Aunque el duque de Bedford se vio obligado a dividir su atención entre Inglaterra y Francia para mantener el orden entre su hermano y su primo, el esfuerzo bélico continuó con amplio éxito tras Verneuil, de modo que en septiembre de 1428 las fuerzas del delfín habían retrocedido casi por completo más allá del río Loira. Ese mes, las fuerzas inglesas iniciaron el asedio de la ciudad de Orleans. Debería haber sido un asunto sencillo, pero resultó ser el punto a partir del cual toda la posición inglesa empezó a desinflarse a causa de la inesperada intervención de una joven llamada Jehanne d'Arc (Juana de Arco), apodada la Pucelle, o la Doncella. La confianza política y el valor propagandístico que ofreció al delfín y a sus aliados resultaron ser más valiosos para la causa francesa que cualquier panfleto dinástico.

El ejército que sitió Orleans estaba comandado directamente por Salisbury, cuya autoridad era en gran medida independiente de la de Bedford. Este acuerdo había sido adoptado en

Inglaterra por el duque de Gloucester, que preveía una política exterior mucho más agresiva que la de la mayoría del consejo, en particular de Bedford y Beaufort. La estrategia conservadora de Bedford consistía en atacar la ciudad de Angers, cuyas defensas eran modestas. Sin embargo, se ignoró su opinión: Salisbury y su numeroso ejército, bien equipado y mejor pagado, marcharon doscientos cuarenta kilómetros río arriba por el Loira para atacar Orleans, un objetivo mucho más difícil y prestigioso.

Orleans era una gran ciudad, sólidamente defendida tanto por la geografía del Loira como por una serie de enormes murallas, puertas y torres. Salisbury asaltó la campiña cercana y aisló Orleans de los asentamientos vecinos de Jargeau, Meung y Beaugency. Luego sitió la ciudad, cañoneó sus murallas y ordenó a sus mineros que excavaran bajo sus fortificaciones. Todo parecía prometedor hasta que, cuando se avecinaba un largo asedio durante los meses de invierno, sobrevino el desastre. El 27 de octubre, Salisbury estaba inspeccionando las defensas de la ciudad cuando le alcanzaron los escombros proyectados por una bala pétrea de cañón disparada al otro lado del río desde las torretas de Orleans. Los fragmentos de mampostería que salieron despedidos le arrancaron la mitad de la carne de la cara: una herida mortal de la que tardó, agonizante, una semana en morir.

La muerte de Salisbury fue un desastre. «Era un noble señor y un digno guerrero entre todos los hombres cristianos», escribió el autor de La crónica de Britania conocida como *Brut.*[13] A partir de ese momento, los ingleses se vieron abocados a un largo asedio, pero sin el único comandante de sus filas capaz de ganarlo. Salisbury fue sustituido por William de la Pole, conde de Suffolk, un soldado de treinta y dos años valiente y experimentado, pero no de la misma talla que el hombre al que reemplazaba. Los ingleses intentaron reunirse bajo el mando de Suffolk, bombardeando las murallas de Orleans con cañones y fortificando el campo allí donde podían para hacerlo lo más hostil y peligroso posible para cualquiera que pensara en acudir en ayuda de los ciudadanos. Sin embargo, seguían escaseando hombres. Los ingleses no podían asaltar la ciudad tan bien defendida; de hecho, seguían siendo incapaces hasta de rodear toda su circunferencia. Dentro de

Orleans, los ciudadanos se prepararon para un largo asedio invernal. Más allá de las murallas, los ingleses hacían todo lo posible para impedir el paso de cualquier persona. Los meses de invierno transcurrieron en un largo, tedioso e incómodo *impasse.*

Entonces, a finales de febrero, apareció Juana de Arco. La campesina analfabeta de diecisiete años había viajado desde Domrémy, en el sureste de Francia, hasta la corte del delfín en Chinon, disfrazada con ropas masculinas grises y el pelo con corte de tazón. Según dijo más tarde, la impulsaban voces divinas, que habían guiado sus acciones desde los trece años.[14] Creía que su misión era reunir un ejército, aliviar el asedio de Orleans y escoltar al delfín hasta Reims para que fuera coronado rey de Francia. Los clérigos de Carlos la interrogaron varias veces en Chinon y Poitiers, desconcertados por esta curiosa, intrépida y decidida campesina. Al final, decidieron que poco se perdía con ponerla a prueba. A Juana se le concedió su deseo. A finales de abril se vistió con una armadura masculina y cabalgó hacia Orleans a bordo de un caballo blanco. Tras ella iba un ejército de varios miles de hombres; a su lado, un grupo de sacerdotes; en su diestra, una antigua espada de la que más tarde se rumoreó que era la de Carlos Martel, el legendario rey de los francos del siglo VIII. Llegaron a la ciudad el 29 de abril y descubrieron que las líneas del asedio eran débiles y estaban mal abastecidas.

Cuando los ingleses oyeron hablar de Juana por primera vez, se burlaron y fruncieron el ceño con disgusto. Una mujer con armadura masculina y el pelo corto era algo abominable: el travestismo estaba prohibido por la ley bíblica, y el aspecto de Juana parecía un signo más de la decadencia y la impiedad de los franceses. Algunas semanas antes de su llegada a Orleans, desde la corte del delfín, Juana había dictado cartas a los ingleses para advertir a Suffolk y a sus hombres que abandonaran las tierras ocupadas o perderían la cabeza por su mano. En un primer momento se lo tomaron como un absurdo y desdeñaron a Juana como a basura armañac. Sin embargo, ahora la tenían allí: armada hasta los dientes, rebosante de celo piadoso y respaldada por un importante cuerpo de tropas con el que pretendía expulsar a los ingleses de los muros de Orleans y aliviar el largo y penoso asedio.

A su llegada, Juana no perdió el tiempo. Sus hombres atacaron a los ingleses allí donde sus líneas, muy dispersas, eran más débiles; al este de la ciudad, donde una pequeña fortificación fue superada fácilmente por un asalto francés planificado. Con una sencillez asombrosa se abrió en las líneas de asedio una brecha que permaneció abierta el tiempo suficiente para que la radiante Juana entrara al galope en una ciudad exultante, ondeando una bandera blanca y pareciendo —al menos para los ciudadanos— una visión enviada del cielo. Se alojó en un palacete y, sorprendentemente, comenzó a dirigir las operaciones de socorro desde detrás de las murallas de Orleans.

Juana ya estaba dentro de la ciudad y su ejército, dirigido por Jean, conde de Dunois —más conocido por su sobrenombre, «el bastardo de Orleans»—, fuera. Entonces, las operaciones para liberar la ciudad comenzaron en serio. El 4 de mayo, el ejército francés comenzó a asaltar y quemar las fortificaciones inglesas, empezando por el punto más débil del este, el mismo lugar por donde Juana había atravesado las murallas. En un solo día de combates, los hombres del bastardo de Orleans causaron suficientes daños como para abrir una ruta permanente de entrada y salida de la ciudad. Esto supuso un duro golpe para los esfuerzos de asedio de Suffolk: seis meses de un aburrimiento adormecedor, durante los cuales los ingleses habían intentado someter a sus oponentes por hambre, concluyeron en veinticuatro horas. Al día siguiente, Juana envió otro mensaje al enemigo para advertirle de que aquello no había hecho más que empezar. «Hombres de Inglaterra, que carecéis de todo derecho en este reino de Francia, el Rey de los Cielos os ordena y os manda a través de mí, Juana la Doncella, que abandonéis vuestras fortalezas y volváis a vuestro país», anunciaba una nota disparada al campamento inglés por un arquero el 5 de mayo. «Si no, lanzaré un grito de guerra que será recordado para siempre». Una vez más, los ingleses rieron. Sin embargo, esta vez su risa fue menos altiva.

Al amanecer del 6 de mayo, comenzó otro asalto armañac, impulsado por un celo renovado que parecía irradiar de la Pucelle. A medida que atacaban las posiciones de asedio inglesas con ferocidad, ella cabalgaba en el corazón de la lucha, ondeando su estandarte blanco mientras la sangre salpicaba a su alrededor. En un momento dado, la sangre fue la suya propia: una flecha disparada desde una torre inglesa atravesó la carne de uno de sus hombros. Sin embargo, Dios sonreía a su agente y Juana siguió adelante, casi sin darse cuenta de su herida, espoleando a los franceses. Las tropas de socorro y los ciudadanos liberados se abalanzaron sobre las posiciones inglesas, y las capturaron una a una, masacraron a sus enemigos y sembraron el pánico entre los vivos. Por la noche, las campanas de las iglesias de Orleans repicaban y tintineaban, tocadas con júbilo por hombres y mujeres conscientes de que estaban conquistando su libertad. En tres días, los franceses habían liberado Orleans y los ingleses se retiraban por el Loira a tal velocidad que se vieron obligados a abandonar sus cañones y armamento pesado.

La pérdida de Orleans inició un serio colapso en la posición inglesa. Aunque enviaron refuerzos, empezaron a caer más plazas fuertes a lo largo del Loira. El 18 de junio de 1429, el confuso ejército inglés se vio arrastrado a una batalla en Patay, justo al norte de Orleans, para la que no estaba preparado. La vanguardia francesa los aniquiló: más de dos mil hombres murieron y todos los capitanes, excepto Fastolf, fueron capturados. En cuestión de meses, la suerte de la Francia ocupada se había invertido radicalmente. Las fuerzas del delfín marcharon a través del territorio anglo-borgoñón y las ciudades cayeron ante ellos sin presentar batalla. El delfín entró en Reims el 16 de julio, y al día siguiente fue ungido con óleo sagrado y coronado rey Carlos VII, con Juana de Arco de pie, orgullosa, junto al altar. Toda la propaganda genealógica del mundo no podía ocultar el hecho de que Francia tenía ahora un rey ungido ceremonialmente que no se llamaba Enrique.

*

Las terribles noticias procedentes de Francia figuraron en las actas del consejo privado inglés como «diversas adversidades, grandes y graves». Aquello exigía una respuesta urgente y había una forma obvia de actuar.[15] La primera semana de noviembre de 1429, tras un periodo de apresurados preparativos, Londres y Westminster dieron la bienvenida al joven rey, de solo siete años, a su coronación inglesa.

La ceremonia por la que se coronaba a los reyes era uno de los espectáculos más importantes de la vida política inglesa, y se había vuelto cada vez más elaborada a lo largo de los siglos transcurridos desde la conquista normanda. En 1423 había llegado a manos del duque de Bedford un libro donde se esbozaba el protocolo para coronar a los reyes franceses, y el ceremonial inglés se había mejorado una vez más de acuerdo con el boato de los francos. Los acontecimientos se sucedieron durante varios días. La primera etapa fue la entrada formal de Enrique en la capital. «El viernes, 3 de noviembre, el rey con sus lores [...] cabalgaron desde Kingston por el Puente de Londres —escribió el autor del *Brut*—, y el alcalde y los concejales, todos con capuchas escarlata, cabalgaron a recibir al rey». Los ciudadanos lo acompañaron hasta la Torre de Londres, donde, a la noche siguiente, Enrique se sentó con magnificencia para recibir a treinta y dos jóvenes nobles, que fueron lavados ritualmente y apodados «caballeros del Baño». El domingo salió de la Torre para desfilar ante sus súbditos y dirigirse a la abadía de Westminster para la coronación propiamente dicha. Cabalgó por las estrechas calles de la ciudad con la cabeza descubierta y acompañado de sus grandes señores, que en su mayoría iban vestidos de oro. En el interior de la abadía de Westminster se había erigido un gran estrado, de modo que todos los congregados tuvieran buenas vistas. La madre de Enrique, Catalina, y sus damas se sentaron en un lugar privilegiado cerca del altar, junto al primo del rey, Pedro, príncipe de Portugal, que había regresado apresuradamente al país que había visitado a principios de la década para asistir a la ceremonia.[16]

El conde de Warwick llevó a Enrique a la iglesia y lo hizo subir hasta su trono en el centro del estrado, desde donde observó «triste y sabiamente» a la multitud que lo rodeaba, según la crónica de Gregory. Henry Chichele, arzobispo de Canterbury, se dirigió al reino congregado y afirmó que Enrique se había presentado ante Dios y la Santa Iglesia «pidiendo la corona de este reino por derecho y descendencia de linaje». La multitud prorrumpió en un clamor, alzando las manos y exclamando vítores, mientras el joven Enrique caminaba ante el gran altar y se postraba largo tiempo ante él.

Lo que siguió duró horas. A lo largo de la ceremonia, los obispos pronunciaron lecturas y cantaron himnos sobre el cuerpo del rey, al que hicieron postrarse, levantarse, postrarse y levantarse de nuevo, así como desnudarse, vestirse y engalanarse en los trajes más elaborados: primero ceñido con las espuelas y espadas de un guerrero, luego con las vestiduras y sandalias de un obispo y, finalmente, con relucientes telas de oro y la corona de Ricardo II colocada sobre su cabeza, ya que la corona tradicional de Eduardo el Confesor se consideraba demasiado pesada para un niño de siete años. El núcleo de la ceremonia era la unción: el elemento más misterioso y permanente de la realeza, un rito que nunca podría deshacerse. Enrique permaneció en camisa interior mientras purificaban cuidadosamente su pequeño cuerpo con un óleo milagroso que, según se decía, la Virgen María había otorgado a santo Tomás Becket. De una ampolla dorada en forma de águila vertieron óleo sagrado sobre el pecho de Enrique «y en medio de su espalda, y en su cabeza, en sus dos hombros, en sus dos codos [y] en las palmas de sus manos».[17] Luego, estas últimas se refregaron con un delicado paño de algodón blanco y acto seguido le colocaron una cofia de seda blanca en la cabeza. Debía llevarla durante ocho días, al cabo de los cuales un grupo de obispos limpiaría ceremonialmente la cabeza de Enrique con vino blanco tibio. (Este era uno de los aspectos menos cómodos de la coronación: el abuelo de Enrique, Enrique IV, había acabado con piojos después de su coronación en 1399). Tras muchas horas de solemnidad, rematadas por la celebración de la misa, el recién coronado rey se trasladó de la abadía a Westminster Hall para un banquete en el que cada plato transmitía mensajes sobre el esplendor de la doble realeza de Enrique. El primer plato incluía buñuelos decorados con flores de lis y una sutileza decorativa que mostraba a Enrique portado por san Eduardo el Confesor de Inglaterra y san Luis de Francia, sus dos antepasados reales más sagrados. En el segundo plato se sirvieron más tartas espolvoreadas con flores de lis. La sutileza exhibida para el tercer plato mostraba a san Jorge y san Denis presentando a Enrique ante la Virgen y el Niño. Acompañó la presentación un poema que alababa al joven rey, «nacido para el título por derecho y descendencia / para reinar justamente en Inglaterra y en Francia». Tan pronto como terminaron los festejos en Westminster, comenzaron los preparativos para llevar al joven rey a su tan anunciado segundo reino.

El 23 de abril de 1430, día de San Jorge, una multitudinaria comitiva partió de los puertos de Sandwich y Dover con destino a Calais. En esencia era una corte móvil, con cientos de sirvientes, cocineros, clérigos, empleados, soldados, médicos, los maestros del rey, ocho duques y condes, y el propio rey. Tras una breve estancia en Calais, la corte se trasladó lentamente a Ruan y esperó hasta que la ruta que remontaba el Sena hasta París se consideró lo bastante segura como para que el rey pudiera viajar.

Tendrían que esperar más de un año. Finalmente, y gracias a un gran número de soldados enviados desde Inglaterra a un coste enorme, se despejó la ruta tras intensos combates. Las fuerzas borgoñonas capturaron a Juana de Arco el 23 de mayo de 1430, durante una escaramuza a las afueras de la ciudad sitiada de Compiègne, lo que contribuyó mucho a agilizar el proceso. Ella intentó escapar varias veces de la prisión, pero nunca lo consiguió. Finalmente, la vendieron a los ingleses y la juzgaron como hereje, en un proceso profundamente partidista y motivado por el deseo de los ocupantes de vengarse de una mujer que los había humillado durante muchos años. El 31 de mayo de 1431, poco más de un año después de su captura, Juana murió quemada en la plaza del mercado de Ruan. Sus cenizas se recogieron y arrojaron al Sena.

A principios de diciembre, Enrique se dirigió hacia el noreste, a París. Seguía siendo imposible coronarlo en Reims, pero la ceremonia podía celebrarse igualmente en la catedral de Notre-Dame, donde toda la Francia anglo-burgundia podía reunirse con suficiente magnificencia. El rey entró en la ciudad bajo un gigantesco dosel azul decorado con flores de lis, y recorrió a caballo calles sucias, pero saneadas a base de cubrirlas de lino. Una de ellas se convirtió en un río de vino atestado de sirenas; mientras, los ciudadanos, disfrazados con elaborados trajes, representaban obras navideñas en un escenario al aire libre. Un lirio gigante escupía leche y vino para que bebiera la multitud. En una presentación al rey en el Châtelet —sede del Gobierno en la orilla derecha del Sena—, se celebró un desfile en un escenario engalanado con oro, tapices y las armas de Inglaterra y Francia: un doble de Enrique VI vestido con una capucha escarlata se sentó en el centro del escenario, mientras actores que interpretaban a los duques de Bedford y Borgoña le mostraban más armas inglesas y francesas, junto con varios documentos que anunciaban la «rectitud» del rey.[18] Toda esta pompa era muy divertida y agradable incluso para el público más escéptico. Sin embargo, en medio de aquel festejo hubo también algún resquicio de tristeza: Isabel de Baviera, viuda del rey loco Carlos VI, abuela del joven rey y madre del delfín, estaba alojada en la ciudad, en el Hôtel Saint-Pol. Un testigo escribió: «Cuando tuvo cerca al joven rey Enrique, hijo de su hija, él se quitó raudo la capucha y la saludó, y ella inmediatamente se inclinó muy humildemente hacia él y luego se apartó llorando».[19]

El gélido domingo 16 de diciembre de 1431 tuvo lugar la segunda coronación de Enrique. A pesar de toda la exuberancia, a los asistentes no les pareció un evento tan impresionante como el de Westminster. Se llevó a cabo con prisas y a los parisinos les ofendió que celebrara la coronación el cardenal Beaufort en lugar de un obispo nativo. Debido a la aglomeración de gente, los carteristas hicieron su agosto. La sala preparada para el banquete era demasiado pequeña, y la comida, escribió un testigo, era «espantosa». Se había cocinado con demasiada antelación y ni siquiera se consideró adecuada para enviarla como sobras a los indigentes de la ciudad.[20]

La corte disfrutó de la Navidad en París. Enrique, por su parte, fue trasladado de vuelta a Ruan la primera semana del nuevo año, y partió de Calais hacia Dover el 29 de enero de 1432. No pasó desapercibido el hecho de que abandonaba París sin realizar ninguno de los prodigios habituales de un nuevo rey: liberar prisioneros, reducir impuestos u ofrecer algunas reformas legales. Enrique fue el primer rey nombrado gobernante de los dos reinos. Sin embargo, estaba muy claro cuál prefería.

Regresó a Londres un luminoso y tempestuoso jueves de marzo y fue recibido con una escena ya familiar. «Llegó a Londres, y allí los ciudadanos lo acogieron con adoración, vestidos de blanco y con capuchas rojas», escribió un cronista.[21] Los abundantes recursos destinados a la exhibición pública y el espectáculo para anunciar el estatus de conquistador del niño eran visualmente deslumbrantes, técnicamente impresionantes y muy caros. También hablaba de la seriedad con la que la política de Enrique se tomaba la reivindicación de su monarquía dual a ambos lados del Canal, y el fervor con que estaban dispuestos a proteger el legado de su padre. Sin embargo, también demostraba la vacuidad de las dos coronas. Cuanto más gritaban los ingleses sobre el derecho hereditario de Enrique a gobernar Francia, más evidente era su inseguridad. Mientras viviera el delfín —un rival oficial, con un centro de gravedad política independiente y una reivindicación legítima de la realeza—, la propaganda inglesa no era sino fastos y pergaminos impuestos a una población cada vez más revuelta.

4

Oweyn Tidr

El galés huía hacia el norte de Gales a través de Warwickshire cuando los emisarios del consejo real le dieron alcance. Había abandonado la capital a toda prisa, consciente de que su libertad dependía de salir de Inglaterra lo antes posible. Viajaba ligero de equipaje porque había hecho las maletas a toda prisa y porque tenía muy poco que llevarse. Los objetos de valor del carro que acompañaba a su pequeño grupo apenas eran un batiburrillo de tesoros y baratijas: una docena de costosas copas de oro y unos cuantos saleros de plata, jarrones, un par de candelabros, especieros, ornamentos de capilla y —algo bastante llamativo— dos jofainas decoradas con rosas y escudos heráldicos en el fondo y rosas doradas más pequeñas alrededor de los bordes. El botín se valoró más tarde en ciento treinta y siete libras con diez centavos y cuatro peniques: una suma decente, pero lejos de la fortuna que se podía esperar de un hombre que hasta hacía poco había vivido en la comodidad de la realeza.[1] Los emisarios le dijeron que debía regresar raudo a Londres y que estaría protegido por un salvoconducto durante su viaje. El hombre vio esta promesa con gran escepticismo y le dijo al mensajero «que dicha concesión no le bastaba como garantía».[2] Había visto suficiente política inglesa como para saber que la seguridad de un galés nunca estaba totalmente garantizada cuando se aventuraba al este de las tierras fronterizas. Sin embargo, los mensajeros insistieron y el hombre, con el corazón en un puño, regresó a Londres.

Su nombre, al menos para las lenguas inglesas, era Owen Tudor. Sus antepasados eran famosos en su tierra natal, el antiguo principado de Gwynedd, en el norte de Gales, que incluía las escarpadas y frías montañas de Snowdonia y la fértil isla de Anglesey. Se los conocía como una estirpe de administradores, sacerdotes y soldados que habían prestado un servicio leal tanto a los príncipes nativos como a los reyes ingleses que habían conquistado Gwynedd a finales del siglo XIII. Tudur era un nombre popular para los hombres de la familia: el tatarabuelo de Owen se llamaba Tudur Hen; su abuelo era conocido como Tudur ap Goronwy, y su padre era Maredudd ap Tudur («ap», en galés, significa 'hijo de'). En Gales, Owen era conocido como Owain ap Maredudd ap Tudur, hasta que los confusos intentos ingleses de normalizar la bárbara y extraña lengua celta dieron lugar a «Owen Fitz Meredith», «Owen Meredith», «Oweyn Tidr» y, finalmente, «Owen Tudor».

Las generaciones de distinguidos galeses de las que procedía Owen Tudor habían establecido una dinastía con tierras y mucho prestigio local. Sin embargo, el padre y los tíos de Owen habían caído en desgracia tras aliarse con su primo Owain Glyndwr contra el rey Enrique IV durante la gran revuelta galesa que estalló en 1400 y se prolongó hasta 1415. Owen nació alrededor del comienzo de la revuelta, por lo que creció en el seno de una familia que llevaba más de una década envuelta en un ciclo de conspiraciones y violencia, y que sufrió las consecuencias cuando la fortuna de los rebeldes empezó a decaer. Glyndwr comandó incursiones de guerrilla entre 1409 y 1412, pero en septiembre de 1415 se había retirado a la clandestinidad. Probablemente murió al año siguiente, y, aunque su hijo y sucesor fue indultado por Enrique V en 1417, a muchos que habían luchado en el bando galés se los trató con severidad: se los despojó de sus tierras, se les prohibió ejercer cargos públicos y se los sustituyó por colaboradores leales. A Maredudd ap Tudur se le confiscaron las propiedades por levantar armas contra la Corona, y Rhys, el hermano de Maredudd, fue ejecutado por traición en Chester en 1412.[3] La mancha de la rebelión y la traición pesaba sobre Owen casi desde su nacimiento. La llevaba en la sangre.

Sin embargo, a pesar de toda esa ignominia, Owen Tudor había hecho algo extraordinario durante los treinta y siete años que había vivido. No solo se había elevado a sí mismo a la misma categoría de caballero y asociado de los Plantagenet que habían disfrutado sus predecesores, sino que se había incrustado en el corazón mismo de la realeza inglesa. Durante la última década había sido amante, esposo y compañero secreto de Catalina de Valois, reina viuda de Inglaterra.

*

La vida de Catalina en Inglaterra no había sido exactamente lo que esperaba cuando se casó con Enrique V en Troyes. Viuda a los dos años de su llegada al reino extranjero, Catalina estuvo definida principalmente por su maternidad durante gran parte de la década siguiente. Su vida se organizó en torno a las necesidades y ocasionales apariciones públicas del rey niño. Viajaba con él a todas partes, y sus ingresos —procedentes de la dadivosa dote que le concedió el Parlamento— contribuían generosamente a los gastos de la casa del rey, a razón de siete libras diarias. Fue una figura prominente en las fiestas religiosas y en las grandes ceremonias de Estado, como cuando ocupó un lugar de honor junto al altar en la coronación inglesa de Enrique en 1429. Cuando el rey se trasladó a Francia, lo acompañó hasta Ruan, pero regresó a Inglaterra mucho antes de su coronación en París, lo que le evitó el incómodo espectáculo de ver a su hijo coronado frente a la rivalidad directa de su hermano, Carlos VII. Sin embargo, cuando el rey volvió a casa, el papel de Catalina se diluyó. A partir de 1430, la reina dejó de vivir con su hijo. Sus hogares se separaron formal y económicamente, y nunca volvieron a reunirse. En sus cartas seguía intitulándose como «Catalina, reina de Inglaterra, hija del rey Carlos de Francia, madre del rey de Inglaterra y señora de Irlanda», pero seguía su propio camino y solo se unía a la corte real en ocasiones ceremoniales.[4] Había tomado las riendas de su vida.

Ya liberada de las responsabilidades cotidianas de la maternidad, la situación de la reina Catalina era curiosa. La otra reina viuda de Inglaterra —la viuda de Enrique IV, Juana de Navarra— tenía más de sesenta años, y llegaba al final de una vida que se había consumido en los márgenes de la aristocracia: su reputación había quedado manchada por las falsas y escandalosas acusaciones de brujería que su propio confesor fraguó contra ella en 1419. Catalina, por el contrario, era joven y rica, y poseía propiedades repartidas por Inglaterra y Gales. Aquel era un mundo vinculado al poder de la propiedad y la tierra, y ella, además, era una mujer atractiva e «incapaz de refrenar por completo sus pasiones carnales», según las habladurías de un cronista inglés.[5] La frase resuena como el mismo tipo de misoginia socarrona que se había lanzado contra la madre de Catalina, Isabel de Baviera, pero, en cualquier caso, reflejaba el hecho de que Catalina tenía —en virtud de su sexo y sexualidad— el potencial de influir en la política inglesa si volvía a casarse. De hecho, tras las coronaciones del joven Enrique, la conducta sexual de la reina madre se convirtió en un asunto de gran enjundia.

Por regla general, las reinas viudas no se casaban con ingleses. Si se casaban, lo hacían fuera del país, para mostrar una ruptura clara con la política de la Corona.[6] Una reina madre que se casaba con un miembro de la nobleza inglesa podía proporcionar a su marido una inestimable posición de proximidad y acceso al rey. Esto no sería un problema para un rey adulto, fuerte y seguro de sí mismo, pero estas condiciones no eran las de la minoría de edad. Aquellos que habían leído suficiente historia real como para recordar los oscuros días de la década de 1320 sabían que, tras la ascensión de Eduardo III, de catorce años, la reina viuda, Isabel de Francia, había gobernado durante tres años en nombre de su hijo, y que su gobierno había sido pervertido por su amante, sir Roger Mortimer, que utilizó su fácil acceso al poder con fines tiránicos. Este se había aprovechado de su posición para ordenar el asesinato del padre del rey y escenificar el asesinato judicial del tío de Su Majestad. Convenció al rey para que aceptara un vergonzoso tratado unilateral con los escoceses y luego se recompensó a sí mismo con el nuevo y grandilocuente título de conde de March, sustentado por una apropiación masiva de tierras de los nobles ingleses desafectos, muchos de los cuales se vieron obligados a exiliarse por temor a perder la vida. No se libraron de Mortimer hasta que el rey adolescente ordenó un violento golpe de estado para recuperar el control de su propia corona. Cien años después, el consejo inglés no podía permitirse que se repitiera la misma historia.

Sin embargo, a mediados de la década de 1420 se rumoreaba que Catalina se había enamorado de Edmund Beaufort, conde de Mortain, el joven sobrino del cardenal Beaufort. Era cinco años más joven que ella y un ambicioso soldado cuyos hermanos mayores habían servido en Francia y pasado largas temporadas encarcelados en ese país. También era de origen Plantagenet —nieto de Juan de Gante— y con un agudo sentido de su noble sangre y estatus caballeresco. A pesar de ello, o tal vez debido a ello, los rumores de su familiaridad con la reina alarmaron al consejo real, y en particular a Humphrey, duque de Gloucester. Nada podía preocupar más a Gloucester que la boda de la madre del rey con el círculo de sus rivales Beaufort. El defensor consideraba tal escenario no solo perjudicial para la estabilidad nacional, sino también una amenaza personal.

Los temores de Gloucester de una unión entre Catalina y Edmund Beaufort parecían bien fundados: en el parlamento de Leicester de 1426 se presentó una solicitud al canciller para «que conceda a las viudas reales permiso para casarse a su voluntad».[7] No había ninguna referencia directa a Catalina, pero difícilmente podría haberse referido a nadie más. El canciller aplazó la solicitud para su «ulterior consideración». Sin embargo, en el siguiente parlamento, que se abrió en Westminster en el otoño de 1427, se dio una respuesta inequívoca: se promulgó un estatuto que prohibía expresamente a las reinas volver a casarse sin la «licencia especial» de un rey adulto. Manifestaba buscar «la preservación del honor del nobilísimo estado de las reinas de Inglaterra»; en efecto, su propósito era impedir que Catalina se casara con un inglés durante al menos una década. La redacción de la norma dejaba claro que el coste de casarse con la reina viuda supondría nada menos que la ruina financiera. «Quien actúe en sentido contrario y sea debidamente condenado, perderá de por vida todas sus tierras y propiedades».

El devaneo de Edmund Beaufort con Catalina llegó así a un final abrupto y legalista. No sabemos si Edmund y Catalina siguieron manteniendo una relación carnal, o si de hecho la tuvieron alguna vez. De ser así, Beaufort habría corrido un enorme riesgo personal, que en lo sucesivo intentaría evitar a toda costa.

En cualquier caso, en 1431 la reina había desafiado la decisión del Parlamento por otro medio: no se casó con un Beaufort, pero se enamoró de un encantador escudero galés llamado Owen Tudor.

Cómo llegó Tudor a conocer a la reina Catalina sigue siendo un misterio enterrado bajo tantas historias románticas y cómicas difundidas durante los siglos posteriores, algunas destinadas a ensalzar la memoria de Owen y otras a ridiculizarla. No cabe duda de que Catalina tenía vínculos con la tierra natal de Owen: las tierras que se le asignaron tras la muerte de Enrique V —como Beaumaris, Flint, Montgomery, Builth y Hawarden— comprendían grandes extensiones del norte de Gales. También es posible que Owen tuviera vínculos con el país natal de la reina. Puede que participara en la guerra en Francia durante su veintena, o incluso antes: un hombre que figura como «Owen Meredith» sirvió junto al mayordomo de Enrique V, sir Walter Hungerford, en 1421; y, puesto que Hungerford fue más tarde el mayordomo de la casa del joven Enrique VI, parece razonable que fuera así como Owen entró en la esfera doméstica de Catalina. Sin embargo, poco más podemos saber. Diversas historias que datan de finales del siglo XV y del XVI afirman que era hijo de un tabernero o de un asesino, que luchó en Agincourt, que se convirtió en criado de la reina o en su sastre, que Catalina y él se enamoraron porque ella vio su cuerpo desnudo mientras nadaba en un río, o que se enamoraron después de que él se emborrachara en un baile y cayera inconsciente en su regazo. Sea como fuere, se conocieron en torno a 1430 y Catalina decidió que aquel galés humilde, nacido de una familia de rebeldes, era el hombre que tomaría como segundo marido.

Su segundo matrimonio difícilmente podría haber sido más diferente del primero. Un escritor sugirió posteriormente que la reina no sabía que se casaba con alguien tan por debajo de su posición: «La reina Catalina, francesa de nacimiento, no conocía la diferencia entre la nación inglesa y la galesa…».[8] Sin embargo, habría sido una mujer sorprendentemente ingenua si, después de habitar en los círculos reales ingleses durante una década, no conociera la condición de parias de los galeses, incluso de aquellos que, como Tudor, podían presumir de una ascendencia extraordinaria. Las leyes penales aprobadas en 1402 prohibían a los galeses tener propiedades, ocupar cargos reales, convocar reuniones públicas o llevar armadura en los caminos. La ley galesa se había suprimido, y los castillos galeses debían estar guarnecidos únicamente por ingleses de pura cepa, que no podían ser condenados por un delito por el testimonio de un hombre de Gales.[9] Estas leyes se aplicaban por igual a galeses e ingleses que se casaban con galesas: hacía tiempo que estaba claro que la mezcla de sangres era inaceptable, y Catalina no solo habría sido una extranjera, sino una tonta, si no se hubiera dado cuenta.

La explicación más probable es que Catalina, irritada por la prohibición del consejo y el parlamento de que volviera a casarse, decidiera tomar un marido políticamente nulo: alguien con tan escasos derechos de propiedad y rango que la amenaza de la ruina legal significaba muy poco. No obstante, contrajeron matrimonio en secreto, probablemente mientras la mayor parte de la corte inglesa asistía a la coronación francesa del rey en París. Poco después nació su primer hijo en la mansión de Much Hadham, en Hertfordshire, el gran palacio de madera de los obispos londinenses. El niño recibió el nombre de Edmund. Se ha sugerido que esto se debió a que el verdadero padre era Edmund Beaufort, antiguo amor de Catalina, lo que implicaría que la reina se casó con Owen Tudor para evitar que la cruel ruina legal cayera sobre su verdadero amante. Sin embargo, esta hipótesis parece muy poco probable.[10]

El matrimonio de Catalina se mantuvo discreto durante su vida. Fue un asunto de cotilleo privilegiado en la corte, y no tanto de dominio público. Sin embargo, quienes veían a la reina —en particular el cardenal Beaufort y sus seguidores, con quienes se mantuvo muy unida— no podían fingir que no sabían nada. Nacieron más hijos en rápida sucesión: un segundo hijo, Jasper, nació en Bishop's Hatfield, en Hertfordshire; probablemente hubo un tercer hijo, Owen, que se confió a los monjes de Westminster y vivió una larga y tranquila vida de hábito, y una hija, llamada Margaret o Tacine, que quizá murió muy joven, pues no se sabe nada seguro de ella.[11] Todos nacieron antes de 1436, y no es posible que se ocultaran hasta cuatro embarazos completos en poco más de cinco años. Si el padre hubiera sido un hombre con alguna ambición o estatus político independiente, el nacimiento de hijos medio hermanos del rey habría provocado una crisis. Sin embargo, como no era el caso, Catalina y su nueva y joven familia se las arreglaron para vivir con tranquilidad y sin incidentes, y Owen fue acogido formalmente en el reino. En el parlamento de 1432 se le concedieron cartas de residencia, confiriendo a «Owen Fitz Meredith» el estatus de fiel inglés para el resto de su vida.[12] Dos años más tarde se le concedieron intereses en las tierras de la reina en Flintshire, merced que reflejaba la antigua posición de su familia en el norte de Gales. Sin embargo, aunque Owen Tudor gozaba de cierta protección frente a la ley, su seguridad dependía absolutamente de su esposa.

En 1436 la reina había caído enferma. Una dolencia persistente debilitaba su cuerpo y su mente poco a poco. A finales de año se había trasladado a la abadía de Bermondsey, un monasterio benedictino que atendía regularmente a enfermos y heridos, en la orilla sur del río Támesis, justo enfrente de la Torre de Londres.[13] Pasó allí un invierno amargo: una «helada grande, dura y cortante [...] causó a la gente extraordinarias aflicciones», congeló la piedra caliza de los muros hasta convertirla en polvo y mató las hierbas del suelo.[14] Las condiciones fueron demasiado duras para ella. El día de Año Nuevo de 1437, Catalina redactó su testamento, en el que se quejaba de una «grave enfermedad, por la que he estado mucho tiempo, y todavía estoy, preocupada y molesta», y nombraba al rey como su único albacea. Dos días después, a la edad de treinta y cinco años, murió.

Catalina de Valois fue enterrada en la Capilla de la Señora* de la abadía de Westminster el 8 de febrero. Se transportó su féretro bajo un dosel de terciopelo negro con campanas y rematado con una delicada efigie de madera pintada como si estuviera viva (ver sección de láminas), que aún puede contemplarse hoy en día. Sin embargo, Owen Tudor no tuvo mucho tiempo para lamentarse. Era consciente de que la muerte de la reina viuda suponía algo más que la triste pérdida de su esposa. Lo ponía en peligro personal inmediato. Había quebrantado una ley del Parlamento,

* La *Lady Chapel* se conoce en castellano como Capilla de Enrique VII dado que en 1503 este hizo demoler la anterior y construir un nueva. *(N. del T.).*

había engendrado varios hijos que eran parientes consanguíneos del rey y ahora podía esperar que lo persiguieran. Sus enemigos no tardaron en hacerse ver. Tan pronto como se enterró a Catalina, el consejo, impulsado por el incansable Humphrey, duque de Gloucester, se abalanzó sobre Owen. Así fue como los emisarios enviados desde Londres lo alcanzaron en Warwickshire mientras se dirigía a Gales, y lo enviaron a Westminster, ya agotado, para que afrontara las consecuencias.

*

Sin embargo, a su llegada a Westminster, Owen Tudor decidió no presentarse ante el consejo. En su lugar, se encomendó a la misericordia de la abadía, donde se acogió a lo sagrado, «y allí se mantuvo muchos días, evitando salir del recinto».[15] Pasado un tiempo, sus amigos, preocupados, persuadieron a Owen de que si permanecía tras los muros de la abadía de Westminster su caso solo empeoraría. Se decía que el joven rey se había enfurecido, aunque las actas del arresto de Owen y su interrogatorio ante el consejo dan una marcada impresión de que fue Gloucester quien encarnó la ira regia y de que Enrique VI no se había interesado gran cosa, si es que lo había hecho en absoluto, por los detalles de la huida de su padrastro.[16] En cualquier caso Owen salió de Westminster y fue llevado ante el rey después de un tiempo. «Afirmó y declaró su inocencia y su fidelidad, y dijo que no había hecho nada que pudiera dar al rey ocasión o motivo de ofensa [...] contra él». Su actuación fue lo suficientemente convincente para garantizarle la liberación y el regreso a Gales. Sin embargo, tan pronto como llegó a su tierra natal, lo arrestaron de nuevo por romper los términos de su salvoconducto real. Se trataba de una acusación bastante dudosa, puesto que, para empezar, no había aceptado ningún salvoconducto. Sin embargo, no importaba. Se incautaron los objetos de valor de Owen, se ingresaron en el tesoro y se entregaron a los acreedores reales, y a Owen lo encerraron en los lúgubres alrededores de la tristemente célebre prisión de Newgate, en Londres, con la única compañía de un capellán y un sirviente.

Aunque Newgate se había renovado completamente durante la década de 1420 y principios de 1430 y contaba con un código de normas que, en principio, protegía a los presos de los peores horrores del confinamiento, tampoco es que fuera un lugar agradable para que lo encerraran a uno. Sus reos —hombres y mujeres— estaban recluidos allí por delitos que iban desde las deudas y la herejía hasta el robo, las peleas, la traición y el asesinato. Muchos esperaban que los llevaran ante el juez; otros, ante el verdugo, o incluso un destino aún peor.[17] A algunos presos les ponían grilletes, a otros los torturaban, y la extorsión era moneda corriente por parte de los carceleros, que podían obtener pingües beneficios cobrando a sus presos por ciertos privilegios y hasta comodidades básicas como comida, ropa de cama y velas. Había algunas habitaciones decentes con lavabo y chimenea, e incluso acceso a una capilla y una azotea sobre la puerta principal, donde se podía hacer ejercicio; sin embargo, otros lugares de la prisión —los calabozos, conocidos como las «cámaras menos convenientes»— eran oscuros, estrechos e insalubres.

Afortunadamente, la prisión de Newgate estaba lo suficientemente corrompida como para que fugarse fuera una opción realista. Eso fue lo que decidió hacer Owen Tudor. En enero de 1438 su capellán le ayudó a organizar un intento de fuga. Tuvo un éxito momentáneo: Owen se abrió paso fuera del recinto penitenciario en una carrera tan violenta que su carcelero resultó «herido gravemente». Sin embargo, su huida duró poco. Tanto él como sus cómplices consiguieron salir de la prisión, pero se los detuvo de nuevo a los pocos días y se los devolvió a la cárcel. Hubo que esperar hasta julio para que los amigos de Owen, representados nada menos que por Edmund Beaufort —el anterior amante de su difunta esposa—, consiguieran su traslado a los entornos más salubres del castillo de Windsor, donde quedó bajo la vigilancia de Walter Hungerford, el capitán a cuyas órdenes pudo haber servido en Francia casi dos décadas antes. Finalmente, en julio de 1439, se consideró que Owen había sufrido lo suficiente por su temeridad al desobedecer al Parlamento. Le concedieron la libertad y lo indultaron. Habían sido dos años dolorosos.

El bardo galés Robin Ddu, que escribió algunos años después, compuso un poema en el que lamentaba el destino de este aventurero pero desafortunado Tudor. «Ni ladrón ni salteador, ni deudor ni traidor, es víctima de una ira injusta. Su única falta fue haberse ganado el afecto de una princesa de Francia», escribió.[18]

El viaje de Owen Tudor, sin embargo, no había terminado del todo. Su matrimonio con la reina Catalina había engendrado algo más que cuentos, cotilleos y problemas. Para cuando el galés salió de su encarcelamiento, sus dos hijos mayores, Edmund y Jasper, ya daban los primeros pasos de sus propias vidas, que, con el tiempo, resultarían tan notables como la de su intrépido padre.

*

Katherine de la Pole, abadesa de Barking, tenía motivos para estar satisfecha con la casa religiosa que regentaba. Los elegantes edificios de la abadía, ricamente amueblados y situados en torno a la gran iglesia de doble fachada de Santa María y Santa Etelburga, albergaban uno de los conventos más ricos y prestigiosos de Inglaterra, con una treintena de damas ordenadas y atendidas por un nutrido grupo de sirvientes y sacerdotes.[19] Hijas y viudas adineradas de la aristocracia con título y de la alta burguesía acudían a Barking para retirarse del mundo como internas. Allí seguían la regla benedictina en una vida de oración, caridad, erudición y compañía de alta alcurnia. A lo largo de los años, los buenos contactos habían aportado a Barking dinero, propiedades, honor y fama: Katherine —que, como abadesa, tenía el mismo rango privilegiado que un barón— controlaba trece señoríos y tierras en varios condados, además de los cientos de acres que rodeaban la propia Barking. Un vistazo por una de las ventanas occidentales del dormitorio de las monjas revelaba la magnitud de la dotación de la abadía: franjas de los llanos y verdes bosques y campiñas del estuario del Támesis que se extendían hacia el amplio horizonte. Más allá, a no más de un día de camino, estaba Londres, el centro de la riqueza y el poder de Inglaterra.

En la primavera de 1437, Katherine recibió a dos jóvenes visitantes de la capital: dos niños a quienes los registros se refieren con los nombres —de tortuosa apariencia galesa— «Edmond ap Meredith ap Tydier y Jasper ap Meredith ap Tydier». Eran los hijos de la difunta reina y de su viudo galés, Owen Tudor, que estaba a punto de ser encarcelado.[20] Edmund tenía unos siete años y Jasper era un año más joven; y, se mirara como se mirara, los niños habían pasado un año turbulento y espantoso. La tarea de Katherine era ofrecerles un respiro y un refugio frente al caos repentino; un lugar donde crecer lejos de la peligrosa e impredecible multitud de Londres y la corte. Cuando Edmund y Jasper atravesaron el arco de la puerta, entraron en el recinto de Barking y vieron por primera vez las altas agujas de la iglesia de la abadía, los tranquilos jardines del claustro y las pequeñas dependencias que rodeaban el lugar, probablemente respiraron aliviados: llegaban a un espacio de paz y estabilidad. Sería su hogar durante los próximos cinco años.

En Barking estaban acostumbradas a acoger niños. Las abadesas solían ser padrinas de las familias acomodadas de Essex, cuyos privilegiados vástagos se habían acogido en la abadía para las primeras etapas de su educación desde los tiempos de Beda el Venerable, en el siglo VIII. Sin embargo, los hermanastros de un rey traían consigo ciertas particularidades. No se podía esperar que Catalina aportara recursos suficientes para criar a Edmund y Jasper. Semanalmente, solo alimentar a los niños y a sus sirvientes le costaba a la abadía la cuantiosa suma de trece libras y cuatro peniques, aparte de los gastos adicionales de alojamiento, educación, ropa y entretenimiento. Durante los años siguientes, la abadesa tuvo que escribir al erario real en numerosas ocasiones para solicitar grandes sumas que costearan la manutención de Edmund y Jasper.[21] Aunque en ocasiones el erario tardó en pagar sus facturas, no pretendía evadir sus responsabilidades para con la abadía.

Rica, refinada e intelectualmente avanzada, la abadía de Barking era un lugar maravilloso para crecer y aprender. Las monjas utilizaban el latín y el francés, además del inglés, en una época en que la lengua vernácula se convertía en la lengua estándar de comunicación y discurso. La biblioteca contenía volúmenes de Aristóteles, Esopo, Virgilio y Cicerón, colecciones de vidas de santos, libros de sermones, meditaciones sobre la vida de Cristo e incluso una traducción inglesa de la Biblia, que las monjas estaban especialmente autorizadas a poseer. Una tal Mary Chaucer había sido monja en Barking en el siglo XIV, y la abadía poseía un ejemplar de los *Cuentos de Canterbury* de su pariente Geoffrey Chaucer. En la iglesia de la abadía se conservan los huesos de su primera abadesa, santa Etelburga, así como una cruz ornamental particularmente bella en el oratorio, que atraía a multitud de penitentes y peregrinos los días festivos. Un ritual famoso era la representación de la Pascua: para recrear la salida de Cristo del infierno, las monjas y sus sacerdotes desfilaban por la iglesia con velas y cantando antífonas, antes de liberar de la condenación a todas las almas de los profetas y patriarcas simbólicamente.

Había, sin embargo, otra razón para que Edmund y Jasper se domiciliaran allí con aquellos elevados costes: la propia Katherine. Era una mujer tenaz y astuta, lo suficientemente excepcional como para ser elegida en su cargo con solo veintidós o veintitrés años. También era hermana de William de la Pole, cuarto conde de Suffolk, miembro del consejo real, mayordomo de la casa real y compañero cada vez más cercano del joven rey. Es muy probable que William recomendara Barking al rey como nuevo hogar para los Tudor, pues su opinión contaba mucho en la corte y en el consejo. Ciertamente, en el momento en que Edmund y Jasper llegaron al cuidado de su hermana, Suffolk empezaba a establecer su posición como figura central en el Gobierno del joven Enrique VI. Fue el hombre en torno al cual giraron casi todas las decisiones políticas importantes de la década siguiente.

Así, gracias a estas generosas conexiones, los hijos de Owen Tudor permanecieron pacíficamente en Barking durante los cinco años siguientes, incluso mientras su padre luchaba por no ir a la cárcel. Pasaría más de una década antes de que se reconociera oficialmente su lazo de sangre con el rey y se los elevara a puestos de importancia en la corte. Mientras tanto, fue su hermanastro, Enrique VI, quien se convirtió en el centro de la política inglesa gracias a su emergente personalidad…, con resultados más desastrosos de lo que nadie habría podido prever.

II

¿QUÉ ES UN REY?
1437-1455

Así comenzó tristeza sobre tristeza,
y muerte sobre muerte…
LA CRÓNICA DE BRITANIA[1]

5

El buen señor de Suffolk

El rey Enrique VI creció sometido a la implacable carga de las expectativas. Sin intención ni labor alguna, resultó ser el primer rey Plantagenet que consiguió lo que tantos habían intentado: ser coronado rey de Inglaterra y Francia al mismo tiempo.[1] Su padre había sido uno de los hombres más famosos del mundo cristiano, un héroe conquistador favorecido por Dios, al que los propagandistas ingleses consideraban «capaz de figurar entre los «nueve de la fama» (es decir, los nueve de la fama de la historia antigua) y al que incluso sus enemigos se habían visto obligados a reconocer como un dechado de sabiduría, virilidad y valor.[2] Además, la duración de la minoría de edad del joven Enrique había favorecido que la reputación del viejo rey alcanzara cotas aún mayores. En 1436, el poeta y erudito veneciano Tito Livio Frulovisi recibió el encargo de escribir la biografía póstuma de Enrique V, la *Vita Henrici Quinti.* El mecenas de Frulovisi era Humphrey, duque de Gloucester, y uno de los principales propósitos de Gloucester al hacer el encargo al italiano fue producir una obra que animara a Enrique VI, de dieciséis años, a honrar el espíritu bravío de su padre. «Imita en todo al divino rey que era tu padre —escribió Frulovisi— y busca la paz y la tranquilidad de tu reino con los mismos métodos y el mismo valor guerrero que él empleó para someter a vuestros enemigos comunes».[3] Era mucho pedir para un adolescente que había crecido sin ver a su padre —ni a nadie— gobernar Inglaterra como rey.

Enrique era un joven de aspecto inocente. De adulto llegaría a medir un metro ochenta, aproximadamente. Su cara seguiría siendo redonda y aniñada hasta bien entrada la madurez. Sobre unos ojos grandes y separados, una nariz larga y una boca pequeña y delicada —muy parecida a la de su madre—, se elevaban una frente alta y unas cejas curvadas. Su retrato más famoso, realizado en el siglo XVI, pero probablemente copiado de otro perdido, lo representa con mejillas suaves y regordetas y una barbilla débil, con una ligera expresión de sorpresa.[4]

Parece que Enrique fue un joven solemne y sobrio. Como es de esperar, estaba bien educado y sabía leer y escribir en inglés y francés con la misma fluidez. En su coronación inglesa se lo vio mirar «triste y sabiamente» a la congregación que tenía delante, como si fuera mayor para su edad. Los testigos extranjeros lo consideraron un joven apuesto y dotado de dignidad real.[5] A finales del otoño de 1432, cuando se acercaba a su undécimo cumpleaños, ya había asumido algunos aspectos de su condición oficial de rey: el 29 de noviembre, Richard Beauchamp, conde de Warwick y tutor personal de Enrique, que había asumido la responsabilidad de supervisar su crianza y educación, participó en una sesión del consejo real e informó —como atestiguan las actas— de que el rey había «crecido en años, en estatura y también en engreimiento y conocimiento de su alta y real autoridad y estado, lo que naturalmente lo hace [...] quejarse cada vez más de los castigos y aborrecerlos».[6] Warwick solicitó más poderes para protegerse contra el uso que pudiera hacer el rey de su prerrogativa real para desafiar o castigar a su maestro cada vez que se sintiera disgustado o indignado por sus lecciones.

En cualquier caso, esta no era la única preocupación de Warwick. En la misma reunión solicitó al consejo poderes para mantener a «hombres malvados o poco virtuosos» alejados de la presencia real y, del mismo modo, para desterrar a cualquiera que considerara «sospechoso de mal gobierno y no conveniente ni adecuado para estar cerca del rey». El consejo se mostró de acuerdo, reconociendo que un niño de once años podía dejarse influir fácilmente por las personas equivocadas si no se le vigilaba atentamente. Este fue el inicio de un problema que se agravaría a lo largo de su vida: Enrique seguiría siendo un rey muy impresionable y sugestionable, permanentemente infantil dada su inclinación a que otros tomaran decisiones por él. Podía entusiasmarse con ciertos asuntos: era un ávido lector de crónicas e historias, y muy dado a proyectos religiosos, como su intento de conseguir la santidad para el gran rey sajón Alfredo en 1442. Sin embargo, se mantuvo débil e indiferente ante los asuntos serios de política pública y nacional, y carecía de capacidad para dirigir el Gobierno o hacerse cargo de los inevitables asuntos de la guerra exterior. Desde luego, no eran estas las cualidades de un rey poderoso.

El retrato a pluma más vívido que tenemos de Enrique VI lo escribió su confesor personal John Blacman, hacia el final de la vida del rey.[7] Es comprensible, dada la vocación de su autor, que las memorias de Blacman centren su atención en la sencillez de Enrique, su fervor religioso y la piedad general de su vida. En algunos puntos, el relato está claramente distorsionado para resaltar la santidad del rey, obviando el gusto de Enrique por las ropas finas, las joyas y demás adornos propios de la pompa y el boato reales que empezó a desarrollar desde su adolescencia. «Es bien sabido que desde su juventud siempre llevó zapatos de punta redonda y botas como las de un granjero. También solía llevar un vestido largo con una capucha enrollada, como los campesinos, y un abrigo que le llegaba por debajo de las rodillas, con zapatos, botas y calzado totalmente negros, rechazando expresamente toda moda extravagante de vestir», escribió Blacman. Esta descripción parece responder más a un deseo de Blacman de exagerar la piedad del rey, ya que muchos otros relatos describen a Enrique vestido con rico y vívido esplendor en eventos oficiales.

De todos modos, gran parte del resto del relato de Blacman coincide con otras descripciones y críticas de Enrique a medida que salía de su clausura infantil durante la década de 1430: desde referencias pasajeras en los registros oficiales hasta tratados desdeñosos que condenaban la política exterior inglesa. Cuanto más crecía, más se evidenciaba su personalidad blanda y, a menudo, vacía. Parece que una inercia paralizante lo atenazaba ante sus deberes reales. Se lo veía ausente y distraído cuando entablaba conversación. Hablaba con sencillez y con frases cortas, y parecía preferir el estudio de las Sagradas Escrituras a la atención de los asuntos de gobierno. Cuando se ponía la corona en las grandes ocasiones de Estado, también llevaba un cilicio. Según Blacman, la expresión más soez que salía de sus labios era «forsothe and forsothe» ('en verdad, en verdad [os digo]', de Juan, 6: 47), y reprendía a los que usaban palabrotas a su alrededor, pues «abominaba de los blasfemos».[8] En el fondo era un espíritu dócil y amable, tímido y reacio a tomar decisiones importantes, aprensivo con la carne humana, atormentado ante el conflicto y la guerra, prácticamente incapaz de dirigir a los hombres, y menos aún en una batalla. Podía ser casto, generoso, piadoso y amable, pero no eran virtudes muy útiles en un rey del que se esperaba que dirigiera el Gobierno, mantuviera la paz entre sus súbditos más poderosos y cruzara el mar de vez en cuando para masacrar a los franceses. Según estos crudos estándares de la realeza, el reinado de Enrique VI se convertiría en un trágico fracaso.

*

A mediados de la década de 1430, sin embargo, la personalidad adulta de Enrique seguía formándose, y los hombres de su consejo podían albergar una esperanza razonable de que pronto empezaría a interesarse por los resortes del poder. La historia, después de todo, era alentadora: Eduardo III tenía diecisiete años cuando lideró un golpe armado contra el Gobierno de su madre en 1330; Ricardo II tenía catorce cuando se enfrentó a la Revuelta de los Campesinos en 1381; el propio padre de Enrique tenía dieciséis cuando, como príncipe de Gales, lideró las tropas en la batalla de Shrewsbury. Sin embargo, la vaga esperanza se convirtió en una necesidad acuciante en 1435, cuando Enrique tenía catorce años y la política inglesa en Francia sufrió dos duros reveses.

El primero estaba relacionado con la larga alianza del reino con Borgoña. Esta era la base diplomática sobre la que se había asentado todo el éxito de las dos últimas décadas. Fue la disputa entre borgoñones y armañacs la que desestabilizó Francia lo suficiente como para que Inglaterra la conquistara, y fue la alianza borgoñona la que permitió a Enrique V negociar el tratado de Troyes y reclamar la corona francesa. Los soldados borgoñones habían capturado a Juana de Arco y finalmente la habían entregado a los ingleses para que la juzgaran, y solo gracias a las buenas relaciones con Borgoña podía Inglaterra seguir siendo una fuerza de ocupación eficaz en Normandía y otras partes de Francia. Sin embargo, en 1435, en un consejo de paz celebrado en la bulliciosa ciudad mercantil flamenca de Arrás —un lugar famoso en toda Europa por sus hermosos tapices tejidos—, la alianza anglo-burgalesa se deshizo dramáticamente.

En principio, el congreso de Arrás, celebrado entre julio y septiembre de 1435, era una oportunidad para asegurar una tregua entre Inglaterra y Francia, así como para negociar un matrimonio entre Enrique VI y una princesa francesa. Sin embargo, la embajada del joven rey, encabezada por el cardenal Beaufort, fue vapuleada por la brillante diplomacia francesa, diseñada para arruinar las conversaciones y culpar de todo a los ingleses. Los embajadores de Carlos VII ofrecieron varias propuestas, todas aparentemente generosas, pero en realidad exigían que Enrique renunciara a su pretensión de ser el legítimo rey de ambos reinos, devolviera todo lo ganado desde Agincourt y mantuviera Normandía solo en deferencia feudal a la Corona francesa. Beaufort hizo todo lo posible por negociar unas condiciones más aceptables, pero la forma en que los franceses lo rechazaron hizo quedar a los ingleses como inflexibles y arrogantes. Finalmente, el 6 de septiembre de 1435, Beaufort abandonó las conversaciones y dejó que Borgoña y Francia negociaran directamente entre sí. A la salida de Arrás, un aguacero sorprendió a sus criados, cuyas capas bermellón, con la palabra «honor» cosida en las mangas como protesta por las tácticas engañosas a las que se los habían sometido, quedaron empapadas.[9]

Sin embargo, lo peor estaba por llegar. El 14 de septiembre, una semana y un día después de que la delegación inglesa abandonara las conversaciones, John, duque de Bedford, cuya salud llevaba resentida ya algún tiempo, murió en Ruan, agotado por la tensión de tanto tiempo supervisando el segundo reino de su sobrino. Tenía cuarenta y seis años. Bedford dejó tras de sí una vasta y magnífica casa con una gran colección de libros, platos, tapices y tesoros.[10] Sin embargo, ninguna riqueza pudo mitigar la pérdida de su influencia personal. Durante casi quince años había sido un vínculo vivo entre el espíritu de las conquistas de Enrique V y las exigencias del presente. «Grandes lamentos [se alzaron] entre los ingleses que vivían en aquel momento en Normandía; pues, mientras vivió, fue temible y temido entre los franceses», escribió el autor de *Brut.*[11] En Francia, Bedford había sido un regente majestuoso y un general inspirador. Cuando se lo requirió en Inglaterra, ejerció su posición privilegiada y resultó ser mediador inestimable, un noble ejemplar que estaba por encima de las facciones y que gozaba de la obediencia de todos. Fue la única figura capaz de mantener la paz entre su tío, el cardenal Beaufort, y su hermano, Humphrey de Gloucester. Su muerte privó a Inglaterra de su figura más importante para el consenso, la autoridad y la estabilidad: lo más parecido a un rey en funciones.

Siete días más tarde, Felipe el Bueno, duque de Borgoña, llegó a la abadía de Saint-Vaast para firmar un tratado por el que las dos facciones enfrentadas en la guerra civil francesa acordaban reconciliarse. Borgoña reconocería a Carlos VII como legítimo rey de Francia; a cambio, Carlos prometía actuar contra los hombres que habían matado al padre de Felipe en 1419. En cuestión de semanas, toda la posición diplomática de Inglaterra, prolijamente construida durante más de veinte años, se desplomó. Su mayor aliado había cambiado de bando. Fue un golpe del que la ambición inglesa nunca pudo recuperarse.

Durante los dieciocho meses que siguieron a Arrás, la posición inglesa en Francia comenzó a desmoronarse. En primavera, París fue liberada por las fuerzas leales a Carlos VII y a su nuevo aliado, el duque de Borgoña. Tras la salida de los últimos ingleses de la capital el 17 de abril de 1436, los franceses comenzaron a dirigir sus ataques hacia el ducado de Normandía, y obligaron a los ingleses a una guerra defensiva y de repliegue. En casa, mientras tanto, se produjo un intento desesperado de imponer un gobierno adulto a Enrique VI, de catorce años.

El 1 de octubre de 1435 asistió a su primera reunión del consejo. Los preceptos empezaron a dictarse inmediatamente bajo su autoridad, en lugar de por orden exclusiva de los señores del consejo. Este hecho tuvo amplia difusión: en las cartas enviadas a los consejos y cortes extranjeros se señalaba explícitamente que el rey había comenzado a ocuparse de sus propios asuntos. En mayo de 1436, se destituyó al conde de Warwick como tutor real, pero no se nombró a ningún sustituto; una señal de que el periodo de educación de Enrique había terminado y de que había comenzado a iniciarse en el pleno alcance de los deberes reales. Dos meses después, Enrique empezó a firmar peticiones de su puño y letra, escribiendo «R. H.» *(Rex Henricus,* 'Rey Enrique') y «nous avouns graunte» ('hemos concedido') debajo de las peticiones que aprobaba formalmente.[12] El mensaje al mundo era claro: la minoría de edad había llegado a su fin…

… ¿O no? Aparentemente, Enrique había comenzado a gobernar. Sin embargo, su reinado aún flaqueaba. Las actas del consejo empezaron a incluir notas que sugerían que el rey no solo firmaba peticiones desacertadas, sino perjudiciales a la Corona. «Acuérdate de hablar con el rey para que tenga cuidado al conceder indultos o al enmendarlos, ya que se causa a sí mismo un gran perjuicio», rezaba una del 11 de febrero de 1438, cuando Enrique había concedido una petición que lo empobrecía por valor de dos mil marcos.[13] Al día siguiente, otra nota casi idéntica proponía que se explicara al rey que su imprudente concesión de la alcaidía y mayordomía del castillo de Chirk, en el norte de Gales, le había costado otros mil marcos. Resulta revelador que no se intentara llevar a Enrique de vuelta a Normandía para que comandara sus propios ejércitos, ni siquiera para que sirviera como testaferro, a pesar del peligro resultante de la muerte de Bedford y la traición de Borgoña. Era evidente que el muchacho no estaba hecho con el molde de su padre.

*

La combinación de la muerte de Bedford y la incapacidad del joven rey para liderar un gobierno dejó una especie de vacío político en Inglaterra, en el cual, durante el transcurso de la década de 1430, entró William de la Pole, cuarto conde de Suffolk.

Hasta ese momento, la vida de Suffolk había transcurrido en una carrera convencional de soldado aristocrático. Su padre, Michael, había muerto de disentería en el sitio de Harfleur; su hermano mayor, también llamado Michael, había sufrido una muerte extraña y desafortunada —para un inglés— en la batalla de Agincourt. Así, sin pretenderlo, William se había convertido en el cuarto conde de Suffolk a la edad de diecinueve años. Pasó la siguiente década y media ganando experiencia militar y construyendo un currículo de total lealtad a la Corona. Fue un soldado capaz, que luchó con suficiente distinción en Bretaña y Normandía como para ser nombrado caballero de la Jarretera en 1421. Más tarde se le concedieron varios cargos importantes y tierras en regiones capturadas, y sirvió como embajador en los Países Bajos en 1425.

Sin embargo, su última experiencia de combate en Francia no fue tan afortunada. Ocupaba un alto cargo cuando Orleans cayó en manos de Juana de Arco y su ejército en 1429. A continuación, intentó dirigir la retirada de varios centenares de ingleses a lo largo de las orillas del Loira. Cinco o seis mil franceses, liderados por el duque de Alençon y Juana de Arco, los perseguían ferozmente, y Suffolk no pudo hacer más que dirigir a sus tropas para que se refugiaran en la ciudad de Jargeau, un asentamiento pequeño, pero relativamente defendido a unas once millas río arriba de Orleans, con una muralla y fortificaciones alrededor de un puente que cruzaba el agua. Cuando llegaron a la ciudad, Suffolk ordenó a sus hombres y a los habitantes de Jargeau que atrincheraran la parte amurallada de la ciudad para el inevitable asedio. Efectivamente, en cuanto los ingleses se instalaron, los franceses «los rodearon inmediatamente por todas partes y comenzaron a atacarlos con dureza y a asaltarlos por muchos sitios».[14]

Suffolk había intentado negociar una breve tregua en dos ocasiones, pero los franceses habían rechazado sus propuestas; primero, porque se consideró que había violado el protocolo caballeresco al negociar con un capitán de bajo estatus en lugar de con el duque de Alençon, y segundo, porque Alençon alegó, sin más, que era tanto el ruido de los asaltos franceses que no oía los mensajes que llegaban de la ciudad. Dado el tamaño de los cañones que los franceses habían desplegado para derribar las murallas del puente y de la ciudad —incluido un cañón absolutamente descomunal llamado Pastora, en honor a Juana de Arco—, es muy posible que Alençon dijera la verdad. En cualquier caso, el bombardeo fue brutal y eficaz. Un inglés con iniciativa había conseguido golpear a Juana en la cabeza con una piedra lanzada desde las murallas de la ciudad, le partió el casco en dos y la tiró al suelo un momento, pero su estimulante presencia había bastado para espolear a los franceses hacia la victoria. Jargeau cayó en menos de un día, Suffolk y su hermano sir John de la Pole fueron capturados, y otro hermano, Alexander de la Pole, fue asesinado junto con más de cien defensores. Fue una derrota desastrosa; el único y frágil alivio para Suffolk fue que había conseguido armar caballero a su captor —un soldado de baja graduación, y no un noble— antes de rendirse formalmente, por lo que evitó así la profunda humillación caballeresca de tener que rendir su persona señorial a un hombre de condición mezquina.[15]

Después de Jargeau, Suffolk fue conducido a Orleans y encarcelado durante varios meses. Finalmente se lo liberó en 1430, mediante un rescate que, según él, ascendió a veinte mil libras, unas siete veces sus ingresos anuales durante el periodo más rico de su vida. De vuelta a Inglaterra, comenzó a construir una extensa y arraigada base de poder que abarcaba la corte, el campo y el consejo, y que acabó por ponerle al mando del principal resorte de la autoridad real.

Suffolk construyó su influencia mediante una combinación de audacia, buena fortuna, excelentes conexiones y sigilo a la antigua usanza. Su punto de partida fueron las tierras asociadas a su condado, que le proporcionaron un importante bloque de poder en Anglia Oriental: era el noble dominante en Suffolk y Norfolk.[16] Un matrimonio con la distinguida, bellísima y extremadamente rica Alice Chaucer, condesa viuda de Salisbury, le proporcionó más tierras en Oxfordshire y Berkshire, cerca del centro del Gobierno real. La condesa también introdujo a Suffolk en las esferas de la política nacional, ya que los Chaucer eran estrechos colaboradores del cardenal Beaufort y Catalina de Valois. Es muy posible que estas conexiones contribuyeran al nombramiento de Suffolk como miembro del consejo real en 1431, pero sin duda también le ayudaron sus buenas relaciones con el otro prócer del gobierno en minoría, Humphrey, duque de Gloucester. Raro era el hombre capaz de superar la división entre Beaufort y Gloucester, pero Suffolk demostró desde el principio de su carrera política que era un pragmático: prefería trabajar entre facciones a tomar partido. No era una persona excepcionalmente carismática ni dominante, pero lo que le faltaba de personalidad lo compensaba perfectamente con su diligencia y su capacidad para ganarse el favor de personalidades mutuamente hostiles.

Entre 1431 y 1436, Suffolk se labró poco a poco una reputación de asiduo servidor real. Fue uno de los asistentes más entusiastas del consejo real: sirvió junto al cardenal Beaufort en la desastrosa embajada del congreso de Arrás, e incluso volvió al servicio militar brevemente, tras la muerte de Bedford, para intentar pacificar algunas zonas de Normandía. Para ello se unió al joven y ambicioso Ricardo, duque de York, que dirigió un ejército durante la campaña de finales del verano y otoño de 1436. Tanto o más importante, sin embargo, fue que Suffolk desempeñó el cargo de mayordomo de la casa real a partir de 1433. El mayordomo imponía la disciplina y supervisaba el funcionamiento diario de un servicio doméstico en el que participaban varios centenares de funcionarios, sirvientes y ayudantes. Por necesidad, mantenía un contacto personal regular, informal y, en gran medida, no fiscalizado con el rey a cualquier hora del día. Era, por lo tanto, un cargo importante en la corte real; Suffolk lo valoraba tanto que se aseguró de que el consejo se lo garantizara antes de partir a luchar a Francia. Para la segunda mitad de la década de 1430, Suffolk se había convertido en una personalidad imprescindible de la administración y en la figura central de la casa real. Otros personajes, en particular Beaufort y Gloucester, seguían siendo superiores a él y tenían su propio acceso a Enrique; sin embargo, gracias a su diligente asistencia a las reuniones del consejo y a su preeminencia en la corte, Suffolk se convirtió, de hecho, en el principal canal de acercamiento —tanto oficial como extraoficial— al rey. A lo largo de la década de 1430, mientras los consejeros de Enrique intentaban empujar al joven rey a gobernar por derecho propio, se produjo un vaivén de poder entre la casa real y la cámara del consejo; y, allá donde fuera el poder, allá estaba Suffolk.

Vale la pena remarcar que no se trataba de un afán de poder puramente interesado por parte de Suffolk. Sin duda era ambicioso, y más tarde acumularía sin pudor cargos y tierras para su beneficio personal. Sin embargo, a Suffolk se le permitió asumir el papel de titiritero real gracias a un consenso general entre sus colegas aristócratas y otras figuras importantes de la corte, que comprendían que alguien tendría que coordinar el gobierno entre bastidores hasta que el rey reuniera el carácter y la madurez suficientes para hacerlo por sí mismo. No obstante, la omnipresencia de Suffolk le permitía ejercer influencia de diversas maneras y en todos los aspectos de la política gubernamental y la actividad real; por eso podemos entrever su mano bajo la decisión, en 1437, de enviar a Edmund y Jasper Tudor a vivir a la abadía de Barking con su hermana Catherine de la Pole. Con el paso de los años se convertiría en uno de los hombres más poderosos de Inglaterra: Margaret Paston, dama perteneciente a la famosa dinastía de epistológrafos de Anglia Oriental, escribió que, sin la bendición de Suffolk, nadie en Inglaterra podía defender su propiedad o disfrutar de su vida. Según sus propias palabras, «a menos que tengáis el buen señorío de mi señor de Suffolk, mientras el mundo sea como es, nunca podréis vivir en paz».[17]

Sin embargo, mientras el discreto Suffolk amasaba su riqueza y ejercía su poder gobernando en nombre de un rey vacilante y pusilánime, también estaba sembrando una peligrosa situación política sin darse cuenta: detentar la realeza con sigilo —incluso con las más nobles intenciones— era jugar con fuego. A medida que pasaban los años, los riesgos de manipular la forma natural del Gobierno real aumentaban sin cesar. Muy pronto, los problemas del «buen señorío» de Suffolk quedarían al descubierto abruptamente.

6

Un matrimonio querido

Una multitud nerviosa esperaba en Blackheath. Era el viernes 28 de mayo de 1445 y en la gran extensión de terreno comunal cubierto de hierba en la orilla sur del Támesis, río abajo de Southwark, se agolpaban los ciudadanos más notables de Londres: el alcalde, los miembros del consejo de gobierno de Londres, representantes de todas las prósperas compañías de la ciudad, todos los alguaciles eméritos y un grupo de juglares. La ciudad llevaba casi un año preparándose para este día y todos los personajes importantes vestían de forma idéntica, con togas del profundo color azul del cielo estival, cosidas a medida, adornadas con capuchones rojos y bordadas con el escudo de la profesión del portador. El diseño de estas finas togas había sido objeto de un intenso debate cívico: las discusiones se habían prolongado durante varias semanas en la cámara del consejo el agosto anterior. Había hecho falta una considerable energía política para superar la idea de que los concejales debían vestir de azafrán en lugar de azul. No se trataba de disputas insignificantes: era vital que los principales ciudadanos de Londres representaran a la ciudad en su máximo esplendor, pues se habían reunido para celebrar la llegada de un visitante muy estimado.[1]

La huésped era Margarita de Anjou, la hija de quince años del duque René de Anjou, un noble de la Francia central, famoso pero empobrecido. René poseía una serie de títulos espléndidos —era, en teoría, rey de Sicilia y de Jerusalén—, pero también era un soldado sin dinero y con mala suerte, que había pasado la mayor parte de la juventud de su hija encerrado en las cárceles de sus enemigos o sufriendo derrotas bélicas en la península italiana (un hecho que había permitido a las mujeres de su familia ejercer un grado considerable de poder político en su nombre). Sin embargo, René era hermano de la reina de Francia, lo que convertía a Margarita en sobrina del rey. Aunque su padre era relativamente pobre, la joven era de sangre noble y su familia estaba bien relacionada, por lo que Margarita había llegado a Inglaterra para desempeñar su propio papel político: presentarse como la nueva esposa y reina consorte del rey Enrique VI.

El matrimonio de Margarita con Enrique fue idea de Suffolk. El padre de la muchacha era tan pobre que ella llegó con una dote lamentable: unos míseros veinte mil francos y la promesa vacía de que algún día el rey inglés heredaría el derecho de René a la corona de Mallorca. Sin embargo, casar a Enrique con la sobrina del rey francés parecía servir a dos propósitos mayores: concedería a Inglaterra una tregua diplomática y militar en las guerras francesas y permitiría a Enrique y Margarita reconstruir la menguante estirpe de la familia real inglesa.

Desde la muerte de Bedford en 1435, la política francesa de Inglaterra había sido un desastre. Una hambruna causada por las malas cosechas en Inglaterra y Normandía entre 1437 y 1440 había empobrecido el reino a ambos lados del Canal; además, la Corona estaba muy endeudada y atrasada en sus pagos a capitanes y tropas. Ahora los parlamentos refunfuñaban de forma ostensible cuando se les pedía que aprobaran nuevos impuestos para la interminable guerra. En ningún momento desde su coronación francesa se había hecho un esfuerzo realmente serio por llevar a Enrique de vuelta a Francia al frente de un ejército. (Tampoco se llevaría nunca al rey a Escocia o Irlanda). Era cierto que su rival, Carlos VII, también había evitado tomar el mando en el campo de batalla, pero Carlos era, al menos, un vigoroso y proactivo estratega. No podía decirse lo mismo de su sobrino. A principios de la década de 1440, Enrique VI había dedicado gran parte de su energía a apoyar la fundación del Eton College, una escuela de gramática dedicada a la Virgen María cuyos planos arquitectónicos estudió y anotó de su puño y letra. Al mismo tiempo, había patrocinado la creación del King's College de Cambridge, un gran y excelente centro de enseñanza superior, fundado explícitamente para «los estudiantes pobres e indigentes». Pocos reyes Plantagenet se interesaron tanto por la educación popular como Enrique VI, y pocos se interesaron tan poco por la guerra. De este modo, varias de las voces más importantes en el Gobierno habían impulsado una serie de políticas confusas, conflictivas y contraproducentes en Inglaterra.

En 1440, el cardenal Beaufort se había jugado una de las bazas diplomáticas más valiosas de Inglaterra al permitir la liberación del duque de Orleans, aprisionado en 1415 en la batalla de Agincourt. El prisionero había pasado veinticinco años escribiendo romances en castillos ingleses, incluido el primer poema de San Valentín del que se tiene constancia. («Je suis déjà d'amour tanné / Ma très douce Valentinée [...]»; 'Ya estoy harto de amor / mi dulcísima Valentina [...]'). La liberación de Orleans había enfurecido a Humphrey, duque de Gloucester, que siempre había apostado por un ataque frontal y absoluto contra Francia. Gloucester lo consideró una deshonra para la memoria de Enrique V y dio a conocer ampliamente sus sentimientos, aunque pronto se vería obligado a dirigir sus atenciones más cerca de casa.

El hecho es que, en 1441, estalló un escándalo en torno a la segunda esposa del duque, Leonor Cobham, la joven y fogosa dama de compañía por la que había abandonado a su primera esposa, Jacqueline de Henao, en 1428, cuando el papa anuló su matrimonio sin hijos. Las circunstancias del matrimonio fueron un tanto controvertidas, dado el estatus social relativamente bajo de Leonor. Sin embargo, demostró ser una mujer señorial e inteligente que disfrutaba al frente de la suntuosa corte renacentista que ella y su marido celebraban en su mansión de Greenwich, donde recibían a poetas, músicos y dramaturgos.

La muerte de Bedford significaba que Gloucester era el presunto heredero al trono; por extensión, Leonor se vio en el papel potencial de próxima reina. La idea la entusiasmó, y empezó a consultar a astrólogos y nigromantes para predecir la fecha de la muerte del rey y, por extensión, el acceso al trono del «rey» Humphrey. Sin embargo, se excedió gravemente en este asunto. Los astrólogos a los que consultó eran hombres de considerable prestigio académico, pues era una época en la que los ámbitos de la ciencia y la superstición se solapaban en gran medida. En cualquier caso, si sus adivinos estaban bien formados en astrología, también eran políticamente ingenuos. Predijeron que Enrique VI enfermaría y moriría en el verano de 1441. A Leonor, o a quienes la rodeaban, les resultó imposible mantenerlo en secreto, y los rumores de la muerte del rey empezaron a circular por la capital y por todo el país.

La alta posición de su marido no bastó para protegerla. En julio fue arrestada, juzgada y, como dijo un cronista, «condenada por bruja y hereje, y encerrada en prisión perpetua». Sus socios fueron condenados a muerte, pero Leonor logró escapar de las llamas. Fue condenada a una penitencia pública humillante: se le ordenó caminar descalza por las calles de Londres, llevando una vela, tres veces en noviembre. La divorciaron del duque a la fuerza y la condenaron a cadena perpetua, que cumplió en castillos cada vez más remotos de Kent, Cheshire, la isla de Man y, por último, a partir de 1449, Beaumaris, en Anglesey.[2] La pérdida de su esposa fue un mazazo personal para Gloucester, y su prestigio público nunca se recuperó del escándalo: su credibilidad y el alcance de su influencia política se hicieron añicos de un plumazo.

La influencia del cardenal Beaufort creció con la caída de Gloucester. Durante mucho tiempo había sido el mayor acreedor financiero de la Corona y una voz siempre cauta en el consejo real. Sin embargo, en 1442 el cardenal abandonó su política de apaciguamiento y reconciliación y se convirtió en un agresor imperturbable. Convenció al consejo y al parlamento para que permitieran una expedición militar a Francia dirigida por su sobrino John Beaufort, duque de Somerset. Su propósito parecía ser unir los dos bloques principales del poder inglés en Normandía y Gascuña mediante la conquista de la región en torno a Maine. La expedición de Somerset, emprendida a finales del verano de 1443, fue un fiasco incoherente, que parecía un intento superficial de la familia Beaufort de agenciarse el botín arrebatado y las tierras conquistadas en el centro de Francia. Aquello enfadó a Ricardo, duque de York, que había sucedido a Bedford como lugarteniente en Francia solo para ver socavada su autoridad por aquella misión independiente de Beaufort. Además, supuso un enorme derroche económico. Somerset murió poco después de volver a casa, humillado por su fracaso y muy posiblemente empujado al suicidio. En cuanto al cardenal Beaufort, compartió con su rival Gloucester un retiro político efectivo.

Todo esto dejó a Inglaterra con una acuciante necesidad de paz. Suffolk, que ahora llevaba la voz cantante en la política inglesa, estaba decidido a afrontar el reto. Partió hacia Francia a principios de 1444 con el objetivo de tomar medidas efectivas para solventar la guerra durante un tiempo. Regresó con la mano de Margarita en matrimonio como sello de un acuerdo con su tío Carlos VII para una tregua de dos años, un margen durante el que negociar una paz más larga y duradera.

Siguiendo el protocolo diplomático habitual, Suffolk había sustituido personalmente a Enrique y se había casado por poderes con Margarita, de catorce años. El 24 de mayo de 1444, en la catedral de Tours, y ante la presencia de los reyes de Francia y de un gran número de nobles franceses, tomó la mano de la joven y le colocó las alianzas nupciales. Al parecer, la primera reacción de todos los que se enteraron del enlace fue de alegría y alivio. En los banquetes franceses que siguieron al matrimonio por poderes de Margarita se dijo que el pueblo llano «se alegró y regocijó, y cantaron —todos con gran júbilo— *¡Nowell!*[*] *¡Nowell! ¡Nowell!* y ¡paz, paz, la paz sea con nosotros! ¡Amén!».[3]

El gran capitán de guerra inglés John Talbot, conde de Shrewsbury, encargó para la nueva reina el más magnífico libro de horas, que aún sobrevive completo con una copia de la genealogía real con la que el duque de Bedford había plagado Normandía durante la década de 1420 para presentar a Enrique VI como legítimo heredero de la corona de Francia por línea directa.[4] (Véase la sección de láminas). A su regreso a Inglaterra, Suffolk fue ascendido del rango de conde al de marqués —en 1448 promocionaría de nuevo y se convertiría en duque—. Al año siguiente volvió a cru-

* La expresión *Nowell* era un grito de júbilo relacionado sobre todo con la Navidad y el anuncio del ángel a los pastores del nacimiento de Jesús. Sin embargo, en la Edad Media anglo-francesa se utilizaba a menudo como expresión de alegría en contextos distintos a la Navidad, algo reservado para las ocasiones y eventos más felices, como el matrimonio referido aquí. *(N. del T.)*

zar el canal de la Mancha para recoger a la novia del rey y llevarla triunfante a su nuevo reino. Entre sus compañeros de viaje se encontraba un tal Owen Meredith, probablemente Owen Tudor, que ahora tenía unos cuarenta y cinco años.

Así fue como Margarita desembarcó en Southampton el 9 de abril de 1445, debilitada por una larga enfermedad que empeoró con el mareo tras una travesía muy turbulenta por el Canal a bordo del *Cock John*. Lentamente, y mientras recuperaba la salud, se dirigió desde la costa sur hacia la capital. Su viaje la llevó a través del Hampshire rural, donde su primer destino fue la abadía de Titchfield, una modesta casa de canónigos premonstratenses más famosa por la vida austera y erudita de sus hermanos que por la abundancia de su hospitalidad. En este entorno tranquilo y monacal, Margarita se casó finalmente con Enrique. El rey le regaló un anillo de oro con un rubí engastado, moldeado a partir del anillo consagrado que él había llevado durante su coronación como rey de Francia.[5] Así, cuando la nueva reina de Inglaterra llegó a Londres a caballo el 28 de mayo de 1445, no solo fue recibida por la célebre fiesta de bienvenida de los dignatarios londinenses vestidos de azul, sino que toda la ciudad se había engalanado detrás suyo para celebrar su llegada.

Londres se lució en cuanto a fastuosidad. Aunque la ciudad no estaba en su mejor momento —el campanario de madera de San Pablo se había incendiado durante el invierno por el impacto directo de un rayo, y las puertas de la ciudad necesitaban reparaciones—, aún podía deslumbrar y entusiasmar. Las calles se habían arreglado y las casas se habían asegurado para celebrar la llegada de Margarita. Se limpiaron las alcantarillas, se reforzaron los tejados para soportar a los espectadores que trepaban sobre ellos y se aseguraron los carteles de las tabernas para evitar que cayeran sobre las cabezas de los juerguistas. Miles de libras recaudadas con fondos del ayuntamiento y una suscripción pública se habían invertido en ocho deslumbrantes desfiles con lemas en inglés, cada uno de los cuales mostraba y aclamaba a Margarita de forma similar: como la portadora de la paz, la salvadora de los dos reinos de Enrique o un regalo enviado del cielo. La joven reina atravesó en una litera las calles atestadas de gente festejando, entre escenas que la comparaban con la paloma que trajo la rama de olivo a Noé y con la virgen santa Margarita, que domó «el poder de los espíritus malignos».[6] La alojaron en la Torre de Londres hasta que, dos días después de su entrada formal en la ciudad, salió vestida de blanco virginal con una corona de oro y perlas para que un carruaje la llevara a Westminster, donde sería coronada. Inglaterra recibió a su nueva reina con tres días de fiestas y justas. Se esperaba que Margarita no tardaría en servirse de sus conexiones para lograr una paz duradera y esperada durante largo tiempo.

*

El futuro del linaje real inglés era una incógnita en el momento del matrimonio de Enrique y Margaret. Es cierto que había pocas posibilidades de que Enrique VI emulara a su padre muriendo cerca de un campo de batalla extranjero. Sin embargo, como escribió el poeta John Lydgate, «la experiencia demuestra que el mundo es mudable».[7] La vida era corta y la muerte podía ser repentina e impredecible. Las últimas disposiciones formales para la sucesión real las había tomado Enrique IV en 1406 en el parlamento, cuando se acordó que la corona recayera primero en Enrique V y sus descendientes directos, y, en segundo lugar, en los tres hermanos de Enrique V y sus herederos: Thomas, duque de Clarence; John, duque de Bedford, y Humphrey, duque de Gloucester. En 1445, Clarence y Bedford habían muerto sin descendencia, y Gloucester, a pesar de haberse casado dos veces, solo había engendrado dos bastardos, cuyos nombres, Antigone y Arthur, reflejaban su interés por la literatura clásica y la mitología británica. Tenía cincuenta y cinco años, sus matrimonios habían fracasado sin proporcionarle un solo heredero legítimo y su desgracia tras la caída de Leonor Cobham había comprometido gravemente su condición de heredero. Enrique VI era, por tanto, el único nieto superviviente de Enrique IV, y era casi seguro que seguiría siéndolo. No estaba del todo claro quién podría sucederle en caso de que muriera inesperadamente. Esta circunstancia no ponía en peligro la corona de Enrique, pero sí prometía mucha incertidumbre para la siguiente generación. Fuera de la familia nuclear de Enrique había muchísimos hombres con cierto grado de sangre real en sus venas. Al menos cuatro familias podían reclamar su descendencia del tatarabuelo de Enrique VI, Eduardo III.

La primera estaba representada por Ricardo, duque de York. Nacido en 1411, York heredó sangre real de ambos progenitores: por su madre, descendía del segundo hijo de Eduardo III, Lionel; por su padre, era heredero del cuarto hijo de Eduardo III, Edmund. (Véase la tabla genealógica de la Casa de York). Entre sus otros antepasados había miembros de muchas de las familias nobles más importantes de la historia reciente de Inglaterra: los Mortimer, Clare, Despenser, de Burgh y Holland.[8] Durante los comienzos del siglo XV, su familia paterna había participado en rebeliones en las que se proclamaban como los legítimos reyes de Inglaterra. Un tío abuelo, sir Edmund Mortimer, se había unido a la revuelta de Owain Glyndwr contra Enrique IV, proclamando a otro tío —Edmund, conde de March— heredero legítimo de la corona. El padre de York compartía esta creencia y en 1413 fue declarado culpable de conspirar para deponer a Enrique V y poner a March en el trono, crimen por el que se lo decapitó como traidor.

En cualquier caso, aunque la rebelión y la ambición corrieran por sus venas, el hecho de que Ricardo no se viera manchado por los crímenes anteriores de sus parientes fue una señal de la relativa estabilidad de Inglaterra durante la larga minoría de edad de Enrique. Durante varios años, hasta 1434, se le había permitido heredar todas las extensas propiedades de su familia: poseía el ducado de York y los condados de March, Cambridge y Ulster, tradicionalmente asociados a la familia Mortimer, de la que descendía. Sus tierras se extendían por Inglaterra, Gales e Irlanda, y sus propiedades incluían poderosos castillos en las costas y en las marcas galesas (nombre colectivo dado a las grandes franjas de tierra en la frontera entre Inglaterra y Gales, que se extendían en algunos lugares hasta la costa occidental). Como si de un príncipe se tratara, York también poseía impresionantes fortalezas palaciegas —como Fotheringhay, a orillas del río Nene, en

Northamptonshire—, y granjas y bosques desde Yorkshire hasta Somerset.[9] Sus conexiones personales llegaban aún más lejos: en 1429 se había casado con Cecily Neville, hija de una de las principales familias nobles del norte. Fue nombrado caballero a los quince años, llevado a la corte a los dieciocho y admitido en la Orden de la Jarretera a los veintiuno. En 1436, tras la muerte de Bedford, York, de veinticinco años, fue nombrado lugarteniente de Francia, cargo que le fue otorgado no solo por ser considerado un joven y talentoso soldado, sino porque era, como rezaban los papeles de su nombramiento, un «grant prince de nostre sang et lignage» y «nostre beaucousin» ('un gran príncipe de nuestra sangre y linaje' y 'nuestro querido primo').[10] En 1444 se le concedieron enormes extensiones de tierra en Normandía, lo que lo convirtió de golpe en el terrateniente inglés más importante del ducado.[11] En resumen, Ricardo, duque de York, era el laico más rico y el terrateniente más poderoso de Inglaterra después del rey.

Sin embargo, no era más que eso. A principios de la década de 1440, mientras servía en Francia, no había indicios de que deseara hacerse con la corona. Era ambicioso, sin duda, y consciente de su estatus. Su esposa, Cecily, engendró una gran prole: su primera hija, Anne, nació en 1439; un hijo de corta vida llamado Henry llegó en 1441, y once hijos más se sucedieron durante los diez años siguientes. Los hijos supervivientes mayores, Edward y Edmund, gozaron de un favor real excepcional. En 1445, Edward, que entonces no tenía más de tres años, fue nombrado conde de March, y Edmund, un año más joven, conde de Rutland. Parece que el principal propósito de elevar a los hijos pequeños de York a la nobleza fue casar a uno de ellos con una princesa francesa. Sin embargo, aunque se trataba de honores extraordinarios, había pocos indicios de que el joven duque pretendiera inaugurar una dinastía real competidora. La propia historia de su familia demostraba con creces que la ambición sin motivo era una forma segura de perder la cabeza. En el momento del matrimonio del rey con Margarita de Anjou, York estaba tan comprometido como sus pares a mantener la forma de gobierno con la que Inglaterra se estaba desenvolviendo hasta entonces: Suffolk dirigiendo el Gobierno discretamente desde la casa real, con el respaldo tácito de los magnates que querían evitar que un rey pusilánime perdiera el control de sus reinos gemelos.[12]

De todos modos, mientras el rey permaneciera sin descendencia, había que pensar en el estatus de quienes, como los York, le eran cercanos en sangre. Así pues, durante la década de 1440, otras tres familias se beneficiaron de la ascendencia de Eduardo III, y en la época del matrimonio del rey el estatus de todas ellas se elevó, dando la sensación —bastante confusa— de una familia real ampliada.

Los Beaufort, parientes del cardenal Beaufort, eran los miembros más destacados de esta gran familia real. Su ascendencia, al igual que la del rey, procedía de Juan de Gante y la casa de Lancaster. La tercera esposa de Gante, Catalina Swynford, le había dado tres hijos. Fueron considerados ilegítimos —no sin razón, ya que Gante estaba casado con otra persona cuando nacieron— y, aunque Gante y Catalina se casaron años después y una ley del Parlamento eliminó la mancha de bastardía de los niños, quedó muy claro —de nuevo por ley parlamentaria— que estaban excluidos de la línea sucesoria.

Para la década de 1440, el cardenal Beaufort era el único hijo superviviente de Gante y Catalina Swynford, pero la familia continuó a través de los sobrinos del cardenal. John, conde de Somerset fue elevado al rango de duque en 1443, y se le dio precedencia sobre el duque de Norfolk, cabeza de una de las familias más antiguas y prominentes de Inglaterra. Como hemos visto, de poco le sirvió esta gran elevación a John Beaufort, ya que murió en desgraciadas circunstancias tras su lamentable expedición a Francia de 1443. La implicación política de la familia pasó a Edmund Beaufort, el hermano menor de John, que asumió el título de Somerset en 1448 y tuvo varios hijos. Por último, estaba Juana Beaufort, que había estado casada con Jaime I de Escocia y disfrutó de una emocionante carrera en el norte, donde ejerció como regente durante el breve periodo que su hijo, Jaime II de Escocia, era menor de edad.

Así pues, aunque oficialmente se los excluyera de cualquier sucesión futura, los Beaufort estaban de hecho estrechamente vinculados a la Corona. También lo estaban otros. La familia

Holland trazaba su propia ascendencia real a través de Isabel, la hermana de Enrique IV. En enero de 1444, el más antiguo de los Holland, John, conde de Huntingdon, fue ascendido a duque de Exeter, con precedencia sobre todos los demás duques excepto el de York. Fue otro ascenso atribuido a su cercanía de sangre con el rey. John Holland murió en agosto de 1447, y su hijo Henry Holland acabó sucediéndole en el ducado.

También estaban los Stafford, otra familia con vínculos directos con la dinastía Plantagenet. Los Stafford descendían de Thomas de Woodstock, hijo menor de Eduardo III y enemigo acérrimo del depuesto rey Ricardo II. En 1444, Humphrey Stafford, el miembro más antiguo de la familia, fue nombrado duque de Buckingham, y tres años más tarde se le concedió, al igual que a York, Somerset y Exeter, una precedencia especial: concretamente, estaría por encima de todos los demás duques que se nombraran en el futuro, a menos que fueran de sangre del rey.[13]

Así, para la época del matrimonio del rey, ya se había elaborado cierto plan de sucesión —si bien impreciso—, o al menos existía una jerarquía aristocrática en la que York, Somerset, Exeter y Buckingham conocían su rango. Sin embargo, la nueva reina parecía traer la promesa de prolongar la dinastía. ¿Habría por fin una nueva generación que tomara las riendas del destino de Inglaterra?

*

La relación personal entre Enrique VI y la reina Margarita parece que fue estrecha e incluso tierna. El confesor del rey, John Blacman, escribió en sus memorias que, «cuando se desposó con la más noble dama, lady Margarita [...] mantuvo su voto matrimonial total y sinceramente [...] nunca trató impúdicamente con ninguna mujer». (Esta castidad era en gran parte temperamental, ya que Blacman también señala que al rey le mortificaba la visión de la desnudez y «solía evitar por completo la visión desprevenida de personas desnudas». Cuando una Navidad «cierto gran señor le presentó un baile o espectáculo de jóvenes damas con los pechos descubiertos [...], el rey [...], muy enfadado, apartó los ojos, les dio la espalda y se fue a sus aposentos». Al parecer, también se escandalizó ante la visión de hombres desnudos cuando visitó un balneario caliente en Bath).[14]

Había caballerosidad y hasta verdadero romance. Cuando Margarita llegó a Inglaterra, Enrique mantuvo la tradición familiar de recibir a su nueva esposa de incógnito, vestido de escudero, y revelando su identidad solo más tarde. Tras su matrimonio, la pareja pasó gran parte de su tiempo en los palacios reales diseminados en las orillas del Támesis: Windsor, Sheen, Eltham y Greenwich. Enrique compró a su esposa joyas y numerosos caballos con los que ella se deleitaba especialmente. En 1448 también le permitió fundar el Queen's College en Cambridge, un espejo del King's College que él mismo había fundado siete años antes.[15] En una orden de pago a un joyero londinense, Enrique se refiere a Margarita como «nuestra más querida y amadísima esposa, la reina».[16] Se conserva una conmovedora anécdota que describe a la pareja real durante las fiestas de Año Nuevo, poco después de casarse, recibiendo regalos mientras yacían juntos en la cama, permaneciendo allí toda la mañana y disfrutando de su mutua compañía. En cualquier caso, si acaso compartieron un lecho feliz, no fue demasiado fructífero. Pasarían ocho años entre su matrimonio y el nacimiento de su primer hijo.

Eso fue un problema. Sin embargo, más grave fue que fracasaran las expectativas que, desde su llegada a Inglaterra, se habían levantado en torno a Margarita como panacea para conseguir la ansiada paz que el matrimonio parecía prometer. En julio de 1445, una magnífica delegación diplomática —incluido el padre de Margarita, René de Anjou— llegó de Francia para reunirse con los ingleses en Londres. Eran las conversaciones de paz de este tipo más importantes que se habían celebrado en treinta años. Había grandes esperanzas, sobre todo por parte del rey, que al parecer deseaba fervorosamente la paz con los franceses, y cuya comparecencia ante los embajadores al comienzo de las conversaciones estuvo marcada por la cordialidad y la amabilidad. Enrique saludó personalmente a los diplomáticos franceses y, a pesar de estar vestido con ropajes rojos y dorados, se levantó el sombrero, les palmeó la espalda y pareció estar embargado de alegría y amor fraternal.

Los ministros de Enrique, liderados por Suffolk, esperaban que la mejora de las relaciones con Francia condujera a un acuerdo por el que pudieran mantener su absoluta soberanía sobre las tierras conquistadas. Sin embargo, los franceses no tenían intención de aceptar tales términos. Estipularon que, para firmar una paz definitiva, se permitiría a los ingleses conservar sus tierras históricas en Gascuña y sus alrededores, junto con Calais y Guînes, pero todo lo demás debería ser cedido; además, las reclamaciones inglesas a la Corona francesa debían desaparecer. Enrique y sus consejeros no podían aceptar tales condiciones. Tras un comienzo prometedor, se llegó a un punto muerto y solo se acordó una prórroga de la tregua de siete meses. Se planeó que Enrique y Margarita viajaran a Francia en 1446 para continuar las conversaciones con el tío de Margarita, Carlos VII, en persona.

Sin embargo, nunca llegaron a ir. En su lugar, en el otoño de 1445 llegó a Londres otra delegación francesa, seguida de un aluvión de cartas intercambiadas entre Carlos, Enrique y Margarita. En octubre, los franceses propusieron nuevas condiciones: no habría paz definitiva, pero se pedía a los ingleses que entregaran la posesión del condado de Maine al padre de Margarita, René, a cambio de una tregua de veinte años. Es posible que este hubiera sido el plan francés desde las primeras negociaciones para el matrimonio de Margarita, y puede que Suffolk lo sugiriera —o incluso lo acordara verbalmente— en Tours en 1444 o Enrique en julio de 1445. Sin embargo, fue justo antes de la Navidad de 1445 cuando se adoptó el acuerdo. El 22 de diciembre Enrique escribió a Carlos VII para decirle que, puesto que «os parecía que [la cesión del Maine] era uno de los mejores y más aptos medios para llegar a la bendición de una paz entre nosotros y vosotros [...] favoreciendo también a nuestra muy querida y bien amada compañera la reina, que nos ha pedido hacer esto muchas veces [...]. Hacemos saber y prometemos de buena fe y bajo nuestra palabra real dar y entregar [...] Maine antes del último día del próximo abril». Puede que fuera un paso necesario hacia la paz, pero las consecuencias para Inglaterra y para la reputación de la joven reina serían desastrosas.[17]

Al aceptar la rendición de Maine y su capital, Le Mans, Enrique había colocado a su gobierno en una posición difícil. Las condiciones eran humillantes: la entrega de un territorio ganado con mucho esfuerzo a cambio de meras promesas y palabras de los franceses. El acuerdo iba a disgustar tanto al duque de York, cuya autoridad en Francia se veía socavada una vez más, como a Edmund Beaufort, futuro duque de Somerset, que iba a perder una gran cantidad de tierras y su título de conde de Maine. Lo peor de todo fue que la rendición de Maine proporcionaba a los franceses una nueva ruta militar para atacar a los ingleses tanto en Normandía como en Gascuña. Además, confirmó el sentimiento general de que la recompensa del esfuerzo bélico inglés eran la retirada y humillación progresivas.

Se intentó mantener el acuerdo en secreto. La embajada a Francia de Enrique en persona parecía ahora un compromiso demasiado arriesgado, pues a saber cuántas nuevas concesiones desastrosas podrían sacarle los franceses. Suffolk, desesperado, hizo cuanto estuvo en su mano durante 1446 y 1447 para retrasar el envío del rey a una misión de seguimiento y devolución de la tierra prometida. Sin embargo, fue inútil. Carlos VII era un rey consumado y un astuto negociador. Los ingleses, que intentaban gobernar saltándose al rey a través de Suffolk, fueron superados en términos diplomáticos.

Entre los soldados ingleses que guarnecían Maine y Le Mans existía un descontento ferviente, rayano en el motín. Se resistían a cooperar. Como resultado, Maine y Le Mans no se rindieron físicamente hasta la primavera de 1448, aunque al final fueron devueltas: había comenzado el colapso final de la posición de Inglaterra en la guerra de los Cien Años, cuya preservación había sido el legado más importante de Enrique V. Los cronistas con el privilegio de la retrospectiva escribirían mucho más tarde que la boda de Enrique «fue un matrimonio muy querido por el reino de Inglaterra».[18]

Marginado desde la caída en desgracia de su esposa en 1441, Humphrey, duque de Gloucester, se había convertido en un dócil espectador, ridiculizado abiertamente por Suffolk ante los embajadores franceses. Como muestra de su menguante relevancia, no se lo incluyó en las negociaciones de paz de 1445. Sin embargo, cuando empezaron a filtrarse noticias de que la cesión del Maine era la condición por una tregua duradera, la insistente hostilidad de Gloucester hacia los franceses pareció sensata al fin. No hacía falta mucha imaginación por parte de quienes habían firmado el trato para saber que, cuando la noticia se hiciera pública, Gloucester podría verse empujado de nuevo al corazón de la política. Era posible que una nueva facción, opuesta a las concesiones de Suffolk, se uniera en torno al anciano Humphrey. Si el rey —y, por tanto, Suffolk y, probablemente, la reina— abandonaba Inglaterra para negociar nuevas condiciones con Carlos VII, Gloucester tendría muchas posibilidades de ejercer los poderes de la regencia durante su ausencia. Así pues, a finales de 1446, Suffolk y sus aliados más cercanos decidieron silenciar al duque antes de que pudiera ponerlos en aprietos.

En febrero de 1447 se convocó un parlamento para reunirse en el infrecuente lugar de Bury St Edmunds, un entorno «seguro» en el corazón del territorio de Suffolk. Según las actas del Parlamento, el tiempo era «ferozmente frío [...] y cortante».[19] Se había convocado a Gloucester para comparecer ante el parlamento. Su suspicacia era evidente, ya que se presentó en Bury diez días después de la apertura del parlamento con un gran séquito de galeses armados. Es posible que acudiera con la esperanza de negociar la liberación de su exesposa Leonor de la celda en la isla de Man. Sin embargo, era evidente que corría un peligro considerable. Se habían divulgado rumores de un complot para matar al rey, los cuales, muy probablemente, fueron inventados para poner a Gloucester bajo sospecha y facilitar su eliminación mediante los cargos de traición. Los cronistas contemporáneos tenían muy pocas dudas: el parlamento, dijo uno, «solo se celebró para matar al noble duque de Gloucester», y el principal impulsor de la conspiración era Suffolk.[20]

Cuando Gloucester llegó a Bury poco antes de las once de la mañana del sábado 18 de febrero, sus temores se confirmaron. Se le impidió reunirse con su sobrino el rey y se le aconsejó «que tomara el siguiente camino hasta su alojamiento» en el Hospital de San Salvador, la enfermería de la abadía, justo a las afueras de la puerta norte de la ciudad.[21] El trayecto atravesaba el mercado de caballos de la ciudad y una pequeña calle conocida como Dead

Lane: un nombre profético para ese camino. Después de que Gloucester hubiera cenado, una delegación de pares llegó para arrestarlo bajo la autoridad del consejo real. También se arrestó a sus principales sirvientes, y a los de más bajo estatus se les ordenó dispersarse. Los jueces de mayor rango de Inglaterra —los presidentes de los tribunales del King's Bench ('Tribunal del Rey') y del Common Plea ('Pleitos Comunes')— habían recibido instrucciones de suspender sus asuntos y acudir al parlamento. Parecía que un juicio, que probablemente concluiría con la desgracia del duque, era inevitable.

Sin embargo, el destino intervino. El jueves 23 de febrero —unos cinco días después de su detención—, hacia las tres de la tarde, Gloucester murió. «Cómo murió o de qué cierta manera es algo desconocido, excepto por Dios», escribió un cronista. «Algunos dicen que murió de pena; otros, que fue asesinado entre dos lechos de plumas, y otros, que le clavaron un espetón candente en el intestino».[22] En realidad, probablemente había sufrido una apoplejía, pues permaneció tres días en coma antes de expirar definitivamente.

Gloucester fue enterrado en Saint Albans. Antes de ser depositado en su tumba, su cuerpo se expuso en público para disipar cualquier rumor de juego sucio. Durante las semanas que siguieron al parlamento de Bury, se juzgó y se declaró culpables a varios miembros de la casa del duque por conspirar para matar al rey y rescatar a Leonor Cobham de la cárcel. Se los indultó ya en la horca, lo que sugiere que los cargos contra ellos eran inventados o se habían exagerado para causar impresión, y que toda la campaña contra Gloucester se había diseñado para desacreditarlo y silenciar cualquier crítica a la paz de Suffolk con Francia. Estas tácticas tan groseras y poco sutiles resultarían contraproducentes. Con el paso de los años, y a medida que la situación en Francia se deterioraba, surgió la leyenda de Humphrey el «buen duque». Se trataba de una distorsión: en vida, Gloucester había sido pendenciero, faccioso, algo engreído, agresivo y, en ocasiones, el mayor peligro para la estabilidad del reino. Sus logros más duraderos fueron en el campo de la erudición, donde su mecenazgo de artistas y eruditos italianos del Renacimiento estuvo a la vanguardia del saber secular inglés; además, su biblioteca se contaba entre las mejores del país. Sin embargo, el personaje no tardaría en superar a la persona. El «buen duque» se compararía, cada vez con más ferocidad y desdén, con retratos perniciosos de Suffolk y del propio rey Enrique. Tal hostilidad pronto estallaría en la más temible demostración de ira popular vista en Inglaterra a lo largo de casi setenta años.

7

¡Fuera, traidores, fuera!

El miércoles 5 de agosto de 1444, un caballo emprendió el paso por las calles abarrotadas de la ciudad de Reading. Tiraba de un carro con un prisionero. Detrás, en procesión, el alguacil de Berkshire y más gente seguían de cerca cómo el carruaje de la prisión traqueteaba y avanzaba lentamente hacia las afueras occidentales de Reading, antes de dar la vuelta y atravesar la ciudad, con la misma lentitud, en dirección opuesta. El prisionero era un tal Thomas Kerver, un caballero local moderadamente rico, hasta hacía poco alguacil del abad de Reading. Lo paseaban por la ciudad en la que había vivido toda su vida en un ritual de humillación pública. Esta sería su última visita a Reading, ya que en breve le esperaba la muerte en la horca del condado, cerca de Maidenhead.[1]

El carro de Kerver salió de la ciudad por la carretera de Londres, en dirección este, hacia campo abierto. A los pocos kilómetros se detuvo. Bajaron a Kerver del carro y lo ataron a un artilugio mucho menos cómodo: un enrejado de madera, sujeto a la cola de un caballo mediante una cuerda. Así lo arrastraron penosamente por el suelo durante varios kilómetros, de forma que cada piedra, surco y bache del camino le hiriera el cuerpo y la cabeza. Tan sangriento espectáculo también lo dio en otro circuito público, esta vez a través de Maidenhead y el pueblo ribereño de Bray, hasta que su viaje concluyó junto a la horca donde el tribunal de King's Bench había decretado que debía morir. Kerver fue arrastrado desde detrás del caballo, le colocaron una soga alrededor del cuello y lo colgaron. No murió: el ahorcamiento era un método diseñado para torturar a un criminal, asfixiándolo poco a poco en lugar de matarlo directamente mediante la rotura de la columna vertebral. Todos los espectadores sabían lo que venía a continuación: el cuchillo del verdugo atravesando el estómago de Kerver para extraer sus entrañas y un segundo movimiento para cortar sus genitales, que se quemarían delante de él. Finalmente, el cuerpo se cortaba, decapitaba y troceaba en toscos pedazos. Este era el ritual conocido como «Ahorcado, arrastrado y descuartizado», el castigo más temible de la ley inglesa.

Sin embargo, en el momento crítico, el castigo de Kerver se interrumpió. No fue destripado con una cuchilla, sino simplemente descolgado de la horca, y luego entregado por el alguacil a otro grupo que observaba la ejecución. Los hombres que recibieron al prisionero —seguramente ensangrentado, magullado, medio inconsciente y muy asustado— se lo llevaron consigo y desaparecieron a toda velocidad.

La experiencia cercana a la muerte de Thomas Kerver se produjo porque el tribunal de King's Bench —uno de los más importantes del país— lo declaró culpable de traición; en concreto, de haber «falsa y traidoramente [...] maquinado, imaginado, abarcado, deseado y querido la muerte y destrucción del rey y su reino de Inglaterra, y con todo su poder se propuso traidoramente matar al monarca». Se dice que el lunes y el martes después de la Pascua de abril de 1444 intentó reclutar rebeldes para que se unieran a un complot contra la vida del monarca, preguntándoles si el país estaba gobernado por un rey o por un niño, y sugiriendo desdeñosamente que el rey no era tan gran hombre como el delfín. Condenó repetidamente la vergüenza financiera de la Corona inglesa, afirmando que «habría valido más de cien mil libras para Inglaterra que el rey hubiera muerto hacía veinte años». Kerver tardó solo unos meses en ser detenido, encarcelado en la Torre de Londres y declarado culpable por un jurado.

El rescate de Kerver en la horca había sido el resultado de una orden secreta de última hora del consejo real, que había decidido mostrar clemencia en representación del joven y piadoso rey. Este hecho, sin embargo, no era *vox populi:* la gente creía que se había indultado a Kerver en Maidenhead solo para que, como imaginó un cronista, pudiera ser «llevado a la horca de Tyborn y ahorcado [...] y luego su cabeza cortada y colocada en el puente de Londres».[2] En realidad, se encarceló a Kerver en el castillo de Wallingford durante unos años y luego se lo liberó discretamente. Sin embargo, la cuestión estaba clara: la traición contra el rey, siquiera de palabra, no se toleraría.

El caso de Kerver era excepcional por dos razones. Su liberación había demostrado que la piedad personal de Enrique VI podía ser un factor atenuante en los casos criminales. Sin embargo, mucho más sorprendente fue el hecho de que todo el peso de la ley se había utilizado contra un malhechor bastante inocuo, cuyos ostensibles planes para matar al rey, tal y como se detallan en las actas judiciales, no eran más que charlatanería. Lo notable del caso fue la intensidad de la respuesta judicial a unas palabras que apenas suponían una escasa —o nula— amenaza.

Sin embargo, también nos permite comprender los temores del Gobierno que había detrás de aquella acusación. Durante la década de 1440, Inglaterra rebosaba de murmullos y quejas sobre los crecientes problemas a los que se enfrentaba el reino tanto en casa como en el extranjero. Un régimen inseguro era consciente de sus tambaleos, y de vez en cuando era necesario dar un golpe sobre la mesa.

*

Refunfuñar contra la autoridad no es nada nuevo. Incluso los reyes más grandes de la historia han sido conscientes de que, en algún lugar de su reino, un borracho estaría despotricando contra ellos. Sin embargo, la Inglaterra de la década de 1440 andaba sobrada de descontento público y acosada por problemas políticos cada vez más graves. En 1448, un hombre de Canterbury se quejaba de que la reina Margarita «no podía ser reina de Inglaterra». El autor de dicha queja alardeaba diciendo que, de ser él un par del reino, mataría a la reina «dado que no es capaz de engendrar hijos, y debido a esto no tenemos príncipe en esta tierra».[3] En 1450 se acusó ante un tribunal a John y William Merfeld, dos granjeros de Sussex, por afirmar que el rey era un simplón que se limitaba a sostener un bastón con un pájaro en la punta y jugaba con él como un bufón, y que había que encontrar otro rey.[4] Las canciones lamentaban la pobreza y la incompetencia de la Corona y del Gobierno real. En febrero de 1449, los parlamentarios comunes, que teóricamente representaban al pueblo, se quejaron de que «los asesinatos, los homicidios, los robos y otros hurtos aumentan y se multiplican cada día en este reino».[5] Eran quejas más bien formularias, como las que ya habían hecho numerosos parlamentos a lo largo de los años; sin embargo, a principios de la primavera de 1449, había algo de verdad en el argumento de que la ley y el orden empezaban a tambalearse.

Durante la Edad Media, la realeza tenía dos funciones básicas: la primera era defender la justicia; la segunda, librar guerras. En la década de 1440 no se tenía la sensación de que Enrique VI fuera capaz de cumplir ninguna de las dos.[6] Los desórdenes llevaban varios años aumentando de forma constante en Inglaterra. Las disputas entre magnates seguían sin resolverse. Un conflicto especialmente desagradable se había enconado en el oeste del país, donde había estallado una guerra privada entre las familias Bonville y Courtenay. La disputa había sido provocada directamente por Enrique VI, que en 1437 había concedido un cargo prestigioso y lucrativo —la mayordomía del ducado de Cornualles— a dos hombres simultáneamente. La rivalidad latente entre dos de las familias más importantes de la región desembocó en reyertas y violencia que el rey y sus oficiales parecían incapaces de atajar. A lo largo de la década de 1440, la disputa se intensificaría y daría lugar a asesinatos, invasiones de hogares, reclutamiento de ejércitos privados y asedios a propiedades. En cualquier caso, esta no era la única zona donde brotaban tales problemas. El desorden crecía notablemente en toda Inglaterra, sobre todo en el norte, donde los magnates rivales ostentaban y protegían celosamente un poder regional casi autónomo, y en Anglia Oriental, donde el duque de Suffolk tenía cada vez más dificultades para equilibrar su papel de señor privado y ejecutor del gobierno real en la sombra.

Los problemas eran todavía más pronunciados en Francia, donde la posición inglesa tras la cesión de Maine se había degradado aún más: ya no solo era incómoda, sino abiertamente peligrosa. La comisión de Ricardo, duque de York como lugarteniente había expirado en 1445, y en 1447 se lo había retirado de las guerras francesas y nombrado para servir con amplios poderes como lugarteniente de Irlanda, una zona tradicionalmente asociada con la rama Mortimer de su familia. Tomó posesión de su cargo en junio de 1449 y, mientras tanto, fue sustituido en Francia por Edmund Beaufort, el antiguo amante de la reina Catalina de Valois, ahora cabeza de familia y honrado con el título de duque de Somerset.

Resultó ser una reorganización de personal muy poco acertada. A pesar de recibir su nombramiento en 1446, Somerset tardó en cruzar el canal de la Mancha y retrasó la asunción de su mando hasta la primavera de 1448: llegó justo a tiempo para ver cómo se derrumbaba la tregua. Durante meses se habían producido flagrantes incumplimientos de la paz por ambas partes, aunque ninguno tan importante como para provocar una vuelta a la guerra total. Sin embargo, el 24 de marzo de 1449, fuerzas inglesas bajo el mando de un mercenario aragonés de confianza, Francisco de Soriano, atacaron y capturaron la ciudad bretona de Fougères, robaron a sus ricos comerciantes locales y saquearon las casas de los ciudadanos. El ataque se presentó como un acto espontáneo de violencia por parte de un capitán renegado, pero en realidad se planeó y ordenó en Londres, nada menos que por el duque de Suffolk. Sin embargo, el plan, concebido como un taimado medio para ganarse el favor de un aliado de Carlos VII potencialmente disidente, fracasó estrepitosamente cuando el duque de Bretaña, cuya autoridad se había visto ofendida por la incursión en su territorio, pidió ayuda a Carlos VII.[7] Esta era la oportunidad que el rey francés había estado esperando, y en julio anunció que ya no estaba obligado a mantener la paz con Inglaterra. El 31 de julio declaró la guerra y emprendió una rápida y completa invasión militar de Normandía. Las fuerzas francesas barrieron el ducado y arrastraron consigo enormes máquinas de asedio y numerosos cañones. En muchos casos fueron suficientes para convencer a las fortalezas inglesas de que se rindieran sin luchar. La moral no tardó en derrumbarse en todo el ducado: la falta de apoyo y refuerzos a tiempo por parte de Inglaterra aceleró el proceso.

Ruan, la capital normanda, cayó el 29 de octubre de 1449. Somerset salvó su pellejo de forma vergonzosa y desleal: huyó la ciudad con un salvoconducto de Carlos VII, por el que aceptó el monstruoso precio de cincuenta mil escudos, que debería abonar en el plazo de un año. Desesperado por conservar lo que pudiera de Normandía, el consejo envió al ducado dos mil soldados adicionales financiados por el tesorero lord Saye, que empeñó las joyas de la corona para pagar las facturas. Sin embargo, fue muy poco y muy tarde. A la caída de Ruan siguieron rápidamente las de Harfleur, Honfleur, Fresnoy y Caen. Para la primavera, ya se había empujado a los ingleses casi hasta el mar. No tuvieron más remedio que luchar. El 14 de abril de 1450 se enfrentaron a una fuerza conjunta franco-bretona en Formigny, cerca de Bayeux. En medio del estruendo de los cañones, el ejército inglés fue masacrado y muchos de sus mejores capitanes cayeron como prisioneros. El control de Normandía había llegado a su fin. Fue una catástrofe.

Aunque ocurrió rápidamente, el colapso del reino inglés de Francia no dejó de ser un desastre humano. A medida que una ciudad tras otra caía ante los asediadores, los habitantes se veían obligados a huir. Las mujeres salieron al campo y marcharon penosamente, con tantas pertenencias como pudieron cargar y sus hijos atados al cuerpo con retazos de lino. Se desalojó a los varones de las guarniciones: soldados y terratenientes que habían construido toda su carrera en la defensa de Normandía se vieron obligados abruptamente a salir a terreno hostil. Algunos se quedarían y encontrarían empleo en el nuevo territorio francés, o incluso servirían en los ejércitos de Carlos; sin embargo, muchos otros cientos, probablemente miles, se unirían a una avalancha de refugiados con rumbo a Inglaterra. Cheapside, la principal arteria de Londres, estaba ocupada todos los días por familias miserables que transportaban sus posesiones en carros. Era, según un cronista, «lamentable de ver».[8]

Perder la guerra de Normandía no solo fue humillante desde el punto de vista militar, sino que desencadenó graves problemas financieros para la Corona. En el parlamento de noviembre de 1449 se dijo que la Corona estaba endeudada hasta la vertiginosa cifra de trescientas setenta y dos mil libras, frente a unos ingresos anuales de apenas cinco mil libras.[9] No todo se debía a la guerra. Solo los gastos de funcionamiento de la casa real se estimaban en veinticuatro mil libras, lo que significaba que, tal y como se expresó con cierto rodeo en el parlamento, «los gastos necesarios para vuestra casa, sin todos los demás gastos ordinarios [...], superan cada año los gastos necesarios para su sustento».[10] Incluso con los impuestos sobre la renta concedidos por los parlamentos para la financiación de la guerra, los préstamos individuales, los ingresos aduaneros, el impuesto especial sobre la lana y la práctica del *purveyance* (literalmente 'abastecimiento', una práctica por la que la casa real itinerante requisaba suministros y bienes sin pagar), la Corona seguía sin poder hacer frente a sus obligaciones. Durante su breve periodo como lugarteniente en Francia, Ricardo, duque de York, había acumulado unos gastos personales de veinte mil libras —cinco veces el rendimiento anual de todas sus extensas propiedades en Inglaterra y Gales— por los que tuvo grandes problemas para obtener el reembolso.[11] Se debía una suma similar en salarios impagados a la guarnición de Calais.

Esto parecía aún más desconcertante debido a que, en teoría, Enrique VI debería haber tenido mayores recursos privados que cualquiera de sus antepasados en la memoria viva, ya que era el que menos parientes vivos debía mantener. Sus tres tíos —Bedford, Clarence y Gloucester— habían muerto. También su madre y la viuda de Enrique IV, Juana de Navarra. La casa de la reina Margarita había inflado los gastos corrientes, pero estaba lejos de ser la reina consorte más despilfarradora que había tenido Inglaterra —la esposa de Eduardo III, Felipa de Henao, había sido la gran dama del derroche y la extravagancia—. Aparte de la reina, no quedaba nadie vivo que dependiera de la Corona para una dotación de tierras. La pareja real no había tenido hijos, por lo que el rey conservaba el principado de Gales y el ducado de Cornualles por derecho propio. Su ducado de Lancaster era, con diferencia, la mayor propiedad privada de Inglaterra. Y, pese a todo, Enrique estaba arruinado.

No era tan inusual que el rey fuera insolvente o incluso estuviera técnicamente en bancarrota —a lo largo de la Edad Media la Corona casi siempre estaba endeudada—. Sin embargo, los problemas financieros de Enrique fueron inusualmente graves.[12] La mayor dificultad era la percepción de este hecho: en general, la deuda se toleraba en tiempos de éxito militar, orden interior y liderazgo real efectivo, pero, en tiempos de angustia y desorden, se convertía en un grave problema político. La idea compartida, que en muchos aspectos reflejaba la realidad, era que las tierras que deberían haber proporcionado unos ingresos estables a la Corona —aunque solo fuera para cubrir los gastos de la casa real— eran esquilmadas por los hombres que gobernaban en nombre del rey para su beneficio personal. «Nunca se vio un rey tan pobre», decía una subversiva canción popular.[13] Técnicamente esto no era del todo exacto, pero la impresión era lo que importaba.

Las primeras manifestaciones de descontento público se produjeron probablemente en las tabernas y casas de pueblo, en boca de hombres como el desafortunado Thomas Kerver. Sin embargo, en noviembre de 1449, cuando un parlamento se reunió para tratar la grave situación de Normandía, la ira de las clases políticas de Inglaterra se hizo del todo patente. El parlamento se inauguró en Westminster, antes de trasladarse a Blackfriars, en Londres, durante unas semanas, a causa del «aire infectado». Cualquiera que fuera la peste que flotaba en el aire, seguro que no era tan mortal como la ira de los comunes de Inglaterra.

A priori, el rey había convocado el parlamento para tratar «ciertos asuntos difíciles y urgentes relativos al gobierno y [defensa] de su reino de Inglaterra». Sin embargo, rápidamente se empezó a buscar culpables. Las noticias de la pérdida de Ruan estaban demasiado frescas. Cada día traía nuevas derrotas, y existía el temor de que, una vez que Normandía cayera, Calais sería la siguiente. Como era imposible que el Parlamento se revolviera contra el propio rey —la crítica directa al rey era políticamente peligrosa e implicaba una grave crisis constitucional—, serían sus principales ministros quienes tendrían que pagar por sus nefastos consejos.

El primero en enfrentarse a las represalias fue Adam Moleyns, obispo de Chichester, guardián del Sello Privado y hombre por cuyas manos pasaban prácticamente todos los asuntos reales. Moleyns había sido embajador de alto rango y secretario —y, posteriormente, miembro de pleno derecho— del consejo privado durante quince años. Estrechamente vinculado a Suffolk, había sido una figura clave en las negociaciones para el matrimonio real, así como miembro del grupo diplomático que formalizó la cesión de Maine. Se había enemistado con Ricardo, duque de York, al acusarle en público de corrupción e incompetencia durante su tenencia francesa. Moleyns era un erudito humanista reflexivo y talentoso, pero su carrera como político había desembocado en el fracaso: se le asociaba con casi todas las decisiones funestas que se habían tomado con respecto a Francia. Tras asistir a la primera sesión del parlamento, se le concedió licencia real para abandonar sus deberes profanos y peregrinar fuera del país. Sin embargo, nunca llegó a salir de Inglaterra. Estaba en Portsmouth el 9 de enero de 1450 cuando un tal Cuthbert Colville, capitán militar que esperaba embarcarse para luchar en Francia, lo atacó y asesinó.

Se decía que, al morir, Moleyns maldijo a Suffolk como autor de todas las desgracias de Inglaterra. Nunca sabremos si esto es cierto, pero el rumor se extendió por toda Inglaterra. Estaba claro que el ministro principal del rey sería el siguiente en enfrentarse a la ira del reino.

El parlamento se interrumpió por Navidad. En cuanto volvió a reunirse, el 22 de enero, Suffolk intentó adelantarse al ataque que sabía que se avecinaba. En la Cámara Pintada de Westminster, ricamente decorada con vetustos murales que representaban escenas del Antiguo Testamento, se presentó ante el rey y el parlamento y denunció «las odiosas y horribles habladurías que corren por vuestra tierra, en boca de casi todos los comunes, que suponen la más pesada de las difamaciones». La familia De la Pole, argumentó, había sido notablemente leal, sacrificando casi todo en nombre de la Corona: el padre de Suffolk había muerto en Harfleur, «mi hermano mayor después [...] en la batalla de Agincourt». Tres hermanos más habían muerto sirviendo en el extranjero, y él mismo había pagado veinte mil libras en concepto de rescate tras ser capturado en Jargeau en 1429. Había portado armas durante treinta y cuatro inviernos. Había sido caballero de la Jarretera durante treinta años. Desde que regresó de la guerra, alegó, había «servido continuadamente a vuestra nobilísima persona [quince] año[s], durante los cuales he encontrado tanta gracia y bondad como nunca un hombre de confianza encontró en su señor y soberano».[14] La apasionada apelación a la piedad de Enrique salvaría la vida de Suffolk, aunque no por mucho tiempo.

¿Cómo había llegado a este punto? Desde la década de 1430, Suffolk había desempeñado un papel vital en el Gobierno inglés gestionando las relaciones entre la casa real, el consejo y la nobleza, y en general lo había hecho con la aprobación de quienes comprendían lo ineficaz y pasivo que era el rey. Sin embargo, para el invierno de 1450, Suffolk se había quedado solo. La nobleza, de la que cabía esperar que se uniera a la defensa de Normandía, no lo había hecho. Desde 1447, muchos habían dejado de asistir a las reuniones del consejo y se habían alejado de la corte gradualmente. De hecho, habían abandonado el Gobierno, por lo que Suffolk, junto a su mermado y menguante grupo de aliados, pareció cada vez más una camarilla doméstica en torno al monarca que subvertía su poder en beneficio propio y arruinaba al país en el proceso.[15] Cuando sus pares lo abandonaron, el método de gobierno de Suffolk —dirigir los asuntos al detalle, pero disimulando su propia mano— quedó implacablemente expuesto. Así pues, y dado que había estado —incluso más que Moleyns— en el corazón del Gobierno real durante los años de mayor calamidad, tendría que asumir su culpa.

El alegato de lealtad de Suffolk no tuvo ningún efecto en los comunes. La cámara baja del parlamento tendía a ser mucho menos comprensiva con los fracasos del gobierno nobiliario que los lores. Cuatro días después del discurso d el duque solicitaron al rey que se encarcelara a Suffolk por «generalidad», una acusación inespecífica por la que podía ser retenido hasta que se pudiera presentar una acusación detallada contra él. Cierta histeria recorría el parlamento. «De todas partes de Inglaterra han llegado grandes rumores y habladurías, de que este reino de Inglaterra debería venderse al rey rival de Francia», decía la petición para justificar sus demandas: una idea ridícula, pero que reflejaba la extrema tensión política que se respiraba.

El 7 de febrero de 1450, se acusó formalmente a Suffolk de «altas, grandes, atroces y horribles traiciones». Se lo acusó de invitar a los franceses a invadir Inglaterra; incitar al rey a liberar a Carlos, duque de Orleans; regalar Maine y Le Mans; revelar secretos diplomáticos y militares a los franceses; malversar dinero mediante concesiones de cargos; engañar al rey para que le concediera tierras y títulos, incluido el condado de Pembroke, que poseía desde 1443; dar dinero a la reina de Francia, y, en general, ayudar e instigar a Carlos VII contra la Corona inglesa. Las habladurías se convirtieron en acusaciones formales, incluida la sugerencia un tanto inverosímil, de que, la noche anterior a la captura del duque en la batalla de Jargeau, «yació en la cama con una monja a la que apartó de sus sagradas órdenes y profanó».[16] Un mes más tarde, el 9 de marzo, el duque, tras haber tenido tiempo para preparar su defensa, se arrodilló ante el rey y el parlamento y negó las acusaciones una por una, «y dijo, salvando la alta presencia del rey, que eran falsas e inciertas».[17]

El 17 de marzo, Enrique VI convocó a todos los lores del Parlamento, incluido Suffolk, a sus aposentos privados, donde había «una ventana a dos aguas sobre un claustro, dentro de su palacio de Westminster».[18] Arrodillado ante los lores y el rey reunidos, Suffolk defendió una vez más su inocencia, señalando que habría sido totalmente imposible que él solo hubiera cometido la larga lista de crímenes de los que se lo acusaba. Luego renunció a su derecho a ser juzgado por sus pares y se sometió al juicio del rey. Entonces Enrique, a través del canciller, dijo a los lores que no encontraba a Suffolk culpable de ningún cargo de traición. Más bien, dijo, había varios cargos menores (conocidos como *misprisions)*[*] de los que el duque podía ser considerado responsable. Así, en vez de condenarlo a muerte por traición, lo desterró del reino durante cinco años. La sentencia comenzaría el 1 de mayo.

A pesar de que no se celebró un juicio formal por los pares, es probable que se tratara de una sentencia dictada en conjunto con

* Término particular del derecho inglés que hoy significaría «encubrimiento» u «omisión de denuncia», pero que en el siglo XV definía más bien una conducta negligente. *(N. del T.)*

los lores, cuyo deseo de evitar que los comunes humillaran a uno de los suyos pesó más que su deseo de que toda la culpa de los males del reino recayera, convenientemente, sobre las espaldas de Suffolk. No queda registro del momento en que estas noticias se transmitieron a los comunes, pero cabe suponer que las recibieron con un sentimiento entre el asombro y la rabia.

El 19 de marzo, en plena noche, el duque fue sacado de Londres y llevado a su señorío de East Thorp, en el condado de Suffolk. Se suponía que el viaje era secreto, pero unos dos mil londinenses enfurecidos persiguieron al grupo y empujaron e insultaron a los sirvientes de Suffolk durante todo el trayecto. Al quitarles el blanco de su descontento popular, los lores solo consiguieron aumentar la sed de sangre entre sus compatriotas. Dos días más tarde estalló en Londres un motín, cuyo líder, el criado de un vinatero llamado John Frammesley, gritó: «Por esta ciudad, por esta ciudad, por esta revuelta el rey perderá su corona».[19] El parlamento se aplazó al 30 de marzo por Pascua. Para entonces estaba ya muy claro que la situación, tanto en Londres como en sus alrededores, sería demasiado peligrosa como para que el parlamento volviera a reunirse tras el parón.

Así las cosas, la última sesión se abrió el 29 de abril en Leicester, a ciento sesenta kilómetros al norte de la capital. El primer día de la nueva sesión se presentó al rey otra petición: esta vez se le pedía que promulgara una ley de restitución, por la que se recuperarían todas las tierras que habían pertenecido originalmente a la Corona o al rey de forma privada, el ducado de Lancaster, «en Inglaterra, Gales y sus marcas, y en Irlanda, Guînes, Calais y sus marcas, las que habéis concedido por vuestras cartas patentes o de otro modo, desde el primer día de vuestro reinado», en un intento de reforzar los ingresos reales. En otras palabras: se expropiaría todo lo que se hubiera regalado por favor real. Es muy probable que esto se llevara reclamando desde hacía tiempo, pero ahora las demandas eran más enérgicas y persistentes. El rey había decidido salvar a su favorito; por lo tanto, el Gobierno tendría que satisfacer las peticiones de reforma de alguna u otra manera radical.

Mientras la sesión parlamentaria de Leicester debatía la propuesta de ley de restitución, Suffolk se encontraba en la costa este de Inglaterra, en Ipswich, preparándose para partir en cumplimiento de su sentencia de destierro. Él y sus sirvientes zarparon el 30 de abril en una pequeña flota compuesta por dos barcos y «una pequeña *spinner*» —una embarcación más ligera, que ahora llamaríamos pinaza— rumbo a Calais, desde donde podría dirigirse a las tierras del duque de Borgoña. Antes de partir, Suffolk juró sobre la Biblia que era inocente de los cargos que se le imputaban. Sin embargo, había quienes no estaban tan seguros.

Los barcos llegaron al estrecho de Dover al día siguiente. La pinaza se había adelantado hacia la guarnición de Calais cuando, según un corresponsal, «se encontraron con un barco llamado *Nicholas of the Tower,* junto a otros barcos que los esperaban, y [por los de la pinaza] el capitán del *Nicholas* tenía conocimiento de la llegada del duque». Los barcos de Suffolk fueron interceptados y se persuadió —u obligó— al duque a subir a bordo del *Nicholas,* «y cuando llegó, el capitán le dijo: "Bienvenido Traidor"». Según el mismo corresponsal, Suffolk fue retenido a bordo durante veinticuatro horas, con el beneplácito de toda su tripulación. El escritor oyó el rumor de que la tripulación había instituido su propio tribunal para volver a juzgar al duque por los cargos a los que se había enfrentado en el parlamento. Fuera como fuere, lo cierto es que, tras un tiempo a bordo del *Nicholas,* Suffolk fue trasladado a un barco más pequeño para que un capellán lo despojara de sus pertenencias, «y allí había un hacha y un tajo; y uno de los más indecentes del barco [más tarde registrado en el tribunal como Richard Lenard, un marinero de Bosham] le ordenó que bajara la cabeza [...] y cogió una espada oxidada y le cortó la cabeza con media docena de golpes». Se llevó a tierra a los sirvientes de Suffolk —desplumados, aunque ilesos— para que contaran su historia. Dos días más tarde, se encontró el cuerpo del duque tirado en la playa de Dover, con su cabeza clavada en una pica al lado.[20]

*

La noticia de la muerte de Suffolk llegó al parlamento en Leicester el 6 de mayo. Supuso el revulsivo para que el Gobierno real aceptara el acta de restitución, aunque con una larga lista de exenciones, lo que en cierto modo empañó su efecto práctico. La sensación de crisis generalizada ya había escapado a los confines del parlamento. Hacia finales de mayo de 1450, los hombres empezaron a reunirse en grupos por todo el suroeste de Kent. El condado llevaba unas seis semanas en relativo estado de alarma: el colapso militar en Normandía había despertado el temor a que, cuando los soldados de Carlos VII llegaran a la costa, cruzaran el Canal y atacaran o incluso invadieran Inglaterra, en cuyo caso Kent sería uno de los primeros lugares en sufrirlos. Las incursiones costeras eran experiencias sangrientas y aterradoras. El 14 de abril, el Gobierno real había emitido una orden para levantar a la milicia del condado en cada *hundred* de Kent (la unidad local de la administración del condado, que podría traducirse como 'centuria') y evaluar cada comunidad en función de su preparación para proteger el reino. Se seleccionaron hombres para servir en un contingente de defensa potencial y se les proporcionó ropa, algo de equipo, dinero y armadura. También organizaron la vigilancia nocturna de la costa, y lo que es más importante: se nombraron alguaciles para que comandaran a la milicia de cada *hundred*.[21]

Era una idea perfectamente razonable, dada la gravedad de la amenaza que se cernía desde el otro lado del Canal. Sin embargo, al mismo tiempo que el condado se preparaba militarmente, el asesinato de Suffolk desencadenó el angustiado rumor de que el rey pretendía responsabilizar a Kent de la muerte de su favorito. Se dijo, entre otras cosas, que un tribunal itinerante ordenaría ahorcamientos ejemplares de ciudadanos de Kent y que todo el condado iba a ser arrasado y convertido en bosque real. Así pues, el pueblo de Kent estaba enfadado y asustado, y se había armado y organizado para a ir a la guerra y defender el reino de sus enemigos.

Por desgracia, no solo veían enemigos en el lado de los franceses saqueadores a punto de desembarcar. Al igual que los comunes parlamentarios, empezaron a ver la verdadera amenaza para el reino de su majestad en la camarilla que lo rodeaba: ministros y hombres de la casa real, como el tesorero lord Saye; el destacado consejero y confesor real William Aiscough, obispo de Salisbury; el diplomático John, lord Dudley, y varios otros. El 6 de junio llegó a estos hombres, y al resto del parlamento reunido en Leicester, la noticia de que Kent se había sublevado y que bandas armadas se reunían en el sureste, en las inmediaciones de Ashford. Se decía que habían nombrado líder y «capitán de Kent» a un hombre llamado Jack Cade, que se hacía llamar por el sugestivo y aristocrático nombre de John Mortimer, apodo que pudo haber adoptado para comunicar su afiliación a la familia del duque de York, que —como explicamos antes— había instigado la rebelión y la conspiración dinástica en generaciones pasadas. Sin embargo, esto no era más que una invención: Cade no tenía ningún contacto ni vínculo con York, que por entonces seguía en Irlanda prestando leales servicios a la Corona.

Cade demostraría ser un capitán y líder muy eficaz, capaz de articular un sofisticado programa de reforma que atrajo a hombres de considerable estatus: entre sus lugartenientes se encontraba el caballero de Sussex Robert Poynings, hijo de un par que aceptó servir como portador de la espada de Cade. Se conserva una canción que deja bastante claras las nobles intenciones de los rebeldes, o sea, una purga del Gobierno:

> Que Dios nos guíe,
> y entonces aceleraremos.
> Quien diga que no,
> ¡falso, pues su dinero manda!
> ¡Cierto, pues sus cuentos estropea!
> ¡Que Dios nos conceda un buen día!
> ¡Fuera, traidores, fuera![22]

Se trasladó a Enrique VI de vuelta a Londres y se envió a dos comisiones independientes de lores a Kent para intentar aplastar el levantamiento: una encabezada por el primo del rey, Humphrey Stafford, duque de Buckingham, y la otra, por un grupo de veteranos de guerra condecorados dirigidos por el vizconde Beaumont, condestable de Inglaterra.

Para cuando cabalgaron hacia el sur, los rebeldes se habían desplazado hacia el oeste: el 11 de junio acampaban en Blackheath, río abajo de Londres. Era el lugar donde habían acampado los hombres que se habían sublevado en la llamada Revuelta de los Campesinos durante el verano de 1381. Para el 13 de junio, el rey estaba alojado en el priorato de St. John en Clerkenwell, la mayoría de los lores y obispos importantes estaban en Londres y los hombres de Jack Cade llevaban varios días establecidos a pocos kilómetros de la capital.

Tras haber llegado a un incómodo punto muerto, el 16 de junio los negociadores del Gobierno se reunieron con los rebeldes en Blackheath para establecer las condiciones para que se dispersaran. El rey no acudió en persona. Tras dos días de discusiones infructuosas, la noche del 17 de junio los rebeldes se retiraron de vuelta a Kent. No se les habían acabado las fuerzas, sino que sir Humphrey Stafford y William Stafford, parientes del duque de Buckingham, dirigieron un contingente de unos cuatrocientos hombres hacia Kent para castigar a los rebeldes. Sin embargo, cuando entraron en combate cerca de Tonbridge, fueron emboscados y masacrados. Ambos Stafford murieron.

Se intentó someter a Kent, pero con poco entusiasmo y escaso efecto. Gran número de las fuerzas leales al rey y a sus magnates perdieron los nervios y amenazaron con desertar al bando rebelde. Las propias tropas de la Corona pidieron que se juzgara a los supuestos traidores: Saye, Dudley, Aiscough y otros. El 19 de junio, Londres se sumió de nuevo en disturbios y, para responder al caos, Enrique autorizó el arresto de lord Saye como traidor y su encarcelamiento en la Torre de Londres. Al día siguiente se comunicó que se arrestaría a más infractores.

El 25 de junio, Enrique y su consejo abandonaron Londres y dejaron la defensa de la ciudad en manos del alcalde. En la casa del rey había un profundo malestar. Enrique y su séquito cabalgaron hacia el norte, a Kenilworth, en Warwickshire, donde se refugiaron tras el foso y los gruesos muros de piedra del espléndido palacio-fortaleza. Desde allí enviaron un mensaje urgente a los condados cercanos solicitando el reclutamiento de soldados para proteger la vida de Enrique.

En cuanto se enteró de la huida del rey, Cade hizo marchar a sus hombres de vuelta a Blackheath. Llegaron entre el miércoles

1 y el jueves 2 de julio, y luego se trasladaron río arriba hasta Southwark, donde tomaron las posadas y tabernas locales y ocuparon efectivamente el suburbio al pie del Puente de Londres. Al mismo tiempo hubo un levantamiento en Essex: los hombres abandonaban los campos para ocupar la orilla norte del Támesis y desplegarse ante las murallas de la ciudad alrededor de Aldgate. Al igual que en 1381, Londres estaba sitiada.

Pero en cambio, a diferencia de lo que había pasado ese año, cuando las demandas de los rebeldes habían sido relativamente vagas y confusas, los hombres de Cade tenían una idea muy clara de sus exigencias políticas. John Stow, anticuario del siglo XVI, recopiló y transcribió varios documentos originales relativos a la revuelta, uno de los cuales es el manifiesto de Cade.[23]

En primer lugar, los «comunes de Kent» repitieron el rumor de que «se ha dicho abiertamente que Kent debe ser destruido con un poder real y convertido en un bosque salvaje por la muerte del duque de Suffolk, de la que los comunes de Kent nunca fueron culpables». El manifiesto condenaba a continuación varias prácticas aborrecibles en el gobierno, y denunciaba que los secuaces del rey lo estaban incitando a «vivir solo de sus bienes comunes, mientras otros hombres tienen ingresos de la Corona, lo que ha causado pobreza en su excelencia y grandes pagos del pueblo». Afirmaban que «los señores de su sangre real han sido apartados de su presencia diaria, y otras personas mezquinas de naturaleza inferior han sido exaltadas y nombradas jefes de su consejo privado»; que el *purveyance* —la odiosa práctica de requisar por la fuerza los bienes de la gente corriente para el mantenimiento de la casa real— estaba «deshaciendo» a los «pobres comunes de este reino»; que el proceso legal para proteger la tierra y los bienes y obtener justicia en los tribunales reales estaba siendo subvertido por «los sirvientes del rey»; que era necesaria una investigación sobre la pérdida de tierras reales en Francia; que los diputados de Kent no eran elegidos libremente; que los cargos de recaudadores de impuestos se distribuían a base de sobornos, y otros agravios y quejas locales.

En cada paso de su rebelión, Cade intentó demostrar que era algo más que un simple patán sin escrúpulos, que hablaba para y por los «pobres comunes» tanto de Kent como del reino en general. No era una tarea fácil, ya que, como todos los levantamientos populares honrados y con principios, la rebelión de Cade había atraído a un gran número de criminales sin escrúpulos que se aprovecharon del caos generalizado para quemar, saquear y asesinar. Esto no solo ocurrió en Londres: a medida que se corría la voz de los disturbios por toda Inglaterra, se produjeron violentos ataques contra todo tipo de funcionarios y dignatarios locales repudiados, el más espantoso de los cuales sería contra el obispo Aiscough de Salisbury, a quien una turba robó y asesinó en Wiltshire el 29 de junio. Al mismo tiempo, en Londres, en el corazón de la rebelión, Cade hizo todo lo posible para dirigir a sus hombres con cierta apariencia de orden militar, lo cual incluyó la decapitación de uno de sus capitanes en Blackheath por indisciplina.

Sin embargo, ni siquiera este tipo de justicia ejemplar pudo mantener a raya a todos los rebeldes. Enrique, que se escondía aterrorizado en Kenilworth, entró de cabeza en el juego de Cade. Cuando el líder rebelde llegó a Southwark, recibió noticias de la casa del rey según las cuales se le permitiría establecer un tribunal «real» para juzgar a los traidores. La Corona se había hundido tanto en el letargo y el miedo que cualquiera que se alzara podía tomar y ejercer su autoridad. El 3 de julio, Cade y sus hombres avanzaron desde Southwark hacia Londres. La milicia londinense les opuso resistencia, pero consiguieron abrirse paso a través del puente de Londres y cortaron las cuerdas del puente levadizo para asegurarse de que permanecería abierto después de que entraran en la ciudad. Cade proclamó por toda la capital que había que mantener el orden y que los ladrones serían ejecutados, y luego se dirigió al Guildhall, el edificio del consistorio, donde formó su tribunal para juzgar a los traidores.

Una veintena de prisioneros se llevaron ante el tribunal, donde se obligó a sentarse al alcalde y los concejales para ser juzgados. La primera y desafortunada víctima fue el tesorero real lord Saye, a quien se arrastró fuera de la Torre de Londres para enfrentarse a su destino. Saye suplicó un juicio ante sus pares, pero Cade se negó. La turba quería sangre. Solo se le permitió ver a un sacerdote antes de ser conducido a Cheapside, donde se lo decapitó de un tajo en el centro de la calle. Más tarde se sacó a su yerno, William Crowmer, alguacil de Kent, de la prisión de Fleet y se lo llevó fuera de la ciudad, a Mile End, donde lo asesinaron —a él también— a golpe de hacha. El cuerpo de Saye se ató al caballo de Cade y se lo paseó por las calles. Luego clavaron la cabeza del tesorero en una lanza y la exhibieron en varios lugares de la ciudad, e incluso la hicieron «besar» la cabeza también empalada de Crowmer en un grotesco y morboso espectáculo de marionetas.

Se asesinó a otros hombres de forma parecida bajo el gobierno temporal de Cade. Como era de esperar, cuanto más tiempo mantenía el capitán a sus hombres en la ciudad, más inútiles se volvían sus intentos de mantener el orden. Al atardecer del 5 de julio, el alcalde y los concejales habían conseguido reunir una fuerza militar al mando de lord Scales y Matthew Gough, dos veteranos de las guerras francesas, y estaban preparados para dirigir un contrataque contra los rebeldes ocupantes. Alrededor de las diez de la noche comenzó una batalla en el Puente de Londres que se prolongó durante toda la madrugada y concluyó mucho después del amanecer. Cientos de hombres luchaban cuerpo a cuerpo a la luz de las antorchas en la estrecha calzada que cruzaba el Támesis. Cade, desesperado, había abierto la prisión de Marshalsea en Southwark para anegar sus filas con prisioneros liberados. Sin embargo, pese a ello, no pudo superar las líneas defensivas de Scales y Gough. En un último acto de temeridad, los rebeldes prendieron fuego al puente levadizo de madera: el lugar de la batalla se llenó de humo y los hombres se precipitaron desde el puente para ahogarse en las frías aguas del río. Finalmente, en medio del caos, las puertas del lado londinense se cerraron. Cientos de cuerpos quemados y ensangrentados quedaron fuera, entre ellos el de Gough y el del concejal John Sutton. Los rebeldes habían sido expulsados de vuelta a Southwark.

Al día siguiente, el 7 de julio, por consejo de la reina —que durante la rebelión había permanecido, con notable valentía, en su mansión de Greenwich—, se ofreció a los rebeldes de Kent la posibilidad de aceptar cartas de indulto y dispersarse. Muchos agradecieron aquella oportunidad, pero Cade la rechazó: prefirió retirarse de nuevo a Kent, llevándose consigo el tesoro y los bienes que se habían saqueado —muy en contra de sus propias órdenes— y jurando continuar la lucha. Sin embargo, se le había acabado la suerte. El 10 de julio, se denunció a Cade oficialmente como traidor y se prometió una recompensa de mil marcos por su cabeza. Tras varios días de huida, un hombre llamado Alexander Iden, que había sustituido al desafortunado Crowmer como alguacil de Kent, lo detuvo «en un huerto» de Heathfield, en Sussex.[24] Cade luchó hasta el final y, aunque se lo capturó vivo, murió de sus heridas durante el camino. La justicia, pues, solo pudo ser simbólica: el cadáver de Cade fue decapitado en Newgate el 16 de julio, paseado por la ciudad hasta Southwark para que el público lo viera, y luego devuelto a Newgate para ser cortado en cuartos. Con bastante sentido de la oportunidad, colocaron su cabeza en una pica sobre el Puente de Londres; los ojos, inertes, miraban los restos calcinados de aquel extraordinario escenario de batalla urbana.

La revuelta de Cade había terminado, pero la tensión siguió latente durante todo el verano. El rey, su familia y los nobles que se habían unido a él en Kenilworth regresaron a Londres a finales de mes: el 28 de julio celebraron una misa de acción de gracias en la catedral de San Pablo, y un mes más tarde se envió a una comisión judicial itinerante «oyer and terminer» ('escuchar y determinar') de alto rango a recorrer el país para investigar los abusos denunciados en el manifiesto rebelde; la conformaban el duque Humphrey de Buckingham, los arzobispos de Canterbury y York y el obispo de Winchester.

La volatilidad seguía amenazando muchas ciudades y pueblos del sudeste de Inglaterra: varios individuos intentaron sublevar Kent, Essex y Sussex durante el otoño, bandas de ladrones saqueaban y mataban en el campo y Londres hervía constantemente. Los soldados que regresaron de Normandía engrosaron la población urbana y los veteranos cometieron varios delitos contra las armas heráldicas de lord Saye, incluido el vandalismo contra su lápida de enterramiento en Greyfriars. En agosto, asaltaron la Torre de Londres y despojaron su armería. En otoño estallaron disturbios como respuesta a la elección rutinaria de un nuevo alcalde, mientras que por toda la ciudad aparecían carteles en contra del Gobierno y, en un momento dado, un descontento guardián de la prisión de Newgate provocó un motín liberando a todos los reclusos.

El año 1450 había sido uno de luchas, violencia, caos y terror a todos los niveles, consecuencia de una crisis de gobierno que se fue gestando gradualmente y que, en última instancia, se derivaba de la pasividad del rey de veintiocho años. Durante años, la relativa ausencia real de Enrique se había solventado por una sucesión de parches y remiendos: primero por un consejo minoritario que equilibraba las diferentes opiniones de sus tíos frente a la voluntad corporativa de los señores, y luego por el gobierno de Suffolk, cuyo mando del Gobierno se había construido a través de sus conexiones personales en el consejo, la casa real y el campo. Ninguna de las dos había sido una solución satisfactoria, y el gobierno de Suffolk había acabado derrumbándose en un caos mortal y en una rebelión cuya primera víctima había sido el propio Suffolk. Sin embargo, incluso si habían conseguido destruir una supuesta camarilla gobernante, los manifestantes no habían hecho nada para atajar la raíz de todos los males del país. Tras la muerte de Suffolk y la rebelión de Cade, la incompetencia de Enrique seguía suponiendo el mismo y acuciante problema de siempre. Dada la situación, otro hombre no tardaría en situarse proactivamente en el centro de la vida política para intentar resolverla. En septiembre, Ricardo, duque de York, regresó de Irlanda para rescatar a Inglaterra de su vertiginosa decadencia.

8

Luego traerían al duque de York

Una pequeña flota de barcos navegaba hacia Beaumaris, una ciudad portuaria en el extremo sureste de Anglesey apretujada bajo la sombra de una vasta fortaleza de piedra con torreones. El castillo —con su profundo foso exterior, sus murallas de más de diez metros de altura y sus veintidós torres robustas y redondas con saeteras— había sido el más costoso del gran anillo de fortalezas galesas de Eduardo I. Era tan grande, y su diseño tan ambicioso, que algunas partes de la construcción —iniciada hacía más de ciento cincuenta años— nunca se habían terminado del todo. Lo que sí se terminó y se mantuvo en pie se convirtió en un ominoso símbolo del poder real inglés en los confines de los territorios del rey. Beaumaris era un lugar formidable al que acercarse.

Era principios de septiembre de 1450 y los barcos se esperaban desde hacía varios días. Llevaban a Ricardo, duque de York, primo del rey y lugarteniente en Irlanda, y a sus hombres. York había partido de Dublín el 28 de agosto, y la noticia de su llegada había conmocionado a Enrique VI y a sus consejeros, que dieron instrucciones para que la ciudad se mantuviera en guardia. El capitán de Beaumaris, Thomas Norris, aguardaba junto con otros oficiales locales de la Corona. Se les había ordenado con firmeza que retrasaran a York, y enviaron un mensaje al duque en el mar informándole —como se quejaría más tarde— «de que no debía desembarcar allí, ni tener *vitaile* [comida], ni refrigerio para mí ni para mis acompañantes [...] ni hombre, caballo u otra cosa para mi respeto o auxilio».[1] A York se le dijo que las órdenes procedían directamente de William Say, ujier de cámara de Enrique VI, que estaba convencido de que había llegado sin ser invitado, como un «traidor». Se le denegó el permiso para desembarcar, por lo que sus barcos se vieron obligados a permanecer en el mar en busca de otro punto de atraque más amistoso.[2]

Finalmente, los barcos de York atracaron cerca de la desembocadura del río Clwyd, a unas veinticinco millas de la costa del norte de Gales. El 7 de septiembre, el duque y su séquito habían llegado a su castillo de Denbigh. Desde allí cabalgaron hasta Ludlow, y desde Ludlow cruzaron las Midlands. A medida que viajaba, York ganaba seguidores, hombres armados de sus extensas tierras por todo Gales e Inglaterra. El 23 de septiembre, un escritor de Stony Stratford, Northamptonshire, vio aparecer al duque con majestad y esplendor: «Montado en terciopelo rojo, a lomos de un *hobby* irlandés negro».* Aquella noche se alojaría en el León Rojo, una taberna a las puertas de la ciudad.[3] No se quedó mucho tiempo: el 27 de septiembre entró en Londres junto a los tres o cinco mil hombres que le seguían bajo su estandarte, marchó por las calles y salió por las puertas para emprender el breve camino hasta Westminster, donde lo recibió en una breve audiencia su atribulado primo, el rey.

Era fácil de comprender el pánico que infundió en el corazón de la administración real el regreso imprevisto de York desde Irlanda. Jack Cade, cuyo levantamiento había traído todo un verano de caos al reino, se había hecho llamar «John Mortimer», dando a entender deliberadamente que estaba emparentado con el duque. Los manifiestos de Cade advertían que, a menos que se produjera una reforma, los comunes de Inglaterra «destruirían primero a los amigos del rey y después a él mismo, y luego traerían al duque de York para que fuera rey».[4] Muchos otros rebeldes, más insignificantes, también habían invocado el nombre de York para oponerse al Gobierno real.

En 1449, cuando Enrique VI viajaba a Leicester para asistir a la sesión del parlamento, también pasó por la ciudad de Stony Stratford. Un escritor local relató que, al paso de la comitiva del rey por las calles, un tal «John Harris, en algún momento marinero residente en York», se acercó al rey agitando un mayal —una

* El *hobby* irlandés era una raza de caballo, muy popular desde el siglo XIII. *(N. del T.)*

herramienta agrícola de madera, utilizada a veces como arma improvisada, consistente en un mango largo y una pértiga más corta unidos en sus extremos por una cadena. Alentado por otros habitantes de la ciudad, Harris golpeó el suelo con el mayal delante de Enrique, gritando que su intención era «mostrar que el duque de York, entonces en Irlanda, debería luchar de la misma manera contra los traidores en el parlamento de Leicester y golpearlos como él había golpeado los terrones de tierra en esa ciudad».[5] Por esta desfachatez, Harris fue arrestado, encerrado en el calabozo del castillo de Northampton y, más tarde, ahorcado, arrastrado y descuartizado. Sin embargo, su argumento había quedado claro: del mismo modo que el pueblo de Inglaterra rechazaba el régimen urdido en torno a Enrique, proyectaba sus sueños de recuperación nacional en el duque al otro lado del mar de Irlanda.

No hay razón para creer que York pretendiera esto. Era sin duda el mayor lord inglés, un hombre de sangre real y enorme poder terrateniente, lo que le confería un estatus muy similar al que habían tenido en su día John, duque de Bedford y Humphrey, duque de Gloucester. Además, los fracasos políticos de los tres años anteriores apenas lo habían salpicado: su etapa como lugarteniente de Francia había precedido a la dramática pérdida de Normandía que ocurrió bajo el mando del duque de Somerset, y su etapa como lugarteniente de Irlanda lo había alejado del centro de la política precisamente cuando el régimen de Suffolk se disolvía entre sangre y reproches.

En cualquier caso, esto no implica que York fuera un rebelde a la espera de su oportunidad. Siempre afirmó que su regreso desde Irlanda era un acto de obediencia: un movimiento diseñado para asegurar su lealtad al rey frente a «diversas habladurías [...] que se decían de mí a vuestro excelentísimo señor y que me causarían deshonra y reproche»; en otras palabras: para demostrar que, independientemente de lo que se dijera sobre su ambición, era un súbdito leal. En las cartas redactadas y enviadas al rey, probablemente durante las primeras semanas desde su regreso de Irlanda, expresó que había venido a Inglaterra para asegurar su fidelidad al rey y para «declararme vuestro seguro servidor y súbdito como es mi [deber]».[6] Sin embargo, recorrer Inglaterra y Gales en compañía de miles de hombres armados era una forma un tanto atrevida de demostrar lealtad. ¿Por qué vino, entonces?

Es posible, aunque improbable, que York saliera de Irlanda por ambición dinástica. Los rebeldes de Kent ya habían señalado su «sangre azul», pero no se trataba de una observación novedosa. Era cierto que el rey carecía de hijos y la cuestión de su sucesión no se había abordado formalmente, pero por esa misma razón ninguno de los ascensos nobiliarios de los duques de Somerset, Exeter o Buckingham constituía una amenaza directa para el linaje de York. En el caso de Exeter, la superioridad de sangre de York se reconoció explícitamente en los artículos de ennoblecimiento del primer duque de Exeter. El primer duque murió en 1447, pero su heredero, el joven Henry Holland, estaba aún más estrechamente vinculado a la familia de York: estaba casado con la hija de York, Anne, y había estado bajo la custodia de York cuando era menor de edad. En fecha tan reciente como 1448 se habían concedido a York y al duque de Somerset tierras en fideicomiso conjunto, señal de que no se percibía —aún— división alguna entre ambos hombres.[7] Humphrey, duque de Buckingham no dio muestras de otra cosa que de diligente lealtad a la Corona. En resumen, no había ninguna crisis dinástica que reclamara a York en casa: a pesar de las turbulencias del reinado y de las descabelladas reclamaciones de los hombres de Cade, el rey no estaba enfermo ni mostraba signos de muerte inminente, tan solo una prolongada ineptitud.[8]

En 1451, Thomas Young, diputado por Bristol y uno de los consejeros legales de York, se presentó en el parlamento y sugirió que, por la seguridad del reino, el rey debía nombrar a su heredero. Como era de esperar, Young propuso a York y fue debidamente arrestado por su impertinencia. En cualquier caso, tales reclamaciones solo perjudicaron la posición política de York. Pensaran lo que pensaran los rebeldes de Kent, los chismosos de las tabernas o los abogados advenedizos de los comunes, York no tenía el menor deseo de forzar su reclamación de la Corona, ya fuera ahora o en un futuro próximo.

Más bien, él se veía en el papel de salvador tanto de la corona como del país. York y su esposa Cecily habían zarpado inicialmente para instalarse en Irlanda el 22 de junio de 1449. Durante los catorce meses que habían pasado en ultramar, Inglaterra había sufrido el peor colapso del Gobierno, la política exterior y el orden público de toda su historia, o al menos desde principios del siglo XIII. Normandía se había perdido, el parlamento se había sublevado en masa, habían asesinado al duque de Suffolk y una violenta y mantenida rebelión popular había levantado todo el sureste de Inglaterra. Si bien era cierto que York había desempeñado un papel en la gestación de la crisis —era un miembro destacado de la nobleza que había permitido, o al menos consentido, el gobierno de Suffolk y la casa real sobre un rey inoperante—, también había evitado cualquier culpa grave gracias a su afortunado traslado de Francia y su posterior destino en Irlanda. Más bien al contrario: todas las noticias que le llegaban a Irlanda le habrían sugerido que su destino y su deber eran rescatar a Inglaterra del caos en el que se había sumido. Su sangre real le ofrecía la prerrogativa y los miles de hombres que podía poner a su disposición le brindaban los medios. York había servido como mano del rey en Francia y ahora en Irlanda; el siguiente paso lógico era ofrecer sus servicios para el mismo cometido en la propia Inglaterra.

Sin embargo, lo que el duque tal vez no había calculado del todo era hasta qué punto algunas personas del entorno del rey podían juzgar su deseo de responder a las peticiones de regreso no como una amable oferta, sino como una grave amenaza. Primero, sus barcos se rechazaron en Beaumaris. Después, mientras cabalgaba por el norte de Gales, a York le llegaron rumores de que varios caballeros relacionados con la casa real pretendían capturarlo, encarcelarlo en el castillo de Conwy y «cortar la cabeza» de varios de sus sirvientes, incluido su chambelán, el veterano soldado sir William Oldhall. Por último, se había enterado de que se habían promulgado ciertas comisiones judiciales inespecíficas para acusarlo de traición y, de este modo, «destruirme a mí, a mi descendencia y corromper [mi] linaje».[9] Regresó a Inglaterra con la esperanza de reclamar su posición como reformador en jefe del rey, pero a su llegada descubrió que esto lo convertía en el oponente más peligroso del Gobierno.

*

El 27 de septiembre, el desfile armado de York en Londres puso a la febril ciudad en un estado de excitación aún mayor de lo habitual. Tras su breve encuentro con Enrique en Westminster, el duque se alojó durante quince días en la casa del obispo de Salisbury en Londres. Desde allí comenzó a reclamar la posición central en el Gobierno por la que había salido de Irlanda.

Desde su llegada a Inglaterra, York había intercambiado peticiones formales y cartas con el rey. En la primera petición, enviada poco después de desembarcar en Gales, se quejaba de haber sido tratado como traidor y criminal en Beaumaris. En su respuesta, Enrique abordó este asunto con total naturalidad y explicó pacientemente que, dado que «la gente lleva mucho tiempo hablando de ti [...] diciendo que habría que traerte a casa con muchos miles» para tomar la corona, las costas habían recibido instrucciones de protegerse contra tal eventualidad. En otras palabras: Enrique sugirió que sus hombres habían exagerado y «declaramos, reconocemos y admitimos que sois nuestro verdadero y fiel súbdito y nuestro bienamado primo».

York siguió ofendido. En algún momento después de su reunión en Westminster, envió a Enrique una segunda petición formal, haciendo caso omiso de las palabras tranquilizadoras del rey y señalando que la ley y el orden parecían colapsar en Inglaterra, y que «yo, vuestro humilde súbdito y señor, Ricardo, duque de York, [...] me ofrezco [...] a ejecutar vuestros mandatos». Se ofrecía, en efecto, a asumir el mando del Gobierno inglés en su momento de crisis. Parece que esta petición, a diferencia de la primera, la publicitó ampliamente entre la gente de Londres. El texto estaba en un punto intermedio entre una carta abierta y un manifiesto.[10] Una vez más, fue rechazado cortésmente. En lugar de entregar el gobierno a York, Enrique dijo que pretendía «formar [un] triste y considerable consejo [...] en el que te hemos designado para participar como uno de ellos».[11] Evidentemente, esta no era la respuesta que York estaba esperando. Abandonó Londres el 9 de octubre; se dirigió primero a Anglia Oriental y después recorrió sus propiedades en las Midlands. A sus espaldas,

Londres bullía en un estado de agitación apenas contenida. Las calles estaban invadidas de soldados, que se amotinaron durante las elecciones a la alcaldía del 29 de octubre. Se produjeron numerosos enfrentamientos entre los partidarios y los detractores del duque de York: por toda la ciudad se arrancaban las armas reales y se sustituían por las de York, se restauraban, se volvían a arrancar. Si la capital de Inglaterra reflejaba el estado de ánimo del país, la paz se intuía muy lejana.

Entre los principales impedimentos para que York asumiera un papel central en el Gobierno estaba el hecho de que otra persona ya ocupaba ese puesto. Edmund Beaufort, duque de Somerset, había regresado de su catastrófico mandato en Normandía no para ser censurado o castigado, sino para ocupar el puesto que York había pensado para sí mismo.[12] En agosto de 1450, a las dos semanas de su regreso de Francia, ya estaba asistiendo a las reuniones del consejo. El 8 de septiembre le encargaron sofocar los rescoldos de la revuelta en Kent y el sudeste, y el 11 de septiembre lo nombraron condestable: el cargo militar más alto de Inglaterra.

Al igual que York, Somerset era pariente del rey. Sin embargo, a diferencia de York, tenía estrechos vínculos con la reina Margarita, al igual que los había tenido con la difunta madre de Enrique, Catalina de Valois. Como sobrino del cardenal Beaufort, era una figura familiar y reconfortante para Enrique, mientras que York era más bien un extraño. Somerset también se benefició de no tener propiedades importantes que gestionar; pudo dedicar toda su atención a los asuntos de gobierno y asumir tareas que antes habían recaído en Suffolk: ocultar la vacuidad del rey, aunar los intereses dispares de la casa real, el consejo y la nobleza, e intentar aplacar la justa ira de los comunes. Asumir este rol puso a Somerset en colisión directa con York. La tensión entre los dos hombres dominaría la política durante los cinco años siguientes.

El parlamento se reunió en Westminster el 6 de noviembre de 1450 e, inmediatamente, los dos duques y sus partidarios se enfrentaron. Se habían colocado cadenas en las calles de Londres para limitar los excesos de lo que el canciller, el cardenal John Kemp, arzobispo de York, describió como «la gente de disposición alborotadora».[13] Era difícil evitar la sensación de que la capital estaba a punto de estallar y que el destino de Inglaterra dependía del siguiente paso que diera el duque de York.

Llegó a Westminster el 23 de noviembre, un día antes que John Mowbray, duque de Norfolk, su principal aliado desde su regreso de Irlanda. Ambos hombres, y de hecho todos los lores que asistieron al parlamento de noviembre, traían consigo grandes comitivas armadas. El autor de una crónica de la época describe cómo York llegó «cabalgando [por] la ciudad con su espada por delante», una señal de magnificencia y autoridad.[14] La atmósfera de violencia apenas podía reprimirse. Un elemento importante en la adopción de York del emblema reformista fue su dura crítica a los «traidores» que habían permitido la pérdida de Normandía. Nadie podía fingir que ignoraba a quién se refería: apuntaba directamente a Somerset. El 30 de noviembre estallaron varias discusiones enconadas en la cámara del parlamento en Westminster Hall. Varios diputados exigieron que se hiciera justicia contra quienes habían fracasado tan estrepitosamente en proteger las posesiones del rey en Francia.

Durante la sesión del parlamento, Somerset se alojaba en Blackfriars, una agradable casa de dominicos dentro de la muralla occidental de la ciudad, junto a Ludgate, en el punto donde el río Fleet desembocaba en el Támesis. El martes 1 de diciembre, mientras el duque comía, un numeroso grupo de soldados intentó irrumpir en la casa para arrestarlo. El peligro para la vida de Somerset era tan grave que lo sacaron de la casa a escondidas por el muelle de la ribera y lo embarcaron río abajo mientras los alborotadores saqueaban Blackfriars. Curiosamente, los salvadores de Somerset fueron el alcalde de Londres y otro aliado yorkista cada vez más cercano, Thomas Courtenay, conde de Devon, de quien se decía que actuaba siguiendo instrucciones directas de York.

Ese día, el mismo grupo de hombres había autorizado la ejecución pública de un alborotador. Mientras las calles de Londres bullían de protestas y descontento, York intentaba jugar a ser un agitador reformista y un legislador al mismo tiempo. Al igual que el difunto Humphrey de Gloucester, cuyo recuerdo parecía apreciar y defender cada vez más, York deseaba aprovechar su popularidad entre el pueblo llano como plataforma desde la que perturbar el proceso político y afirmar su pretensión de preeminencia. En realidad, no hacía más que molestar.

No fueron las acciones de York las que finalmente pusieron orden en la ciudad, sino un desfile de todos los lores de Inglaterra unidos cabalgando por Londres el 3 de diciembre. En palabras de un cronista, «el jueves siguiente, el rey y todos los lores atravesaron la ciudad, todos con arneses [es decir, con armadura completa] y los ciudadanos de pie a cada lado de la calle también engalanados, lo que constituyó el espectáculo más glorioso que jamás haya visto un hombre en aquellos días».[15]

Las aguas empezaron a calmarse en Londres. La complacencia de York con el populacho no le había granjeado el favor de la mayoría de los lores. Permaneció cerca del duque de Norfolk; sin embargo, para las Navidades, cuando el Parlamento entró en receso y las calles dejaron de bullir, York se dio cuenta de que sus apoyos se desvanecían. Por el año nuevo lo nombraron miembro de una comisión judicial para ajusticiar a los rebeldes de Kent, lo que forzó una separación natural de los hombres que más habían aclamado su nombre.

En el nuevo año, Somerset, liberado de su custodia preventiva en la Torre, reasumió el control del gobierno, esta vez con cierto éxito. Llevó al rey a los condados para reprimir otro levantamiento, esta vez liderado por Stephen Christmas. A continuación se aplicaron castigos ejemplares a los rebeldes. En un intento de poner más tierras bajo el control de la Corona, Somerset permitió que el parlamento aprobara una nueva ley de restitución y comenzó a recaudar dinero para defender Gascuña, la siguiente zona de la Francia inglesa que Carlos VII pretendía conquistar. Incluso se las arregló, en cierto modo, para hacer frente a una larga guerra privada entre las familias Courtenay y Bonville, cuya sangrienta enemistad seguía causando el caos en el oeste del país.[16] York, mientras tanto, parecía cada vez más un agitador de chusma que un agente del orden y la paz. La petición parlamentaria de mayo de 1451 de su cliente y consejero Thomas Young, en la que exigía que se reconociera a York como heredero, provocó que el parlamento se disolviera más o menos instantáneamente y que York quedara totalmente excluido de cualquier papel en el Gobierno. La gran jugada del duque para rescatar la Corona injertándose a su diestra había quedado, al parecer, en nada. Pasó el resto del año en sus propiedades, reflexionando.

*

La colegiata de St Martin-le-Grand, en el barrio noroeste de la ciudad de Londres, colindante por un lado con Greyfriars y por el otro con el Goldsmiths' Hall, gozaba de una larga historia de independencia. Cualquiera que entrara en el colegio reclamando el derecho de asilo podía —si se aceptaba su petición— esconderse dentro del recinto, donde estaría protegido por las cartas de privilegio que hacía tiempo se habían concedido a sus inquilinos. Por esta razón, el colegio había sido durante años el escondite preferido de delincuentes, malhechores y presos fugados para protegerse de la venganza de la ley.[17]

En enero de 1452 se encontraba en su comunidad sir Guillermo Oldhall, chambelán del duque de York y destacado político que había presidido el parlamento de noviembre de 1450. Oldhall se había trasladado a St Martin-le-Grand antes del amanecer del 23 de noviembre de 1451, impulsado, como escribiría más tarde el decano del colegio, «por el temor a un cruel encarcelamiento, y muy alarmado por su vida».[18] Se lo acusó, sobre todo, de haber participado en el saqueo de las posesiones de Somerset en la casa de los Blackfriars en 1450, pero también se divulgaron acusaciones mucho más descabelladas, como que había estado tramando un golpe de estado para secuestrar al rey en nombre de York. Es muy improbable que tal plan estuviera en marcha, pero el temor de Oldhall por su vida sí era muy real.

También lo era el deseo de Somerset de castigarlo. Durante la noche del 18 de enero, Walter de Burgh —el hombre que había acusado a Oldhall de saquear los bienes de Somerset— fue atacado en la calle por tres desconocidos y dado por muerto. En respuesta, Somerset envió una delegación de alto rango a St Martin-le-Grand. Los condes de Salisbury, Wiltshire y Worcester, junto con dos barones, uno de los alguaciles de Londres y un pelotón de sirvientes, irrumpieron en el colegio poco antes de medianoche. Iban, según las piadosas palabras del deán, «armados con una fuerza descomunal, y sin el debido temor de Dios en sus ojos», y destrozaron «todas las puertas y cofres» que encontraron mientras buscaban el escondite de Oldhall. Finalmente lo encontraron agazapado en la nave de la iglesia. Lo sacaron a rastras, lo cargaron sobre un caballo y lo llevaron al palacio de Westminster para interrogarlo.

Violar el santuario era asunto grave. Era ilegal y ofensivo para Dios. De hecho, el traslado de Oldhall causó tal indignación y protestas en St Martin-le-Grand que lo devolvieron y pusieron de nuevo bajo su sagrada protección apenas en cuarenta y ocho horas. Allí permanecería más de tres años. Fue un desdichado periodo de su vida. Sin embargo, lo más significativo es que la expulsión de Oldhall del santuario marcó una escalada en la disputa entre el duque de York y el Gobierno, representado por Edmund, duque de Somerset.

La posición de York no se sostenía por ninguna parte. Era un señor demasiado poderoso como para aislarlo del Gobierno de un rey cuya incapacidad exigía la cooperación entre los hombres más grandes del reino. En cualquier caso, el aislamiento era una cosa, pero atacar directamente a los servidores más cercanos de York era otra muy distinta. Aquello fue demasiado grave como para ignorarlo. Como era de esperar, York, furioso con Somerset por el insulto a su honor, escribió a la mayoría de las ciudades del sur de Inglaterra para exigirles que se unieran a una marcha conjunta sobre Londres para desalojar a Somerset del poder y restaurar el buen gobierno del reino. York hizo hincapié en que las fuerzas de Carlos VII prácticamente habían invadido las posesiones inglesas en Gascuña y ocupado la ciudad clave de Burdeos: recordó a los ciudadanos ingleses el «menoscabo, la pérdida de mercancías, el daño al honor y la villanía» que ya habían tenido lugar en Francia, e insistió en que el puerto comercial de Calais —último y vital punto de apoyo continental— estaba a un paso de caer también. York insistió en que él era «el verdadero servidor del Rey —y siempre lo seré hasta el final de mi vida—». Se quejó amargamente de la «envidia, malicia y falsedad del dicho duque de Somerset», quien, dijo, «trabaja continuamente en torno a la alteza del rey para mi perdición y para corromper mi sangre y desheredarme a mí y a mis herederos y a las personas que me rodean».

York deseaba elevar su disputa por encima de lo personal: subrayó la importancia del bien común y del país en general, y situó su enemistad personal con Somerset en el contexto de una batalla por la supervivencia de Inglaterra. «Viendo que el citado duque siempre se adelanta y gobierna en torno a la persona del rey, y que de esta forma es probable que esta tierra sea destruida, estoy totalmente decidido a proceder sin dilación contra él con la ayuda de mis parientes y amigos, de tal manera que promovamos el alivio, la paz, la tranquilidad y la salvaguarda de toda esta tierra», escribió.[19] Luego, mientras sus cartas circulaban, York ordenó a los arrendatarios de sus propiedades —ampliamente dispersas— que tomaran las armas y marcharan con él a Londres una vez más.

Cuando York marchó hacia el sur a finales de febrero, Somerset salió a su encuentro con el rey y un séquito armado. Aunque York contaba con sus criados personales y dos aliados importantes en el conde de Devon y lord Cobham, se unieron al rey un gran número de obispos y al menos otros dieciséis señores, entre ellos los otros tres duques de mayor rango del país: Exeter, Buckingham y Norfolk, antiguo aliado de York. Fue una muestra de unidad casi total por parte de los lores.

La fuerza real acampó en Blackheath, y York finalmente llevó a sus varios miles de hombres a descansar a unas ocho millas al este, en Dartford. Se equiparon con cañones en el campo y dispusieron siete barcos cargados de equipaje y material en el Támesis. Las negociaciones tuvieron lugar los días 1 y 2 de marzo. York presentó una larga lista de agravios, «para el gran bienestar y el beneficio e interés común de vuestra majestad real y de este vuestro noble reino». La mayoría se dirigían contra Somerset, a quien culpaba de la pérdida de Normandía, de incitar a la ruptura de la tregua francesa en Fougères, de descuidar las guarniciones inglesas, de conspirar para vender Calais al duque de Borgoña y de malversar el dinero recibido por el abandono de Maine.[20]

Las quejas de York no lograron impresionar al rey ni —más importante aún— al resto de los lores que se habían reunido a su alrededor decididos a mantener la frágil paz de Inglaterra. Lejos de recibir el control del gobierno y la cabeza de Somerset, York fue llevado a Londres como prisionero. Rápidamente circuló la noticia de que el rey le había engañado para que se sometiera en Dartford, prometiendo en vano que aceptaría sus propuestas de reforma y que encarcelaría a Somerset a condición de que York disolviera su ejército.[21] De ser esto cierto, se trató de una notable e indigna patraña por parte del rey y sus consejeros.

Engañado o no, el duque fue humillado en público quince días después del encuentro de Dartford. Se lo obligó a prestar un largo juramento de fidelidad a la Corona en una ceremonia celebrada en la catedral de San Pablo. Se anunció como «humilde súbdito y servidor» de Enrique VI, y prometió guardarle «fe y verdad como mi soberano señor que sois, y así lo haré todos los días hasta el fin de mi vida [...]. Nunca más me encargaré de reunir a ninguna de vuestras gentes sin vuestro mandato o licencia, tampoco en mi legítima defensa». Mientras York hablaba, puso su mano primero sobre los Santos Evangelios y luego sobre la cruz del altar; finalmente se le administró el sacramento para confirmar que «con la gracia de nuestro Señor, nunca intentaré nada, ni por miedo ni de ninguna otra manera, contra vuestra majestad real y la reverencia que le debo».[22]

Más allá de Londres, Inglaterra seguía siendo peligrosamente inestable: continuaban estallando levantamientos dispersos en Suffolk, Kent, Warwickshire, Lincolnshire, Norfolk y otros lugares, lo que revelaba la dificultad fundamental de la alta nobleza para gestionar la sociedad política en ausencia de un rey poderoso y proactivo. Las disputas armadas independientes entre grandes familias continuaron en Derbyshire, Gloucestershire y Anglia Oriental; mientras, el oeste del país seguía convulso a causa de la disputa entre los Courtenay y los Bonville. En Warwickshire, la llegada de un nuevo señor, Richard Neville, conde de Warwick, dio lugar a varios disturbios graves, mientras que en Yorkshire se gestaba un enfrentamiento muy serio entre la extensa familia de Neville y los Percy, tradicionalmente dominantes: una disputa que a mediados de la década de 1450 se degradaría hasta convertirse en una suerte de guerra civil en el norte. Las buenas relaciones entre los magnates de Inglaterra se iban disolviendo, lo cual minaba poco a poco su capacidad para mantenerse unidos como hicieron en Dartford en marzo de 1452. A corto plazo, sin embargo, la fe de la comunidad política recaía en Edmund, duque de Somerset, más que en Ricardo, duque de York. Por segunda vez en dieciocho meses, los esfuerzos de York por imponerse a la Corona en nombre del bien común habían quedado en nada.

*

La derrota de York brindó a Somerset un mandato incuestionable, gracias al cual comenzó a ejercer el Gobierno. Enrique VI pareció convertirse de repente en un rey vigoroso y enérgico. La ley y el orden seguían siendo un problema, pero el gobierno empezó a progresar en otras áreas. Se envió al conde de Shrewsbury a Kent para mantener los intentos de frenar las rebeliones en el condado. Se iniciaron procedimientos judiciales contra quienes habían apoyado a York en su frustrado levantamiento de Dartford —incluyendo la destrucción sistemática de sir William Oldhall, cuya vida en el santuario de St Martin-le-Grand se hizo cada día más miserable por la acción legal que lo despojó de la mayor parte de sus propiedades y le confirió el vergonzoso estatus de proscrito—. El puesto de York como lugarteniente de Irlanda se le otorgó a James Butler, el joven conde de Ormond y Wiltshire que había simpatizado con York en 1451, pero que ahora se acercaba decididamente al círculo de Somerset. En una muestra más de confianza, la corte recorrió las marcas de Gales y el este de Inglaterra —zonas donde York poseía grandes extensiones de tierra— para impartir justicia y poner al rey a la vista de su pueblo.

También hubo cierto éxito —si bien limitado— al otro lado del Canal. A principios de 1452 el Gobierno había empezado a sugerir, al parecer con toda seriedad, que el rey podría dirigir una campaña militar para rescatar lo que quedaba de las posesiones de Inglaterra en Gascuña. Esto no llegó a fructificar, pero en octubre de 1452 llegaron noticias de que una fuerza de avanzada enviada bajo el mando de John Talbot, el formidable conde de Shrewsbury, había obtenido algunas victorias soberbias. Habían reconquistado Burdeos a los franceses con facilidad, y gran parte de los alrededores de la ciudad se unieron de nuevo a la bandera inglesa. Eran las mejores noticias que habían llegado de Francia en muchos meses, por lo que el parlamento respondió generosamente cuando se reunió en Reading en marzo de 1453: votó un impuesto fijo sobre las propiedades* en forma de «quinceava y décima», así como un impuesto sobre las exportaciones de lana que debían pagarle cada año durante el resto de la vida del rey.

El parlamento también recibió una solicitud con respecto a dos jóvenes que habían crecido en relativa tranquilidad entre todas las turbulencias y peligros de la década de 1450: Edmund y Jasper Tudor. Los jóvenes Tudor, que ya rondaban la veintena, fueron elevados conjuntamente a la nobleza en noviembre de 1452 para reforzar las filas de la familia real inmediata. Edmund fue nombrado conde de Richmond y a Jasper le hicieron conde de Pembroke. El parlamento de 1453 logró que se los declarara hermanastros legítimos del rey. La solicitud, en latín, comenzaba alabando la «célebre memoria» de la reina Catalina de Valois y, a continuación, pedía al parlamento «estimar altamente y honrar con todo celo, tanto como nos permita nuestra insignificancia, todo el fruto que produjo su vientre real», en este caso, «los ilustres y magníficos príncipes, los señores Edmund de Hadham y Jasper de Hatfield, hijos naturales y legítimos de la misma serenísima señora la reina».

Los elogios fueron extraordinariamente elevados: «Por su carácter nobilísimo son de la naturaleza más refinada», rezaba la petición; también se los alabó por «sus otros dones naturales, dotes, virtudes excelentes y heroicas, y otros méritos de una vida loable». A pesar de que ninguno tenía una gota de sangre inglesa en sus venas —eran mitad galeses y mitad franceses—, se les confirmó a ellos y a sus herederos el derecho a poseer propiedades y títulos. Los niños Tudor, que casi no habían dejado huella en la historia desde su educación en la abadía de Barking a finales de la década de 1430 y principios de la de 1440, ascendieron repentinamente a la primera fila de la aristocracia, y se pregonó su sangre noble y parentesco real. En un requiebro muy poco sutil a York, le concedieron las tierras confiscadas al ahora arruinado sir William Oldhall a Jasper, conde de Pembroke, como parte de sus nuevas propiedades.

* Este tipo de impuesto se creó en Inglaterra en el siglo XIV para regularizar y simplificar los tributos, y gravaba las propiedades a razón de un quince por ciento en los condados, y un diez por ciento en las ciudades. De ahí su nombre. *(N. del T.)*

Casi al mismo tiempo llegaron más buenas noticias. A principios de la primavera de 1453, la reina Margarita, que durante tanto tiempo había sido objeto del escarnio público por su incapacidad para engendrar un heredero, quedó embarazada. A pesar de las dificultades del parto y de la tasa de mortalidad infantil de la época, era posible que un heredero directo a la corona proporcionara un nuevo centro de atención a Inglaterra y, por ende, que cualquier disputa de precedencia nobiliaria se desvaneciera definitivamente. La reina estaba encantada: al descubrir su embarazo, se dirigió inmediatamente a Walsingham, en Norfolk, para dar gracias en el famoso santuario de la Virgen María. Enrique VI recompensó al sirviente que le dio la noticia con una joya conocida como «demy ceynt». Toda Inglaterra se estremeció de gozo: incluso la esposa de York, Cecily —cuyas relaciones con la reina eran más cordiales que las de su marido con el rey—, se sintió impulsada a escribir a Margarita y comunicarle que su hijo nonato era «el tesoro más precioso, más alegre y más adecuado de este mundo que podría llegar a esta tierra y a sus gentes». Después de tanta desgracia y tanta lucha, parecía que Dios finalmente sonreía al reinado de Enrique VI.

Entonces, el 17 de julio de 1453, en un campo cercano a Castillon —ciudad situada a orillas del Dordoña, a solo veintiséis millas al este de Burdeos—, un ejército inglés al mando de Talbot fue aniquilado por los cañones y la caballería de una fuerza francesa comandada por Jean Bureau. Talbot, el brillante veterano de medio siglo de guerra conocido como el «Aquiles inglés» y el «terror de los franceses», murió junto a miles de sus hombres que cargaban de cabeza contra una lluvia de fuego de artillería. Los ingleses fueron derrotados y en tres meses Burdeos volvió a caer bajo control francés. Sería la derrota final e inequívoca de una guerra que se libraba desde 1337, y en Inglaterra se recibió la noticia como la calamidad que, de hecho, era. Nadie reaccionó más terriblemente a la noticia que Enrique VI. En agosto, mientras la corte recorría el oeste del país, Enrique cayó en estado vegetativo: durante quince meses permanecería bajo el grotesco hechizo de una demencia paralizante, ausente y catatónica. De golpe, Inglaterra se quedó de nuevo sin cabeza; y pronto la locura se apoderaría no solo del rey, sino de todo su reino.

9

Afligido por la locura

Enrique enfermó mientras estaba en su pabellón de caza de Clarendon, cerca de Salisbury. El trastorno le sobrevino de forma repentina y abrumadora, y, aunque se guardó el secreto de su estado durante varias semanas, se hizo imposible seguir ocultando que su profunda y espantosa dolencia no mejoraba. Los hombres que lo rodeaban no tenían un nombre específico para su mal; solo podían describir sus síntomas. «El rey [...] de repente se sintió afligido por la locura y se extinguieron su ingenio y razón», escribió uno de ellos. Para otro, simplemente estaba «enfermo». Se volvió completamente indefenso, alejado tanto de su intelecto como del mundo que lo rodeaba hasta el punto de la pasividad absoluta. No reconocía a nadie. No podía hablar ni responder a preguntas. No podía alimentarse ni asearse, ya que no controlaba los brazos ni las piernas y ni siquiera podía mantener la cabeza erguida. No tenía noción del tiempo. Ningún médico podía despertarlo. Ningún medicamento podía estimularlo.[1] Su abuelo, Carlos VI de Francia, también había sufrido numerosos ataques de locura, pero, mientras que la locura de Carlos lo había llevado a gritar de dolor, embadurnarse en sus propios excrementos y correr desquiciado por los palacios reales, Enrique se limitaba a languidecer mudo e inerte.

Ya incluso cuando estaba cuerdo, Enrique había sido un elemento muy débil e impotente en el Gobierno. Sin embargo, ahora que estaba tan claramente indispuesto, Somerset y el resto de sus consejeros se encontraron con un grave problema: cuando el rey gozaba de buena salud, disponían de una marioneta ineficaz, pero animada, a través de la cual su pequeño grupo de ministros elegidos podía ejercer el gobierno legítimamente; sin embargo, con el rey desprovisto de razón y voluntad, el mandato para gobernar en su nombre desaparecía. El rey tenía la voluntad y la capacidad de un recién nacido, lo que significaba que una situación similar a la de la larga minoría de Enrique durante la década de 1420 se cernía de nuevo sobre el reino. Había una personalidad real de la que se podía decir que reinaba, pero carecía de toda capacidad para gobernar. Al igual que en la década de 1420, se requería una respuesta colectiva.

Aunque las turbulencias en Inglaterra y la calamitosa situación de los rescoldos de la Francia inglesa exigían una atención constante, se retrasó todo lo posible una reacción política a la enfermedad de Enrique, probablemente con el doble objetivo de esperar —en vano— a que se recuperara y de aguardar a que el embarazo de la reina llegara a su término. El 13 de octubre de 1453, día de la festividad de Eduardo el Confesor —uno de los santos más sagrados y venerados de Inglaterra, con especial importancia para la familia real— se cumplió el segundo de estos objetivos. En una cámara de Westminster, Margarita de Anjou dio a luz a su primer hijo, un varón. Llamaron al niño Eduardo, un nombre aristocrático que no solo aludía al auspicioso día de su nacimiento, sino que recordaba tiempos de mayor gloria: los días del tatarabuelo del bebé, Eduardo III. «Por ello las campanas repicaron en todas las iglesias y se cantó el Te Deum», escribió un testigo.[2] El duque de Somerset fue el padrino del bautizo del príncipe Eduardo.[3]

El nacimiento era motivo de gran alegría, pero, al mismo tiempo, no se podía seguir ignorando el letargo del padre del niño. Era importante construir un gobierno que funcionara, y era vital que este gobierno fuera realmente integrador. El colapso mental del rey había coincidido con una enorme escalada de violencia, sobre todo en el norte de Inglaterra, y quizá hasta contribuyera a ella. La larga hostilidad entre las familias Neville y Percy, rivales por el poder en Yorkshire, Cumbria y Northumberland, había desembocado prácticamente en una guerra abierta. El 24 de agosto de 1454, Thomas Percy, lord Egremont, y un ejército de unos mil hombres tendieron una emboscada a una fiesta nupcial que celebraba el matrimonio de sir Thomas Neville y Maude Stanhope. La causa inmediata era una herencia en disputa: el hermoso señorío y castillo de Wressle, que había pertenecido a los Percy, pasaría a manos de los Neville por el matrimonio de sir Thomas con la heredera de los Stanhope. Sin embargo, esta no era sino una pequeña batalla en una lucha mucho mayor: los Percy se daban cuenta, no sin motivos, que los Neville los estaban desplazando gradualmente como la familia más poderosa del norte. Esto, a su vez, era un problema acuciante para el Gobierno central. El norte de Inglaterra parecía estar al borde de la guerra civil: todas las súplicas e instrucciones emitidas por el Gobierno de Somerset para que cesaran las hostilidades habían sido ignoradas. Dado que la disputa implicaba a las dos familias más poderosas de la región, no había autoridad, salvo la del rey, capaz de poner fin a un derramamiento de sangre multitudinario y desastroso.

Nada más nacer el príncipe Eduardo, se convocó un gran consejo para que todos los altos señores y eclesiásticos del reino se reunieran lo antes posible. En un principio, la intención era excluir a York, pero el 24 de octubre se envió una carta, dirigida «por el rey» a su «muy fiel y bien amado primo», que convocaba al duque para asistir a la reunión en Londres. No está claro quién redactó la carta, ya que está firmada en nombre de Enrique. Sin embargo, el mensajero que llevó la carta recibió la orden de aconsejar a York que dejara a un lado «el desacuerdo entre» él y Somerset, y que «acudiera a dicho consejo pacífica y comedidamente acompañado», con el objetivo de asegurar «el descanso y la unión entre los señores de esta tierra».[4]

York llegó a Westminster el 12 de noviembre, pero no lo hizo con ánimo conciliador. Su primera acción fue lograr que quien antes había sido su aliado, el duque de Norfolk, lanzara un vehemente ataque contra Somerset ante el consejo, acusándolo una vez más de traición por haber perdido Francia. Norfolk exigió el encarcelamiento de Somerset y, en la confusión y crisis del momento, y amedrentados por sus agresivas demandas, la mayoría de los lores reunidos consintieron. El duque fue arrestado y enviado a la Torre de Londres en espera de juicio. Pocos días después, los lores se volvieron a reunir en consejo en la Cámara Estrellada, y cada uno de ellos «juró sobre un libro» que mantendría su «lealtad y fidelidad [...] al rey».[5] Tras varios años fracasando, York se encontraba por fin en el corazón del Gobierno.

No ocupó su puesto sin oposición. La reina, recuperada del nacimiento del príncipe Eduardo, hizo su propia apuesta por el poder en enero de 1454. Durante mucho tiempo, Margarita había sido cercana a Somerset y a la casa real, a través de la cual había procedido gran parte del Gobierno, y parece que su intención era luchar contra el dominio de York por cualquier medio posible. Cuando Margarita y Humphrey, duque de Buckingham, llevaron al niño al castillo de Windsor para ver a su padre, «todo su esfuerzo fue en vano, pues partieron de allí sin ninguna respuesta ni semblante, salvo que una vez miró al príncipe y bajó los ojos sin más». Sin embargo, estaba claro que, en posesión del bebé, Margarita tenía la oportunidad de construir una base de poder diferente y opuesta a la de York. En el nuevo año publicó «un proyecto de ley de cinco artículos» en el que exigía «tener todo el gobierno de esta tierra», así como el derecho a nombrar a todos los grandes funcionarios del Estado, alguaciles y obispos, y «suficiente [sustento] asignado para el rey y el príncipe y para ella misma».[6]

Los esfuerzos de Margarita fueron audaces, aunque no sin precedentes. El gobierno femenino era infrecuente en el siglo XV, pero no era completamente desconocido. La propia historia de Inglaterra ofrecía varios ejemplos: la reina Isabel había gobernado como regente de Eduardo III entre 1327 y 1330, y, antes de ella, Leonor de Aquitania había recibido amplios poderes de gobierno durante los reinados de su marido Enrique II y de su hijo Ricardo Corazón de León. Tal vez sea más pertinente el ejemplo que Margarita había visto durante sus primeros años de vida: su madre y su abuela tomaron el mando del gobierno en Anjou y Nápoles mientras el duque René languidecía en cautividad.[7] Sin embargo, durante la crisis de 1453-1454, el último deseo de los lores ingleses —o, para el caso, de los comunes parlamentarios— era probar un nuevo modelo de gobierno femenino. El proyecto de ley de Margarita fue cordialmente rechazado. Como medida apaciguadora, el 15 de marzo de 1454 se nombró a Eduardo, de cinco meses de edad, príncipe de Gales y conde de Chester. Hasta ahí llegó el acuerdo con la reina.

Una semana después moría el cardenal Kemp, arzobispo de Canterbury, canciller de Inglaterra y fiel aliado de Margarita. Desesperados, los lores enviaron otra delegación al rey para intentar sonsacarle alguna indicación sobre quién deseaba que fuera su nuevo arzobispo. Una vez más, informaron de que no podían obtener «ninguna respuesta ni señal» al parlamento, que se interesó activamente por el estado del rey. Los lores se marcharon «con el corazón entristecido».[8] La crisis de autoridad se había agravado. El 27 de marzo, los lores en el parlamento acordaron elegir a Ricardo, duque de York como protector del reino y consejero principal. Su ascenso se había completado.

Muchos albergaban serias reservas sobre la idoneidad de York para el papel de protector, pero sus temores no se hicieron realidad. Aunque nombró nuevo canciller a Richard Neville, conde de Salisbury —patriarca de la familia Neville, cuyas disputas con los Percy estaban desgarrando el norte—, por lo general el Gobierno de York intentó ser riguroso, imparcial y objetivo. Se desplazó personalmente al norte para intentar arbitrar entre los Neville y los Percy, y no dudó en encarcelar a su propio yerno —el violento e irresponsable Henry Holland, duque de Exeter— en el castillo de Pontefract, como castigo por implicarse en la guerra del norte y desobedecer abiertamente el juramento de todos los lores de mantener y respetar la autoridad «real» durante la enfermedad del rey.

York se autonombró capitán de Calais y recuperó su puesto de lugarteniente de Irlanda; fueron acciones pensadas para reforzar su liderazgo, más que para aprovecharse del beneficio asociado a los cargos. Otras mercedes, de modesta cuantía, las concedió de forma no partidista: la reina, el duque de Buckingham y Jasper y Edmund Tudor recibieron tierras o cargos durante la protección de York, mientras que hombres más cercanos a él —como el hijo mayor de Salisbury, el conde de Warwick (también llamado Richard Neville)— no recibieron nada.[9] Sin embargo, hubo un aspecto flagrante en el que la política de paz y conciliación de York fracasó: no pudo normalizar las relaciones con Edmund Beaufort, duque de Somerset. Somerset permaneció encerrado en la Torre durante 1454; sin embargo, se mantuvo al tanto de las noticias a través de una red de agentes encubiertos: «espías que van a todas las casas de los señores de esta tierra: algunos van como [frailes], otros como marineros [...] y otros de otra guisa; que le informan de todo lo que ven».[10] Matar a Somerset habría sido un acto destructivo y cismático. Así pues, pudo estudiar la situación y esperar su momento mientras estaba en prisión, aguardando, según la metáfora popular, a que la rueda de la fortuna volviera a girar a su favor.

*

El día de Navidad de 1454, más de un año después de su ataque, Enrique VI despertó. Sus sentidos regresaron con la misma rapidez con la que habían desaparecido. Dos días después de Navidad ordenó a su limosnero que llevara regalos de agradecimiento al santuario de Canterbury, y el lunes 30 de diciembre la reina Margarita llevó al príncipe de catorce meses a ver a su padre. Enrique «preguntó cómo se llamaba el príncipe, y la reina le dijo Eduardo; y entonces levantó las manos y dio gracias a Dios por ello». No recordaba nada de lo que se había dicho o hecho durante su estupor. Sin embargo, parecía extremadamente feliz de haberse recuperado. Cuando sus ministros se dieron cuenta de que podía volver a hablarles «tan bien como siempre [...] lloraron de alegría».[11]

No podía decirse lo mismo de York. La recuperación de Enrique no solo puso fin al protectorado, sino que revirtió directamente la mayoría de las medidas que York había adoptado durante el último año. Somerset salió de prisión el 26 de enero de 1455, y el 4 de marzo se retiraron los cargos de traición contra él. A York lo despojaron formalmente del protectorado el 9 de febrero. Como señal de repudio del principal argumento de York contra Somerset —su supuesta traición y negligencia en sus tratos con los franceses—, a York le retiraron su capitanía de Calais y se la concedieron de nuevo a Somerset. El aliado de York, Richard, conde de Salisbury, se vio obligado a renunciar a la cancillería. A mediados de marzo, el hijo de Salisbury, el conde de Warwick, recibió la orden de liberar a Henry Holland, el intrigante y belicoso duque de Exeter, de su merecido encarcelamiento en Pontefract.

Mientras Somerset y sus aliados se apresuraban a recuperar sus antiguas posiciones en el Gobierno junto al rey, York y los Neville se vieron obligados a abandonar la corte. A pesar de las proactivas medidas del protector para intentar mantener el gobierno durante la demencia del rey, ahora se encontraba despojado de sus cargos, autoridad y dignidad, como si hubiera sido un usurpador. La única conclusión que York podía sacar era que, con Somerset al lado del rey, siempre se lo trataría como a un enemigo de la Corona y se le negaría el lugar que le correspondía en el reino como si no fuera más que un canalla y un rebelde. El rey y un consejo de los lores había obligado a York a mantener la paz con Somerset hasta junio, so pena de una multa de veinte mil marcos. Sin embargo, la paz ya no era una opción. Junto a los Neville, York se dirigió al norte para emprender la última alternativa que le quedaba: reunir un ejército.

York y los Neville —dirigidos por los condes de Salisbury y Warwick, padre e hijo— se vieron unidos por la amistad de la causa común. Entre los dos controlaban gran parte del norte de Inglaterra y, dado que los Neville estaban pertrechados para la guerra debido a sus luchas con la casa Percy, a los aliados no les resultó difícil reunir a sus hombres para formar un pequeño ejército durante la primavera de 1455. Tenían, según admitieron más tarde, «gran poderío de hombres en diversos países, muchos arreos [es decir, armaduras] y grandes pertrechos de guerra».[12] Es importante señalar que, para York, el propósito de reunir una fuerza armada era expulsar a Somerset y a los «traidores» que rodeaban al rey; tal como él lo veía, esto era un asunto muy diferente a la rebelión —especialmente la rebelión dinástica— contra el propio Enrique VI. Es cuestionable, sin embargo, cuántos hombres que sirvieron bajo su mando habrían apreciado la sutil diferencia. En cualquier caso, se alzaron con gran celeridad en abril y mayo, y la noticia de la movilización de York y los Neville no tardó en llegar a la corte y al consejo de Westminster, aunque quizá no se estimó del todo su magnitud.

Somerset, por su parte, entró en pánico y vaciló. Aunque en general la población londinense prefería a York, la respuesta natural debería haber sido reunir un ejército real para defender la capital e impedir que se repitiera el conflicto de Dartford de 1452. Sin embargo, en lugar de ello se decidió trasladar la casa del rey y a los lores que asistían al soberano hacia el norte. Se convocó a un gran consejo —no exactamente un parlamento, aunque la convocatoria se envió masivamente a los señores de Inglaterra, junto con un grupo de caballeros elegidos a dedo que se esperaba respaldaran el régimen de Somerset —en Leicester, una ciudad en el corazón del ducado de Lancaster, la propiedad privada del rey.[13] Se invitó a York y sus aliados, por lo que parece que, al menos, un aspecto del episodio de Dartford estaba en mente: el Gobierno esperaba imponer un nuevo acuerdo a Somerset y York, y, muy probablemente, uno que avergonzara públicamente a York mediante un juramento de lealtad como el que se había visto obligado a prestar en San Pablo.[14] York, sin embargo, no estaba dispuesto a consentirlo. También es posible que pensara en el destino de Humphrey, duque de Gloucester, quien había sido convocado a un parlamento en Bury St Edmunds en 1447 y nunca regresó.

La posibilidad de un enfrentamiento armado en Leicester no era descabellada. A mediados de mayo, cuando el rey y sus partidarios se preparaban para viajar al norte, se enviaron solicitudes a los lores y a los habitantes de las ciudades a lo largo de la ruta para que enviaran hombres armados al rey «dondequiera que nos encontremos y tan rápido como sea posible».[15] El punto de encuentro era la ciudad de Saint Albans, en Hertfordshire, convenientemente a mitad de camino entre Londres y Leicester. La mañana del martes 20 de mayo, el rey y su séquito partieron de Westminster por esta misma ruta. Se les habían adelantado los mensajeros con cartas dirigidas a York, Salisbury y Warwick, donde se les exigía que disolvieran sus ejércitos de inmediato y se presentaran ante el rey acompañados por no más de ciento sesenta hombres cada uno en el caso de los Neville, y doscientos en el caso de York.

Para cuando las cartas llegaron a York y a los Neville, estos ya habían llegado a Royston, un pueblo situado a unas millas al suroeste de Cambridge y a menos de un día de camino de Saint Albans. Respondieron a las órdenes de dispersión con una carta dirigida al canciller que había sustituido a Salisbury: Thomas Bourchier, el arzobispo de Canterbury de cuarenta y cuatro años. «Oímos que hay gran rumor y asombro por nuestra llegada, y por la manera en que lo haremos, ante la presencia del muy noble rey, nuestro más eminente señor soberano», escribieron. Para York y sus aliados era vital establecerse como los verdaderos defensores del bien común frente al Gobierno traidor de Somerset, por lo que añadieron que «no pretendemos, con la gracia de Dios, proceder a ningún asunto o cosa que no sea de su agrado, sino, con la misericordia de Dios, el honor, la prosperidad y el bien de nuestro dicho señor soberano, su dicha tierra y pueblo». En un tono más ominoso, los yorkistas también prometieron al canciller que, por el bien del reino, harían «todo lo que sea acorde a nuestro deber, para que pueda asegurarse la muy noble persona [del rey], en lo que no escatimaremos ni nuestros cuerpos ni nuestros bienes».

Cuando la carta llegó al canciller Bourchier, el grupo del rey ya había abandonado Westminster. Los hombres que rodeaban a Enrique apenas formaban un grupo de partidarios: el rey contaba con la presencia de hombres tan diversos en sus perspectivas políticas como su fiel hermanastro Jasper Tudor, conde de Pembroke; el patriarca de los Percy, Henry Percy, conde de Northumberland; el independiente Humphrey, duque de Buckingham; el antiguo aliado yorkista Thomas Courtenay, conde de Devon, y el hermano del conde de Salisbury, William Neville, lord Fauconberg. Otros importantes nobles también presentes eran el conde de Wiltshire y los lores Clifford, Ros, Sudeley, Dudley y Berners. Tal vez temiendo una confrontación, la reina Margarita no los acompañó, y solo un obispo viajó con el rey..., si bien otros cuantos probablemente los siguieron a una distancia segura. El grupo salió de Londres y al anochecer del miércoles 21 de mayo se alojaron en Watford, a once kilómetros al sur de Saint Albans. Al amanecer se levantaron para continuar su viaje: planeaban llegar a la ciudad con tiempo suficiente para instalarse y comer en la espléndida abadía a mediodía. Sin embargo, pronto llegó un mensajero con la alarmante noticia de que York y su ejército estaban cerca: habían acampado la noche anterior en Ware y no solo iban por delante del contingente del rey que se dirigía a Saint Albans, sino que se decía que llevaban consigo unos tres mil hombres. El contingente del rey contaba con unos dos mil.

La sensación de que se avecinaba un acontecimiento entre un enfrentamiento armado y una batalla campal desencadenó la repuesta del partido real. Se requería urgentemente un movimiento diplomático. A primera hora de la mañana del jueves 22, se relevó abruptamente a Somerset de su cargo de condestable de Inglaterra, por el que comandaba las fuerzas militares del rey. Al punto lo sustituyó Humphrey, duque de Buckingham, que, como duque de mayor rango junto al rey, gozaba de la autoridad necesaria para representar los intereses reales, al tiempo que su persona era mucho menos detestable para York y los Neville. Se creyó que Buckingham podría negociar un acuerdo sin derramamiento de sangre.

El grupo emprendió el camino a Saint Albans, adonde llegaron en torno a las nueve de la mañana. Los yorkistas habían llegado dos horas antes y estaban acampados en Key Field, al este del centro de la ciudad. Había «diversos caballeros y escuderos en el grupo», el séquito del rey pudo verlos perfectamente cuando se detuvo en el centro de Saint Albans, en la calle de San Pedro, bajo la imponente silueta de la iglesia abacial.[16] Los lugareños, viendo que tanto sus vidas como sus hogares corrían peligro, levantaron y ocuparon las defensas, que tomaron la forma de barricadas alrededor del asentamiento, el cual carecía de murallas. Caballeros leales al rey reforzaron dichas barricadas, y entre las nueve y las diez de la mañana se intercambiaron mensajeros entre las dos partes, que intentaban negociar un acuerdo.

Las conversaciones con York corrieron a cargo de los duques de Buckingham y Somerset, quienes afirmaron que hablaban directamente en nombre del rey, si bien es poco probable que Enrique supiera mucho de lo que estaba ocurriendo: no había visto las solicitudes iniciales de York, y eso que, en una de las primeras etapas de la negociación, York exigió que sus cartas se pusieran literalmente ante las narices reales. Puede que Enrique se recuperara de su enfermedad, pero su papel en Saint Albans siguió siendo pasivo y meramente simbólico.

Las principales exigencias de York no habían cambiado; solo se habían endurecido desde Dartford. Quería a Somerset y estaba dispuesto a utilizar cualquier medio para conseguirlo. Ante esto, Buckingham no pudo hacer otra cosa que ganar tiempo y esperar tanto a los obispos que seguían al séquito real como a los refuerzos militares que se habían solicitado en todo el país. Pidió a York que trasladara a sus hombres a una ciudad cercana para pasar la noche, al tiempo que las negociaciones continuaban a través de apoderados adecuados. Además, se negó en redondo a entregar al duque de Somerset.

Nunca se sabrá si York estaba dispuesto o no a continuar las negociaciones durante un segundo día. Alrededor de las diez de la mañana, mientras continuaban las conversaciones, los hombres al mando del conde de Warwick se hartaron de esperar y asaltaron las barricadas en las afueras de la ciudad. Dentro de Saint Albans, el estandarte del rey se alzó sobre las fuerzas reales. El tiempo de conversación había concluido. La lucha había comenzado.

La defensa de las barricadas fue comandada por Thomas, lord Clifford, un soldado experimentado que había servido durante algún tiempo en el norte, luchando contra los escoceses en las marcas. Más tarde se consideró que había defendido las barreras de Saint Albans «con firmeza», y probablemente mantuvo la línea extramuros durante más o menos una hora.[17] York, sin embargo, gozaba de superioridad numérica, y alrededor de las once de la mañana las contiendas se decantaron a favor de las fuerzas atacantes. Warwick llevó un pelotón de flanqueo a la calle Holywell, que desembocaba en la calle de San Pedro, donde se concentraba el contingente real. Derribaron empalizadas y muros de casas y, finalmente, abrieron una brecha entre dos posadas, conocidas como la Llave y la Ficha, a través de las cuales sus hombres pudieron entrar en la ciudad, tocando trompetas y gritando «¡Warwick! ¡Warwick! ¡Warwick!» a pleno pulmón. En cuanto veían a las fuerzas del rey, «se lanzaban sobre ellas con todo su vigor».[18]

Saint Albans no tardó en ser invadida. Por sorprendente que parezca, parece que Buckingham y Somerset no se habían preparado para la posibilidad de que las barricadas cayeran tan rápidamente: mientras la campana tocaba la alarma con frenesí y la lucha se extendía de calle en calle, los defensores salieron en desbandada para ponerse la armadura completa. Estaban desprevenidos y abrumados, y, cuando uno de los aliados de York, sir Robert Ogle, asaltó el mercado con varios centenares de hombres —cuyas espadas cortaban y sus flechas silbaban en la brisa matutina—, el breve conflicto se decidió a favor de los hombres de York. Una vez abrieron brecha en las barreras, el combate apenas duró media hora más. Sin embargo, no dejó de ser un acontecimiento atroz.

En medio de la refriega se encontraba el propio rey, cuyo pálido y redondeado rostro podemos imaginar aterrorizado, pues el hijo de Enrique V había llegado a los treinta y tres años sin haberse enfrentado nunca a un asedio o al caos de alguna batalla. Al igual que sus mejores señores, no se había cubierto adecuadamente con la coraza, y tuvo suerte de sobrevivir cuando una flecha perdida le hirió el cuello («Forsothe and forsothe», se dice que exclamó el rey, empleando su juramento favorito —y único—: «Hacéis mal en herir a un rey así ungido»).[19] Para protegerlo, aunque no fuera muy acorde a su dignidad real, empujaron a Enrique hasta una curtiduría cercana para esconderlo mientras se libraba la lucha en las calles. Sin embargo, al marcharse, su estandarte —que debía sostenerse hasta la muerte en todas las batallas— fue fácilmente derribado y sus defensores se dispersaron por las calles.

Tras una breve estancia en su hediondo escondite, Enrique fue capturado y llevado a un lugar seguro en el recinto de la abadía. Los hombres de York no tenían ningún interés en hacerle daño: era un componente crucial para la campaña política del duque, cuyo principal argumento era que luchaba a favor, y no en contra, del rey. Sin embargo, los compañeros de Enrique no tuvieron tanta suerte. York y los Neville habían llegado a Saint Albans para eliminar a sus enemigos, y pudieron lograr su objetivo en medio del desorden que habían provocado. A mediodía, cuando las hostilidades cesaron, hombres ensangrentados y heridos gemían en las calles. Dado el número de combatientes —probablemente unos cinco mil en total— resulta cuando menos sorprendente que murieran menos de sesenta. Sin embargo, entre los muertos hubo tres de gran importancia. El primero fue Thomas, lord Clifford, que tan valientemente había sostenido las defensas de la ciudad durante aquella primera hora de enfrentamiento. El segundo era Henry, conde de Northumberland, el varón de mayor rango de la familia Percy y, por tanto, el principal enemigo de los Neville. Por último estaba el acérrimo enemigo de todos ellos: Edmund Beaufort, duque de Somerset.

Somerset había luchado durante toda la batalla de Saint Albans. Aunque pudo haber sido un comandante desafortunado, al menos estaba acostumbrado a la acción militar por su largo servicio en Francia. Varias crónicas de la batalla registran que, después de que se trasladara al rey a la abadía, y cuando la lucha estaba llegando a su fin en la calle de San Pedro, Somerset fue empujado a defender una taberna llamada El Castillo. A su lado estaba su hijo Enrique Beaufort, ya un valiente guerrero a sus diecinueve años. Mientras que el conde de Wiltshire había huido de la batalla cobarde, pero pragmáticamente, disfrazado de monje, los Beaufort se mantuvieron firmes y lucharon hasta el final. El joven Enrique Beaufort resultó tan gravemente herido en el combate que abandonó Saint Albans echado en un carro y al borde de la muerte. Su padre no tuvo tanta suerte. Por su causa había surgido todo el conflicto, y fue un objetivo marcado desde el principio. Finalmente vencido por sus enemigos, sacaron a Somerset a rastras de la taberna y lo asesinaron a hachazos en plena calle. El final de su vida implicó el final de la batalla. Las tropas, entusiasmadas por el derramamiento de sangre, continuaron sembrando el caos en las calles, pero ahora se trataba de una reyerta armada más que de una batalla deliberada. A salvo bajo los altos y abovedados techos de la iglesia de la abadía, York, Salisbury y Warwick condujeron respetuosamente a Enrique VI ante el altar del mismísimo San Albano, y le pidieron que ahora los recibiera como sus fieles súbditos y consejeros. El rey, que no tenía absolutamente ninguna opción en el asunto, aceptó que los lores lo «mantuvieran ileso y allí […] les concedió ser gobernado por ellos».[20] Tan pronto ocurrió esto, York ordenó que cesara toda violencia fuera de la abadía. Se lo obedeció. Sin embargo, apenas un tiempo después, alguien se atrevió a recoger los cadáveres ensangrentados de Somerset y el resto de los hombres asesinados en las calles de Saint Albans. La mancha de ese día de violenta agitación perduraría en Inglaterra durante dos generaciones.

*

Los yorkistas escoltaron a Enrique de vuelta a Londres el viernes 23 de mayo y, antes de trasladarse al palacio episcopal, lo dejaron en sus aposentos del palacio de Westminster. Al día siguiente desfiló ante la ciudad de Londres «con gran honor [...] el mencionado duque de York cabalgando a su derecha y el conde de Salisbury a la izquierda y el conde de Warwick [portando] su espada». El domingo 25 de mayo, en una ceremonia en San Pablo, se sentó en el trono y el duque de York le entregó la corona.[21] Todo esto representaba la majestad y la autoridad real; no obstante, eran aún más falsas de lo que habían sido nunca. Aunque pudiera presentarse al público como «un rey y no como un prisionero» al lado de los tres lores que habían salido victoriosos de Saint Albans, era obvio —ahora más que nunca— que Enrique VI era un rey anulado.[22]

Entretanto, mientras York se esforzaba por recuperar su autoridad como principal consejero del rey y gobernador efectivo de Inglaterra, las noticias de la batalla de Saint Albans comenzaron a difundirse. Circularon por Inglaterra y cruzaron el canal de la Mancha: en pocos días, los diplomáticos de toda Europa hablaban de la refriega. El 31 de mayo de 1455, el embajador milanés, que había abandonado Londres a principios de mes, escribió desde Brujas una carta al arzobispo de Rávena en la que informaba de la «desagradable» noticia de que en Inglaterra «gran parte de los nobles han entrado en conflicto». «Esto lo ha hecho el duque de York, con sus seguidores», escribía el embajador, relatando las muertes y heridas que habían sufrido Somerset y sus aliados. Sin embargo, aunque la violencia era espeluznante, el informe del embajador transmitía un sensato pragmatismo. York, escribió, «retomará ahora el gobierno, y algunos piensan que los asuntos del reino mejorarán. Si es así, podremos soportar estas inconveniencias». Tres días más tarde, el embajador actualizó y confirmó sus notas anteriores. «Reina la paz —escribió—. El duque de York tiene el gobierno, y el pueblo está muy contento por ello».[23]

Aunque fuera cierto, aquello no duraría mucho.

III

LA CORONA VACÍA
1455-1471

**Hablé discretamente con
Su Majestad sobre los asuntos ingleses…
Comentó, con un suspiro, que es imposible
luchar contra la fortuna.**

SFORZA DE BETTINI DE FLORENCIA,
embajador milanés en la corte de Luis XI[1]

10

Princesa excelentísima

En 1456, Coventry era una de las ciudades más ricas y pobladas de Inglaterra; además de Londres, solo Bristol y Norwich podían presumir de ser más grandes o prósperas. El ajetreado mercado de paños de Coventry era el corazón de una comunidad orgullosa y dinámica, que vivía tanto dentro como fuera de las murallas de la ciudad, recientemente renovadas, rodeadas por un foso y a las que se accedía por tres lados a través de antiguas puertas ornamentadas. El río Sherbourne serpenteaba junto a la muralla sur, y tres de las carreteras más transitadas de Inglaterra pasaban a menos de veinte millas de la ciudad. Coventry ostentaba todas las características de un próspero centro urbano: elegantes iglesias y una escuela de gramática; posadas para juerguistas y viajeros bajo los rótulos del Cisne y el Oso; un magnífico ayuntamiento construido sobre los restos de un castillo en ruinas casi trescientos años antes; dos hospitales y una ermita; casas adosadas pertenecientes a dignatarios y comerciantes locales, y cuatro casas religiosas, una de las cuales era el colegio claustral de los vicarios corales, cuyas voces marcaban el ritmo litúrgico de la jornada. En el sureste de la ciudad había una rara extensión de espacio abierto: el viñedo que antaño había pertenecido al castillo. Desde las murallas se esparcían suburbios densamente poblados, casas levantadas entre las bolsas de marismas inundadas regularmente por los diversos cursos de agua de la región. Se trataba de un vibrante centro de comercio y poder, bien conectado con el resto del reino.[1] Era un lugar digno de un rey y, lo que es más importante, de una reina.

El 14 de septiembre de 1456, Margarita de Anjou entró en Coventry con gran esplendor. Venía con su joven hijo, el príncipe Eduardo, al que le faltaba un mes para cumplir tres años. Enrique VI —esposo, padre y, a su manera, rey de Inglaterra— había llegado a la ciudad varios días antes que el resto de su familia. No estaba en su mejor momento. La enfermedad lo había dejado más débil que nunca: seguía siendo piadoso y se dejaba influir fácilmente por quienquiera que estuviera a sus órdenes, pero ahora también era físicamente endeble y se cansaba con rapidez. Enrique solo tenía treinta y cuatro años, pero más de una década de diatribas y decepciones lo habían mermado miserablemente. Había empezado a concebir su tumba en la abadía de Westminster, y a veces actuaba como si estuviera dispuesto a arrastrarse hasta ella. El papa Pío II, que observaba Inglaterra desde lejos, describiría más tarde a Enrique en esta fase de su vida como «un hombre más timorato que una mujer, totalmente desprovisto de ingenio o espíritu, que lo dejaba todo en manos de su esposa».[2]

Por lo tanto, fue la llegada de Margarita a Coventry, y no la de Enrique, la que estuvo marcada por la mayor pompa y despliegue. La ciudad era famosa por sus representaciones de los misterios, y los ciudadanos sacaron toda su pericia dramática para celebrar la llegada de una mujer que, desde el grave deterioro de la salud de su marido, se estaba convirtiendo en uno de los actores políticos más formidables de Inglaterra. A su llegada a la ciudad, la saludaron en verso —si bien de composición algo pedestre— figuras disfrazadas de Isaías y Jeremías, san Eduardo, san Juan y Alejandro Magno, y actores vestidos como las siete virtudes cardinales y los nueve de la fama. Se la aclamó como «princesa excelentísima, nacida de sangre real» y «excelente emperatriz, reina y princesa, las tres cosas en una sola persona». (El actor que interpretaba a Josué, rey de los israelitas, la llamó «la más alta dama que puedo imaginar»). Su hijo Eduardo también recibió grandes elogios: san Eduardo el Confesor llamó a su joven tocayo «mi hijo espiritual, a quien amo más que a nada», mientras que san Juan dio gracias porque «la virtuosa voz del príncipe Eduardo aumente cada día». La figura de Alejandro Magno, uno de los más grandes reyes soldados de la historia, ofreció a Enrique el improbable título de «el príncipe más noble que ha nacido, a quien la fortuna ha afamado [...] soberano señor Enrique, emperador y rey». Se trataba de un gesto simbólico en un desfile que celebraba la majestad de la reina por encima de todo. Terminó con la escenificación de santa Margarita matando a un dragón con «un milagro».[3] Claramente satisfecha con lo que había visto, Margarita permanecería en Coventry con el rey, el príncipe y la corte real durante gran parte del año siguiente, y volvería con frecuencia durante el resto de la década. Aunque la maquinaria burocrática de Inglaterra permaneció en Westminster, a partir de entonces el reino estaría gobernado desde las Midlands.

Desde la batalla de Saint Albans, el poder de Margarita no había dejado de crecer. A sus veintiséis años, era una figura pública madura y experimentada, segura de sí misma, capaz y bien relacionada con un amplio círculo de partidarios y aliados. Más importante aún: tenía en su poder a Eduardo, el heredero de la corona. A través de su influencia como reina y de su importancia como guardiana del pequeño príncipe, pretendió postularse como eje de poder alternativo a Ricardo, duque de York.

En el siglo XV, las mujeres no solían gozar de la capacidad de ejercer un control político absoluto. El pensamiento político contemporáneo las consideraba débiles, histéricas y físicamente incapaces de llevar a cabo los deberes fundamentales de la realeza, sobre todo cabalgar a la batalla, blandir un hacha y, en general, hacer la guerra a sus enemigos. El gobierno femenino se consideraba antinatural, y los intentos de las mujeres de hacerse con el poder de manera unilateral eran infrecuentes y, normalmente, vanos. Sin embargo, Margarita no lo veía así. Mientras crecía en Anjou, había sido testigo de cómo su madre y su abuela se hacían cargo de los territorios de su padre durante sus largos periodos de encarcelamiento, gobernando en nombre de un varón y ejerciendo «su» autoridad *de iure,* pero actuando por su cuenta *de facto.* ¿Por qué no iba a hacer ella lo mismo en Inglaterra a través de su marido o de su hijo?

La política de York tras su victoria en Saint Albans había sido establecer un segundo protectorado similar al que había existido durante la enfermedad del rey. Consiguió que lo nombraran protector de nuevo el 15 de noviembre de 1455, y durante cuatro meses hizo todo lo posible por ejercer la autoridad real en aras de la unidad entre los señores y el buen gobierno. Sin embargo, mientras que durante el primer protectorado de York el rey había estado totalmente incapacitado, durante el segundo intentaba ejercer el poder real prescindiendo de un mandato ajeno tan urgente.

Se vio obligado a recompensar generosamente a sus aliados Neville por su ayuda para librar al reino de Somerset. A Richard, conde de Warwick, le concedió la capitanía de Calais y varias mercedes en Gales, donde Somerset había poseído tierras y títulos. También recompensó bien a la familia Bourchier. Pocas familias más se beneficiaron, lo que dio la impresión de que el segundo protectorado era una estrecha camarilla y no la empresa nacional que York había imaginado sinceramente que podía crear. La política se había vuelto mucho más tensa y facciosa a raíz de la violencia que el mismo York había provocado, y, aunque cosechó algunos éxitos —como restaurar el orden en el suroeste al acabar con los peores excesos cometidos entre las familias Courtenay y Bonville—, esto no bastó para convencer al reino de que el Gobierno yorkista en nombre de Enrique VI era la solución a sus problemas.

York tuvo serias dificultades a principios de 1456, cuando el parlamento exigió otra tenaz ley de restitución, por la que las tierras concedidas por la Corona volvieran a manos reales para reforzar las finanzas del rey. Dado que York tenía el mandato de velar por el orden y la estabilidad en el Gobierno real, apoyó la política e hizo todo lo posible por convencer a sus colegas para que hicieran lo mismo. Sin embargo, también en este caso se encontró con que la base de su apoyo era extremadamente estrecha. Existía una clara apatía hacia su protectorado y carecía del suficiente apoyo en todo el reino para animar a los hombres que se habían enriquecido personalmente con subvenciones de la Corona a renunciar a ellas de repente y sin ninguna perspectiva de recompensa. El acta fue rechazada por un gran número de lores ingleses y York consideró que no tenía más remedio que renunciar al protectorado el 25 de febrero de 1456. Intentó seguir participando en el gobierno durante todo el verano: organizó defensas militares cuando el rey de los escoceses asaltó la frontera norte e intentó hacer frente a los focos de disturbios en Gales. Sin embargo, su autoridad se desvanecía de forma evidente. En público se lo despreciaba: en septiembre se colocaron en la calle Fleet de Londres cinco cabezas de perro cortadas, cada una de las cuales sostenía en sus fauces inertes un poema satírico contra York, «ese hombre al que todos odian». En otoño estaba claro que su reinado había terminado. Sus aliados y partidarios empezaron a ser despedidos de sus cargos y sustituidos por hombres leales a la reina Margarita.[4]

Así pues, la reina trató de imponerse en los asuntos de Estado desde finales de 1456. Un corresponsal que observaba los acontecimientos en Londres durante el final del segundo protectorado de York escribió a sir John Fastolf, caballero de Anglia Oriental, que «la reina es una gran mujer y muy trabajadora [es decir, muy solicitada], pues no escatima esfuerzos para llevar sus asuntos a un fin y conclusión que estén a su alcance».[5] Un cronista que escribió más tarde fue más allá y señaló que «el gobierno del reino estaba en manos de la reina y su consejo». Un tercer autor, partidario de York, consideraba que la reina «gobernaba el reino a su antojo, acumulando innumerables riquezas».[6] Se rumoreaba que intentaba persuadir a su marido para que abdicara y cediera la corona a su joven hijo, que se convertiría, como es natural, en una marioneta atada a sus dedos con más fuerza todavía.

En parte, la motivación de Margarita para oponerse a York era pura enemistad personal. La reina se había sentido profundamente ofendida por las acciones del duque en 1455. Independientemente de las sutilezas constitucionales del argumento de York, Margarita no podía ignorar el hecho de que el duque había levantado un ejército, había dejado a dos de sus pares —uno de ellos su amigo Somerset— desangrándose hasta la muerte en las calles de Saint Albans y se había llevado al rey cautivo a Londres. A York, por su parte, le molestaba que la reina se acercara tanto al centro del poder. Era completamente inaceptable que una mujer, y además francesa, suplantara el papel natural de un duque de sangre real. A esto se añadía el hecho de que esta mujer parecía odiarlo con toda su alma y estaba decidida a socavar todos sus intentos de gobierno. No era de extrañar que las relaciones entre ambos bandos fueran tensas.

Durante 1457, Margarita consolidó su poder territorial en las Tierras Medias, dotó al consejo de su hijo de hombres leales a la casa y, cuando pudo, promovió a sus aliados de confianza ya a través de cargos, ya de otros medios como los matrimonios. Así, en abril de 1457, Jasper Tudor, hermanastro de Enrique y conde de Pembroke, fue nombrado condestable de Carmarthen y Aberystwyth, cargos galeses que el propio York había ejercido recientemente. Mientras tanto, el hermano mayor de Jasper, Edmund Tudor, conde de Richmond, respondía al interés de la reina en el sur de Gales ocupándose de una guerra privada contra dos hombres del duque de York, sir William Herbert y sir Walter Devereux.

A Edmund Tudor lo elevaron de forma muy suculenta mediante su matrimonio, en el otoño de 1455, con Margaret Beaufort, la sobrina de doce años del difunto duque de Somerset e hija del soldado caído en desgracia John Beaufort, el duque que había muerto, posiblemente suicidado, cuando ella tenía apenas un año. Margaret era la heredera más rica de Inglaterra, y su mano trajo consigo una inmensa riqueza y poder. Para el verano de 1456, Margaret ya estaba embarazada. Sin embargo, Edmund Tudor nunca vería a su hijo. Murió de peste el 1 de noviembre de 1456, después de que los hombres de York lo encarcelaran brevemente en el castillo de Carmarthen. Poco menos de tres meses después, el 28 de enero de 1457, en el castillo de Pembroke, Margaret, de trece años, dio a luz a un hijo, al que llamaron Enrique Tudor. Incluso en una época en la que las niñas se convertían en esposas y madres muy pronto, aquella era una edad muy temprana para tener un hijo. Es muy probable que el parto dejara a Margaret una traumática huella física y psicológica: fue el primer y último hijo que tuvo.

La reina Margarita, por su parte, no favoreció únicamente a los cercanos al bando real. York y sus aliados fueron excluidos del consejo del rey y mantenidos bien lejos de la corte, pero no quedaron totalmente aislados tras el fracaso del segundo protectorado. Además de renovar la comisión del duque como lugartenientete de Irlanda por diez años, lo compensaron económicamente por las propiedades y cargos perdidos a manos de hombres como los Tudor. El verano de 1457, cuando se temía que los franceses planeaban un ataque a las costas inglesas, designaron a York y su camarilla para reunir fuerzas de infantería y arqueros con los que defender el reino. La hija de York, Elizabeth, se casó con John de la Pole, el quinceañero duque de Suffolk, hijo único del asesinado William de la Pole. Asimismo, la familia Neville recibió un prudente patrocinio real. Se empleó al conde de Salisbury como mayordomo principal en algunas partes septentrionales del ducado real de Lancaster, y se lo incluyó en las defensas contra Escocia. Al hijo de Salisbury, Warwick, se le permitió continuar como capitán de Calais al mando de la gran guarnición que había allí; era un puesto crítico, dada la delicada situación en Francia. Así pues, si el desplazamiento de York por parte de la reina Margarita había levantado tensiones, también existía la esperanza de una prudente reconciliación, tal vez emanada del rey, cuyo único afán en el gobierno parecía ser un piadoso, aunque simplón, deseo de acercamiento. Tal aspiración alcanzó su clímax el 25 de marzo de 1458 en Londres, cuando la Corona celebró una curiosa procesión conocida como Día del Amor.

*

Las muertes sufridas en el bando realista en Saint Albans no se olvidaron fácilmente. Tanto Edmund Beaufort, duque de Somerset, como Henry Percy, conde de Northumberland, habían dejado hijos y herederos decididos a vengar las pérdidas de sus familias. Henry Beaufort, tercer duque de Somerset, tenía veinte años en 1456, y mucha suerte de seguir vivo tras haber sido gravemente herido luchando codo con codo con su padre en Saint Albans. Henry Percy el Joven, que se convirtió en el tercer conde de Northumberland, tenía treinta y seis años, y tanto él como su hermano menor Thomas, lord Egremont, guardaban un feroz resentimiento contra la familia Neville. Era bien sabido que estos jóvenes y sus amigos guardaban «rencor e ira» contra los yorkistas, lo cual era muy poco halagüeño para la futura estabilidad del reino.[7] Enrique —o quienes lo rodeaban— decidió que, en lugar de permitir que las rencillas de sangre y las venganzas personales desembocaran en más violencia asesina, había que llevar a los dos bandos de la mano a hacer las paces y fomentar la amistad bajo la bendición real.

En el otoño de 1457, la corte se había trasladado de Coventry al sureste, y a principios del nuevo año se convocó un gran consejo en Londres. A finales de enero, las casas de hospedaje más grandes de la ciudad estaban abarrotadas de lores y sus multitudinarios séquitos de criados armados. El duque de York trajo cuatrocientos hombres y se alojó en su propia residencia de la ciudad, el castillo de Baynard. Salisbury acudió con quinientos, y su hijo Warwick llegó de Calais con seiscientos seguidores, todos vestidos con «chaquetas rojas, bordadas con el bastón nudoso», el emblema personal de Warwick.[8] Sus magnates rivales acudieron ataviados de forma aún más vistosa: Henry, duque de Somerset, llegó a Londres en compañía del duque de Exeter y ochocientos hombres, y lo siguieron los Percy —Northumberland, Egremont, sir Ralph Percy— y John, lord Clifford, cuyo padre, Thomas, también había muerto luchando del lado del rey en Saint Albans. Estos norteños trajeron una cuantiosa fuerza de mil quinientos hombres. A principios de marzo, cuando el rey y la reina subieron a Westminster para inaugurar el consejo, Londres parecía una zona de guerra. Las autoridades de la ciudad mantuvieron la guardia nocturna, prohibieron la tenencia pública de armas y pusieron a vigilantes armados y acorazados a patrullar por las calles para intentar mantener la paz, mientras que podía verse a miles de arqueros reales apostados tanto dentro como fuera de la ciudad, vigilando todo el corredor del Támesis desde Southwark hasta Hounslow.

El ambiente estaba cargado de intenciones violentas, pero, afortunadamente, el gran consejo se abrió en paz y, tras largas discusiones, los yorkistas y sus jóvenes oponentes llegaron a un acuerdo: York y Warwick pagarían elevadas sumas de dinero para compensar a las familias en duelo, y sufragarían los gastos necesarios para que la abadía de Saint Albans cantara misas por las almas de los muertos, un proceso que se suponía aceleraba el viaje de los espíritus a través del purgatorio. Tanto la familia Neville como la familia Percy se comprometieron a prestar fianzas de cuatro mil marcos para mantener la paz durante diez años. Una vez se formalizó el acuerdo, el 25 de marzo —conocido generalmente como el *Lady Day*, Día de Nuestra Señora, la fiesta de la anunciación— los señores reconciliados salieron para mostrar en público su afecto mutuo recién estrenado.

Desfilaron por las militarizadas calles de Londres de un modo bastante extravagante: cada lord agraviado caminaba agarrado del brazo de la persona hacia la que sentía un odio más agudo. A la cabeza del desfile iba el joven Somerset, codo con codo con el viejo Salisbury. Detrás de ellos, Exeter caminaba en armonioso y fraternal tándem con el conde de Warwick. Al fondo marchaba la pareja más extraña de todas: la regia persona de la reina Margarita acompañada de su acérrimo enemigo, Ricardo, duque de York. Entre todos ellos, sin coger del brazo a nadie, desfilaba la figura —ligeramente ridícula— del rey Enrique VI, maestre del Día del Amor y aparente reconciliador de su fracturado reino. La pomposa comitiva se dirigió hacia la estilizada aguja de la catedral de San Pablo, aquel día abarrotada de «la mayor multitud de gente que jamás se haya visto», y en el servicio religioso dieron gracias a Dios por la paz que había descendido sobre Inglaterra. La paz también se celebró con una serie de justas y torneos en la Torre de Londres y en el castillo de la reina en Greenwich. Sin embargo, si bien el Día del Amor estaba pensado para la exhibición pública de dos grupos de nobles unidos en franca amistad, un observador perspicaz habría notado que las divisiones entre los nobles del reino, trazadas con sangre en Saint Albans, se habían agudizado y polarizado debido, precisamente, a una «reconciliación» que los obligó a revivir los acontecimientos antes de alinearlos y hacerles desfilar ante el pueblo como si fueran equipos rivales.

Durante 1458 el Gobierno continuó sobreviviendo como podía, limitado por los problemas financieros. La reina Margarita llevó al rey y al príncipe de vuelta a Coventry tras el Día del Amor, y la mayoría de los lores que habían llenado Londres de hombres armados regresaron a sus propiedades. Sin embargo, la ciudad seguía sufriendo desórdenes y altercados violentos, al igual que el suroeste, Gales y las marcas, y el norte de Anglia Oriental. Mientras el país hervía, la reina y los yorkistas seguían disputándose el poder. En otoño, Margarita empezó a destituir a los partidarios de York y de los Neville de sus cargos oficiales y reforzó su mando tomando el control de los ingresos reales y los nombramientos oficiales.

Sin embargo, un cargo oficial sobre el que nada pudo hacer fue el de Richard, conde de Warwick, como capitán de Calais. A lo largo de la agitación política de finales de la década de 1450, Warwick se había mantenido en este puesto, que lo ponía al mando de la guarnición de la ciudad, una poderosa fuerza permanente de soldados del rey. Disponía de importantes recursos militares y hombres cuya lealtad hacia él dificultaba su destitución. Esto se convirtió en un grave problema a medida que Warwick destinaba su cargo a fines cada vez más incómodos y comprometidos para el gobierno del otro lado del Canal. La guarnición de Calais siempre estaba en quiebra y los pagos a sus hombres nunca llegaban a tiempo. Para hacer frente a este problema, y también para ayudar a cultivar su propia imagen de intrépido aventurero, Warwick había comenzado a utilizar Calais como base para lo que equivalía a la piratería. Sin el menor escrúpulo, navíos botados en Calais atacaron a barcos mercantes procedentes de los Países Bajos e Italia, así como a una flota que transportaba sal perteneciente a la Liga Hanseática, el gremio de ciudades comerciales a lo largo de la costa de los mares del Norte y Báltico. Saquearon las mercancías y asesinaron a los marineros violentamente. Un destino similar sufrió una flota de veintiocho velas españolas que emboscaron los barcos relacionados con Warwick el verano de 1458. Los marineros «riñeron», por utilizar el eufemismo de un cronista. En realidad, se libró una batalla naval importante en la que el mar se tiñó de rojo: perdieron la vida más de doscientos españoles y ochenta hombres de Calais, y hubo otros trescientos heridos «de gravedad».[9]

A principios de 1459, Warwick fue llamado a Westminster para asistir a un consejo donde se discutirían, entre otros asuntos, nuevos rumores de un ataque francés planeado en la costa sur de Inglaterra. Acudió de mala gana, consciente de que se deseaba su destitución de la capitanía cuanto antes. Esta apreciación no tardó en justificarse. Durante su estancia en la corte estalló una pelea entre sus hombres y varios miembros de la familia real, «hasta el punto de que habrían matado al conde». Se tratara o no de una pelea provocada para acabar con Warwick, a él le pareció que así era. Cuando le llegó otro rumor de que iban a encarcelarlo en la Torre, Warwick huyó de Londres en su barcaza y regresó a Calais, no cesado, pero sí profundamente preocupado por haber escapado de un asesinato por los pelos. Las relaciones entre los yorkistas y la corte se deterioraron rápidamente.

Desde finales de la primavera de 1459, ambos bandos comenzaron a prepararse una vez más para el conflicto armado. Margarita se sirvió de la autoridad de su hijo. La corte se trasladó de nuevo a Coventry en mayo, y se enviaron cartas a los condados cercanos para solicitar una leva militar para el bando realista. De esta forma, reclutaron hombres para el séquito real por toda la región central y noroeste, a quienes les otorgaron pequeñas insignias de lealtad en forma de la librea del príncipe Eduardo: un cisne con una corona alrededor del cuello. Luego convocaron un gran consejo para junio. Sospechando lo peor, York y los Neville se negaron a asistir, al igual que varios de sus simpatizantes, entre ellos Thomas Bourchier, arzobispo de Canterbury. La reina Margarita denunció abiertamente a los yorkistas por aquella ausencia. Parecía muy probable que el siguiente paso fuera que la Corona los declarara traidores y los condenara: sus familias quedarían arruinadas para siempre por una ley del Parlamento que los despojara de sus tierras y títulos y los redujera a la nada. En el caso de York, esto habría significado eliminar también su condición de miembro de la extensa familia real y futuro pretendiente a la corona. Aquella fue la provocación final.

El 20 de septiembre, Warwick regresó de Calais y se rodeó de varios cientos de hombres mientras cabalgaba, pasando por el castillo de Warwick, hacia una cita con York y Salisbury en Ludlow, la base de York en las fronteras galesas. Salisbury ya había reclutado un ejército: contaba con unos cinco mil hombres a sus espaldas cuando se dispuso a cabalgar hacia el sur desde su sede familiar de Middleham, en Yorkshire. Las crónicas de la época dejan claro que Salisbury no había reclutado a sus hombres para aparentar nada, sino para la lucha, «temiendo las malicias de sus enemigos y especialmente de la reina y su compañía, que lo odiaban mortalmente».[10] No se equivocaba. La noticia del movimiento de su ejército llegó a Coventry, y la corte envió a James Tuchet, lord Audley, para intentar interceptar y apresar al conde traidor.

Audley era un hombre mayor. A sus sesenta y un años, no había pisado el campo de batalla desde su última participación en las guerras francesas, hacía unos veintiocho años. Sin embargo, era un poderoso señor de las Midlands occidentales: podía contar con un gran número de hombres en sus tierras de Cheshire, Staffordshire y Shropshire, y desplegarlos a lo largo de la ruta por la que marchaba el conde de Salisbury. En cuestión de días reunió una fuerza de entre ocho mil y doce mil hombres, cuyo núcleo lo formaba una caballería temible: caballeros a bordo de poderosos corceles, hombre y bestia bien protegidos por armadura de placas, casco y coraza que brillaban amenazadoras a la luz del sol. El gran contingente de caballería de Audley pretendía impresionar a Salisbury y comunicar a los yorkistas que un enfrentamiento militar contra la Corona y sus leales servidores no sería pan comido.

La mañana del 23 de septiembre, Audley hizo marchar a sus hombres por la carretera que discurría entre Newcastle-under-Lyme y Market Drayton, en Shropshire. Los exploradores pronto encontraron las primeras señales del ejército de Salisbury. Para bloquear el camino de Salisbury, Audley reunió a sus hombres en formación de batalla en Blore Heath, una gran extensión de terreno en pendiente delimitada por un bosquecillo y un pequeño arroyo conocido ahora como Hempmill Brook. Detrás de este arroyo se situaron las fuerzas de Audley, con un frente de una milla de largo y parcialmente defendidas por una espesa franja de setos.[11] Los hombres de Salisbury, con un frente de solo dos tercios de largo, pero con líneas bien defendidas, se situaron frente a ellos en la ladera. Detrás de ellos había una profunda trinchera, y en primera línea los arqueros de Salisbury estaban protegidos por mortíferas estacas afiladas clavadas en el suelo: un clásico dispositivo para frustrar y masacrar a los jinetes, cuyos animales quedaban empalados en las feroces estacas si decidían cargar en lugar de desmontar y luchar a pie. En los flancos, Salisbury y sus hombres estaban protegidos por el bosque y una formación de carros que habían encadenado para formar una barricada. Aunque sus defensas eran sólidas, el conde se dio cuenta de que las probabilidades estaban en su contra: no solo lo superaban en número quizá dos a uno, sino que la reina esperaba a unos quince kilómetros, en Eccleshall, con un segundo ejército, y una tercera fuerza al mando de los hermanos Stanley —Thomas, lord Stanley y sir William Stanley— aguardaba, aún algo más cerca de ellos, a la espera de órdenes reales para intervenir del lado de Audley.

Con ambos bandos en sólida formación defensiva, Salisbury tomó la iniciativa con una finta: hacia el mediodía sus hombres empezaron a reacoplar los caballos a sus carros, como si se estuvieran preparando para retirarse del brezal. Audley mordió el anzuelo y envió a su caballería a darles caza. Por desgracia, para ello tuvieron que cruzar el arroyo que tenían delante. Vadear el agua ralentizó su avance y los hizo vulnerables al ataque de los arqueros de Salisbury. Una mortífera tormenta de flechas cayó del cielo sobre los caballos que avanzaban y sus jinetes. Los hombres salían disparados de sus monturas asesinadas, solo para ser rematados luego por la infantería. Los que sobrevivieron se vieron obligados a huir fuera del alcance de los arqueros, hacia las líneas del otro lado del arroyo. Audley envió una segunda carga a caballo a través del agua, pero también fue repelida por la feroz lluvia de madera y acero disparada por los arqueros de Salisbury.

En ese momento cabía esperar que el ejército de los Stanley, que esperaba cerca, se uniera a la refriega. Sin embargo, pragmáticos como eran, los Stanley siempre se mostraban cautelosos a la hora de comprometer a sus hombres en una batalla cuyo resultado no parecía del todo seguro. Thomas, lord Stanley, se limitó a mantener sus tropas replegadas, mientras que sir William Stanley envió refuerzos al bando de Salisbury. Al final, Audley no tuvo más remedio que cambiar de táctica. Abandonó la carga de caballería y dirigió a unos cuatro mil de sus hombres, entre ellos un gran número de caballeros desmontados, en marcha pedestre. Comenzó una furiosa batalla cuerpo a cuerpo: el acero desgarraba la carne y los hombres se lanzaban unos contra otros en una violenta lucha. Aunque Audley era un comandante entrado en años y sus tácticas habían sido muy ingenuas, no carecía de valor. Luchó en el corazón de la batalla. Sin embargo, en el combate lo buscó un tal sir Roger Kynaston de Hordley, sirviente del duque de York, que se contaba entre los caballeros de Salisbury. En campo abierto, donde el terreno descendía suavemente, el valeroso Audley acabó cediendo su posición. Lo derribaron, lo asesinaron y capturaron a su comandante adjunto, John Sutton, lord Dudley. Los leales habían perdido a su líder y pronto abandonaron la lucha. La batalla duró unas cuatro horas y, para cuando acabó, unos dos mil hombres yacían muertos en el campo mientras su sangre se filtraba en la cálida tierra otoñal. Se enterró a Audley en la abadía de Darley, en Derbyshire, y se erigió una cruz de piedra —que aún se conserva— en Blore Heath, en el lugar donde cayó. En años posteriores, los lugareños se referirían al campo de batalla como «Deadman's Den», es decir, 'el cubil del hombre muerto'.[12]

*

Después de Blore Heath, Salisbury se llevó a la mayoría de sus hombres hacia el sur para reunirse con su hijo Warwick y con York. La victoria le había costado considerables bajas, y debilitó sus fuerzas aún más al permitir que sus dos hijos menores, sir Thomas y sir John Neville, llevaran a un número significativo de soldados de vuelta al norte: durante el camino, los Neville fueron capturados y encarcelados en el castillo de Chester. Mientras tanto, el ejército real principal, que ahora incluía a unos veinte pares del reino, persiguió a las fuerzas de Salisbury restantes. Lograron reunirse con York y Warwick, pero ahora sus filas eran muy escasas y los superaban en número en una proporción de tres a uno. Desesperados, los tres señores yorkistas se reunieron en la catedral de Worcester y, con gran solemnidad, juraron protegerse mutuamente. Después se retiraron al cercano castillo yorkista de Ludlow, donde el 10 de octubre escribieron conjuntamente a Enrique VI para manifestarle su «humilde obediencia y reverencia» antes de condenar el desgobierno del reino, el fracaso de la ley y la violencia rampante por todo el país. También se quejaban de la «impaciencia y violencia de personas que pretenden, con extrema malicia, proceder a nuestra destrucción bajo la sombra de vuestro gran poder y presencia».[13]

Puede que las cartas llegaran al rey y a sus consejeros, pero después de Blore Heath no estaban de humor para escucharlas con benevolencia. Al igual que en Saint Albans, un ejército yorkista se había levantado contra la paz del reino y se había derramado sangre, en parte noble. A través de las Tierras Medias llegaron mensajes de la corte: los señores rebeldes debían deponer las armas y suplicar el perdón real en un plazo de seis días. Sin embargo, se negaron, por lo que fue inevitable otro enfrentamiento armado. Audley y sus hombres podían estar muertos y derrotados, pero otro gran ejército real se acercaba.

Para la segunda semana de octubre, los yorkistas acampaban en los campos al sur de Ludlow. Por encima de ellos se alzaba el castillo de Ludlow, con enormes torres y atalayas, vastos portales arqueados y ventanas estrechas, así como un lienzo de muralla robustamente defendido sobre el que ondeaban las armas del duque de York. Frente a Ludlow, el río Teme se arremolinaba rápido y frío, y la única ruta para cruzarlo y entrar en la ciudad pasaba por la gruesa vía de piedra, recién construida, conocida como puente de Ludford. En la orilla sur del Teme, por debajo del puente, se encontraba el ejército de los señores rebeldes.

El 12 de octubre, cuando la moral de los yorkistas ya se estaba diluyendo, el ejército real apareció finalmente ante ellos. Incluía un impresionante grupo de lores ingleses: comandados por Henry duque de Somerset; Humphrey duque de Buckingham, y Henry, conde de Northumberland. El grupo incluía también al duque de Exeter y a los condes de Arundel, Devon, Shrewsbury y Wiltshire. El estandarte real ondeaba sobre ellos, y, aunque los yorkistas habían difundido rumores de que Enrique VI había muerto —mediante una maniobra propagandística a la desesperada—, era obvio que no era así: tanto el rey como la reina Margarita acompañaban al ejército, probablemente en la retaguardia. Parecía más claro que nunca que, a pesar de todos los agravios y malos tratos justificados a manos de la reina, los yorkistas representaban el partidismo y la facción, mientras que los lores reunidos frente a ellos representaban lo más parecido a la opinión política unida del reino. Es posible que también fuera de dominio público que se había convocado un parlamento para noviembre, en el que seguramente se destruiría a York y sus aliados mediante la eliminación de sus derechos civiles.

Caía la tarde cuando los yorkistas empezaron a disparar sus cañones contra las líneas reales. Eran los intercambios preliminares de una batalla que debía librarse al día siguiente: el 13 de octubre, día de San Eduardo, el cumpleaños del príncipe de Gales y el día más propicio de todo el año para la realeza inglesa. A York y a los Neville les pareció que aquel día solo se iba a celebrar de una manera: con sus ejércitos dispersos, sus vidas en peligro y sus familias abocadas a la ruina más absoluta. La propia familia de York se encontraba muy cerca, también en Ludlow: su hijo de diecisiete años, Eduardo, conde de March, estaba a su lado, al igual que su segundo hijo, Edmund, conde de Rutland, de dieciséis años. Detrás de ellos, en el castillo, estaban la duquesa Cecily y sus dos hijos menores, George, de nueve años, y Richard, que acababa de celebrar su séptimo cumpleaños. ¿Los perdonaría el rey, a pesar de las espuelas de su vengativa esposa, si llegara el caso?

El derrotismo se infiltraba en las filas yorkistas. En algún momento de la noche, mientras el irregular estampido de los cañones resonaba sobre las oscuras aguas del río Teme, uno de los capitanes de Warwick, un soldado de Calais llamado Andrew Trollope, sacó a sus aguerridas tropas del campamento yorkista y las pasó al bando real para someterse al rey. Se llevó consigo a valiosos combatientes y a una inteligencia militar aún más preciada. York y sus principales aliados, conscientes de que se enfrentaban a una destrucción segura, se escabulleron del campamento en plena noche, de vuelta al castillo de Ludlow. Abandonaron a su ejército en silencio y cabalgaron lejos del campo de batalla. Fue algo muy deshonroso, pero el único medio de salvarse. Desde Shropshire se dispersaron «en diversos grupos [...] más allá del mar, para mayor seguridad de sus personas».[14] York y su hijo Edmund se dirigieron a la costa galesa, rompiendo puentes a su paso, antes embarcar para cruzar el mar hacia Irlanda. Los Neville, mientras tanto, huyeron arriesgadamente hacia el oeste del país; se llevaron con ellos al joven Eduardo, conde de March. Desde Devon se embarcaron hacia Guernesey, desde donde regresaron al refugio de Warwick en Calais.

Habían salvado el pellejo, pero a costa de su reputación y su honor. Sus hombres, que se levantaron para la batalla prevista, se vieron sorprendidos rindiéndose y suplicando el perdón real. La reina Margarita, en pie tras las líneas reales, sin duda se sintió muy satisfecha. Cuatro años después de la debacle de Saint Albans, sus enemigos habían huido del estandarte real como ratones asustados. «Ningún lord de Inglaterra se atrevía entonces a desobedecer a la Reina», escribió un cronista.[15] Solo quedaba volver a Coventry y prepararse para el parlamento de noviembre, donde podría completarse su destrucción legal y la ruina de sus familias.

Arriba, en el castillo de Ludlow, otra gran dama del reino contemplaba el desarrollo de los acontecimientos alarmada. Cecily Neville, duquesa de York, había visto a su marido y a su segundo hijo huir en una dirección mientras su hermano, su sobrino y su hijo mayor —Salisbury, Warwick y March— escapaban en otra. El 13 de octubre observó desde el castillo cómo las tropas reales irrumpían en la ciudad y comenzaban el saqueo. Fue una escena que se repetiría por todo el reino durante los meses siguientes; las propiedades de los yorkistas serían saqueadas y sus inquilinos, acosados. Cecily ya había visto suficiente de la violenta política de Normandía, Irlanda e Inglaterra durante su matrimonio para saber que corría un terrible peligro. Lo más inmediato era pensar en la seguridad de los dos varones de su familia que se habían quedado con ella: sus hijos pequeños, George y Richard. En cuanto concluyó el saqueo de Ludlow, salió por las puertas del castillo y se llevó a los niños con ella. Un día completo de terror y confusión se había saldado con algunos hombres que se tambaleaban borrachos por las calles después de haber robado sus «pipas y pellejos de vino» en las tabernas; otros robaron «ropa de cama, telas y otras cosas, y profanaron a muchas mujeres».[16] La noble esposa del duque derrotado recorrió las calles de la saqueada ciudad junto a sus hijos. Caminaron hasta el destrozado mercado, a la sombra de los muros del castillo, y entonces se detuvieron. Eran lo que quedaba de una gran familia, que ahora se arrojaba a los pies de la Corona en súplica de su merced. Mientras Ludlow «era saqueada hasta los muros», Cecily, George y Richard se limitaron a esperar el destino que les aguardaba.[17]

11

De repente cayó la Corona

Casi dos mil hombres subieron a los barcos que zarparon de Calais a finales de junio de 1460. Se dirigían a la costa de Kent, a Sandwich, el puerto protegido situado unas millas al norte de Dover, cuya larga y arenosa franja costera facilitaba el desembarco de un gran contingente de hombres y municiones. El viaje a través del Canal fue rápido, y los soldados que se amontonaron a bordo de los barcos invasores constituían una especie de fuerza de choque: «una armada fuerte y poderosa», como dijo un cronista.[1] Su líder y comandante era el conde de Warwick.

Durante casi once meses, desde la huida de Ludford Bridge, Warwick había convertido Calais en una ciudadela alzada en armas, repleta de disidentes ingleses y opositores a la reina Margarita. Había muchos. Como era de esperar, la reina había actuado contra sus enemigos con indignación y rencor durante los últimos meses de 1459. En un parlamento celebrado antes de Navidad en el priorato de Santa María en Coventry —una reunión que más tarde se apodaría el «Parlamento de los Demonios»— se había aprobado una ley de proscripción —*attainder*— que pretendía la ruina legal y financiera de York, sus hijos y sus numerosos amigos, sirvientes, socios y aliados. Se había presentado la ley con un preámbulo propagandístico absurdo, que retrataba al duque de York como un monstruo urdidor e ingrato, «cuyas falsas y traidoras imaginaciones, conspiraciones, actuaciones y diligentes trabajos nacidos de coloridas mentiras» equivalían a las peores acciones que «jamás hizo súbdito alguno a su soberano señor»; Enrique VI, por su parte, se presentó no solo como un soberano generoso cuya confianza había sido traicionada y cuya vida había sido puesta en peligro en Saint Albans, sino como un soldado vigoroso que se enfrentó a sus enemigos con valentía en el campo de batalla, y cuyos discursos a sus súbditos podían describirse como «tan ingeniosos, tan caballerosos, tan varoniles».[2]

La pena de *attainder* equivalía a la muerte legal. Despojaba a sus víctimas de «todos sus bienes, honores y dignidades que ellos o cualquiera de ellos tuvieran en este vuestro reino de Inglaterra, Gales e Irlanda», incluidos «todos los honores, castillos, señoríos, mansiones, tierras, arrendamientos, rentas, reversiones, anualidades, cargos, honorarios, prebendas, granjas, herencias y otras posesiones». Estaba dirigida no solo a York y a sus hijos Eduardo, conde de March, y Edmund, conde de Rutland, sino también a Salisbury y Warwick y a su noble partidario John, lord Clinton. Toda una nómina de otros sirvientes, criados y asociados yorkistas también fueron barridos por esta proscripción, entre ellos sir Walter Devereux, sir William Oldhall y la esposa de Salisbury, la condesa Alice. Se dice que John de la Pole, que había heredado el título de duque de Suffolk de su padre, fue degradado al rango de conde por el «delito» de estar casado con la hija de York, Elizabeth.[3]

Aunque algunas figuras culpables escaparon a la escabechina —a Thomas, lord Stanley, le perdonaron su negativa a comprometerse en Blore Heath—, en general la reina se embarcó en una severa y vengativa campaña contra todos los afiliados de York. Sus tierras y títulos se restituyeron a la Corona, se destituyó y reemplazó a sus funcionarios y la administración de las propiedades confiscadas se encomendó a hombres que se habían mantenido fieles a la Corona y a la corte durante mucho tiempo. Entre los mejor parados se encontraban hombres de la familia inmediata del rey. A Owen Tudor se le concedió una pensión de cien libras al año durante el resto de su vida, que se sufragaría con los bienes confiscados a lord Clinton. Jasper Tudor, que había pasado los últimos cuatro años representando la autoridad del rey en el sur de Gales, recibió los derechos de alguacil, mayordomo y jefe forestal del rico y estratégico señorío de Denbigh, así como derechos de reclutamiento militar sobre prácticamente toda Gales para que le fuera más fácil arrebatar el castillo de Denbigh a sus descontentos guardianes yorkistas.

Sin embargo, a pesar de su determinación de destruir a los yorkistas por ley, la reina y su gobierno se vieron incapaces alcanzar a sus enemigos en persona. York y su segundo hijo, Edmund, estaban a salvo en Irlanda, y aunque James, conde de Wiltshire —una débil criatura de la reina que figuraba entre los hombres más odiados por los yorkistas— fue nombrado lugarteniente de Irlanda, no pudo asumir materialmente su cargo debido al apoyo del que York disfrutaba al otro lado del mar. La situación era más o menos la misma en Calais, donde Warwick gozaba de preeminencia y protección frente a todo el daño que tantos en Inglaterra habrían querido hacerle.

A sus treinta y un años, Warwick no había llegado a Calais para vivir en un timorato exilio. Era un soldado veterano, un líder muy apreciado y popular y un político astuto que utilizó su pedigrí aristocrático en el continente para reclutar aliados heterogéneos: desde el duque de Borgoña hasta enviados de la corte papal. Con su padre Salisbury y su sobrino Eduardo, hijo de York y conde de March, Warwick había pasado el año reagrupándose y rearmándose.

La reina Margarita envió a Henry Beaufort, duque de Somerset, para expulsar a los rebeldes y hacerse con la capitanía de Calais, pero Somerset no pudo llegar más allá de la vecina ciudad de Guînes, desde donde sus repetidos asaltos se rechazaron con facilidad. Mientras tanto, partidas de piratas yorkistas desembarcaban a las playas de Kent como vikingos, atacaban ciudades y secuestraban o asesinaban a capitanes reales. En dos ocasiones, los hombres de Warwick robaron y hundieron barcos que la Corona estaba reuniendo en la costa de Kent para usarlos precisamente contra él. En una incursión particularmente audaz, el leal lord Richard Woodville, lord Rivers, y su hijo, Anthony Woodville, fueron enviados a Sandwich con instrucciones de lanzar un ataque contra Calais, pero los hombres de Warwick los secuestraron y los llevaron de vuelta a la guarnición como prisioneros. Paralelamente a esta brava campaña de guerrillas, Warwick mantuvo valientemente las comunicaciones con York y Rutland en Irlanda:

de hecho, en marzo de 1460 el conde se las apañó para navegar a lo largo de toda la costa del sur de Inglaterra y Gales y celebrar una conferencia con York en Waterford, en la costa sur de Irlanda, donde los dos bandos rebeldes discutieron su regreso a Inglaterra.

Warwick, March y Salisbury desembarcaron en Sandwich el 26 de junio y encontraron la ciudad preparada para su llegada. Una avanzadilla al mando del hermano de Salisbury, lord Fauconberg, había asaltado las defensas reales el día anterior, saqueado el depósito de armas de la ciudad y decapitado sumariamente al desafortunado capitán real al mando, Osbert Mundford. Antes de su llegada, los yorkistas habían enviado su ya habitual manifiesto, en el que proclamaban lealtad absoluta al rey y condenaban la pobreza de la Corona, la ausencia de justicia y la incapacidad de la casa del rey de «vivir de su propio sustento», es decir, de financiarse con los ingresos privados del rey, en lugar de depender de los impuestos. También denunciaron que, desde que Humphrey, duque de Gloucester, había sido «asesinado» en Bury en 1447, se había «conspirado para destruir y asesinar a dicho duque de York», junto con su descendencia «de sangre real». En lugar de atacar directamente al rey o a la reina, las críticas mordaces se reservaban para Wiltshire, Shrewsbury y Beaumont, los lores que habían sustituido al antiguo duque de Somerset como objeto del desprecio de los yorkistas.[4] El manifiesto abría pocos caminos nuevos, tanto en el tono como en el fondo. Los yorkistas reconocían, con razón, que el apoyo popular a la Corona era más fuerte en las Tierras Medias, el noroeste y Gales; sin embargo, el rumor de desafección que había llevado a Kent y al sudeste a la rebelión abierta durante el apogeo de Jack Cade nunca se había desvanecido del todo, y podía avivarse fácilmente con una propaganda demagógica que empujara al pueblo llano a abrazar la causa de York.

El 2 de julio, Warwick y sus hombres ya estaban en Londres con miles de seguidores llegados de todo el sur de Inglaterra. Para alivio del alcalde y los concejales de Londres, quienes habían visto a los ejércitos rebeldes poniendo la ciudad patas arriba durante la década anterior, los yorkistas solo permanecieron en la capital unas cuarenta y ocho horas antes de dividirse en dos grandes grupos: el primero liderado por Fauconberg y el segundo, por Edward y Warwick. Avanzaron a paso ligero hacia el norte para enfrentarse al rey.

Fauconberg llevó consigo a un eclesiástico distinguido, aunque extremadamente pomposo y un tanto ridículo: Francesco Coppini, obispo de Terni. Coppini había sido nombrado legado papal de Enrique VI con el mandato de movilizar a Inglaterra para una cruzada contra los turcos, pero se había convertido en un vehemente partidario y propagandista yorkista tras conocer a Warwick en Calais. Poco antes de abandonar Londres para marchar hacia el norte, Coppini publicó en San Pablo una pintoresca carta abierta a Enrique VI, en la que hacía hincapié en la supuesta «obediencia y lealtad» de los yorkistas y condenaba a sus enemigos como «clérigos y ministros del diablo». Lanzó las más duras advertencias al rey y al Gobierno: pronosticó «el peligro y la ruina de vuestro Estado» si no llegaban a un acuerdo con Warwick y sus aliados. Aquellos que «cierren sus oídos como víboras sordas, ay de ellos y también de Vuestra Majestad —escribió Coppini—. El peligro es inminente y no admite demora». Tenía toda la razón.

El 7 de julio, las dos columnas de los yorkistas se acercaban a las tierras centrales. La velocidad a la que se habían desplazado sorprendió totalmente a la corte de Coventry. Enrique y la reina Margarita no tuvieron más remedio que salir al encuentro de los rebeldes. Cabalgaron hacia el sur nerviosos y sin fuerzas. No hubo tiempo para que Henry, conde de Northumberland, o John, lord Clifford, alcanzaran al ejército real con sus hombres. Mientras el rey y la reina eran acompañados por grandes señores como Humphrey, duque de Buckingham, el conde de Shrewsbury, el vizconde Beaumont y un buen puñado de los Percys, los yorkistas habían atraído mucho más apoyo noble que en cualquier incursión anterior en el campo. Entre sus partidarios se encontraba John Mowbray, duque de Norfolk, que durante muchos años se había inclinado por la causa de York sin comprometerse nunca del todo con la acción militar. Por su parte, Warwick podía contar entre sus hombres a John, lord Audley, hijo y heredero del líder asesinado por Salisbury en Blore Heath. También acompañaba a los yorkistas un nutrido grupo de los eclesiásticos más importantes del reino: Thomas Bourchier, arzobispo de Canterbury, el legado Coppini y los obispos de Londres, Exeter, Lincoln, Salisbury, Ely y Rochester.

Los dos bandos se enfrentaron el 10 de julio en los prados a las afueras de Northampton, en la orilla sur del río Nene. Fue un día de desagradable humedad: la lluvia caía y agitaba la hierba pisoteada por miles de botas y cascos; era un tiempo horrible para luchar, sobre todo porque el agua arruinó los cañones reales. Sin embargo, el duque de Buckingham, al mando de las fuerzas reales —mientras el rey y la reina se mantenían al margen—, no quiso negociar. Alineó a sus hombres entre un pequeño recodo del río y la cercana abadía de Delapré y se preparó para la batalla. Los obispos se retiraron para observar a una distancia segura.

Lo que presenciaron no fue, en términos generales, una batalla especialmente sangrienta. Sin embargo, a la media hora de los primeros intercambios, las fuerzas reales recibieron un golpe intenso y devastador. Sus hombres se dividieron en tres grupos: Buckingham lideraba el flanco izquierdo; Shrewsbury y Beaumont, el centro, y lord Grey de Ruthin, el flanco derecho. Al principio de la batalla, Grey decidió desertar y llevó a sus hombres al bando yorkista, donde Fauconberg, Warwick y March tenían el mando. El resultado fue una confusión total en el ejército del rey. Aguijoneados por la lluvia de flechas, los soldados abandonaron su disciplina y emprendieron una confusa retirada hacia Northampton; algunos acabarían ahogados en el Nene bajo el peso de sus provisiones y armaduras. Mientras el pánico y el caos hacían mella, los hombres de Warwick siguieron las despiadadas tácticas que tanto les habían servido en Saint Albans seis años antes. El propio Warwick había pedido que, en el campo de batalla, «nadie pusiera su mano sobre el rey ni sobre el pueblo llano, sino solo sobre los señores, caballeros y escuderos».[5] De este modo, los soldados rasos se salvaron y los escuadrones de asalto recorrieron el campo de batalla abatiendo a los capitanes. Al final, de los más de diez mil hombres que se habían preparado para la lucha, solo unos trescientos yacían muertos. Sin embargo, entre los muertos se encontraban Buckingham, Beaumont, Shrewsbury y Thomas Percy, lord Egremont, todos asesinados allí donde los encontraron. En conjunto, la operación duró menos de media hora. Mientras se efectuaba la carnicería de los lores, el rey, tan indefenso en el campo de batalla como lo había estado en 1455, fue capturado. Primero lo llevaron a la abadía de Delapré y luego a Londres, pero ya no como un mero títere de su esposa, sino como prisionero del conde de Warwick y sus aliados.

*

Tras la batalla de Ludford Bridge, a Cecily Neville, duquesa de York, la habían capturado en Ludlow y trasladado a un lugar de reclusión relativamente gentil junto con sus hijos George y Richard: la enviaron a vivir con Ana, la hermana de Cecily y esposa de Humphrey, duque de Buckingham. Le concedieron ese favor a pesar de que, estrictamente, no tenía ningún derecho. También le habían concedido mil marcos al año para compensar la pérdida de ingresos de su marido y para ofrecerles alivio «a ella y a sus hijos, que no habían ofendido al rey».[6] El confinamiento quizá no fuera del todo cálido —un escritor oyó que Ana mantenía a su hermana menor «totalmente a raya [con] muchas y muy grandes reprimendas»—, pero, dadas las circunstancias, gozó de buen trato. Cecily seguía con Ana en el verano de 1460, cuando llegó la terrible noticia de la muerte de Buckingham a manos de Warwick, que era, por supuesto, sobrino de ambas mujeres. En cierto sentido, este tipo de cosas eran inevitables, ya que los Neville eran una dinastía enorme y de matrimonios muy repartidos: su linaje se entretejía a ambos lados del cisma político inglés. Sin embargo, las dos hermanas, entre las que solo mediaba un año de edad, debieron sentir que su familia se estaba desgarrando a sí misma, así como a Inglaterra.

Tras la batalla de Northampton, se liberó a Cecily y a sus hijos de su arresto domiciliario. Con el rey ya en la fortaleza de Warwick, era seguro para Ricardo, duque de York regresar una vez más de Irlanda; el viaje habría sido demasiado peligroso a principios de verano debido al control real de Gales, las marcas y el noroeste. York desembarcó en Redbank, cerca de Chester, alrededor del 8 de septiembre. Sin embargo, a medida que avanzaba, estaba claro que algo había cambiado en él. Durante su ausencia, sus aliados habían luchado y conseguido que su partido recuperara el control del rey. Lo lógico era esperar que el duque, el talismán y mascarón de proa de todos ellos, volviera a gobernar Inglaterra como protector o consejero principal. Sin embargo, en lugar de ello, se encontraron con que aspiraba a otro puesto completamente diferente.

Cecily se reunió con su marido en Abingdon a principios de octubre. Fue un reencuentro magnífico. York había ordenado a su esposa que se reuniera con él entronizada en una «silla cubierta de terciopelo azul» tirada por cuatro pares de corceles. Él mismo llegó vestido con una librea blanca y azul, pulcramente bordada con grilletes: los grilletes de hierro en forma de D que se utilizaban para atar a los caballos por las patas. El símbolo se había asociado por primera vez con Juan de Gante, antepasado directo de Enrique VI, pero también lo había usado Edward de Norwich, tío de Ricardo y predecesor como duque de York, que había muerto en Agincourt junto a Enrique V. No había duda del pedigrí Plantagenet que representaba la librea.[7] Juntos, el duque y la duquesa se dirigieron a Londres: trompetas y clarines sonaron ante ellos durante todo el camino. Los estandartes con las armas de Inglaterra se alzaban al viento por encima de la procesión y, para culminar su majestuosa aparición, York «ordenó que su espada se llevara erguida ante él».[8] York no había vuelto a regresar de Irlanda para servir como consejero. Había vuelto a Inglaterra como rey.

Sus pares se escandalizaron. El *leitmotiv* de la oposición yorkista —y, de hecho, de toda la oposición al Gobierno de Enrique VI— siempre había sido la asunción de que los enemigos y traidores eran quienes rodeaban al rey. De hecho, todo lo que se había hecho en Inglaterra desde la muerte de Enrique V había sido preservar el poder y la autoridad del rey y la Corona, ya fuera el rey un bebé, un adolescente maleable, un joven ingenuo, un lunático babeante o un despojo derrotado y cansado del mundo, preparado prematuramente para la tumba. Tal era la piedra angular de la política del reino. Deponer o intentar sustituir a un rey que no fuera un cruel tirano —como lo habían sido Eduardo II y Ricardo II— no solo estaba mal, sino que era casi impensable;

y, a pesar de todos sus defectos, Enrique VI era todo lo contrario a un tirano.

Tras más de quince años ejerciendo la oposición, York había cruzado la línea. Fue una acción que sus aliados no aprobaron abiertamente —aunque es posible que Warwick intuyera las intenciones de York— y que sus enemigos contemplaron con asombro.

La explicación más probable residía en el único enemigo que le quedaba: la reina. Todos los demás estaban muertos: Edmund, duque de Somerset; Humphrey, duque de Buckingham; el viejo conde de Northumberland; el joven conde de Shrewsbury, y lord Beaumont. Algunos sobrevivieron —James, conde de Wiltshire; Jasper Tudor, conde de Pembroke, y otros—, pero no eran la principal amenaza. Esta recaía, manifiestamente, en la reina Margarita y en su vía directa hacia el poder *de facto* a través de Eduardo, príncipe de Gales, de siete años. A una reina y un niño pequeño no podían matarlos, aunque cada día que vivía aumentaba el odio de Margarita hacia York. Mientras su hijo fuera heredero de la corona, ella, y posteriormente él, se opondrían a la supervivencia y ambición de York. La única solución era que York se posicionara como rey o —como había hecho su primo Enrique V en Francia bajo los términos del tratado de Troyes en 1420— como heredero del rey. Ambas opciones desheredarían al príncipe Eduardo y, por tanto, neutralizarían a la reina. En términos de política de poder en bruto, la decisión tenía sentido. En la práctica, sin embargo, fue un catastrófico error de juicio.

York había renunciado a su deber de obediencia a Enrique VI algún tiempo antes de encontrarse con Cecily en Abingdon. La espada que llevaba ante sí era el signo más evidente de ello, pero también había dejado de utilizar el año de reinado de Enrique para fechar sus documentos.[9] Al parecer, confiaba en que, después de que los comunes de Inglaterra —aunque no todos los lores— lo alabaran durante años como un hombre con credenciales para ocupar el trono, llegaría a su nueva posición al son de vítores y celebraciones.

Su decepción, sin embargo, fue inmensa. A las diez de la mañana del viernes 10 de octubre, York llegó al palacio de Westminster, donde se reunía el parlamento, con varios cientos de hombres a caballo. Entró en el palacio con su espada aún en alto e irrumpió en el Gran Salón. Sobre los arcos de madera del techo de vigas de martillo, las famosas quince estatuas de Henry Yevele de reyes ingleses históricos miraban impasibles al último hombre que había reclamado violentamente la corona que todos ellos habían ostentado. York siguió adelante e irrumpió en la Cámara Pintada para encontrar a los lores parlamentarios reunidos ante un trono vacío. De pie ante sus pares, mientras sus sirvientes sostenían el paño de Estado sobre su cabeza, York «les hizo saber que no se proponía deponer su espada, sino defender su derecho».[10] Estaba reclamando el trono sobre la base de que su derecho de sangre —como doble descendiente de Eduardo III a través de las líneas de Mortimer y York— era superior al del rey o el príncipe de Gales, y «que ningún hombre debería haberle negado la corona en su cabeza».[11] Siguió un silencio atónito. Entonces se retiró para alojarse en los aposentos de la reina. Ella, por suerte, había huido a Gales y no estaba presente para protestar.

Si el plan de York había suscitado algún entusiasmo antes de que lo anunciara en el parlamento, a partir de aquel momento el entusiasmo brilló por su ausencia. Nobles y plebeyos por igual se vieron de pronto sacudidos por la terrible realidad de la destitución de un rey. Se pidió a York que presentara su reclamación a la Corona, lo que hizo el 16 de octubre a través del canciller, su sobrino George Neville, obispo de Exeter. Neville presentó al parlamento un extenso registro genealógico que detallaba la ascendencia de York desde Enrique III a través de Eduardo III y describía cómo las líneas de Mortimer y York se habían entrelazado para engendrarlo a él, «Ricardo Plantagenet, comúnmente llamado duque de York».[12] Esto, según el argumento de York, le daba precedencia dinástica sobre Enrique VI, que descendía del tercer hijo de su bisabuelo Eduardo III, Juan de Gante. Así pues, Enrique IV, hijo de Gante, había actuado «sin derecho» —es decir, ilegalmente— al apoderarse de la corona en 1399, y «el derecho, el título, la dignidad real y el patrimonio de las Coronas de los reinos de Inglaterra y de Francia, y del señorío y las tierras de Irlanda, por derecho, ley y costumbre pertenecen y corresponden» a Ricardo, duque de York.

Correspondió al parlamento debatir la cuestión..., pero ¿qué era lo que estaban debatiendo en realidad? El argumento dinástico estaba ahí: si se aceptaba que el derecho a la corona podía venir por línea femenina —como hizo York cuando pregonó su ascendencia Mortimer—, entonces el duque tenía más derecho por linaje. Sin embargo, era evidente que la reclamación de sangre solo era un modo de abordar un argumento más profundo. Si York hubiera actuado realmente con la convicción de que su causa era puramente dinástica, habría presentado su reclamación en algún momento durante las dos décadas anteriores. Sin embargo, no lo había hecho. El argumento dinástico inglés en 1460 era un velo para una discusión práctica sobre la realeza efectiva, del mismo modo que lo habían sido las reclamaciones inglesas a la Corona de Francia durante la década de 1420. No fue la verdadera razón por la que York reclamó el trono. Su auténtico propósito se cimentaba, primero, en una idea general de que la incompetencia de Enrique VI y los instintos tiránicos de la reina Margarita no podían tolerarse por más tiempo, y segundo, en una dominación basada en el autoritarismo. Todos los esfuerzos anteriores del duque por enmendar y corregir el Gobierno real habían fracasado. La dinastía era su último recurso. Ahora le tocaba al parlamento decidir si lo aceptaba.

Tras dos semanas de debate, se llegó a un acuerdo. Dada la espantosa brecha que implicaría una deposición total, alcanzaron un acuerdo similar al de Troyes.[13] En primer lugar, se anularon las actas del Parlamento de los Demonios de 1459. A continuación, en cuanto a la sucesión, se acordó que el rey ostentaría la corona durante el resto de su vida natural, pero el duque sería «titulado, llamado y reconocido, de ahora en adelante, heredero legítimo de las coronas, el patrimonio real, la dignidad y el señorío». De este modo, el joven príncipe Eduardo fue reemplazado abruptamente en la línea real, primero por York y luego por sus hijos, March y Rutland. El acuerdo se hizo público el 31 de octubre de 1460 y fue reforzado por la eficaz maquinaria propagandística yorkista, que durante el verano se había afanado por difundir rumores —falsos— de que el príncipe Eduardo era ilegítimo y, por tanto, «no era hijo del rey» en ningún sentido.[14]

La fortuna, al parecer, favorecía ahora a York. De hecho, mientras los comunes debatían en el refectorio de la abadía de Westminster «y trataban sobre el título de dicho duque de York, de repente cayó la corona que colgaba en [el] centro de dicha casa [...] lo que se tomó por una profecía o señal de que el reinado del rey Enrique había terminado».[15] Sin embargo, no iba a ser tan sencillo. Aunque el rey simplón estuviera dispuesto a ceder su título a un primo beligerante, quedaba una persona que nunca aceptaría la derogación de la condición real de su familia. La reina Margarita seguía en libertad.

*

A medida que se acercaba la Navidad de 1460, la reina y sus partidarios se encontraban dispersos por todos los rincones del reino. A finales de noviembre, mientras York intentaba destruir el futuro de su familia en Westminster, Margarita acampaba en el castillo de Harlech con su cuñado Jasper, conde de Pembroke. El campo estaba plagado de peligros, y regularmente le llegaban cartas falsas, «cosas falsificadas» del puño y letra del rey Enrique, que le rogaban que llevara al príncipe Eduardo al sur. Carecían del código secreto que Margarita había dispuesto que Enrique añadiera a sus cartas si era capturado, por lo que la reina no les daba «ninguna credibilidad». De todos modos, los yorkistas vendrían a por ella y su hijo en cuanto se dieran cuenta de que se mantenía como centro de la oposición. Utilizando la concisa frase de un cronista, todo el reino tenía claro que «ella era más ingeniosa que el rey».[16] Haciendo buen uso de su perspicacia, Margarita decidió arriesgarse a cruzar los gélidos mares occidentales para escapar de Gales. Un frío día de finales de noviembre llevó al príncipe Eduardo en barco hasta Escocia. Llegaron al reino del norte hacia el 3 de diciembre y se alojaron en la inquietante y gótica colegiata de Lincluden, situada en un recodo del río Nith, a las afueras de Dumfries. Se alojaron bajo la protección de María de Güelderes, viuda del recién fallecido rey Jacobo II de Escocia y regente del rey Jacobo III, de nueve años. Las dos mujeres descubrieron que tenían mucho en común.

Poco después de llegar a Lincluden, Margarita se enteró de que, en el norte de Inglaterra, su aliado Henry, conde de Northumberland, había levantado un ejército con el que asaltaba a espada y fuego las haciendas de sus enemigos y sembraba un caos infernal al tiempo que difundía rumores sobre el duque de York e intentaba incitar al pueblo llano a la rebelión. Margarita se dio cuenta de que esa podría ser la base de una fuerza con la que contraatacar a los usurpadores. Desde Escocia se puso en contacto con Henry, duque de Somerset, Thomas, conde de Devon, y con Alexander Hody, un veterano soldado del oeste del país. Todos se encontraban a cientos de millas al sur, pero ella les ordenó que se dirigieran por cualquier medio a Hull para prepararse para el contraataque. Su grupo incluía a Andrew Trollope, el capitán de Calais, cuya traicionera deserción del bando yorkista había provocado la derrota de Ludford Bridge. La reina escribió en nombre del príncipe Eduardo a la ciudad de Londres para denunciar a York como un «horrible traidor y perjuro [...] enemigo mortal de mi señor, de mi señora y de nosotros» con una «pretensión falsa» a la corona, y solicitar la ayuda de los ciudadanos para liberar al rey Enrique de las maliciosas garras del duque.[17]

Reunir cualquier tipo de ejército en pleno invierno y desplazarlo a través de una docena de condados por caminos de barro húmedo y helado era un proyecto ambicioso hasta el punto de la desesperación. Así pues, las noticias de la movilización de Northumberland pillaron por sorpresa al círculo de York en Londres. La perspectiva de perder el control del gobierno por tercera vez fue suficiente para espolear a York a las armas con urgencia. En cuanto se conocieron los movimientos de Margarita, York y Salisbury partieron del sudeste para acabar con la insurgencia y «traer a la reina».[18] Eduardo, conde de March, se dirigió a Gales para enfrentarse al ejército que arrasaba la región bajo el mando de Jasper Tudor.

El 21 de diciembre, York había llegado al castillo de Sandal, cerca de Wakefield, en el oeste de Yorkshire: una gran fortaleza de piedra con murallas bastionadas en torno a una temible torre del homenaje sobre un montículo que dominaba el valle de Calder. Debido al mal tiempo y la velocidad a la que se habían puesto en marcha para defender el norte, York y Salisbury no tardaron en verse superados en número por los partidarios de la reina, que se habían reunido rápidamente. York y sus aliados pasaron unas magras Navidades en el castillo de Sandal, con pocos suministros y sus enemigos invadiendo las tierras colindantes, algunos acampados fuera de las murallas y otros asaltando desde su base en el cercano castillo de Pontefract.

El 30 de diciembre, los hombres de Somerset y Devon atacaron una partida de forrajeo, y York decidió contratacar. No está claro por qué lo hizo. Posiblemente se dejó llevar por una treta urdida por su antiguo capitán Andrew Trollope, o bien creyó que había una tregua navideña. Puede que creyera que lo esperaban ocho mil hombres reunidos por John, lord Neville, un hermanastro mayor de Salisbury, a pesar de que este lord Neville había sido un firme partidario de la reina hasta entonces y era poco probable que cambiara de bando. Cualesquiera que fuesen sus razones, parece que York salió de Sandal creyendo que haría retroceder a las considerables fuerzas de sus enemigos. No fue así. Apenas había salido del castillo cuando los soldados se abalanzaron sobre él desde cuatro flancos: Somerset, Northumberland y Neville lo atacaron de frente, Exeter y lord Roos le cerraron el flanco y lord Clifford cerró la emboscada, impidiendo su retirada al castillo. York era superado en número, quizá cinco a uno, por hombres que no solo se oponían a su ambición política, sino que lo odiaban sinceramente. Como lo describiría un escritor mucho más tarde, estaba «rodeado por todas partes como un pez en una red o un ciervo en un redil».[19]

Tras una hora de duros combates, el duque se vio superado. Viendo que la situación se volvía imposible, obligó a su hijo Rutland a huir. Rutland corrió hacia el puente de Wakefield, el orgulloso paso de piedra de nueve arcos que cruza el río Calder. Al otro lado se encontraba la capilla de Santa María la Virgen: el conde, de diecisiete años, quizá esperaba arrojarse dentro y buscar refugio. Sin embargo, no llegó. Lord Clifford lo había perseguido desde el campo de batalla y lo alcanzó en el puente o cerca de él. Estaba rodeado. Clifford se adelantó, maldijo al joven y le dijo que se preparara para su muerte, «como tu padre mató al mío».

Entonces, mientras las súplicas por la vida de Rutland resonaban a su alrededor —incluidas, según se dijo más tarde, las del tutor y capellán del muchacho, Robert Aspall, que estaba a su lado—, Clifford sacó su daga y se la clavó en el corazón.[20] La deuda de sangre de Saint Albans se consumó: el hijo sufrió el castigo por los pecados del padre.

Al padre, sin embargo, no le iba mucho mejor. York, acorralado por todos lados, intentaba luchar para volver al castillo. Sin embargo, ya era demasiado tarde. Lo apresaron en el fragor de la batalla —más tarde se reconoció a sir James Luttrell de Devonshire como su captor— y lo llevaron a rastras. Le quitaron el casco y le colocaron una corona de papel en la cabeza. Entonces, Ricardo, duque de York, el hombre que habría sido muchas cosas, incluso rey, fue paseado ante los burlones soldados de sus enemigos y decapitado.

Muchos más yorkistas murieron en el campo de batalla aquel día. Además de York y Rutland, también capturaron y asesinaron a sir Thomas Neville, el hijo de Salisbury. El propio Salisbury había escapado del castillo de Sandal e intentaba huir hacia el norte. Sin embargo, apenas llegó un poco más lejos que Rutland. Durante la noche, el conde de sesenta años fue capturado y llevado al cuartel general enemigo en el castillo de Pontefract. Al día siguiente lo sacaron y ejecutaron en público. Poco después, enviaron las cabezas de los cuatro yorkistas a la ciudad de York para que las expusieran en el Micklegate. Allí, los ojos muertos del duque de York miraban fijamente a los ciudadanos que pasaban. Su corona de papel seguía ceñida a su frente ensangrentada.

Años de tensión política y creciente enemistad personal habían llegado a esto. «Se han perpetrado actos de venganza por ambas partes», escribió el legado papal y partidario de los yorkistas, el obispo Coppini, a uno de sus asociados que acampaba donde la reina.[21] Margarita, el príncipe Eduardo y sus aliados habían vencido por fin a su mayor oponente. Sin embargo, el rey seguía en manos de Warwick y Eduardo, conde de March.

El reino estaba ahora realmente dividido: el partido de la reina era tan faccioso como los yorkistas. (A partir de este momento podemos referirnos a los primeros como «lancasterianos», por el ducado de Lancaster, ducado privado del rey Enrique, que había pertenecido a los reyes de Inglaterra desde el reinado de su abuelo Enrique IV. El ducado de Lancaster era la fuente del poder privado de Enrique, más que de su autoridad política, que finalmente se había desvanecido). Ninguno de los dos bandos parecía lo suficientemente fuerte como para derrotar al otro. Además, aunque la muerte de Rutland había ajustado las cuentas de Clifford en la batalla de Wakefield, el resto de la matanza solo sirvió para intensificar la sangrienta enemistad que ahora arrastraba a los magnates de Inglaterra unos contra otros. Armados, peligrosos y desesperados, se arremolinaban en una despiadada danza de la muerte.

12

Caos

Clement Paston, un estudiante londinense de unos diecinueve años, escribió a su hermano John con cierta ansiedad. Clement era un joven brillante y sensato que había estudiado en Cambridge antes de trasladarse a la ciudad para recibir formación profesional a finales de la década de 1450. Había crecido en tiempos turbulentos, y la fortuna de su familia de Anglia Oriental se había incrementado y mermado según el flujo y reflujo de la política nacional y el éxito o fracaso de sus mecenas cerca de la corte real. A su edad relativamente temprana ya estaba acostumbrado a ver girar la rueda de la fortuna, pero el 23 de enero de 1461, cuando Clement se sentó para enviar un comunicado a sus parientes en el campo, admitió a su hermano que estaba escribiendo «deprisa» y «no muy tranquilo».[1]

Aun contando con la gravedad de los tumultos que se habían vuelto habituales en las calles de Londres durante la década anterior, el invierno de 1460-1461 fue una época agitada y peligrosa. La derrota de York en Wakefield era ya bien conocida en toda Inglaterra. Sin embargo, su eliminación no había contribuido a calmar el reino. En el oeste, su iracundo hijo Edward —de dieciocho años, pero ya un fornido hombre de metro ochenta y temperamento guerrero— lideraba un ejército contra Jasper Tudor, hermanastro de Enrique VI. El conde de Warwick, mientras tanto, seguía manteniendo prisionero a Enrique, impidiendo cualquier retorno oficial al Gobierno real «ordinario». Más preocupante aún: la reina Margarita, animada por la victoria de sus aliados en el campo de batalla, andaba libre por el norte y se decía que viajaba hacia el sur para vengarse y tomar la capital. Los rumores corrían de boca en boca y Clement Paston informó de algunos que habían llegado a sus oídos: habló de caballeros conocidos de la familia que habían sido «capturados o muertos», describió la aparente preferencia de Londres por los yorkistas antes que por la reina y transmitió el temor de que a los mercenarios franceses y escoceses y a los criados ingleses de los lores del norte, que formaban gran parte del ejército de la reina, se les permitiera «robar y hurtar» en las ciudades por las que pasaban, un destino que ningún londinense deseaba compartir. Clement aconsejó a su hermano mayor que reuniera fuerzas —«de a pie y jinetes»— en Anglia Oriental y estuviera preparado para entrar en batalla en cualquier momento, y que, además, se asegurara de que los hombres reclutados se presentaran de forma limpia y ordenada, por el honor de la familia. «Que Dios te guarde», se despidió el joven, lo cual significaba algo más que la cortesía propia de la retórica epistolar.

Inglaterra estaba en guerra civil. Las batallas que se habían librado desde 1455 eran esporádicas, estallidos ocasionales de violencia. Sin embargo, ahora, los ejércitos estaban en el campo de batalla por toda Inglaterra y Gales, y empleaban por igual a mercenarios extranjeros, nobles entrenados y arrendatarios de los señores reclutados al azar. El 2 de febrero de 1461, el ejército de Edward se enfrentó al de Jasper Tudor, Owen Tudor y James Butler, conde de Wiltshire, en Mortimer's Cross, cerca del castillo de Wigmore, en las marcas galesas, en el camino entre Londres y Aberystwyth. Fue un día que forjaría como ningún otro la leyenda de Edward, de dieciocho años. A la Rosa de Ruan —como lo apodaban los partisanos yorkistas— se unieron en el mando varios incondicionales de las tierras galesas de su difunto padre, entre ellos sir Walter Devereux y los hermanos Herbert, sir William y Richard Herbert de Raglan. Sus enemigos estaban considerablemente reforzados, ya que Wiltshire había traído grandes contingentes de mercenarios bretones y franceses, así como a sus propios sirvientes de sus propiedades irlandesas. Sin embargo, habían marchado a paso ligero desde Pembroke a través de Gales y llegaron cansados al campo de batalla. En Edward se toparon con un comandante que estaba aprendiendo a despertar en los hombres un fervor casi devoto.

La mañana de la batalla, el amanecer invernal ofreció una visión cegadora y desconcertante: tres soles salieron juntos por el horizonte y luego se combinaron para formar un único faro resplandeciente en el cielo.[2] Edward interpretó esto como un presagio divino que auguraba su victoria: sus fuerzas, en efecto, arrasaron al ejército de Wiltshire-Tudor en poco tiempo. Jasper Tudor y el conde de Wiltshire escaparon del campo de batalla, pero Owen Tudor, que ya tenía unos sesenta años, fue capturado junto con sir John Throckmorton y otros siete comandantes lancasterianos. Los llevaron a la cercana ciudad de Hereford, donde se había erigido un tajo en la plaza del mercado. Según un relato contemporáneo, Owen Tudor esperaba que sus enemigos le mostraran cierta indulgencia, pero esto habría sido extraordinariamente ingenuo a penas seis semanas desde la horrible carnicería que había seguido a la batalla de Wakefield. La confianza que le quedaba se esfumó cuando «vio el hacha y el tajo». Despojado de su jubón de terciopelo rojo, el anciano se presentó ante la asamblea de habitantes de Hereford y suplicó «perdón y gracia». Entonces le arrancaron el cuello del jubón y lo pusieron ante el verdugo.

Un cronista escribió que las últimas palabras de Owen Tudor recordaban a su esposa, la princesa de Francia y reina de Inglaterra que había tenido a bien casarse con este humilde galés y dar a luz a sus hijos. «Esa cabeza que solía reposar sobre el regazo de la reina Catalina reposará ahora sobre el tajo», dijo. Luego puso «su corazón y su mente por completo en Dios, y aceptó mansamente su muerte».[3]

La cabeza ensangrentada de Owen Tudor se colocó en el punto más alto de la cruz del mercado. Algún tiempo después se vio a una mujer, posiblemente la amante de Owen y madre de su bastardo David Owen, lavando la sangre de la cabeza mutilada, peinándola y colocando más de cien velas a su alrededor. La gente, si es que le hizo caso, supuso que estaba loca.[4]

El triunfo yorkista en Mortimer's Cross apenas duró lo que el resplandor de los tres soles que lo habían precedido. Jasper Tudor y Wiltshire huyeron para refugiarse en Escocia. Sin embargo, el suyo no había sido el único ejército lancasteriano en marcha. Mientras Eduardo se reagrupaba en Hereford, la reina Margarita reunía a sus otros aliados, incluidos los duques de Somerset y Exeter, los condes de Northumberland y Shrewsbury, una gran hueste de señores del norte y Andrew Trollope, el omnipresente renegado de Calais. El 10 de febrero, este vehemente ejército de endurecidos norteños y mercenarios extranjeros había quemado y saqueado hasta Cambridgeshire. El 16 de febrero habían roto las defensas de Dunstable, en Bedfordshire. Londres estaba cerca y Warwick, a cargo tanto del rey Enrique VI como del Gobierno de Inglaterra, se vio obligado a actuar. A principios de año, el conde había escrito al papa Pío II: «Su santidad no debe preocuparse si ha oído hablar de los acontecimientos en Inglaterra y de la destrucción de algunos de mis parientes en la batalla contra nuestros enemigos. Con la ayuda de Dios y del rey, que está excelentemente dispuesto, todo acabará bien».[5] Ahora su fe y su confianza iban a ponerse a prueba.

Warwick sacó de Londres a un gran ejército. Lo acompañaron John Mowbray, duque de Norfolk; John de la Pole, duque de Suffolk; Guillermo Fitzalan, conde de Arundel, y un grupo de sus propios pares, entre ellos su hermano John Neville, su tío lord Fauconberg y el tesorero, lord Bonville. Dejaron muy nerviosos a los londinenses. Se esperaba otra batalla en la que, como dijo un corresponsal, «no se puede evitar un gran derramamiento de sangre, y quienquiera que venza, la Corona de Inglaterra pierde, lo que es una gran pena».[6]

Por segunda vez en menos de seis años, las dos fuerzas se encontraron en la ciudad de Saint Albans. Sin embargo, mientras que en 1455 hubo escaramuzas y combates callejeros, el 17 de febrero de 1461, martes de Carnaval, fue una guerra total. Miles de hombres se unieron a uno y otro bando: al embajador milanés en Francia llegó la noticia de que la reina y Somerset comandaban treinta mil hombres cada uno.[7] Esto era una exageración, pero de lo que no hay duda es del miedo que estas enormes fuerzas infundieron en los corazones de la gente corriente de Saint Albans. El abad, John Whethamstede, criticó en su registro oficial el salvajismo, la blasfemia y el apetito de destrucción entre los norteños, que, en su opinión, parecían considerar cualquier incursión al sur del Trent como una oportunidad para saquear y robar con el beneplácito de Dios.[8]

En realidad, el ejército del norte era mucho más que una chusma obsesionada con el pillaje. Como habían demostrado en Wakefield, estaban dirigidos con disciplina y astucia; también marchaban bajo una misma identidad: todos llevaban la insignia de Eduardo, príncipe de Gales —una banda roja y negra con plumas de avestruz—. Los hombres de Warwick se vieron sorprendidos por las tropas enemigas que entraban en Saint Albans hacia la una de la tarde desde el noroeste, en lugar de desde el noreste; tras una dura batalla, la vanguardia yorkista se dispersó y huyó en todas direcciones mientras los cascos de la caballería lancasteriana atronaban tras ella. El abad Whethamstede escribió que sus vengativos enemigos acorralaban a los hombres y los atravesaban con sus lanzas hasta que finalmente, hacia las seis de la tarde, la oscuridad de la noche invernal había caído por completo y ya no era posible perseguirlos.[9] Mientras sus hombres corrían en busca de seguridad, Warwick y la mayoría de los comandantes y capitanes aliados también se esfumaron hasta que solo quedó un hombre noble en el campo de batalla.

El rey Enrique VI, sentado bajo un árbol, reía y cantaba mientras la batalla se desencadenaba a su alrededor. Los guardias del rey, lord Bonville y sir Thomas Kyriell, fueron apresados y ejecutados sumariamente por orden de la reina, que permitió al príncipe de ocho años pronunciar la sentencia. Enrique, mientras tanto, se reunió con su familia; una vez más, cambió de manos como un muñeco de trapo. El abad Whethamstede se reunió con el rey en la abadía y le rogó que emitiera una proclama contra el saqueo. Como siempre, Enrique VI hizo lo que se le dijo. Su propio ejército lo ignoró y la amada parroquia de Whethamstede, Saint Albans, cayó en manos de la violación y el robo, como si, tal como dijo el abad, hubiera sido invadida por animales rabiosos.[10]

*

Mientras la fortuna oscilaba violentamente entre las dos facciones, Inglaterra se sumió en un desesperado afán de autoconservación. Después de Saint Albans, la reina decidió seguir hacia Londres. La ciudad, sin embargo, decidió plantarle cara. Antes de su llegada, Margarita solicitó comida y bebida a Londres, a lo que el alcalde respondió nerviosa, pero favorablemente. Sin embargo, cuando los carros cargados de provisiones atravesaban la ciudad en dirección a Cripplegate y la carretera que conducía al norte, un grupo de ciudadanos salió a las calles para bloquearles el paso. «Los comunes de la ciudad tomaron las vituallas de los carros y no les permitieron pasar», escribió un cronista. Insistieron en que los gobernantes de la ciudad enviaran una delegación para decir a la reina que no podía entrar en Londres mientras los temidos «hombres del Norte» permanecieran en su grupo. El rumor del que Clement Paston había informado a su hermano había calado hondo: todo el mundo creía que, si se permitía al ejército lancasteriano atravesar las murallas de Londres, la ciudad sería «asaltada y saqueada» al igual que Saint Albans.[11] A Margarita no le quedó más remedio que llevarse a su marido y a su hijo de vuelta al norte. El traslado —y la decisión comunal de Londres de que era más seguro quedarse con los yorkistas derrotados que con la reina victoriosa— resultaría fatal.

La huida de Warwick de Saint Albans le permitió reunirse con Eduardo, conde de March. A finales de mes agruparon sus fuerzas en los Cotswolds, donde tomaron una decisión audaz. Warwick había perdido el mando de la persona de Enrique, y, sin él, carecían de un tótem para su legitimidad. Sin embargo, bajo el acta de acuerdo que habían aprobado entre Enrique y el difunto Ricardo, duque de York, March era ahora el heredero de la corona. Además, puesto que las fuerzas leales a Enrique VI habían matado a York en la batalla de Wakefield, March podía argumentar que se había roto el acta de acuerdo. Ya no tenía que esperar a la muerte de Enrique para reclamar la corona que, según los yorkistas, le pertenecía por sangre. Estaba perfectamente legitimado para apoderarse de ella.

Sin embargo, esta era la teoría. El jueves 26 de febrero, el conde de March entró a caballo en Londres acompañado por Warwick y sus nobles aliados.[12] La ciudad guardaba los primeros días de la Cuaresma, pero, si hemos de creer a los cronistas —algo sesgados—, su llegada fue muy celebrada. Rimas y cancioncillas conmemoraban su llegada; una lo saludaba con la imagen de la rosa blanca de York, un símbolo de entre los varios que pertenecían a la familia: «Caminemos por un nuevo viñedo, y hagámonos un alegre jardín en el mes de marzo con esta hermosa blanca rosa y hierba, el conde de March».[13]

El domingo 1 de marzo, el hermano de Warwick, George Neville, obispo de Exeter y canciller de Inglaterra, pronunció un discurso en Saint John's Fields, a las afueras de las murallas de la ciudad, que escucharon miles de soldados y ciudadanos. Neville detalló el caso contra Enrique VI y preguntó si la multitud deseaba que siguiera siendo rey. Según un cronista, «el pueblo gritó: "¡No! ¡No!"; y luego preguntaron si querían que el conde de March fuera su rey, y dijeron: "¡Sí! ¡Sí!"».[14] El lunes por la mañana, Londres se llenó de carteles que explicaban la demanda de Eduardo, y al día siguiente, el martes 3 de marzo, Eduardo celebró una reunión del consejo en la residencia familiar de Londres, el castillo de Baynard, donde un puñado de obispos y lores aprobaron su demanda. El 4 de marzo se cantó el Te Deum en San Pablo, el obispo Neville predicó un sermón político en la cruz exterior y Eduardo salió de la ciudad en procesión hasta el palacio de Westminster. Allí, en el tribunal de la cancillería, que era el lugar tradicionalmente asociado con el ejercicio de la autoridad legal por parte del rey y, por tanto, la manifestación última de la voluntad real, «prestó juramento ante el obispo de Canterbury, el canciller de Inglaterra y los lores de que guardaría el reino y sus leyes como un rey verdadero y justo».[15] A continuación, Eduardo se sentó ceremonialmente en el King's Bench, la silla de mármol de uno de los dos tribunales de derecho consuetudinario más elevados del país, que simbolizaba la autoridad personal del rey como juez. Por último, se dirigió a la iglesia de la abadía de Westminster para hacer una ofrenda en el santuario de su tocayo san Eduardo el Confesor. Aún no había sido ungido ni coronado. Sin embargo, a los ojos de sus partidarios ya era el rey Eduardo IV, «el verdadero heredero de las coronas de Inglaterra y Francia y del señorío de Irlanda».[16]

*

Mientras Eduardo estaba sentado en el trono de mármol de Londres, los lancasterianos retrocedían hacia el norte. A medida que avanzaban, el partido real escribía desesperadamente a las grandes familias para que les prestaran ayuda militar. Una de esas cartas llegó a sir William Plumpton, un seguidor de cincuenta y cinco años de la familia Percy de Northumberland y caballero rico e influyente por derecho propio, con tierras y señoríos en Yorkshire, Derbyshire y Nottinghamshire. Su carta salió de York el 13 de marzo de 1461 con el pequeño sello de cera de Enrique VI. En ella se le informaba de que «nuestro gran traidor [el conde de March] ha organizado grandes asambleas de gente alborotada y maliciosamente dispuesta [y] [...] ha hecho estragos en sus proclamas contra todo nuestro verdadero pueblo y súbditos, sus esposas, hijos y bienes». Se encargó a sir William que reuniera a «toda la gente que pudierais preparar para la defensa» y que «viniera a nosotros lo antes posible [...] para resistir la maliciosa intención y propósito de nuestro mencionado traidor, y que no falléis en esto».[17] sir William, un súbdito leal y un viejo soldado, no se demoró.

Mientras la reina Margarita y sus aliados levantaban el norte de Inglaterra para la batalla, los hombres de Eduardo levantaban el reino por debajo del río Trent. Enviaron instrucciones a los alguaciles de más de treinta condados del sur para condenar a «aquel que se hace llamar Enrique VI» y «ordenando a toda clase de hombres de entre sesenta y dieciséis años, vestidos a la defensiva, que se apresuren a venir a esperar al rey».[18] Equiparse para la guerra no era tarea fácil, ni para los caballeros que debían luchar en el fragor de la batalla, ni para los miles de arqueros que los protegían, ni para los soldados rasos, ligeramente armados, que se reunían para compartir su lealtad hacia quienquiera que fuera su señor local. La armadura, el armamento y el material variaban desde las costosísimas armaduras de placas forjadas a medida que llevaban los señores y capitanes más ricos, hasta los garrotes, espadas y bastones que empuñaban los soldados rasos. Vestir a un hombre del rango de Plumpton antes de una batalla era una tarea que requería varios pares de manos. Un manuscrito del siglo XV describe el proceso por el que los escuderos de un hombre de armas debían vestirlo. No debía llevar camisa, sino un jubón de paño de sarga forrado de satén, con agujeros para la ventilación. «Deben coserse refuerzos de cota de malla al jubón [...] bajo el brazo». Eran esenciales para proteger al portador de las estocadas de daga en los puntos vitales, donde una hoja que atravesara una juntura de la armadura de placas podía atravesar una arteria principal o un órgano vital. Por ello, el cordel utilizado para unir la cota de malla al jubón era tan fuerte y duradero como el utilizado para cargar una ballesta. Otras prendas interiores más gruesas, que incluían parches de paño para evitar rozaduras en las rodillas, estaban cosidas por todas partes con resistentes lazadas de cordón, en las que se colgaban placas de metal termoendurecido y muy pulido: la chapa cubría el cuerpo de la garganta a los pies y estaba rematada por un pesado casco con visera, un accesorio para identificar las insignias personales y una diminuta rendija por la que ver el terror de la matanza.[19]

La montura de un caballero podía estar tan protegida como el jinete, que utilizaba una lanza para empalar a sus enemigos al cabalgar. Por lo demás, las armas eran largas, pesadas o afiladas, o a veces las tres cosas a la vez. Las pequeñas y malvadas dagas de rodela podían clavarse en el corazón, el ojo o el cerebro de un hombre a corta distancia, mientras que los espadones de un metro que blandían a dos manos los hombres más ricos y mejor entrenados del campo de batalla permitían más espacio para atacar. Quizá el arma de mano más mortífera de todas era el hacha de asta o pico: una robusta asta de madera de hasta dos metros de longitud rematada con una pesada hoja curva ferozmente afilada en un lado, una punta corta en forma de garra en el otro y un pincho agudo en la parte superior. Al blandirla con fuerza, podía aplastar la armadura y romper la carne y el hueso que había debajo; podía hacer tropezar y derribar a un oponente ya vulnerable, ya que el peso de la armadura podía dificultarle mucho ponerse de nuevo en pie. La gruesa hoja podía cortar las extremidades de los enemigos menos protegidos o arrancar pedazos del cráneo de un caballero que se quitara el yelmo para ver bien, comunicarse o beber.

A lo largo del mes de marzo, miles y miles de hombres que portaban armas como estas se reunieron por toda Inglaterra y más allá. Procedían de todas partes entre Gales y Anglia Oriental, y desde Escocia hasta Kent. Gracias a las cordiales relaciones de Warwick con los lores de ultramar, el ejército de Eduardo incluía una compañía de soldados enviados por el duque Felipe de Borgoña; llevaban sobre ellos el estandarte de Luis, delfín de Francia e hijo mayor de Carlos VII. Los lancasterianos superaban ampliamente su número de nobles ingleses bajo su bandera: además de los duques de Somerset y Exeter, estaban los condes de Northumberland, Wiltshire y Devon, lord Rivers y su hijo Anthony Woodville, sir Andrew Trollope —nombrado caballero por la reina tras la segunda batalla de Saint Albans— y otros doce o trece pares. Los yorkistas marcharon lentamente hacia el norte desde Londres hacia Pontefract, y los hombres se unieron a su bando a medida que avanzaban. A finales de marzo, según calcularon sus pagadores muchos años después, contaban con 48 660 hombres.[20] Los lancasterianos, sin embargo, pudieron llegar a tener hasta 60 000. Aun considerando las exageraciones habituales, se trataba de dos ejércitos gigantescos.

El primer enfrentamiento tuvo lugar el sábado 28 de marzo en Ferrybridge, en Yorkshire, un cruce de la Gran Carretera del Norte, a pocas millas al noroeste de Pontefract. Los lancasterianos habían acampado a catorce kilómetros de distancia, cerca del pueblo de Towton —o quizá en el pueblo de Tadcaster—, al otro lado del río Aire.[21] Cuando recibieron la información de que los lores yorkistas John, duque de Suffolk y lord Fitzwalter tenían orden de reconstruir el puente roto sobre el Aire, enviaron un destacamento de jinetes ligeros al mando de lord Clifford para hacerlos retroceder. Se produjo un sangriento combate en el que murió Fitzwalter. Cuando Eduardo IV envió más hombres de su ejército principal para reforzar el puente, los lancasterianos se retiraron. Sin embargo, cayeron en una trampa: Eduardo también había enviado a lord Fauconberg y a un pequeño contingente de hombres a cruzar el río cinco kilómetros río arriba desde Ferrybridge. Fauconberg cabalgaba con letales arqueros montados a su lado; juntos acecharon a los hombres de Clifford y finalmente les tendieron una emboscada al anochecer cerca del pueblo de Dintingdale. Cuando Clifford se quitó el protector metálico del cuello para beber un vaso de vino, una flecha le atravesó la garganta y lo mató al instante. Los yorkistas cayeron entonces sobre el resto del grupo y los masacraron allí donde se encontraban. El gran enfrentamiento por la corona de Inglaterra había comenzado.

La noche siguiente fue gélida y el día siguiente, Domingo de Ramos, amaneció sombrío y helado. La campiña de Yorkshire estaba congelada, y caía nieve y aguanieve con cada vez más intensidad a medida que avanzaba la mañana. Sin embargo, los dos enormes ejércitos se apresuraron a tomar posiciones en Towton, y a las nueve en punto estaban listos para luchar: se habían reunido en dos enormes filas, uno frente al otro a través de una cresta poco profunda. La ventisca se arremolinaba a su alrededor, la nieve soplaba en el rostro de los lancasterianos y convertía el campo de batalla en una pesadilla resbaladiza y cegadora. Los hombres daban pisotones y temblaban de frío mientras esperaban la señal para que empezara la batalla. Quienes podían ver contemplaron los estandartes ondeando sobre las tropas y anunciando la presencia de las docenas de señores de cada bando: patrones heráldicos de azul, blanco, rojo y dorado marcaban la ubicación de los comandantes y capitanes señoriales de cada bando. Sin embargo, solo en el bando yorkista ondulaba el estandarte de un rey de Inglaterra. Eduardo IV estaba en el campo de batalla al tiempo que Margarita y Enrique VI permanecían tras las líneas de York, deseando noticias del resultado.

Finalmente, se dio el grito de guerra y a los húmedos copos de nieve se unió una sangrienta ventisca de flechas de los arqueros yorkistas al mando de lord Fauconberg, que atravesaban el viento con fuerza. Los artilleros —hombres que manejaban una maquinaria primitiva que disparaba proyectiles de hierro y plomo de unos tres centímetros de diámetro— también intercambiaron algunos disparos. A pesar del viento, las ráfagas de estos cañones de mano debieron ser terribles, sobre todo por los gritos accidentales de los artilleros, cuyas armas se disparaban y explotaban en sus manos.[22]

Viendo que los yorkistas tenían el viento a favor en este intercambio de disparos, el duque de Somerset dio la orden de avanzar para salir de la tormenta y evitar que sus hombres siguieran muriendo a tiros. Los lancasterianos avanzaron cuesta abajo hacia el enemigo, chocaron con la vasta línea del ejército yorkista y dieron comienzo a una larga y feroz batalla, que resultaría ser la más sangrienta jamás librada en suelo inglés. El albo y ondulante paisaje de la llanura de Towton se desgarraba con el ruido de las hachas de asta y las espadas contra las armaduras y la carne, los relinchos de los caballos heridos y los hombres moribundos, la presión de los cuerpos humeantes amontonados unos contra otros. Eduardo había ordenado que se matara a los señores y no que se les capturara, pero el número de muertos era igualmente espantoso entre los de alta cuna y los humildes. A medida que los ejércitos luchaban y se herían, el eje de los frentes se balanceaba y empezaba a girar cuarenta y cinco grados: si bien habían comenzado dispuestos en una línea este-oeste, por la tarde habían girado de modo que los lancasterianos luchaban en dirección noreste-suroeste, de espaldas a la pradera inundada de un profundo canal llamado Cock Beck. Los arqueros yorkistas amenazaban su flanco derecho; el izquierdo, por su parte, luchaba ahora al pie de una colina rodeado por el duque de Norfolk, que se había unido a la lucha por la derecha de los yorkistas. En resumen, los lancasterianos estaban siendo empujados a un pantano que rápidamente se convirtió en un charco de sangre mortal: su única escapatoria era abrirse paso cuesta arriba desde el flanco izquierdo e intentar replegarse hacia Towton y Tadcaster. Sin embargo, para ello tuvieron que trepar por la hierba mojada y revuelta con la ventisca a sus espaldas. Mientras intentaban huir los masacró la caballería yorkista, que arrasó el terreno abierto, aporreó y alanceó a sus enemigos con frenesí. Incluso aquellos que lograron pasar Towton se encontraron atrapados una vez más: antes de la batalla, los lancasterianos habían roto el puente de madera más arriba de Cock Beck, por lo que estaban acorralados en el extremo más alejado del campo de batalla. A medida que la caballería se acercaba, los hombres se despojaban de sus armaduras e intentaban vadear o nadar a través del agua. Cansados, heridos o medio congelados, se ahogaban por docenas. En un momento dado, el arroyo quedó tan lleno de cuerpos que sus compañeros pudieron ponerse a salvo atravesando lo que se conoció como el «puente de los cadáveres».

Después de que miles de hombres murieran, la línea lancasteriana se disolvió a media tarde y los líderes emprendieron la huida. El conde de Wiltshire, quizá el más cobarde de su generación, ya había huido de la primera batalla de Saint Albans y de la batalla de Mortimer's Cross. Al abandonar Towton, su palmarés ascendió a tres deserciones, pero esta vez su suerte se había acabado. Llegó hasta Newcastle antes de ser capturado y decapitado. Andrew Trollope y el conde de Northumberland fueron abatidos en el campo de batalla. Los duques de Somerset y Exeter corrieron para salvar sus vidas y escaparon; el conde de Devon también huyó, pero estaba demasiado malherido para llegar más allá de York, donde también fue capturado y ejecutado. Tras ellos, los demás líderes abandonaron el campo de batalla, hecho que convirtió una derrota en una devastadora masacre. Por orden de Eduardo, no se tuvo piedad en la victoria. Los cráneos encontrados más tarde en el campo de batalla mostraban las heridas más horribles: caras partidas en dos, cabezas cortadas por la mitad, agujeros en la frente. Algunos murieron con más de veinte heridas en la cabeza: los signos de una matanza frenética por parte de hombres azotados por sed de sangre bárbara. Algunas víctimas fueron mutiladas durante el saqueo: les arrancaron la nariz, las orejas y los dedos de las manos a los moribundos para arrebatarles anillos y joyas. El campo de Towton se bautizó como el Prado Sangriento, y con razón. El 7 de abril de 1461, el obispo Neville de Exeter escribió al obispo de Teramo, en Flandes. Informaba de los acontecimientos de las últimas seis semanas, incluyendo las matanzas de Saint Albans, Ferrybridge y Towton, y calculaba que en esta última habían muerto veintiocho mil hombres. (El obispo Beauchamp de Salisbury refrendó la cifra en una carta del mismo día). «¡Ay!, somos una raza que merece la compasión hasta de los franceses», escribió.[23]

De hecho, a muchos les debió parecer en 1461 que todas las tragedias que habían caído sobre los franceses una generación antes, cuando los armañacs luchaban contra los borgoñones y la corona se zarandeó y disputó hasta la destrucción del reino, habían recaído ahora sobre los isleños del otro lado del mar. Inglaterra estaba dominada por actos de salvajismo, el país del norte estaba empapado en sangre y, lo más angustioso de todo, dos reyes se disputaban el reino. La decisión de la reina Margarita de retener a Enrique VI y al príncipe Eduardo en la batalla de Towton había resultado acertada, pues, aunque los lancasterianos sufrieron una derrota decisiva, no fueron exterminados completamente como linaje real. Se retiraron a Escocia con unos pocos aliados supervivientes: los duques de Somerset y Exeter, lord Roos y el juez sir John Fortescue. Otros leales señores lancasterianos, como Jasper Tudor, conde de Pembroke, pronto se unieron a ellos. Era, sin embargo, una corte en ruinas: exhausta, aniquilada militarmente y hundida financieramente.

El rey Eduardo IV pasó un mes en el norte sofocando la resistencia antes de regresar triunfante a Londres en mayo. Allí, Dios sellaría su coronación. Ahora no solo reivindicaba el título de rey por derecho de sangre, sino que también lo reivindicaba con la sangre derramada en el campo de batalla. Un acta de su primer parlamento, convocado en Westminster en noviembre de 1461, ensayaba los argumentos legales contra la realeza de Enrique VI y presentaba los argumentos de justicia a favor de la suya. Para entonces, el parlamento no hacía más que refrendar *de iure* lo que ya era un hecho político. El viernes 26 de junio, Eduardo había entrado ceremonialmente en la capital que había apoyado sus pretensiones durante tanto tiempo, y dos días después había sido coronado como decimotercer Plantagenet y primer rey yorkista de Inglaterra.

13

Las nobles y las humildes

Eduardo IV no era, ni mucho menos, el hombre más joven que había ascendido al trono inglés, pero sí quizá el menos preparado a conciencia. A los diecinueve años se había criado como el hijo mayor de un eminente noble. Había estudiado mucho, rezado con diligencia, aprendido a luchar y a bailar, a hablar con cortesía y a administrar una gran hacienda. Sin embargo, aún había cierta distancia entre crecer para convertirse en duque y figurar de repente como rey coronado y ungido de Inglaterra. En cualquier caso, allí estaba él: había llegado al trono impulsado por la ambición de su difunto padre, con las manos manchadas con la sangre de sus enemigos.

Afortunadamente, gran parte de los asuntos externos de la realeza eran naturales para Eduardo. De joven medía más de metro ochenta y era apuesto, si no guapo: los retratos que se conservan muestran unos ojos estrechos y unos labios fruncidos sobre una barbilla prominente. A Eduardo le gustaban mucho los vestidos lujosos, los modales y los hábitos cortesanos que estaban de moda en Borgoña y en otros lugares del continente; además, para complementar su gallarda apariencia, el nuevo rey combinaba el encanto cortesano con la arrogancia militar. Aunque su temperamento era feroz cuando se lo provocaba, en general era «de naturaleza gentil y aspecto alegre», escribió un contemporáneo, quien también señaló que el rey «era tan cordial en su saludo que, si veía a un recién llegado desconcertado por su apariencia y magnificencia real, le daba valor para hablar poniéndole una mano amable en el hombro».[1] Tenía una mente aguda y una memoria afilada: el autor de la extensa historia inglesa conocida como la *Continuación de la Crónica de Crowland* admiraba con frecuencia la «previsión» y la perspicacia política de Eduardo, y se maravillaba de que pudiera recordar el estado y los asuntos de «casi todos los hombres, dispersos por los condados del reino [...] como si los visitara diariamente». Eduardo tenía una confianza poco común en su propio juicio y la capacidad de inspirar una gran lealtad a los hombres que elegía para aconsejarlo. Además, como muchos de los grandes reyes Plantagenet que lo precedieron —desde Ricardo Corazón de León hasta Enrique V—, había demostrado su valía en el campo de batalla desde muy joven.

Muchos escritores contemporáneos —o cercanos— al reinado de Eduardo tuvieron que esforzarse mucho para encontrar defectos en su persona y en su amplio enfoque del gobierno. Había, sin embargo, una excepción: con frecuencia se decía que el nuevo rey era un libertino. En su época se lo conocía por su afición a las mujeres, ya fueran atractivas o no. Los cotilleos se difundían ampliamente: el clérigo, humanista y erudito italiano Dominic Mancini, que visitó Inglaterra para escribir una historia contemporánea y vio a sus súbditos de primera mano, calificó a Eduardo de «licencioso en extremo» e informó de que el nuevo rey «perseguía sin discriminación a las casadas y a las solteras, a las nobles y a las humildes»; por su parte, el «continuador de Crowland» —aunque escribía más de dos décadas después de la ascensión de Eduardo— mojaba su pluma en la tristeza por el hecho de que un gobernador tan talentoso y seguro de sí mismo pudiera ser también «un hombre tan grosero, tan adicto a la convivencia, la vanidad, la embriaguez, la extravagancia y la pasión».[2] Incluso si tenemos en cuenta la mojigatería de los escritores y el hecho de que algunos de estos juicios eran más apropiados para los últimos años de la vida de Eduardo IV que para la peligrosa época en que se hizo con la corona por primera vez, la impresión era generalizada.

Sin embargo, durante los tres primeros años de su reinado, la principal preocupación de Eduardo no fue la sensualidad, sino la supervivencia. En marzo de 1461, Dios había sonreído a sus pretensiones de realeza bendiciéndolo con la victoria en el campo de batalla. Sin embargo, el Señor no le había facilitado el dominio de su reino: cuando Eduardo se ciñó la corona por primera vez, todavía era esencialmente el jefe de una facción, un líder privado que necesitaba construirse una autoridad pública para reclamar la lealtad plena de sus súbditos. Al igual que había descubierto Enrique Bolingbroke cuando depuso a Ricardo II y tomó la corona como Enrique IV en 1399, un usurpador estaba obligado a seguir dos estrategias aparentemente opuestas. Por un lado, debía demostrar que sería un gobernante imparcial, capaz de defender el reino y ofrecer justicia a todos sus súbditos; por otro lado, debía recompensar y favorecer a los hombres que lo habían ayudado a ocupar el trono. Aquella no era una tarea fácil, ni siquiera en los tiempos de bonanza; y, en cualquier caso, no era ni mucho menos el único problema al que se enfrentaba Eduardo: también acuciaban la violencia y el desorden públicos causados por más de una década de rebeliones intermitentes, conspiraciones y guerra civil, así como la amenaza de ataques de potencias extranjeras deseosas de aprovechar el momento de desolación y angustia de Inglaterra. Carlos VII de Francia había muerto de infecciones crónicas en la pierna y la mandíbula el 22 de julio de 1461, menos de un mes después de la coronación de Eduardo, pero su beligerante e impulsivo hijo, que lo sucedió como Luis XI, pretendía incomodar al nuevo rey inglés tanto como fuera posible. Además, Eduardo tuvo que construir desde cero un gobierno que funcionara, con hombres en los que pudiera confiar no solo por su lealtad, sino también por su competencia. Por último, tenía que considerar su deber dinástico: engendrar suficientes hijos para asegurarse el futuro y desalentar los planes de cualquiera que hubiera visto su ascenso y considerara la corona una baratija a disputar por cualquiera con añeja sangre real en sus venas. Era una tarea de proporciones colosales.

Eduardo comenzó con los lancasterianos. Buena parte de sus líderes habían muerto en Towton, pero aún sobrevivía un núcleo duro de los leales. Varios castillos costeros de Northumberland estaban en manos de capitanes lancasterianos, y fue necesaria una larga e intensa campaña de asedio para acabar con ellos. La reina Margarita había llevado a Enrique VI y al príncipe Eduardo de vuelta a Escocia, y durante los dos años siguientes intentó conseguir apoyo para una nueva invasión: primero se alió con el Gobierno de Jacobo III y luego buscó la ayuda financiera y militar de Luis XI. Consiguió emprender una invasión del norte de Inglaterra por tierra y mar durante la primavera y el verano de 1463, uniéndose a los defensores de los castillos del norte, pero finalmente fue rechazada y se vio obligada a huir de Inglaterra para siempre. Mientras que Enrique VI permaneció en Escocia, Margarita y Eduardo debieron exiliarse en el continente durante el resto de la década. Jasper Tudor, hermanastro del rey a quien se le había expropiado su condado de Pembroke en virtud de una orden judicial, actuó como intermediario: viajó de Francia a Escocia y viceversa, al tiempo que intentaba reunir una flota de invasión y se afanaba en hostigar la costa galesa. Otro pequeño grupo de lancasterianos acérrimos, entre ellos Henry, duque de Exeter, y sir John Fortescue, permanecieron con la reina en un exilio empobrecido. Sus esfuerzos por regresar encontraron una fuerte resistencia y, para colmo de males, en octubre de 1463 Eduardo pactó una tregua con Francia que prohibía a Luis XI comprometerse con los lancasterianos, lo cual desvaneció todas las esperanzas de un rápido regreso.

Mientras tanto, se eliminó definitivamente a los simpatizantes que mantuvieron su actividad rebelde en Inglaterra. Aunque el parlamento solo condenó a unos pocos por su participación en los enfrentamientos de 1455-1461, se tomaron medidas para aplastar a los más violentos. Amplias comisiones judiciales visitaron las ciudades rebeldes e impusieron una justicia ejemplar a los habitantes de todo el reino. En algunos lugares, las cabezas cortadas de traidores y rebeldes se dejaban pudrir en postes hasta seis meses. Muchas de estas cabezas pertenecían a personas de baja cuna y desdichados, pero otras veces caían de hombros nobles. Entre ellas estaba la del anciano y enfermo John de Vere, conde de Oxford, que había destacado por su neutralidad en todos los conflictos armados hasta la fecha. En febrero de 1462, Oxford fue arrestado junto a su hijo mayor Aubrey y juzgado por traición, por conspirar contra la vida de Eduardo. Se ejecutó a los dos hombres con una semana de diferencia en Tower Hill, en «un cadalso de cuatro pies [de] altura […] para que todos los hombres lo vieran».[3]

Los primeros esfuerzos de Eduardo por sofocar las rebeliones lancasterianas recayeron sobre Warwick y los Neville. A Warwick se le confió la defensa del norte: pasó casi tres años librando una fatigosa guerra fronteriza en la que grandes castillos como Alnwick, Norham y Bamburgh fueron reducidos con «gran ordenanza y cañones» y la resistencia de los rebeldes y sus aliados escoceses se abatió lentamente, pero sin piedad. En recompensa por estos deberes y por su prolongado y difícil servicio anterior, se entregaron a Warwick todas las tierras y cargos arrebatados a los derrotados lancasterianos. Fue nombrado almirante y gran chambelán de Inglaterra, y alcaide de los Cinque Ports y del castillo de Dover de por vida; también conservó su inestimable cargo de capitán de Calais. Se convirtió en alcaide de las marcas del este y del oeste en el norte, por lo que devino en la única autoridad militar por debajo del rey. Se convirtió en mayordomo de todo el ducado de Lancaster. Posteriormente, heredó todas las tierras de su madre cuando esta murió en 1462. Tomó el mando de enormes extensiones de territorio, sobre todo en el norte, donde se le adjudicaron antiguas propiedades de Percy. Se confirmó, en definitiva, como el noble más rico y preeminente del reino.

Su familia compartió el botín. El tío de Warwick, William, lord Fauconberg, fue elevado a conde de Kent; por su parte, John Neville fue nombrado lord Montagu (y posteriormente conde de Northumberland, el antiguo título de Percy). George Neville, el leal obispo de Exeter que había predicado la ascensión de Eduardo IV en San Pablo en 1461, fue recompensado con el nombramiento como canciller y su traslado al arzobispado de York, ascenso que celebró con una espléndida fiesta en la que se agasajó a seis mil invitados durante varios días de juerga y glotonería en el castillo de Cawood, en Yorkshire: se dice que disfrutaron de más de cien bueyes y veinticinco mil galones de vino en presencia del hermano menor del rey, Richard, duque de Gloucester. Los Neville habían apoyado a los York hasta que consiguieron la corona, y recibieron su agradecimiento en deslumbrante abundancia.

Por supuesto, otras familias nobles también salieron ganando cuando Eduardo IV se dispuso a ampliar su base política. Se recompensó a la familia Bourchier por su lealtad: Henry, hermano mayor de Thomas Bourchier, arzobispo de Canterbury, fue nombrado conde de Essex. En la propia familia de Eduardo fue su joven hermano y heredero, George, quien más se benefició de la victoria yorkista. George fue nombrado duque de Clarence y recibió una gran extensión de antiguas tierras lancasterianas, incluido el condado de Richmond del difunto Edmund Tudor. En Gales, William, lord Herbert, recibió la mayor parte de las propiedades confiscadas a Jasper Tudor, la custodia del hijo y heredero de Edmund Tudor, Enrique Tudor, y un poder prácticamente ilimitado en el principado. En la casa real, el principal beneficiario fue William Hastings, que se convirtió en lord Hastings, chambelán de la casa, guardián de la presencia y la voluntad del rey. También se cultivaron relaciones prometedoras: el terrateniente del oeste del país Humphrey Stafford se convirtió en un importante aliado, al igual que el caballero de Bedfordshire sir John Wenlock; ambos fueron elevados al baronato por su amistad y servicio. Sin embargo, ninguno gozó de tanto prestigio y favor real como hicieron los Neville.

O, al menos, eso parecía hasta que en 1464 ocurrió algo extraordinario. Entre todas estas viejas y nuevas casas unidas por su apoyo político al rey yorkista, floreció otra familia que, a pesar de sus humildísimas raíces, llegaría a superar a casi todas las demás en poder y prestigio: los Woodville, cuya fortuna estaría unida a la de la casa de York durante las dos décadas siguientes.

*

Se acercaba el otoño y la fiesta de Michaelmas: una festividad que coincidía con el final de la cosecha y que toda Inglaterra se levantaba para celebrar con diversiones, comida y bebida en abundancia y buen humor. Era mediados de septiembre de 1464 y los lores de Inglaterra habían acudido a la abadía de Reading para celebrar una conferencia con su rey. Se reunieron en la gloriosa capilla de la abadía, un lugar íntimamente relacionado con la historia antigua de la Corona inglesa, sobre todo porque fue el lugar de descanso del gran rey normando y legislador Enrique I y su segunda esposa y reina, Adela de Lovaina.[4] Había varios asuntos políticos entre manos, entre ellos una nueva acuñación muy controvertida, por la que el valor de las monedas inglesas se reduciría en una cuarta parte y la Corona obtendría grandes beneficios. Sin embargo, la preocupación más acuciante de todas era la más personal. Los lores se habían reunido para discutir el matrimonio de Eduardo.

Joven, vigoroso y soltero, Eduardo era un rey soltero cuya elección de esposa interesaba a muchas personas. El matrimonio ofrecía la oportunidad de establecer una alianza duradera con una de las potencias al otro lado del canal de la Mancha. Era una oportunidad para que Eduardo tuviera un hijo y un heredero, una necesidad tan imperiosa como las demás. Además, serviría para que el rey demostrara al reino que estaba madurando y tomándose en serio sus obligaciones, ya que, como dijo un cronista, «los hombres se maravillaban de que nuestro soberano señor llevara tanto tiempo sin esposa, y siempre temieron que no hubiera sido casto en su vida».[5]

Había muchas esposas posibles, y cada cual representaba un camino diferente en la política continental. En 1461, Felipe el Bueno, duque de Borgoña, había sugerido un matrimonio con su sobrina, una hija del duque de Borbón —al parecer, una joven bastante hermosa—, y en 1464 insinuó que esta propuesta seguía en pie. Una alianza con Borgoña tenía grandes ventajas comerciales y sería bien recibida por las élites mercantiles de la ciudad de Londres, que habían apoyado la causa yorkista durante tanto tiempo. También se le ofertó la mano de Isabel, la hermana y heredera de Enrique el Impotente de Castilla, un reino vinculado con la Corona inglesa y la familia Plantagenet desde el siglo XII. Eduardo también podía mirar hacia el norte: en un momento dado, durante la peor época de los primeros años de su reinado, se pensó en casar al rey con María de Güeldres, la regente escocesa y madre de Jacobo III, aunque era una mujer cuya promiscua reputación era incluso peor que la de Eduardo. Por último, y quizá más prometedor, se avanzó en las negociaciones con Luis XI de Francia para crear una alianza anglo-francesa mediante un matrimonio con una princesa de la casa de Valois.

Un partido francés era, con mucho, la oferta más atractiva para quienes creían tener influencia sobre el rey inglés. Warwick y lord Wenlock habían mantenido negociaciones secretas con los franceses al menos desde la primavera de 1464, y posiblemente desde el otoño anterior. En septiembre de 1464, Warwick creía estar a punto de asegurarse la mano de la cuñada del rey francés, Bona de Saboya. La principal ventaja de una alianza matrimonial con Luis era que acabaría neutralizando los restos de la oposición lancasteriana, pues, sin el apoyo de los franceses y sus aliados, Margarita de Anjou nunca podría liderar una invasión para restaurar al patán de su marido en la Corona inglesa. También había ciertas ventajas comerciales que podrían compensar la pérdida de negocios a causa del abandono de Borgoña. Warwick gozaba de un considerable prestigio personal ligado a las negociaciones: le encantaba que se hablara de él en las cortes y pasillos de los palacios europeos como el poder detrás del trono inglés y como cabeza del joven rey que él mismo había creado. Los embajadores y dignatarios bromeaban diciendo que los ingleses no tenían «más que dos gobernantes, M. de Warwick y otro cuyo nombre he olvidado», como escribía uno de ellos en una carta a Luis XI.[6] Estas cosas le hacían mucha gracia a Warwick, cuyo poder terrateniente era equiparable a su amor por las galas, la ostentación y la excelencia personal. Sin embargo, como descubrió abruptamente en Reading en septiembre de 1464, su papel como principal impulsor de la política inglesa no era tan sólido como creía.

Warwick llegó a Reading con la esperanza de que se le pidiera a él y a lord Wenlock que acudieran a una conferencia con Luis XI en Saint-Omer —una ciudad no lejos de Calais— para ultimar el matrimonio de Eduardo con Bona de Saboya. El consejo en pleno deseaba escuchar las ideas generales que subyacían a la alianza francesa que naturalmente se derivaría de la unión. Sin embargo, cuando Eduardo se reunió con ellos en la iglesia de la abadía, les anunció una noticia que conmocionó al reino: no se casaría con Bona de Saboya ni con ninguna princesa extranjera, pues ya estaba casado, y desde hacía varios meses. Su esposa, la nueva reina consorte de Inglaterra, era una viuda de un miembro de la baja nobleza fallecido recientemente. Rondaba la veintena y tenía dos hijos. Se llamaba Isabel Woodville.

Era una mujer de piel clara, ojos oscuros y cabello castaño a la moda sobre una frente alta, con una nariz esbelta y perfilada que terminaba en una pequeña protuberancia que anunciaba la curva tersa y redondeada de su barbilla.[7] A los veintiséis o veintisiete años seguía siendo hermosa y, aunque no pertenecía a los niveles más altos de la nobleza, tenía cierta fama gracias a su padre, Richard Woodville, lord Rivers. Rivers había sido un terrateniente menor en Kent y Northamptonshire hasta 1437, cuando se casó con Jacquetta de Luxemburgo, viuda del poderoso tío de Enrique VI, John, duque de Bedford. El espectacular enlace catapultó a los Woodville, hasta entonces irrelevantes, a la aristocracia: se relacionaron tanto con la casa real lancasteriana como con varias grandes familias europeas, entre ellas los condes luxemburgueses de Saint-Pol y los duques de Borgoña. Rivers supo consolidar su excelente matrimonio logrando sólidas uniones nobiliarias a su familia. Su hijo Anthony Woodville se casó con la heredera de lord Scales, y la joven Elizabeth Woodville había estado casada con sir John Grey, heredero de lord Ferrers de Groby, con quien había tenido dos hijos, Thomas y Richard Grey.

Dada la conexión de lord Rivers con Enrique VI, los Woodville habían sido leales lancasterianos y participantes activos en las guerras contra los yorkistas. Rivers era uno de quienes en enero de 1460 estaban reuniendo una flota para Enrique VI en Sandwich cuando, en una incursión relámpago, el conde de Warwick lo secuestró a él y a sus compañeros y los llevó a Calais para interrogarlos. De hecho, fue en Calais donde Rivers se encontró por primera vez con el futuro Eduardo IV: en una humillante ceremonia alumbrada con antorchas ante una asamblea de partisanos yorkistas, Warwick y Eduardo, entonces conde de March, «reprendieron» —es decir, ofendieron e increparon— al cautivo lord Rivers por su humilde educación, «llamándolo hijo de bribón» y burlándose de su sangre innoble.[8] Liberados de su terrible experiencia, Rivers y su hijo Anthony lucharon en el bando perdedor en Towton. Habían sobrevivido a aquel baño de sangre y Eduardo los indultó después, pero el marido de Isabel Woodville, sir John Grey, había tenido menos suerte en el negocio de la guerra: murió luchando por los lancasterianos en la segunda batalla de Saint Albans.

Las circunstancias del matrimonio de Isabel con el rey fueron muy misteriosas. Se decía que la pareja se había casado «privadamente en un lugar secreto» en la propicia ocasión del Primero de Mayo de 1464, muy probablemente en una ceremonia en la casa de Rivers en Grafton, Northamptonshire.[9] Desde entonces, habían mantenido la boda en secreto durante casi cinco meses. Circuló el rumor —embellecido con cada nueva versión— de que el rey había prometido casarse con Isabel como el medio más directo para llevársela a la cama, y que Isabel había intentado defender su honor amenazando a Eduardo con una daga antes de sucumbir a su encanto juvenil.[10] Esta apasionante leyenda se incluyó en el poema cortesano italiano *De mulieribus admirandis* ('Sobre las mujeres admirables'), escrito en *terza rima* por Antonio Cornazzano poco antes de octubre de 1468, por lo que es evidente que tuvo un atractivo romántico en toda Europa. Probablemente, el relato de Cornazzano tenía más de fantasía poética que de verdad histórica. Todo lo que sabemos por fuentes inmediatas al acontecimiento es que, una semana después de que se hiciera pública la boda de Eduardo con Isabel Woodville, los canales diplomáticos bullían con la noticia de que el rey había «decidido tomar a la hija de milord Rivers, viuda y con dos hijos, a la que, al parecer, ama desde hace mucho tiempo».[11]

La idea de que el nuevo rey se había casado por amor, y no para obtener un mero beneficio político, debió ser la explicación más coherente para los desconcertados embajadores que cotilleaban en las cortes de Europa. ¿Cómo explicar si no el asombroso ascenso de Isabel Woodville, la reina consorte más improbable de la historia de Inglaterra? Entre sus imperfecciones, no era la menor el hecho de ser inglesa. Desde la conquista normanda, es decir, desde hacía cuatro siglos, ningún rey de Inglaterra se había casado con una de sus súbditas; el último en hacerlo había sido Eduardo el Confesor, que se casó con la noble y virginal Edith de Wessex en 1045.[12] Como súbdita inglesa, Isabel no aportaba ningún beneficio diplomático ni ninguna alianza exterior útil. Más bien al contrario: su numerosa familia ya destacaba por su ambición social y su evidente deseo de progresar gracias a los títulos y propiedades de otras familias mediante el matrimonio. Con dos hijos, un padre y más de diez hermanos, Isabel traía consigo varios compromisos y subvenciones reales que tendrían que satisfacerse en parte con los preciados recursos de la Corona. Prometía a la Corona menos incluso de lo que había aportado la empobrecida Margarita de Anjou cuando se casó con Enrique VI en 1445.

De hecho, el abrupto matrimonio de Eduardo amenazaba con perjudicar pronto a Inglaterra, tanto dentro como fuera del país. Al rey francés le desconcertó la presentación de Isabel, de la que no tuvo noticia hasta que Warwick y Wenlock no acudieron a Saint-Omer para la conferencia sobre Bona de Saboya. Isabel de Castilla se quejaría mucho más tarde de que se le había «vuelto el corazón» de Inglaterra «por la antipatía que sintió contra el rey [...] por rechazarla y tomar por esposa a una viuda de Inglaterra».[13] Es casi seguro que a Warwick, como a la mayoría del resto de la nobleza inglesa, aquella boda también le sorprendió. Como dijo un cronista, tuvo motivos para «refunfuñar un poco» por la excéntrica y, en apariencia, enamorada elección de esposa de su joven protegido.[14] Testigos perplejos escribieron que el matrimonio causó «gran disgusto a muchos grandes señores» y «ofendió mucho al pueblo de Inglaterra».[15]

Sería absurdo ignorar por completo el amor —la explicación contemporánea más común— como factor relevante en el matrimonio Woodville.[16] Sin embargo, también es posible, en retrospectiva, detectar una línea de pensamiento político que bien pudo haber convencido a Eduardo de que dicho «matrimonio por amor» era también una herramienta política útil. ¿Podría ser que los escritores románticos y los embajadores chismosos que cotilleaban sobre la incontinencia sexual del rey pasaran por alto la dimensión política más amplia de la boda Woodville?

Sin duda, en 1464 Eduardo era un joven de veintidós años carismático y extremadamente impetuoso, que no había disfrutado de ningún aprendizaje ni formación para llevar una corona y que, en esencia, estaba desarrollando su papel sobre la marcha. Sin embargo, no era completamente imprudente ni desatendía las convenciones, y su corona se había ganado con un coste personal mayor que el de cualquier otro rey Plantagenet anterior a él. Así pues, tal vez podamos considerar que su elección de Isabel de Woodville encaja en un modelo de monarquía audaz y bienintencionada, aunque en ocasiones muy ingenua, que caracterizó, al menos, los cinco primeros años del reinado de Eduardo.

Eduardo seguía luchando por su trono durante la primavera de 1464. Parte de este esfuerzo era militar, y parte implicaba una campaña planificada de persuasión: un llamamiento de lealtad a su reino. En concreto, uno de los pilares de su conquista del poder fue la alianza, allí donde fuera posible, con los lancasterianos exiliados y derrotados.

El lancasteriano más destacado —aunque también el más desagradecido— que estrechó la mano conciliadora de Eduardo fue Henry Beaufort, duque de Somerset, uno de los principales comandantes en Towton y un hombre cuya oposición a los yorkistas se había basado fundamentalmente en el odio y el miedo. Somerset huyó del reino en 1461 y había sido proscrito y despojado de sus derechos durante su ausencia, pero, tras verse envuelto en las guerras de los castillos de Northumbria en 1462, lo capturaron en Bamburgh y se entregó a la custodia del rey.

En lugar de ejecutar, humillar o castigar a Somerset —como seguramente habría hecho la reina Margaret si su bando hubiera resultado victorioso en Towton y un yorkista de la categoría de Henry Beaufort hubiera caído bajo su custodia—, Eduardo trató al duque de veintiocho años con un afecto e indulgencia extraordinarios. Un cronista señaló asombrado que Somerset «se alojó con el monarca en su propia cama muchas noches, y a veces cabalgaba a la caza detrás del rey», y que en la escolta real había tantos hombres de Somerset como de Eduardo. «El rey lo amaba mucho» concluyó el cronista, y estaba en lo cierto.[17] A los seis meses de su captura en Bamburgh, se restituyó a Somerset a la vida pública y se le devolvieron sus propiedades; además, se le permitió servir en las armas junto a Warwick y se lo invitó a grandes torneos en el sur. Fue una rehabilitación política muy rápida que no satisfizo a todo el mundo: un corresponsal llamado John Berney escribió desde Norfolk a John Paston para denunciar que había muchas quejas entre los yorkistas locales, que pensaban que los «grandes enemigos del rey y opresores de los comunes» eran recompensados en lugar de castigados, mientras que no se destinaba suficiente botín de la victoria a «aquellos que habían ayudado a su alteza».[18] Sin embargo, Eduardo había tomado una decisión: utilizaría a Somerset como prueba viviente de que podía gobernar como rey para todo el reino y no solo para sus aliados personales.

Por desgracia, a la rápida rehabilitación de Somerset le siguió una caída en desgracia igual de apresurada. Mientras disfrutaba de la hospitalidad de Eduardo, «el duque pensó en la traición bajo la alegría y las buenas palabras».[19] A finales de noviembre de 1463, Somerset cabalgó a Northumberland para reunirse con el debilitado Enrique VI y avivar de nuevo la insurrección. Fueron necesarias dos batallas en el extremo norte —en Hedgeley Moor el 25 de abril de 1464 y en Hexham el 15 de mayo— para aplastar la rebelión y acabar con los últimos rescoldos de la revuelta lancasteriana. Lord Montagu dirigió las fuerzas reales en ambas batallas; capturaron a Somerset en Hexham y lo ejecutaron al día siguiente, junto con varias docenas de otros renegados lancasterianos.

Es en todo este contexto —y no en las elucubraciones de muchos cronistas y poetas posteriores, que imaginaron mitos románticos sobre el afecto del rey por su nueva esposa— donde debemos ubicar el matrimonio de Eduardo IV con Isabel Woodville.[20] El rey intentaba desesperadamente —quizá demasiado desesperadamente—, por una parte, dotar a los antiguos y nuevos aliados del poder terrateniente y la confianza real que necesitaba para asegurar su reino; por otra, ofrecer una mano amiga a quienes habían luchado en el lado equivocado durante la guerra. Apenas había tenido éxito con las familias lancasterianas más antiguas: además de la traición de Somerset, Eduardo también había intentado reconciliar a sir Ralph Percy, quien había abusado de su generosidad. Precisamente cuando se casaba en secreto con Elizabeth Woodville, los Neville volvían al campo de batalla para defender su corona en el norte; al mismo tiempo, otros aliados se agachaban y se tapaban los oídos ante el estruendo de las armas de asedio que intentaban someter a los obstinados defensores de los castillos norteños. Eduardo era demasiado dependiente de sus viejos amigos e incapaz de pacificar a sus enemigos de siempre.

Entonces, en el periodo entre las batallas de Hedgeley Moor y Hexham, Eduardo se encontró cerca de Grafton en presencia de una familia lancasteriana relativamente conocida, aunque de segunda categoría, pero una de cuyas hijas resultó ser muy atractiva para él. Isabel había tratado muy estrechamente con el chambelán y confidente de Eduardo, lord Hastings, para salvaguardar su parte de las tierras de su difunto marido frente a la familia Bourchier, que las reclamaba: su nombre y su situación eran, por tanto, familiares para el rey; probablemente, Isabel había expuesto su caso a Eduardo en persona con la bendición de Hastings. Así, este ya la conocía y comprendía perfectamente sus antecedentes: se trataba de la hija mayor de una familia lancasteriana que buscaba activamente el favor y el patrocinio reales. Un matrimonio encubierto debía de parecer una política con muy pocos riesgos y muchas ventajas: era una novia que demostraría el compromiso de Eduardo con un gobierno real imparcial; además, su familia no era tan ambiciosa ni orgullosa como para sentir que podían ganar algo traicionando su confianza. Además, había una importante dimensión exterior: un matrimonio doméstico, que podía explicarse por la impulsividad romántica de un rey joven e inmaduro, también significaba que Eduardo podía eludir el matrimonio con Bona de Saboya y, por ende, evitar comprometer su política exterior con Francia tan pronto, lo que a su vez le ahorraría disgustar a sus aliados borgoñones, cuyo favor —y negocios— eran vitales para la salud de los comerciantes de Londres.

El matrimonio resultaría comprometido para el conde de Warwick, que dirigía las negociaciones exteriores, pero, en términos netos, Warwick se había beneficiado sobradamente de la victoria yorkista. Tomar una novia elegida por la familia Neville habría reforzado la evidente y desagradable percepción de que Eduardo era el rey títere de Warwick. El hecho de que el rey contradijera a su principal aliado ponía de manifiesto que en el matrimonio, como en todas las demás cosas, era prerrogativa del rey hacer lo que él, y solo él, decidiera.[21]

Aun así, la boda se celebró en secreto —quizá con la esperanza de poder negarla en caso necesario— y se ocultó hasta el momento en que anunciarla fuera políticamente conveniente o necesario. Dicho momento fue la Navidad de 1464, cuando el consejo presionó a Eduardo para que contrajera matrimonio en el extranjero. Para entonces, su corona estaba lo suficientemente segura como para admitir una decisión polémica; ya no podía aplazar más la cuestión sobre un matrimonio francés. De ahí la conmoción y la sorpresa del día de San Miguel, cuando Isabel Woodville se presentó a la corte inglesa en Reading, en presencia del duque George de Clarence, de catorce años, presunto heredero del rey, y de un contrariado Richard Neville, conde de Warwick.

*

La arena crujía bajo los pies de Elizabeth Woodville cuando cruzó el río Támesis por el puente de Londres y entró en la capital de Inglaterra para ser coronada reina. Durante el invierno anterior, se había limpiado el puente y eliminado sus repugnantes vapores. Además, se habían vertido cuarenta y cinco cargas de arena para asegurar que no resbalaran los numerosos lores, damas y dignatarios que iban a cruzarlo en el fin de semana de celebraciones que siguió.[22] Era el viernes 24 de mayo de 1465, y el reino estaba a punto de dar la bienvenida no solo a una nueva reina, sino también a toda una nueva generación de nobles que buscaban su lugar en un mundo aún en reconstrucción.

Como siempre que se celebraba un acontecimiento de magnificencia real, Londres ofreció un maravilloso espectáculo. El centro del puente se llenó de color con un enorme escenario cubierto de telas y papeles dorados y verdes, negros y blancos, rojos y morados, que enmarcó a actores y actrices vestidos de ángeles rubios, con alas confeccionadas con cientos de plumas de pavo real. Un actor disfrazado de santa Isabel leyó un saludo mientras las voces blancas de los niños cantaban alabanzas a la reina desde las ventanas de la capilla de Santo Tomás. Todo Londres, como era habitual, se llenó de multitudes y desfiles, e Isabel, como tantas reinas antes que ella, avanzó con paso firme por las calles estrechas, pero bien pavimentadas, gozando de las orgullosas escenas que se desarrollaban ante ella.

Dos días más tarde, el domingo de Pentecostés, 26 de mayo de 1465, fue coronada en la abadía de Westminster tras ser recibida en el vestíbulo del palacio adyacente por las jóvenes figuras de Clarence y John Mowbray, cuarto duque de Norfolk y mariscal de Inglaterra, que había heredado el ducado a la muerte de su padre en noviembre de 1461. Clarence tenía quince años y medio y Mowbray, solo veinte; apenas eran adultos, pero ya ostentaban el rango y el título más altos. Se reunieron con la nueva reina sobre la silla de montar: pasearon por el abarrotado Westminster Hall en robustos caballos de tersos lomos cubiertos con telas bordadas en oro. La saludaron y la comitiva se dirigió del palacio a la abadía. Junto a la nueva reina caminaban la hermana del rey, Elizabeth, duquesa de Suffolk, que entonces tenía veintiún años, y la hermana de la reina, Margaret, de once años y prometida al heredero del conde de Arundel. Acompañaban a estas jóvenes otras cuarenta dignas mujeres, desde duquesas hasta esposas de caballeros, todas vestidas de escarlata, con pieles blancas de ardilla y armiño para distinguir a las de mayor rango de las de menor. La hermana pequeña de la reina, Catherine, de unos siete años, y su prometido de diez, Henry Stafford, duque de Buckingham, nieto y heredero del viejo duque muerto en la batalla de Northampton, subían y bajaban sobre la multitud. Esta diminuta pareja gozaba de la mejor vista de la casa: iban a hombros de escuderos, por encima de la noble multitud.

Una vez en la abadía, la brillante ceremonia siguió con una larga y fastuosa coronación. Se cantaron misas y el Te Deum. Isabel se sentó, se levantó y se volvió a sentar con cetros en las manos y una corona en la cabeza. Después regresó a Westminster Hall para su banquete de coronación, donde la acompañaron y honraron más nobles. Algunos, como Henry Bourchier, conde de Essex, eran altos cargos del reino, pero la mayoría de los hombres destacados en puestos ceremoniales eran de la propia generación de la reina. John de la Pole, duque de Suffolk, de veinticuatro años, sostenía a su derecha uno de sus cetros, mientras que John de Vere, conde de Oxford con veintidós años —tras las ejecuciones de su padre y su hermano mayor por traición—, servía agua de un cuenco sostenido por Clarence. La sala resplandecía de fulgor y pompa, las mesas estaban repletas de comida y bebida y la música de los juglares sonaba con instrumentos de todos los tamaños y formas. Las trompetas tocaban solemnes conforme cada plato del festín se presentaba ante la mesa de la reina.[23] Era un espectáculo deliberadamente juvenil, apropiado para una monarquía reciente y poco convencional. En el centro de todo estaba un grupo de hombres y mujeres jóvenes que habían sido arrojados al salvaje mundo político inglés en apenas unos meses. Si las batallas de la década de 1450 y principios de la de 1460 se habían librado entre hombres de edad avanzada que luchaban por rivalidades de décadas, la coronación de Isabel levantó a una generación que podría liberarse de las sangrientas ataduras del pasado.

*

A la coronación de la reina le siguió un gran golpe para el gobierno de Eduardo. Durante las revueltas que condujeron a las batallas de Hedgeley Moor y Hexham en 1464, el exiliado Enrique VI se había introducido en Inglaterra clandestinamente desde Escocia. Pasó el año siguiente huyendo en el extremo norte, escondiéndose de sus enemigos en los pocos bastiones lancasterianos que quedaban. Al principio se refugió en la enorme fortaleza costera de Bamburgh, pero, cuando los cañones de Warwick la destruyeron, Enrique se trasladó primero al castillo de Bywell, en Northumberland, antes de retirarse a escondites más remotos en los escarpados y fríos Peninos. Algunas ocasiones se alojó en casa de John Maychell, en la mansión cumbria de Crackenthorpe; otras se escondió entre comunidades de monjes simpatizantes. Era más un fugitivo que un rey que regresaba, pero, finalmente, no fue ni lo uno ni lo otro: un día de mediados de julio de 1465, Enrique estaba cenando con otro de sus cobijados, sir Richard Tempest de Waddington Hall, cerca de Clitheroe, en Lancashire, cuando un numeroso grupo de hombres, entre ellos John Tempest, hermano de sir Richard, irrumpió en el comedor e intentó arrestarlo. En la refriega, Enrique pudo huir de la casa hacia los bosques cercanos junto a un puñado de leales sirvientes. Sin embargo, sus días de vagabundeo habían llegado a su fin. El 13 de julio, el rey depuesto y sus ayudantes fueron localizados y capturados en Bungerly Hippingstones, un cruce del río Ribble.[24] Montaron a Enrique en un caballo, «con las piernas atadas al estribo», y marchó triunfalmente desde Lancashire a Londres, donde lo trasladaron a la Torre de Londres para que permaneciera allí indefinidamente.[25]

Lo alimentaron relativamente bien, le dieron vino de las bodegas del nuevo rey, de vez en cuando le regalaban un vestido de terciopelo y le permitían recibir visitas, siempre que sus carceleros las examinaran. Quizá lo más sorprendente de todo es que el depuesto y encarcelado rey Enrique no fue asesinado. Tal había sido el destino de los dos reyes Plantagenet que habían perdido sus coronas antes que él: Eduardo II murió bajo custodia en el castillo de Berkeley en 1327 y Ricardo II fue asesinado en Pontefract en 1400, el año siguiente a su deposición. Irónicamente, quizá la supervivencia de Enrique fue el resultado de su lamentable ineficacia como rey: era muy difícil justificar el asesinato de un hombre que no había hecho nada malo ni cruel, sino que únicamente se había ganado su destino gracias a su penosa simplicidad. Permitir que Enrique siguiera vivo fue una decisión arriesgada de la que Eduardo IV se arrepentiría. Sin embargo, en 1465 debió de parecerle un acto valiente y magnánimo.

Con Enrique en jaula de oro y sus enemigos contenidos en el norte, el reinado de Eduardo empezó a estabilizarse. Su matrimonio con Isabel, por mucho que hubiera sorprendido tanto en casa como en el extranjero, le permitió ampliar su base de apoyo real. La numerosa familia de la reina comenzó a vincular a muchas de las otras grandes familias de Inglaterra dentro de la nueva casa real. Dos años después de la boda real, cinco de las hermanas de la reina contrajeron matrimonio. La joven Catherine ya estaba casada con el duque de Buckingham, menor de edad. Siguieron otros matrimonios. Anne y Joan Woodville se casaron con los herederos de los condes de Essex y Kent, respectivamente. Otras dos hermanas, Jacquetta y Mary, se emparejaron con lord Strange y el heredero de lord Herbert, que más tarde se convertiría en conde de Pembroke. Anthony Woodville —el mayor de los hermanos— se casó con la heredera de lord Scales, y él mismo utilizó el título a partir de 1462. Thomas Grey —el hijo mayor de Isabel— se casó con Anne Holland, hija del duque de Exeter. Esta red de emparejamientos entre los parientes de la reina y los jóvenes de la aristocracia inglesa estrechó vínculos entre la nueva familia real y las futuras generaciones de dinastías nobiliarias con propiedades, intereses y seguidores por todo el reino: se tejerían nuevos hilos de conexión real desde Anglia Oriental y las Midlands hasta Gales y el oeste del país. Sin embargo, en poco tiempo, la creación de esta nueva y extensa hilatura real se convirtió en un motivo de disputa entre Eduardo y el hombre que se sentía más en deuda con el nuevo régimen. A medida que los Woodville aumentaban su poder y Eduardo se estabilizaba, el conde de Warwick empezó a sentirse cada vez más incómodo. Una sucesión de enfrentamientos políticos y personales entre el rey y su mayor súbdito estaba llegando a un punto crítico. Los dos hombres cuya alianza familiar había asegurado la Corona yorkista estaban a punto de hacer saltar todo el proyecto por los aires.

14

Tiempos diversos

Desde el principio de su reinado, Eduardo estaba decidido a presentarse como rey no solo por derecho de conquista, sino por derecho de sangre y nacimiento y hasta de destino. Tras su coronación en 1461, encargó que se publicara un vasto rollo manuscrito iluminado de seis metros que ilustraba su antigua pretensión de ser rey, no solo de Inglaterra y Francia, sino también de Castilla, cuyo derecho sobre ella también proclamaba la casa de York ocasionalmente. El «rollo de la coronación», elaborado durante meses de minucioso trabajo poco antes de la boda del rey con Isabel Woodville en 1464, era un mosaico de colores, nombres, escudos heráldicos y tablas dinásticas. En la parte superior resplandecía Eduardo, en armadura de placas sobre un caballo de guerra de vistosos colores, con una enorme espada en la mano derecha, una corona de oro en la cabeza y una sonrisa regia y triunfante en sus rojos labios. Bajo esta magnífica figura se extendía una genealogía repleta de detalles, que explicaba la descendencia del rey desde Adán y Eva, pasando por Noé y todas las épocas conocidas de la historia de la humanidad, hasta confluir en las tres líneas reales principales de Inglaterra, Francia y Castilla, todas las cuales fluían a través de Ricardo, duque de York, y descendían hasta una estrella de ocho puntas que representaba de nuevo a Eduardo. En esta extraordinaria demostración pública de la sangre real del monarca, ordenada por el cielo, lucían los símbolos personales favoritos de Eduardo: el grillete que su padre había llevado en sus ropajes cuando reclamó la corona por primera vez en 1460; el toro negro, que representaba la verdadera reivindicación de la familia Mortimer a la Corona inglesa; las armas de Cadwalladr, antiguo rey de los britanos; el sol dorado, que recordaba tanto la verdadera línea Plantagenet descendiente de Ricardo II como, más recientemente, la victoria de Eduardo en la Mortimer's Cross, y el más famoso de todos, la rosa blanca de cinco puntas, el símbolo resplandeciente de la casa de York.[1]

A pesar de todo este magnífico despliegue visual, la casa de York necesitaba un heredero. El rey tenía dos hermanos menores —George, duque de Clarence, y Richard, duque de Gloucester— y tres hermanas —Anne, duquesa de Exeter, Elizabeth, duquesa de Suffolk y Margaret de York—. Sin embargo, su reinado solo se consolidaría cuando tuviera un hijo y heredero. Por esta razón, durante los primeros días de 1466, el confinamiento de la reina Isabel en los nuevos aposentos reales del palacio de Westminster para dar a luz a su primer hijo suscitó gran expectación.

El bebé nació el 11 de febrero en una habitación atendida únicamente por mujeres; ni siquiera se permitió la entrada del médico personal de la reina, el doctor Dominic de Sirego. Era un bebé sano, aunque no el varón que el rey había estado esperando. La niña se llamó Isabel, un nombre de viejo abolengo Plantagenet, además de habitual en la familia Woodville.[2] Se trató tanto al bebé como a la madre con honor y reverencia. Sorprendentemente, Isabel fue la primera princesa nacida de una reina efectiva de Inglaterra en más de cien años. Recibió un espléndido bautizo, en el que sus abuelas —Cecily, duquesa de York, y Jacquetta, duquesa de Bedford—, ejercieron de madrinas. También acompañó el bautizo el padrino de la princesa, Richard, conde de Warwick.

Nunca se sabrá qué pensaba Warwick durante el bautizo. Si le disgustaba el matrimonio de Eduardo con Isabel Woodville, en ese momento se estaba mordiendo la lengua. Ciertamente, seguía obteniendo pingües beneficios por su posición como el mayor magnate del rey. Presidió la fastuosa ceremonia de consagración para recibir a la reina en sociedad tras el nacimiento de la princesa, evento público que recordaba a su ostentoso acompañamiento del cautivo Enrique VI por las calles de Londres en julio de 1465. En la primavera de 1466 recibió el encargo de firmar un tratado con Borgoña, a pesar de su clara preferencia por un tratado con Francia. En febrero siguiente, se le permitió llevar un séquito multitudinario en una embajada diplomática a Luis XI; regaló perros ingleses al rey francés y fue recompensado con cofres llenos de dinero, tejidos y vajilla de oro y plata.[3] En casa le llovieron tierras y cargos: el castillo de Cockermouth en Cumberland, el cargo hereditario de alguacil en Westmorland, la custodia de todos los bosques reales al norte del Trent, los beneficios de todas las minas reales de oro y plata de la misma región y la tutela de las tierras del acaudalado par lord Lovell cuando este murió y dejó un heredero menor de edad. Warwick ya era rico, pero cada vez lo era más.[4] Sin embargo, en este contexto de patrocinio real, favor y poderes delegados, comenzaban a abrirse brechas a lo largo de varias líneas entre el rey y su más eminente noble. A medida que avanzaba la primera década del reinado de Eduardo, Warwick sentiría que todo el poder y la riqueza del mundo no podían satisfacer sus ambiciones ilimitadas.

El mayor desacuerdo tenía que ver con la política exterior. El deseo de Warwick de llegar a un acuerdo con Francia, en lugar de perseguir una alianza con Borgoña —la política preferida del padre de la reina, ahora conde Rivers— no había disminuido. Eduardo lo complació hasta cierto punto. Sin embargo, mientras Warwick estaba ausente cortejando a los franceses, el rey socavó frontalmente su misión al recibir con gran esplendor a una embajada rival encabezada por Antonio, el *gran bâtard* ('gran bastardo') de Borgoña, segundo hijo del duque Felipe el Bueno, nacido de una de sus muchas amantes. Al igual que Eduardo IV, el Bastardo era famoso por su gusto por la buena vida, los atuendos enjoyados y las mujeres hermosas. Era un gran compañero y un excelente deportista, célebre por ser uno de los arqueros más hábiles del norte de Europa. Era aficionado a las justas y, cuando llegó a Inglaterra en la primavera de 1467, Eduardo lo recibió con todos los honores. Se había organizado un torneo entre el Bastardo y Anthony Woodville, lord Scales, que se celebraría en West Smithfield, a las afueras de las murallas de la ciudad de Londres. Mientras la grava y la arena de las orillas del Támesis se transportaban hasta el lugar del torneo y los carpinteros del rey construían un gran mirador, se agasajó al Bastardo con paseos por el río en barcazas adornadas con tapices y telas de oro; durmió en camas con doseles dorados en sus alojamientos londinenses y, en general, se paseó por la ciudad con toda la reverencia debida a un rey.

El torneo, celebrado del 11 al 14 de junio de 1467, fue un éxito, a pesar de un primer día decepcionante en el que Scales alanceó al caballo del Bastardo, una maniobra ruin considerada contraria a las reglas de la justa, que dejó al animal «tan magullado que murió [...] poco después».[5] El segundo día, los dos hombres lucharon a pie con hachas de guerra, y se enfrentaron con tal ferocidad que finalmente el rey tuvo que intervenir: les ordenó que se detuvieran y rechazó su petición de terminar la lucha con dagas. El acontecimiento concluyó felizmente: los dos señores se abrazaron y todos celebraron el final del torneo con un gran festín al que asistieron decenas de jóvenes damas inglesas vestidas de forma deslumbrante.[6] No pudo haber mayor muestra de camaradería y afecto cortesano entre las familias gobernantes de Inglaterra y Borgoña. La visita del Bastardo solo se vio interrumpida por la noticia de la muerte de su padre, Felipe el Bueno, el 15 de junio. Su partida puso fin a un encuentro que había ilustrado el franco deseo de amistad del rey.

La muerte del duque Felipe interrumpió la embajada de Warwick a Francia. Regresó cargado de plata y oro, pero consciente de que, durante su ausencia, su posición en los asuntos exteriores se había visto gravemente dañada. Las cosas no iban mejor en casa, donde la expulsión de su hermano George, arzobispo de York, del cargo de canciller —un acontecimiento disimulado bajo el relumbrón de la visita del Bastardo de Borgoña— significaba que también se había apartado a la familia de su posición central en la administración del Gobierno nacional. Mientras el arzobispo caía en desgracia, el conde Rivers, suegro del rey, era recompensado con el ascenso a tesorero y condestable, dos cargos que le otorgaban amplios poderes sobre las finanzas reales y el poder militar. Parecía un golpe diseñado para poner a los Neville en su lugar. Sin embargo, Warwick había hecho mucho para poner a Eduardo en el trono como para tolerar este doble desaire.

Tras la muerte de Felipe el Bueno, la alianza de Eduardo con Borgoña se estrechó cada vez más. La concibió como parte de una amplia estrategia antifrancesa para la cual pactaría alianzas con un anillo de enemigos de Francia: también firmó tratados de amistad con Bretaña, Dinamarca y Castilla, e intentó hacerlo con Aragón y Armagnac.[7] En octubre de 1467, la inteligente, cortesana y bien educada hermana del rey, Margaret, aceptó casarse con Carlos, el nuevo duque de Borgoña —más tarde apodado «el Audaz»—, tras rechazar no menos de cuatro parejas propuestas por Luis XI. Al igual que en el bautizo de la princesa Isabel, Warwick desempeñó un papel central en la ceremonia matrimonial de la hermana del rey. En mayo de 1468 acompañó a Margaret en su salida de Londres por el camino de peregrinación a Canterbury, rumbo al ajetreado puerto de Margate, en la isla de Thanet, desde donde zarparía a bordo de un barco llamado *New Ellen* hacia los Países Bajos y su nueva vida como duquesa en la deslumbrante corte de Borgoña. Warwick y Margaret cabalgaban esplendorosos a lomos del mismo caballo: él delante y ella justo detrás.[8]

A pesar de su papel en la partida de Margaret y del continuo flujo de regalos reales, el malestar de Warwick era cada vez más evidente. El cronista Warkworth creía que el matrimonio de Margaret había consolidado su ruptura con el rey: «Aunque volvieron a alcanzar acuerdos varias veces, nunca volvieron a amarse».[9] Warwick se había visto obligado a aceptar otros dos matrimonios detestables. El hijo de la reina, Thomas Grey, se había casado con la sobrina del rey, Anne Holland, hija única y heredera de Henry Holland, duque de Exeter, a pesar de que habían prometido su mano al sobrino de Warwick. A continuación, se concertó un matrimonio mucho más grotesco e insultante entre John Woodville, de veinte años, y Catalina Neville, tía de Warwick y duquesa viuda de Norfolk. Katherine no solo había enviudado cuatro veces, sino que además tenía unos sesenta y cinco años. Es cierto que el mercado matrimonial medieval solía obedecer más a los principios del ascenso político que a los del romance, pero había ciertos límites de decoro. Si hay algo quc simbolice la impertinencia de los Woodville, es este matrimonio a ultranza entre un vigoroso advenedizo que apenas había salido de la adolescencia y una anciana de sangre azul. Un cronista estimó —catastróficamente— que la duquesa volvía a ser novia a «la temprana edad de ochenta años» y lo calificó de «matrimonio diabólico».[10]

Warwick tenía dos hijas: Isabel, nacida en 1451, y Ana, cinco años más joven, que estaban en edad de casarse o se acercaban a ella. No tenía hijos varones, por lo que el futuro de su familia dependía de que formaran buenas parejas. Warwick deseaba que Isabel se casara con George, duque de Clarence; sin embargo, a principios de 1467, en medio de un desfile aparentemente incesante de emparejamientos entre las familias del rey y la reina y el resto de la nobleza inglesa, Eduardo IV se negó a permitirlo. Esto, junto con la sucesión de agravios previos, fue suficiente para que Warwick se encolerizara. En enero de 1468 se retiró a sus propiedades del norte y se negó repetidamente a asistir al consejo del rey en Coventry si lord Herbert, el conde Rivers o lord Scales estaban presentes. Su participación en la partida a Borgoña de Margaret de York fue una de las últimas veces que se comprometió con el rey de forma significativa en público. Él había creado al monarca, pero ya no lo podía controlar. Se sintió, como dijo un cronista, «profundamente ofendido».

*

En 1468, la experiencia de Eduardo como rey crecía y su familia se ampliaba. En agosto de 1467 nació una segunda hija, Mary, y en marzo de 1469 le seguiría una tercera, Cecily. Sin embargo, los problemas de ser un rey usurpador no habían desaparecido del todo. La amenaza a su corona se había reducido mucho —entre otras cosas porque Enrique VI seguía languideciendo en la Torre de Londres—, pero no se había desvanecido por completo. Tras haber ofendido a Luis XI al aliarse con Borgoña, Eduardo se había expuesto a que las conspiraciones contra su trono volvieran a recibir apoyo francés. En junio de 1468 Jasper Tudor recibió fondos para lanzar una pequeña invasión de Gales. Desembarcó en el castillo de Harlech, asaltó el norte de Gales, capturó el castillo de Denbigh y proclamó a Enrique VI como el verdadero rey en «muchas sesiones y asambleas» celebradas en nombre del antiguo rey.[11] En pocas semanas, un ejército al mando de lord Herbert derrotó y devolvió a Tudor al mar y capturó el «inexpugnable» castillo de Harlech, bastión del lancasteranismo galés desde la ascensión de Eduardo. (Se recompensó a Herbert con el antiguo título de conde de Pembroke de su enemigo). Los capitanes menos afortunados de Harlech, entre ellos un tal John Trueblood, fueron llevados a Londres y decapitados en la Torre. Sin embargo, los problemas de Eduardo IV no se acabaron aquí.

A la invasión de Jasper Tudor siguieron rumores de otros complots. «Ese año muchos hombres fueron acusados de traición», escribió un cronista.[12] Se acusó de conspiración a los concejales de Londres sir Thomas Cook y sir John Plummer y al alguacil Humphrey Hayford, y se los privó de sus cargos. También se detectó una conspiración de nobles en la que estaban implicados John de Vere, heredero del conde de Oxford, que había sido decapitado en febrero de 1462, y los herederos de las familias Courtenay y Hungerford. De Vere fue encarcelado y finalmente indultado, pero los otros dos fueron condenados y ejecutados a principios de 1469. Así ocurrió por todo el reino: «En diversas ocasiones y en diversos lugares de Inglaterra, se arrestó a hombres por traición, y algunos fueron condenados a muerte, otros escaparon», recordaba un escritor.[13] Las conspiraciones se descontrolaban y la violencia crecía en toda Inglaterra. El parlamento de verano de 1467 denunció la oleada de belicismo aristocrático e imploró al rey que se ocupara de los «homicidios, asesinatos, disturbios, extorsiones, violaciones de mujeres, robos y otros delitos que se habían cometido y perpetrado habitual y lamentablemente en todo el reino».[14]

Es difícil saber si la mayor percepción de las conspiraciones se debía verdaderamente a que eran tiempos más peligrosos o, simplemente, a la paranoia en el consejo del rey. Desde finales de 1467 corrían rumores de que Warwick estaba en contacto con Margarita de Anjou, que vivía en un lamentable exilio con una pequeña corte de disidentes en el castillo paterno de Kœur, a doscientos cuarenta kilómetros al este de París. Aunque estos rumores no fueran más que habladurías infundadas, la actitud distante y poco colaborativa del conde a principios de 1468 no sugería una lealtad incondicional al régimen. De hecho, cuando en 1469 se abrió otro frente de oposición al gobierno de Eduardo, Warwick decidió abandonar al rey y apostar por un hombre que pudiera resultar más dúctil. Sin embargo, no se trataba de un lancasteriano; en vez de eso, Warwick decidió servirse del propio hermano de Eduardo y todavía su heredero varón: George, duque de Clarence, quien sería su yerno.

Clarence tenía dieciocho años a principios de 1468. Al igual que Eduardo, tenía encanto e ingenio, y compartía con el rey lo que un autor calificó de «talento excepcional».[15] Era fino, atractivo y de lengua afilada, «poseedor de tal dominio de la elocuencia popular que nada de lo que se proponía le parecía difícil de conseguir».[16] Su infancia bajo el reinado de su hermano había transcurrido en gran parte en el palacio de Greenwich, donde vivía con su hermana, la ya fallecida Margaret, y su hermano menor Richard, duque de Gloucester. Había sido reconocido como adulto el 10 de julio de 1466 —solo tenía dieciséis años—, cuando rindió homenaje formal al rey y fue recompensado con enormes propiedades en torno al castillo de Tutbury, en Staffordshire: una fortaleza grande y moderna protegida con gruesas murallas y varias torres, que contaba, además, con lujosos apartamentos residenciales en su interior, caldeados por gigantescas chimeneas talladas en enormes bloques de piedra extraída de la zona. Tutbury había sido una importante propiedad del ducado de Lancaster: había pertenecido a la reina Margarita, que gastó mucho en sus mejoras. Ofrecía una posición dominante desde la que se podía observar el extenso mosaico de tierras que ahora controlaba. En medio de este lujo, Clarence disfrutaba del más numeroso y soberbio personal doméstico de todos los nobles de Inglaterra: casi cuatrocientas personas que costaban unas cuatro mil quinientas libras al año.[17]

Sin embargo, si Clarence era atractivo, bien dotado y mimado por su hermano mayor, también era simplista, superficial y malcriado.[18] Del mismo modo que Warwick, los extravagantes favores reales solo sirvieron para aumentar su ambición. Lo hechizaba su propia magnificencia y, al igual que Humphrey, duque de Gloucester —y quizá como su propio padre—, veía su posición de heredero del rey como una licencia para disponer de una ostentosa corte alternativa. Esta pretensión le acarrearía problemas: aunque a veces podía actuar como un magnate competente al resolver los conflictos de sus arrendatarios y subordinados, era un hombre testarudo, egocéntrico y exasperante, con predilección por las artimañas y las conspiraciones.

Una de sus ambiciones era casarse con la hija mayor de Warwick, Isabel Neville. Desde el punto de vista político, habría sido mucho más útil para Clarence casarse con una princesa extranjera que con una Neville —se pensó brevemente en María, la hija de Carlos el Temerario—. Esto bien pudo ser lo que Eduardo pensaba cuando se negó a refrendar el matrimonio a principios de 1467, aunque es más probable que simplemente deseara evitar la unión de sus dos nobles preeminentes mediante una alianza matrimonial. El poder de Warwick no debía reforzarse mediante un vínculo directo con el heredero adulto del rey, figura en torno a la cual, tradicionalmente, solía reunirse la oposición a la Corona. Además, la política de las Midlands se desequilibraría gravemente de unir a los dos señores más poderosos de la región. Warwick, en cualquier caso, comenzó a resentirse de la restricción. Para preocupación del rey, su hermano George —joven, impresionable y acostumbrado a salirse con la suya— cayó bajo el hechizo de Warwick.

Las consecuencias de una alianza Warwick-Clarence contra el rey al que cada uno tenía el deber de servir y obedecer se manifestaron a partir de la primavera de 1469. Comenzaron en abril con una serie de disturbios populares en Yorkshire, cuando un gran número de hombres de la localidad se reunieron bajo el liderazgo de una figura que se hacía llamar Robin de Redesdale o Robin Arregla-todo, una especie de Jack Cade del norte, cuyo nombre era un guiño evidente a las baladas de forajidos que para entonces llevaban más de un siglo en circulación, y cuyos héroes —Robin Hood, Adam Bell y Gamelyn— encarnaban el ideal del hombre agraviado que impone una dura justicia a los funcionarios corruptos. Había varias causas probables de este desorden; entre ellas destacaba el viejo descontento por las exigencias del Hospital de San Leonardo de York, que durante mucho tiempo había cobrado el *petercorn* —un impuesto a los agricultores— en Yorkshire, Lancashire, Westmorland y Cumberland. El año anterior, el maestro del hospital había asegurado su derecho al impuesto en el tribunal de cancillería de Eduardo.[19] Bajo el mandato de Robin de Redesdale, una oleada de disturbios azotó el condado. Los sofocó el hermano menor de Warwick, John Neville, conde de Northumberland, el héroe de Hedgeley Moor y Hexham y uno de los hombres más leales de la Corona en el norte. Sin embargo, al cabo de dos meses Redesdale había vuelto a surgir, y esta vez los Neville no eran el azote de los rebeldes, sino sus patrocinadores secretos.

La segunda oleada de insurrección tuvo lugar en junio y julio de 1469 y fue muy diferente de la primera. El líder seguía llamándose Robin de Redesdale, pero en este caso era sir John Conyers de Hornby, mayordomo de Warwick en el castillo de Middleham y soldado experimentado, o, en todo caso, un títere suyo. Mientras que a principios de año los desórdenes habían sido fruto del descontento local, ahora, según un escritor, el pueblo «se quejaba de estar gravemente oprimido con impuestos y tributos anuales por los mencionados favoritos del rey y la reina». Un levantamiento regional se había convertido en una protesta contra el Gobierno nacional. Warwick apoyó en secreto el segundo levantamiento de Redesdale para causar el máximo malestar al rey, lo cual consiguió con gran éxito. Se habló de reunir un ejército popular de sesenta mil hombres en Yorkshire. Los disturbios empezaban a parecerse a lo que los cronistas llamaban una «gran insurrección» y un «torbellino del norte».[20]

Eduardo partió a mediados de junio para hacer frente al levantamiento. Lo acompañaba su hermano menor, Richard, duque de Gloucester, junto con el conde Rivers, lord Scales y otros parientes Woodville. Al principio, Eduardo no sospechó lo peligrosa que se había vuelto la situación; sin embargo, a medida que cabalgaba hacia el norte, el rey empezó a darse cuenta de que se trataba de algo más que un levantamiento local y envió peticiones urgentes a los pueblos y ciudades de las Tierras Medias para que le suministraran arqueros y hombres. También escribió a Clarence, Warwick y George Neville, arzobispo de Canterbury: el 9 de julio les envió una escueta nota a cada uno exigiéndoles que «acudieran a Su Alteza» con toda urgencia. «Y no confiamos en que tengáis tal disposición hacia nosotros, como corre aquí el rumor, considerando la confianza y afecto que os profesamos», añadió en su carta a Warwick.[21] Sin embargo, mientras la cera se enfriaba en

Enrique V, «Rey de todo el mundo» y azote de los franceses.

Catalina de Valois, cuyo matrimonio secreto con Owen Tudor fundó, sin saberlo, una gran dinastía real.

Margarita de Anjou, idealizada como la Virgen
(la mujer real era menos santa).

Enrique VI —sencillo, piadoso y débil— cuyo reinado fue un desastre.

Ricardo duque de York, un gran soldado,
pero un pobre político, aun así engendró dos reyes.

Eduardo IV, que era carismático, elegante y competente, pero se volvió gordo, lujurioso y lascivo.

Eduardo V, cuya desafortunada cabeza nunca llevó la corona de Inglaterra.

Isabel Woodville, una reina improbable, era sensual, ambiciosa y dura.

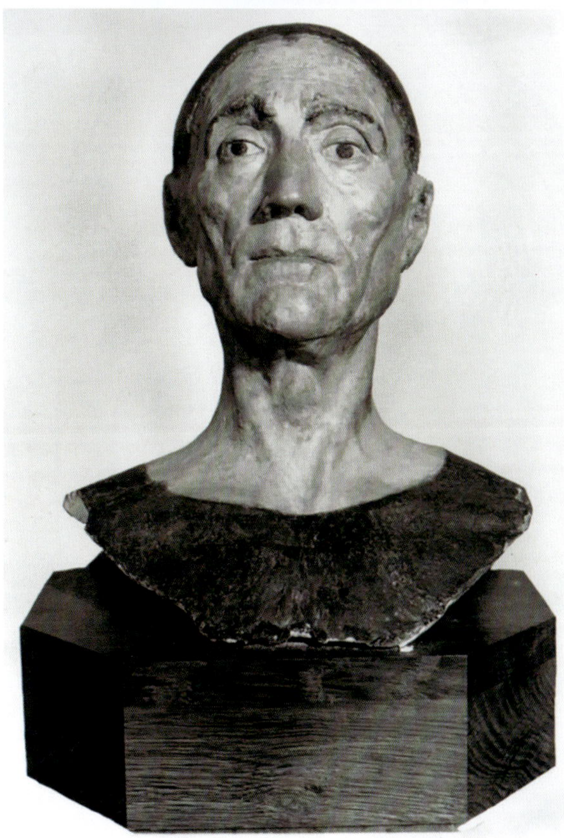

(Arriba) Una imagen moderna de Ricardo III, reconstruida a partir de su cráneo.
(A la derecha) Enrique VII. Parece cansado y preocupado en su máscara mortuoria.

La batalla de Barnet, 1471 se libró en realidad en medio de una espesa niebla y Richard Neville, «Warwick el Hacedor de Reyes», murió en el combate.

Edmund, duque de Somerset, es decapitado tras la batalla de Tewkesbury. Eduardo IV observa impasible.

La historia familiar como propaganda: Bedford llenó la Francia ocupada de octavillas que ilustraban el derecho de Enrique VI a la corona francesa. Esta elaborada versión fue presentada a Margarita de Anjou antes de su matrimonio en 1445.

Los Tudor fueron maestros de la propaganda: esta miniatura alegórica de la rosa Tudor incorpora varios emblemas asociados con Enrique VIII.

THE VNI=
on of the two noble and illustre fa=
melies of Lancastre & Yorke, beyng long
in continuall discension for the croune of
this noble realme, with al the actes done
in both the tymes of the Princes, both of
the one linage & of the other, beginnyng
at the tyme of kyng Henry the fowerth,
the first aucthor of this deuision, and so
successiuely proceadig to ỹ reigne of the
high and prudent Prince kyng Henry
the eyght, the indubitate flower
and very heire of both the saied
linages. Whereunto is added
to euery kyng a
seuerall ta=
ble.
1550.

Otra muestra de la propaganda de los Tudor: rosas, genealogías y nuevas historias vendieron al mundo «su» siglo XV, que fue inmortalizado por Shakespeare.

las cartas del rey, Warwick, el arzobispo y Clarence se dirigían a la fortaleza militar de Calais. Llevaban con ellos a la hija del conde, Isabel Neville.

El 11 de julio, Clarence e Isabel se casaron en Calais desafiando directamente al rey. Al día siguiente, Warwick y sus aliados escribieron una carta abierta al rey en apoyo del levantamiento de Robin de Redesdale. La carta pedía una reforma y acusaba a Rivers, Scales, sir John Woodville, conde de Pembroke, su hermano sir Guillermo Herbert y Humphrey Stafford, conde de Devon, así como a otras personas del entorno del rey, de permitir que el reino «cayera en una gran pobreza y miseria [...] con la única intención de promocionarse y enriquecerse», y advirtiendo de que el destino que había caído sobre Eduardo II, Ricardo II y Enrique VI podría recaer fácilmente sobre Eduardo IV. También nombraban a la esposa del conde Rivers, Jacquetta, duquesa de Bedford, como una influencia maligna sobre el rey. (Más tarde se acusaría a Jacquetta de haber recurrido a la brujería para urdir el matrimonio del rey con su hija Isabel Woodville y de haber creado modelos de plomo de Warwick, Eduardo y la reina con fines brujeriles). A la carta se adjuntaba un manifiesto para la reforma; supuestamente pertenecía a los rebeldes, pero, dada su perspectiva casi exclusivamente nacional y la profusión del tipo de jerga política en cuyos usos el conde de Warwick era el hombre vivo más versado, era probable que se hubiera redactado, parcial o totalmente, en Calais.[22]

El levantamiento norteño, cada día más multitudinario, estaba liderado por los parientes y amigos de Warwick. Mientras sir John Conyers y su hijo del mismo nombre, sir Henry Neville y Henry Fitzhugh dirigían a los norteños hacia el centro del país, Warwick y Clarence regresaron a Inglaterra desde Calais y desembarcaron en Kent el 16 de julio. Dos días más tarde iniciaron una ofensiva por todo el país para unir fuerzas con Robin de Redesdale. Antes de avanzar hacia Coventry, se detuvieron brevemente en Londres para reclutar hombres a su paso. Eduardo, acampado en Nottingham con su ejército, se encontró con un cerco que se cerraba rápidamente a su alrededor. Su mejor esperanza para rechazar a los rebeldes era recibir refuerzos de Gales —bajo el mando del conde de Pembroke— y del oeste del país —bajo el mando del conde de Devon—.

Para el miércoles 26 de julio, los hombres de Pembroke y Devon habían llegado a Banbury, en el norte de Oxfordshire, y estaban acampados en los extensos campos que rodean la ciudad. Entonces, las fuerzas del norte los atacaron sin previo aviso. El grueso del ejército real se separó de los arqueros, por lo que entraron en combate gravemente perjudicados. «Se libró una gran batalla y se produjo una matanza espantosa, especialmente de galeses», escribió un cronista, que calculó que cuatro mil hombres murieron en el campo de batalla conocido como Hegge-cote o Edgecote.[23] El desorden entre los hombres de Pembroke se agravó cuando llegó al campo un pequeño contingente de guerreros que portaban las armas del conde de Warwick, lo que causó el pánico en las líneas y llevó a muchos a huir. El resultado de todo aquello fueron numerosas bajas en ambos bandos. Los líderes rebeldes sir Henry Neville y John Conyers el joven murieron, pero la batalla fue muy recordada en Gales, ya que el sangriento destino de la infantería galesa lo compartieron también sus comandantes. El poeta Lewys Glyn Cothi la llamó «la [batalla] más majestuosa de la cristiandad». Durante los combates, Pembroke y su hermano sir Richard Herbert fueron capturados y llevados como prisioneros a Northampton, donde los recibió el conde de Warwick. El jueves 27 de julio, Warwick celebró un juicio sumario e ilegal: dictó sentencia de muerte y mandó decapitar a ambos.

Cundió el pánico. La noticia del desastre de Edgecote tardó varios días en llegar a Eduardo IV, pero, cuando lo hizo, sus hombres se dispersaron de su lado. El rey se quedó solo y absolutamente vulnerable, y un grupo dirigido por el arzobispo George Neville lo hizo prisionero en Olney, en Buckinghamshire. Enjaezaron el caballo del rey al de sus captores y lo escoltaron hasta el castillo de Warwick, la vasta e infranqueable sede de los Neville en el centro de Inglaterra, para mantenerlo cautivo mientras daban caza a sus socios.[24] Durante todo el mes de agosto, los hombres de Warwick barrieron Inglaterra para capturar a quienes habían servido al rey y asesinarlos. Al conde Rivers y a sir John Woodville los capturaron en Chepstow y los llevaron a Kenilworth, donde decapitaron a ambos. El conde de Devon fue apresado «por los comunes» en Bridgwater, Somerset, «y decapitado allí mismo».[25]

A pesar de que en realidad Warwick y Clarence actuaban solos —reuniendo sus propios y vastos recursos en lugar de manifestar la voluntad de una porción más amplia de la nobleza o del reino—, les llevó menos de tres meses hacerse con el mando del rey, masacrar a sus aliados y asumir el control del gobierno. Eduardo había invertido casi una década para establecer su derecho de nacimiento, fundar una nueva familia real, reconstruir una corona y un gobierno estables y reafirmar la majestad de la realeza inglesa. Sin embargo, a finales del verano de 1469, se encontró en la misma situación que su predecesor: eran dos reyes prisioneros de sus propios súbditos. Apoderarse de la corona se había vuelto demasiado fácil.

15

Destrucción final

Al igual que Ricardo de York antes que él, el conde de Warwick encontró mucho más sencillo capturar a un rey que gobernar en su nombre. Desde el castillo de Warwick, en el corazón de las Midlands, el conde trasladó a Eduardo al castillo de Middleham, la magnífica fortaleza amurallada que se alzaba sobre los valles de Yorkshire. Sin embargo, cuando las noticias de la cautividad del rey se filtraron por Inglaterra y Gales, el reino estalló en una violencia y un desorden que sobrepasaron la capacidad de control de Warwick: disponer de la persona real no le brindaba en absoluto la autoridad real.

En Londres se dispararon los robos, los disturbios y la violencia en público, que los embajadores borgoñones que se encontraban en la ciudad apenas pudieron controlar. En otros lugares, las disputas nobiliarias se convirtieron en guerras privadas: estos conflictos se extendieron desde Cheshire y Lancashire hasta Gloucestershire y Norfolk, donde la familia Paston se vio obligada a defender su castillo de Caister del asedio del duque de Norfolk, que había «destrozado el lugar a cañonazos».[1] El reino de Warwick vivía con el estruendo de los cañones, el zumbido de las flechas y el crepitar de las llamas devorando los edificios en ruinas. Ni siquiera en Yorkshire pudo Warwick mantener el orden, ya que el hermano adolescente del rey, Ricardo, duque de Gloucester, se alzó en armas contra lord Stanley. Lo peor de todo era que en Gales circulaban rumores de que los lancasterianos resurgirían pronto en algún lugar del reino. Así fue: en agosto, dos miembros de una rama renegada de la casa de Neville levantaron el estandarte de Enrique VI en el norte de Inglaterra. «El conde de Warwick se vio incapaz de ofrecer una resistencia eficaz —escribió un cronista—. Pues el pueblo, al ver a su rey detenido como prisionero, se negó a hacer caso de proclama alguna» hasta que Eduardo fuera puesto en libertad.[2]

Warwick no tenía elección. Liberó a Eduardo a mediados de octubre. Sir John Paston vio cómo el rey entraba esplendoroso en la ciudad de Londres, rodeado de un numeroso séquito de lores leales, entre ellos Gloucester, Suffolk y lord Hastings, el alcalde y todos los concejales de la ciudad, doscientos miembros de los gremios y, según describió Paston en una carta, mil caballos, «algunos enjaezados y otros no». El rey había aplastado la rebelión del norte con facilidad, había indultado a los soldados rasos y se había propuesto reafirmarse en el reino en general, un fin que perseguía con un buen humor casi preocupante. Paston observó con cierta inquietud que, mientras «el propio rey habla bien de» Warwick, Clarence y su pequeño grupo de aliados, incluido el conde de Oxford, «y dice que son sus mejores amigos», los hombres de la casa real transmitían un mensaje muy distinto. Eduardo casi siempre se mostraba magnánimo tras la victoria, pero parecía claro, al menos para sir John Paston, que se avecinaba un gran ajuste de cuentas.

Solo se produjeron dos reorganizaciones serias tras la revuelta de Warwick y Clarence. La primera fue forzosa: Gales se había visto privada de su principal noble cuando William Herbert, conde de Pembroke, fue decapitado tras la batalla de Edgecote. En el lugar de Herbert, Eduardo ascendió a su propio hermano, Ricardo, duque de Gloucester. Con diecisiete años, Gloucester se estaba convirtiendo en un soldado capaz y en un lugarteniente digno de confianza. Alto y delgado, pero de un físico no tan llamativo como Eduardo o Clarence, Gloucester era un joven fiel y tenaz en quien Eduardo veía un gran futuro. Lo nombró condestable de Inglaterra en sustitución del ejecutado conde Rivers, juez del norte y sur de Gales y administrador de todo el principado. A todos los efectos, Ricardo se convirtió en la mano del rey más allá de las marcas occidentales, y asumió su papel con entusiasmo y determinación.

Eduardo también actuó para debilitar parte del poder de los Neville en el norte. John Neville, conde de Northumberland, había permanecido leal durante las rebeliones de su hermano; no obstante, Eduardo decidió que era ventajoso alejar su base territorial del norte de Inglaterra. El rey liberó a Henry Percy de su largo encarcelamiento en la Torre de Londres, le devolvió las tierras de su padre en el norte y le concedió el título de conde de Northumberland de Neville. Históricamente, los Percy habían sido la familia dominante en el norte, un hecho que solo cambió con el ascenso de los Neville en la década de 1450. Ahora Eduardo quería restablecer el equilibrio de poder. Para compensar a John Neville por sus pérdidas, lo nombró marqués de Montagu y le concedió una enorme extensión de tierras en el suroeste de Inglaterra, otra zona de sangre y caos perpetuos, que había quedado vacante a la muerte del conde de Devon. El joven hijo de Neville, George, fue nombrado duque de Bedford y prometido a la hija del rey, Isabel de York, que cumplió cuatro años la primavera de 1470. Parecía un buen acuerdo para un hombre leal, que servía para restablecer cierto equilibrio en la política de poder del norte de Inglaterra al tiempo que ponía un grado de experiencia muy necesaria a disposición del suroeste. Desgraciadamente para Eduardo, aquello resultaría en graves consecuencias para su gobierno.

En marzo de 1470 estalló otra rebelión. Esta vez fue Lincolnshire la que se sublevó, inicialmente debido a una amarga disputa privada entre el par local lord Welles y Willoughby y sir Thomas Burgh, guardia personal y estrecho servidor del rey. En respuesta, Eduardo reunió un ejército y marchó hacia el norte para poner fin a la violencia. La visión del rey marchando a la cabeza de un ejército hizo correr rumores por todo el norte, así como las especulaciones de que se avecinaba una sangrienta venganza por los sucesos de 1469. Mientras lord Welles y su hijo sir Robert hacían evolucionar estos temores en una insurrección total, Warwick, desesperado, decidió formar su propio ejército y unirse a los rebeldes de nuevo. Una vez más, el impúdico Clarence decidió unirse a él —a pesar de haber asegurado su lealtad al rey— y ambos se propusieron lo que una narración del levantamiento, patrocinada por el Gobierno, describió más tarde como «la probable destrucción total y definitiva de la persona real [del rey] y la subversión de todo el país».[3]

Tras la mayoría de las crisis, la respuesta instintiva de Eduardo solía ser la calma y la reconciliación, más que la venganza asesina. Sin embargo, esta vez lo habían provocado demasiado. Respondió con agresividad furiosa. Capturó a lord Welles y envió un mensaje a su hijo: el anciano sería asesinado a menos que se sometiera. Esto atrajo a sir Robert a la lucha antes de que pudiera unir su ejército con el de Warwick. El 12 de marzo de 1470, en Stamford, un ejército real derrotó a los rebeldes de Lincolnshire de una forma tan humillante que los insurgentes huyeron del campo de batalla, mientras arrojaban sus ropas. A partir de entonces, el campo se conoció como Losecote Field.

Según el relato oficial que se publicó más tarde sobre la batalla, los rebeldes de Losecote Field corrieron hacia los hombres del rey gritando: «¡Un Clarence! ¡Un Warwick!». Se dice que algunos llevaban la librea de Clarence y que, cuando se abatió a sir Robert Welles durante la persecución, se descubrió que su casco contenía «muchos documentos asombrosos, que trataban asuntos de la gran sedición»; dicho en otras palabras, aquellos documentos implicaban a Warwick y Clarence en una nueva ronda de complots.[4] Esta vez, los miserables parientes del rey no podían esperar clemencia, por lo que rechazaron acudir a la presencia real cuando los convocaron, huyeron hacia el sur desde Lancashire hasta Devon, tomaron un barco en Dartmouth y, a través del Canal, huyeron una vez más a Calais. Sin embargo, incluso aquí se les impidió la entrada cuando el capitán adjunto de Warwick, lord Wenlock, se negó a abrir las puertas. Los dos hombres desembarcaron finalmente en Normandía, en territorio del rey francés. Su aislamiento parecía absoluto. De hecho, así lo habría sido, de no ser por una de las alianzas más audaces y cínicas de toda la historia inglesa.

*

Margarita de Anjou y su hijo, el príncipe Eduardo, vivían en el exilio francés desde hacía casi diez años. El príncipe se había criado en el castillo de Kœur, perteneciente a su abuelo René de Anjou, en Lorena, cerca de las orillas del río Mosa. Para la primavera de 1470 el muchacho tenía dieciséis años y no se parecía a su padre en nada. En febrero de 1467, el embajador milanés Giovanni Pietro Panicharolla había comentado en una carta a la duquesa y al duque de Milán que el príncipe, que entonces solo tenía trece años, «ya solo habla de cortar cabezas o de hacer la guerra, como si lo tuviera todo bajo control, o fuera el dios de la batalla o el pacífico ocupante de ese trono».[5] Le encantaba montar, luchar y justar con sus amigos y compañeros. Su madre nunca había renunciado a la idea de que algún día este espléndido joven pudiera volver a reclamar la corona de su padre.

La determinación de Margarita para derrocar a los yorkistas no tenía límites. Desde su expulsión de Inglaterra había pedido ayuda a innumerables aliados en Francia, así como a los gobernantes de Escocia y Portugal. Ahora, en 1470, se preparaba para llegar a un acuerdo con el socio más improbable de todos, el hombre que había hecho más que nadie para perjudicarla: Richard, conde de Warwick. El 22 de junio, con la mediación de Luis XI, los viejos enemigos se reunieron en Angers y llegaron a un acuerdo. El príncipe Eduardo se casaría con Ana Neville, la hija menor de Warwick, y este regresaría a Inglaterra para oponerse a Eduardo IV y hacer todo lo que estuviera en su mano para derrocar a los yorkistas y devolver a Enrique VI al trono.

Warwick, Clarence, Jasper Tudor y el conde de Oxford zarparon de La Hougue, en Normandía, el 9 de septiembre. El joven príncipe Eduardo se quedó atrás con su madre, presumiblemente frustrado e indignado. Tras cuatro días en el mar, desembarcaron en la costa de Devonshire, anunciaron su lealtad al rey Enrique VI, llamaron a todos los hombres a unirse a ellos en su misión de restauración y marcharon a Coventry para enfrentarse a Eduardo IV.

En ese momento, Eduardo se encontraba en el norte. Se había mantenido al corriente de los acontecimientos al otro lado del mar, y escribió a sus súbditos en el sureste para decirles que «nos hemos cerciorado fehacientemente de que nuestros antiguos enemigos de Francia y nuestros rebeldes y traidores huidos se han puesto de acuerdo y pretenden [...] destruirnos por completo a nosotros y a nuestros verdaderos súbditos». Les ordenó que se prepararan para una invasión en cualquier momento, y añadió: «Tan pronto como comprendáis que esto es así, poneos como principal *devoir* ['el más alto deber'] [...] resistir la malicia de nuestros enemigos y traidores».[6] Violentos levantamientos habían asolado el norte durante todo el verano, y Eduardo se había dividido entre la necesidad de defender una extensa costa y la de restaurar el orden en el norte del país, recientemente devuelto a la administración de la familia Percy. Cuando recibió la noticia del desembarco de Warwick, se dirigió a Londres para defender su corona y su capital.

Durante su marcha, los rebeldes reunieron a muchos y poderosos desertores con motivos suficientes para guardar rencor al rey. El conde de Shrewsbury y lord Stanley aportaron un número considerable de hombres armados, seguidos, de forma más lacerante, por el hermano de Warwick, el marqués de Montagu. No se trataba, ni mucho menos, de la gran mayoría de la nobleza inglesa; sin embargo, parece que la incertidumbre de las campañas militares convenció a Eduardo de que «no era lo bastante fuerte para presentar batalla», sobre todo si entre sus oponentes se encontraba el formidable Montagu.[7] Así pues, en lugar de luchar por su corona con un ejército inadecuado, Eduardo «se retiró de una contienda de resultado tan dudoso».[8] Presentar batalla por su reino inmediatamente parecía una forma natural de actuar, pero también corría el riesgo de ser capturado o de morir.

Así pues, Eduardo embarcó en King's Lynn, zarpó hacia Flandes y dejó su reino en manos de sus enemigos. Se marchó con tanta prisa que ni siquiera se detuvo a recoger a su esposa embarazada: la reina Isabel se vio obligada a refugiarse con sus tres hijas tras los muros de la abadía de Westminster. Se alojó en los aposentos del abad, donde daría a luz a su primer hijo, otro príncipe Eduardo, el 2 de noviembre de 1470. «De esta circunstancia nació cierta esperanza y consuelo para las personas que permanecieron fieles a Eduardo», escribió un cronista. Sin embargo, para los ascendentes Neville y Lancaster, «el nacimiento de este niño [era] algo de muy poca importancia».

Mientras Isabel Woodville se afanaba en los aposentos del santuario de Westminster, la llamada «restauración» de Enrique VI estaba muy avanzada. Sus partidarios sacaron al viejo rey de la Torre de Londres el sábado 6 de octubre de 1470. No tardaron en devolverle formalmente al trono, pues se acercaba el día más propicio del calendario real inglés: la fiesta del Traslado de San Eduardo el Confesor, cuyo portentoso santuario era la pieza central de todas las tumbas de los reyes Plantagenet en la abadía de Westminster. Una semana después de la liberación de Enrique, «tras caminar en solemne procesión, [se le] colocó públicamente la corona sobre la cabeza».[9]

Enrique tenía ahora cuarenta y ocho años y la cárcel no había sido amable con él. Según escribió su confesor John Blacman, había «soportado pacientemente el hambre, la sed, las burlas, las humillaciones, los abusos y muchas otras penurias».[10] El cronista Warkworth comentó que no se lo veía «ni ataviado dignamente como un príncipe, ni aseado en su cautividad». En cualquier caso, muchos en Inglaterra parecían convencerse, siquiera temporalmente, de que, puesto que Enrique VI no había cometido los males perpetrados durante su reinado, era apto para ser restaurado en el trono. El cronista Warkworth lo atribuyó al fracaso de Eduardo en devolver a Inglaterra «la prosperidad y la paz». Al principio de su reinado se habían depositado muchas esperanzas en él, escribió el cronista, «pero no llegó sino una batalla tras otra, y muchos problemas y grandes pérdidas de bienes entre la gente común».

Sin embargo, si había alguna esperanza depositada en el regreso de Enrique al trono, también esta se vería profundamente defraudada. La restauración de la reina Margarita no era un acontecimiento que pudiera traer la reconciliación y el entendimiento al reino, y menos aún si su hijo había heredado el temperamento implacable de su madre. Era prácticamente imposible que los leales a Lancaster, como los Clifford, los Courtenay, los Somerset y los Tudor, fueran recompensados, o incluso se les restauraran sus antiguas propiedades y dignidades, cuando los principales beneficiarios de la victoria yorkista habían sido Warwick y Clarence, los mismos hombres que habían ayudado a sacar a Enrique VI de la Torre en un pestañeo y habían vuelto a colocar la corona sobre su cabeza. Luego estaba el problema del propio Clarence: el rebelde infiel había causado gran parte de los problemas que sacudían Inglaterra por su ambición de rondar el trono de su hermano. Ahora, con dos príncipes Eduardo rivales vivos —un belicoso joven lancasteriano y el hijo y heredero de Eduardo IV—, Clarence estaba más lejos de la corona que nunca. ¿Cómo podría, entonces, conseguir su apoyo duradero, y cómo podría disfrutar Warwick de un papel político que seguramente nunca alcanzaría la preponderancia que había logrado en la década de 1460?

En cualquier caso, no fueron cuestiones sobre las que la corte de Enrique VI tuviera mucho tiempo para reflexionar. El año nuevo llegó; Eduardo IV todavía estaba exiliado en Brujas, pero no había perdido el tiempo. Carlos el Temerario y los mercaderes de los Países Bajos le proporcionaron barcos y dinero, y Eduardo, junto con su cuñado Anthony Woodville —ahora segundo conde de Rivers—, comenzó a preparar una flota de invasión para recuperar su reino. El lunes 11 de marzo de 1471, Eduardo, Rivers, lord Hastings, Ricardo —duque de Gloucester— y su compañía zarparon de Vlissingen, en la isla de Walcheren, armados con treinta y seis barcos y mil doscientos hombres. (Eduardo navegaba a bordo de un buque de guerra borgoñón llamado *Antony).* Esta pequeña flota se abrió camino rumbo a desembarcar en Anglia Oriental a través de un mar plagado de naves enemigas. Sin embargo, las tormentas los empujaron hacia el norte y acabaron desembarcando cerca de la desembocadura del río Humber, en Ravenspur. Aquello era territorio enemigo en todos los sentidos: los hombres de Warwick patrullaban el campo y vigilaban celosamente cualquier señal de invasión. Casualmente, era el mismo punto al que había llegado Enrique Bolingbroke en 1399 cuando vino a reclamar sus tierras, y posteriormente la corona, a Ricardo II. Era un escenario propicio para el regreso de un rey.

*

El 9 de abril de 1471 —martes antes de Pascua—, Sforza de Bettini de Florencia, embajador milanés ante Luis XI, escribió a su señor, el duque Galeazzo María Sforza, desde la corte francesa: «Es un asunto difícil salir por la puerta y luego querer entrar por la ventana». Había seguido las noticias del otro lado del canal de la Mancha, y albergaba muy pocas esperanzas en la misión de Eduardo para rescatar su reino. Los rumores que corrían desde Inglaterra sugerían que el conde de Warwick tenía las de ganar: Bettini había oído que «la mayor parte de los que estaban con [Eduardo fueron] asesinados y el resto se pusieron en fuga». La reina Margarita y el príncipe Eduardo esperaban impacientes en el puerto de Normandía a que un viento los llevara a través del mar y reclamaran, triunfantes, su reino.[11] Parecía que la misión de Eduardo IV de salvar su reino había sido desarbolada antes incluso de empezar.

Sin embargo, Bettini estaba mal informado: Eduardo estaba lejos de ser derrotado. De hecho, marchaba hacia Londres y reclutaba hombres el mismo día en que el embajador milanés escribía su carta.

La llegada de Eduardo a Ravenspur no había provocado grandes festejos en Inglaterra, pero tampoco lo habían expulsado de inmediato, en parte porque cabalgó por la campiña anunciando —como había hecho Bolingbroke antes que él— que no venía a recuperar la corona, sino «solo a reclamar el ducado de York».[12] En lugar de la corona, llevaba la insignia de plumas de avestruz del príncipe de Gales, y afirmaba ante todos los que quisieran escucharlo que regresaba como súbdito leal. Esto le bastó para entrar sucesivamente en las ciudades septentrionales de York, Tadcaster, Wakefield y Doncaster, antes de penetrar en las Tierras Medias y entrar tanto en Nottingham como luego en Leicester. En cada parada se le unían partidarios; pocos al principio, pero gradualmente más, hasta que «su número aumentó» con «bandas de hombres, bien ataviados y armados [es decir, acorazados] para la guerra».[13] El 29 de marzo avanzó sobre Coventry, donde el conde de Warwick se refugiaba con sus aliados John de Vere, conde de Oxford, Henry Holland, duque de Exeter y lord Beaumont. Warwick, que prefirió evitar la lucha hasta que llegaran los refuerzos de Montagu y Clarence, se retiró al interior de las murallas de la ciudad, atrancó las puertas y se negó a salir. La iniciativa recaía ahora en Eduardo, quien entonces abandonó la vana pretensión de reclamar su ducado y anunció su determinación de derrotar a los partidarios de Enrique el Usurpador.[14]

Desde Coventry, Eduardo partió hacia el oeste antes de desviarse hacia a Oxford y Londres. A medida que avanzaba, las noticias de su regreso se propagaban a su alrededor. No tardaron en llegar al otro gran rebelde del reino, George, duque de Clarence, que se encontraba en el oeste del país cuando Eduardo desembarcó. Frenético, Clarence trató de reunir tropas con el fin de unirse al conde de Warwick. Sin embargo, un cobarde y un traidor como él no tenía la firmeza moral para atacar a su hermano mayor. (A Clarence también le habían presionado dos de sus hermanas: Margarita, duquesa de Borgoña, y Anne, duquesa de Exeter, que le habían aconsejado hacer las paces). Se reunió con Eduardo cerca de Banbury el miércoles 3 de abril. En compañía de Rivers, Hastings y Gloucester, se arrojó a los pies de Eduardo. Este «lo levantó y lo besó muchas veces», le aseguró que estaban en paz y lo llevó de vuelta a Coventry para intentar sacar a Warwick de su guarida una vez más. De nuevo, Warwick no quiso salir, a pesar de que ahora lo acompañaba su hermano John Neville, marqués de Montagu. Entonces Eduardo decidió no perder más tiempo buscando batalla y partió hacia Londres el viernes 5 de abril.

Así pues, el martes 9 de abril, el consejo de los comunes de Londres, que disponía de mucha mejor información que los diplomáticos más retirados, supo que, lejos de haber sido aplastado, «Eduardo, antiguo rey de Inglaterra, se apresuraba hacia la ciudad con un poderoso ejército».[15] La tensión era tal que el alcalde, John Stockton, se había metido en la cama y no quería que lo sacaran de ahí. En ausencia del alcalde, el resto del consejo de la ciudad resolvió no resistirse a Eduardo. Tenían buenas y numerosas razones: no solo la reina Isabel, sus hijas y su hijo recién nacido, así como decenas de otros yorkistas seguían refugiados en Westminster, cerca de las murallas de la ciudad, sino que los comerciantes de Londres habían prestado a Eduardo una gran cantidad de dinero, lo cual, según el cronista borgoñón Philippe de Commines, «obligó a todos los comerciantes acreedores suyos a presentarse a su favor». Commines —que, como todo buen cronista, era un cotilla insaciable— añadió que «las damas de calidad y las esposas de los ciudadanos ricos, con las que [Eduardo] había intrigado anteriormente, obligaron a sus maridos y parientes a declararse de su parte».[16]

Eduardo entró en Londres el Jueves Santo. Se encontró con que sus amigos ya habían asegurado la Torre. Los partidarios del conde de Warwick, identificables por las insignias del oso y el bastón nudoso que llevaban en sus abrigos, se hacían de rogar. Edmund Beaufort, duque de Somerset, había abandonado Londres y se había dirigido a la costa para esperar la llegada de la reina Margarita. El hermano de Warwick, el traidor George Neville, arzobispo de York, había quedado en manos del «otro» rey, pero su intento de reunir al populacho haciendo desfilar a Enrique VI por las calles durante el acercamiento de Eduardo fue abucheado. Enrique apareció como un anciano patético y vencido: no cubrían sus hombros las últimas galas borgoñonas, sino un ajado y triste vestido azul. De hecho, el piadoso Enrique vestía de acuerdo con la solemnidad del calendario religioso, ya que el Jueves Santo, víspera del Viernes Santo, era un día de luto. Sin embargo, a un cronista londinense le pareció que «ya no tenía con qué cambiarse».[17] El resto del desfile tampoco fue impresionante. Lord Zouch, encargado de llevar la espada de Estado, parecía viejo e impotente. El séquito que acompañaba al rey era reducido. Además, su símbolo de reivindicación —un poste con dos colas de zorro atadas que se alzaba sobre el desfile— se veía desabrido y artificioso. Parecía «más una obra de teatro que la exhibición de un príncipe», según el cronista. En este contexto, el fornido y enérgico Eduardo entró en la ciudad ante «la aclamación universal de los ciudadanos», que ahora esperaban sus órdenes.[18]

Eduardo fue primero a San Pablo para dar gracias; luego se dirigió directamente al palacio del obispo de Londres en Lambeth para hacerse con Enrique VI. Sombría y pusilánime, la desaliñada figura recibió a Eduardo con un abrazo y le dijo: «Mi primo de York, sois muy bienvenido. Sé que mi vida no correrá peligro en vuestras manos».[19] Eduardo le aseguró que todo iría bien y lo envió de vuelta a la Torre de Londres, con el arzobispo de York como compañía. Luego se dirigió a la abadía de Westminster, donde dio gracias una vez más, en esta ocasión ante el santuario de San Eduardo, fuente de todo lo misterioso y sagrado de la realeza inglesa. Por último, recorrió el breve trayecto desde la iglesia abacial hasta los aposentos del abad, donde lo esperaba la reina Isabel. Aunque ella había recibido cartas personales en las que su marido le anunciaba su regreso, nada sustituía al hombre en persona. Isabel había perdido a su padre y a su hermano desde el comienzo de la rebelión de Warwick. Se había escondido en la abadía durante seis meses, y soportó, según el registro oficial, «grandes problemas, tristeza y pesadez, que sobrellevó con toda la paciencia que se le puede pedir a alguien». La reina presentó a Eduardo a su pequeño tocayo: «para inmensa alegría del rey, un hermoso hijo, un príncipe».[20] Tras la alegría del reencuentro, pasaron la noche en la ciudad, en el alojamiento de la madre de Eduardo en el castillo de Baynard. Al día siguiente era Viernes Santo, y Eduardo pasó la mañana con sus hermanos y aliados, planeando «las aventuras que probablemente les aguardarían».[21]

*

«El Sábado Santo de la semana de Pascua», escribió un cronista de la época, Eduardo «abandonó la ciudad con su ejército y, avanzando lentamente, llegó a la villa de Barnet, un lugar a diez millas de distancia de la ciudad, y allí acampó, en la víspera del día de la resurrección de nuestro Señor».[22] Había dos reyes en aquel ejército, pues Eduardo había traído consigo a Enrique VI. Era poco probable que Enrique hubiera escapado —o siquiera concebido la idea de escapar— de la Torre de Londres. Sin embargo, su presencia en las líneas de Eduardo era vital, pues el conde de Warwick marchaba en dirección contraria, directamente hacia ellos en el camino de Saint-Albans. Finalmente había abandonado Coventry, «haciéndose llamar lugarteniente de Inglaterra y así constituido por la pretendida autoridad del rey Enrique».[23] La presencia física de Enrique en el otro bando probaba la falsedad de esta afirmación.

Los dos ejércitos establecieron el primer contacto mientras se desvanecía la luz vespertina del sábado, cuando los hombres de Eduardo interceptaron y persiguieron a los exploradores de Warwick. El sol se ponía y ya no había esperanzas de lucha esa jornada, pero los dos bandos estaban prácticamente a la vista el uno del otro. Ambos acamparon en un calvero al norte de Barnet. El aire húmedo y frío de la noche centelleaba y retumbaba con el fuego que lanzaban las bocas de los cañones de Warwick, los cuales apuntaban mal en la oscuridad y disparaban sin riesgo por encima de los hombres del rey.

Amaneció hacia las cuatro del domingo de Pascua. Una gran niebla se cernía sobre el terreno, ocultando la corta distancia que separaba a los dos ejércitos y oscureciendo «la visión del otro». Sin embargo, casi todos los presentes —sobre todo los veteranos de la batalla de Towton— habían luchado en peores condiciones. Nada más salir la tenue luz del sol, Eduardo «encomendó su causa y su disputa a Dios todopoderoso», izó sus estandartes, ordenó a sus trompeteros que tocaran y ordenó a sus hombres lanzarse a la carga contra el resplandor de la artillería enemiga.[24] El ajuste de cuentas había comenzado.

Eduardo comandaba el ejército real, con lord Hastings en el flanco izquierdo y Ricardo, duque de Gloucester, liderando el derecho. Frente a ellos estaban Oxford, Montagu y Exeter, con el conde de Warwick al mando desde la retaguardia. Los dos ejércitos estaban mal alineados, de modo que los hombres de Gloucester superaban ampliamente en número a los de Exeter en el extremo oriental del campo de batalla, mientras que Hastings cojeaba en su lucha contra Oxford en el oeste. Hastings, en particular, sufrió terribles pérdidas: su división fue derrotada y perseguida en dirección a Londres, llevando la falsa, pero aterradora noticia de que Warwick había triunfado, capturado a Eduardo y matado a Clarence y Gloucester.

Sin embargo, no fue así. Los cañones de ambos bandos quedaron anulados por la espesa niebla y la batalla se libró cuerpo a cuerpo, «cruel y mortal». Eduardo luchó en el centro de la vorágine, con la vista tan oscurecida que, como el resto de sus hombres, no podía «ver más que un poco delante él». Sin embargo, «atacó varonil, vigorosa y valientemente» a sus enemigos y «con gran violencia, golpeó y derribó a todo aquel que se interponía en su camino [...] primero por un lado y luego por el otro [...] de forma que no le quedara nadie a la vista».[25]

Mientras que Eduardo estaba acostumbrado a luchar a pie, Warwick, según un cronista, prefería correr con sus hombres a la batalla antes de montar a caballo, «y si veía que la victoria se inclinaba de su lado, cargaba audazmente entre ellos; si no, priorizaba su persona y planeaba a tiempo su huida».[26] En Barnet, sin embargo, su hermano Montagu le insistió en que debía demostrar el valor de la familia Neville luchando a pie y olvidándose de los caballos. Aquello sería su perdición. Después de varias horas de lucha, las líneas de batalla habían girado noventa grados y las posiciones de los dos ejércitos se volvieron muy confusas. El conde de Oxford regresó de perseguir a los hombres de Hastings, llegó de nuevo al brumoso campo de batalla y atacó lo que creía que eran las líneas de retaguardia de Eduardo. En realidad, los hombres que tenía delante eran los de Montagu. Al parecer, con la niebla y la presión de la batalla, las tropas de Neville confundieron la insignia de Oxford —una estrella— con el sol de Eduardo, por lo que volvieron sus armas contra sus propios aliados.[27] El grito de «Traición» recorrió el ejército Lancaster-Neville y su orden se derrumbó. En mitad de la confusión, Warwick se dio la vuelta para huir del campo de batalla y salvarse. Sin embargo, a pie estaba fatalmente impedido. Cuando por fin encontró un caballo y partió hacia Saint-Albans, ya lo perseguían hombres yorkistas. Warwick llegó hasta un pequeño bosque en una bifurcación del camino donde, antes de poder llevarlo ante Eduardo IV, lo capturaron y lo asesinaron. Warwick había dejado en el campo de batalla a su hermano John, marqués de Montagu, que fue «asesinado [...] en plena batalla, y a muchos otros caballeros, escuderos, nobles y demás».[28]

A las ocho de la mañana de Pascua, todo había terminado. El campo de batalla estaba sembrado con las diez mil flechas que se habían disparado.[29] El conde de Oxford huyó del campo de batalla y logró escapar a Escocia. Exeter fue dado por muerto en combate, pero un sirviente lo descubrió; entonces lo arrastraron desde el campo de batalla hasta Londres y lo llevaron al santuario de Westminster. Más tarde lo sacaron del santuario y lo encarcelaron en la Torre, donde permaneció cuatro años.

Eduardo perdió a sus aliados lord Cromwell, lord Saye y sir William Blount en el combate; su hermano Gloucester y su cuñado lord Scales resultaron gravemente heridos, y miles más de ambos bandos yacían muertos en el campo de batalla. A quienes regresaban tambaleantes a Londres se los veía llegar con los caballos cojos y las caras vendadas; a algunos les habían cortado la nariz en los combates. «Todos los hombres dicen que nunca en cien años hubo en Inglaterra una batalla más feroz que ésta», escribió un corresponsal extranjero con buenos contactos.[30] No había duda de que Eduardo había obtenido una victoria asombrosa. San Jorge, la Virgen y todos los santos del cielo, escribió el cronista oficial de la batalla, habían juzgado que la «disputa de Eduardo era verdadera y justa». Para anunciar este hecho, por orden del rey se llevaron a Londres los cuerpos de Warwick y Montagu «en dos cofres, y los colocaron sobre las losas del suelo en el centro de la iglesia de San Pablo, yaciendo allí desnudos, excepto por un paño atado alrededor de las partes íntimas de cada uno, para que todos en Londres y otros pudieran verlos, lo que muchos miles hicieron».[31]

Solo quedaba un enemigo. El 16 de abril llegó al rey la noticia de que la reina Margarita, su hijo el príncipe Eduardo, su esposa Ana Neville y muchos otros, incluido lord Wenlock, habían encontrado por fin un viento favorable desde Normandía: habían desembarcado en la costa sur en Weymouth con diecisiete naves y habían sido recibidos por sus aliados Edmund Beaufort, duque de Somerset, y John Courtenay, conde de Devon. A pesar de toda la muerte y destrucción causadas, parecía que aún quedaba mucho por hacer. Los diplomáticos extranjeros, que recibían las noticias poco a poco a través del canal de la Mancha, sacudían la cabeza y se maravillaban de la alocada política inglesa. «Desearía que tanto el país como su gente se hundieran en el mar, por su falta de estabilidad, porque escribir sobre ellos se siente como una tortura, y porque sobre los asuntos ingleses nadie oye dos veces lo mismo jamás», se quejó el embajador Bettini en una carta a Milán. Una cosa era cierta: el reino aún no estaba a salvo.

*

El ejército lancasteriano atravesó a duras penas las inhóspitas tierras al norte de Gloucester, en la orilla oriental del río Severn: «Una tierra asquerosa, toda senderos y caminos pedregosos, entre bosques y sin ningún buen lugar de refresco». Era viernes 3 de mayo, y algunos de ellos —incluidos sus líderes, la reina Margarita y el príncipe Eduardo— llevaban viajando más de tres semanas. Su enemigo, un ejército real rival dirigido por el rey Eduardo IV, les perseguía desde hacía varios días. Ambos ejércitos se dirigían ahora a la ciudad de Tewkesbury, donde había un cruce en el río que permitiría continuar la persecución por la otra orilla, más allá de la cual se abría toda Gales. Las tropas de ambos bandos estaban cansadas, pero sus líderes los empujaban con urgencia hacia adelante. Probablemente la lucha, cuando llegara, sería la definitiva.

Margarita y el príncipe Eduardo habían desembarcado en Inglaterra el Domingo de Pascua, el mismo día en que se producía la matanza de la batalla de Barnet. Empezaron a reunir tropas de inmediato, enviando solicitudes a sus partidarios de «toda la compañía que podáis reunir, en vuestra formación más defendible», contra «Eduardo, conde de March, el gran rebelde del rey, nuestro enemigo».[32] La llamada fue atendida: un gran número de hombres se unieron al estandarte lancasteriano desde Devon y Cornualles. Formaban un ejército peligroso e indisciplinado, que aterrorizaba a las ciudades que visitaban mientras Margarita los empujaba hacia el norte; marchaban a través de Somerset hacia los Cotswolds con la esperanza de encontrarse con Jasper Tudor —quien podría brindarles soldados leales del principado— en Gales, o de llegar a Lancashire, «donde había un gran número de hombres expertos en el tiro con arco».[33] A medida que avanzaban, la reina Margarita mantuvo un flujo constante de propaganda tan desvergonzada como indignante. Le enviaba noticias al rey de Francia de que «el conde de Warwick no estaba muerto, como se había informado, sino que había sido herido en la lucha con el rey Eduardo y se había retirado a un lugar secreto y solitario para curarse de sus heridas y enfermedad», y que el príncipe Eduardo estaba «en Londres con un gran número de hombres y con el favor y la ayuda de la mayor parte de la gente común y los ciudadanos».[34]

Eduardo IV apenas pudo disfrutar de su victoria en Barnet; se había visto obligado a armar otro ejército, que reunió en Windsor el 24 de abril, el día después de San Jorge y de la fiesta real anual que conmemoraba la fundación de la Orden de la Jarretera. Los espías le habían informado de los movimientos de los lancasterianos, por lo que Eduardo había salido en persecución de sus enemigos: se dirigió hacia el noroeste para intentar cortarles el paso en los Cotswolds. Había estado en Cirencester el 29 de abril, cuando el ejército de Margarita se acercaba a Bath. Desde entonces, los dos ejércitos se habían perseguido mutuamente durante casi una semana.

El 3 de mayo —un día de calor abrasador—, mientras los lancasterianos avanzaban hacia Tewkesbury con dificultad a través de los parajes inhóspitos junto a la orilla del río, Eduardo había forzado a su ejército a que los persiguieran nada menos que cincuenta kilómetros en una caminata de doce horas. La escasez de suministros en el campo ya hacía difícil mantener un ejército, por lo que mantener a dos era imposible. Los hombres de Eduardo habían cubierto esa distancia sin detenerse ni una sola vez a por comida y agua: no había «ni siquiera bebida para sus caballos, excepto en un pequeño arroyo», escribió un cronista.[35] Fue una asombrosa muestra de liderazgo haber desplazado a cinco mil hombres hambrientos y sedientos tan lejos y tan rápido. Sin embargo, Eduardo lo consiguió; y con sus dos hermanos a su lado, junto con lord Hastings, John, duque de Norfolk, y su hijastro Thomas Grey, marqués de Dorset, y muchos otros nobles, pudo acercarse a los lancasterianos con las ideas tan claras como era habitual. Durante todo el día, sus exploradores vigilaron al ejército enemigo, viajando «siempre [...] a menos de cinco o seis millas».[36] Acamparon cerca de Tewkesbury la tarde del 3 de mayo, «tan fatigados por el trabajo de la marcha y la sed que no pudieron avanzar más».[37] El ejército de la reina Margarita llegó a Tewkesbury a las cuatro de esa misma tarde. Ellos también estaban agotados tras muchos días y millas de marcha agotadora. Los dos bandos acamparon a menos de cinco kilómetros de distancia el uno del otro, sabiendo muy bien lo que les depararía la próxima jornada.

A primera hora de la mañana del día siguiente, sábado 4 de mayo, Eduardo se puso su armadura y dividió su ejército en tres grupos bajo el mismo liderazgo que había prevalecido en Barnet: él mismo, Hastings y el joven y brillante Gloucester, a quien ahora se le dio el mando de la vanguardia. Entonces «desplegó sus estandartes, hizo sonar las trompetas, encomendó su causa y su lucha a Dios todopoderoso [...] a la Virgen María, al glorioso mártir san Jorge y a todos los santos, y avanzó directamente sobre sus enemigos».[38] Los lancasterianos estaban bajo el mando del príncipe Eduardo —asistido por lord Wenlock y sir John Langstrother, prior de San Juan—, Edmund, duque de Somerset, y John Courtenay, conde de Devon. La reina Margarita se encontraba a cierta distancia del campo de batalla; tal vez observaba los acontecimientos desde la abadía de Tewkesbury, situada tras un prado y un par de estanques al norte de las líneas lancasterianas. El campo de batalla era accidentado y estaba plagado de obstáculos: un camino separaba a los dos ejércitos, y el terreno entre ellos contenía «profundas acequias, [y] muchos setos, árboles y arbustos». Era, según un escritor, «un muy mal lugar para acercarse».

Eduardo comenzó su asalto con una lluvia de flechas y disparos —una «lluvia bien afilada»— que fue respondida del mismo modo. El fuego se concentró en la vanguardia lancasteriana, al mando del duque de Somerset, y cuyos «compañeros estaban muy molestos». Se negaron a mantenerse firmes bajo la lluvia de mortíferos proyectiles hasta que, finalmente, el duque se vio obligado a ordenar una carga contra las líneas yorkistas. Sus hombres corrieron colina abajo, hacia el centro del ejército de Eduardo en lugar de hacia la vanguardia de Gloucester, contra quien estaban más directamente alineados. Las tropas chocaron entre sí y los hombres de Somerset lucharon «ferozmente» antes de que «el rey, con toda su hombría, se les echara encima» y comenzara a hacer retroceder el ataque colina arriba.

Antes de que empezara la batalla, Eduardo había separado a doscientos piqueros, los había enviado a un bosque cercano y les había dado instrucciones para que buscaran cualquier emboscada lancasteriana. Si no encontraban nada, debían volver al campo de batalla «como mejor les pareciera» y «emplearse de la mejor manera posible». Fue un golpe maestro táctico. Mientras los hombres de Somerset retrocedían por la colina hacia sus propias líneas «con gran violencia», el destacamento de lanceros de Eduardo los atacó por el costado y los desorganizó por completo. Su disciplina se disolvió y toda la división de Somerset se dispersó por los prados y campos, «donde esperaban escapar del peligro». Al igual que en Towton, la pradera se regó de sangre cuando la lucha devino en desbandada: hombres agotados, presas del pánico, fueron derribados y descuartizados.

Parece que el fracaso de Somerset precipitó el colapso de todo el ejército lancasteriano. Lord Wenlock fue asesinado, así como el conde de Devon y el hermano de Somerset, John Beaufort. Lo más devastador fue que el príncipe Eduardo cayó abatido en la primera batalla que libró, «huyendo hacia la ciudad y muerto en el campo». El cronista Warkworth se enteró de que el príncipe había muerto mientras pedía socorro a su cuñado George, duque de Clarence.[39] Después de que sus líderes fueran masacrados, los capitanes y tropas lancasterianos se dispersaron por el campo. Quienes escaparon a la muerte en la pradera huyeron a la abadía o a las numerosas iglesias de los alrededores con la esperanza de encontrar refugio. Sin embargo, no todos tendrían tanta suerte.

La batalla fue decisiva. Eduardo había «obtenido por fin una gloriosa victoria».[40] Además, al igual que en Towton, estaba decidido a asegurar dicha victoria con una rapidez mortífera. El rey marchó directamente del campo de batalla a la abadía de Tewkesbury, donde Somerset y otros se refugiaban bajo la protección del santuario. Según Warkworth, Eduardo entró en la iglesia de la abadía «con su espada» en ristre; sin embargo, lo detuvo un sacerdote que, sosteniendo en alto el santo sacramento, exigió que se emitiera un perdón real a los señores allí escondidos. Parece que Eduardo accedió y ordenó enterrar en el suelo consagrado de la abadía a los caídos en batalla, «sin descuartizar ni ensuciar sus cuerpos». Sin embargo, dos días más tarde, Somerset, sir John Langstrother, sir Hugh Courtenay y otros fueron sacados de la abadía por la fuerza y entregados a la custodia de Gloucester —como condestable de Inglaterra— y de Norfolk —en su calidad de mariscal—. El tribunal de Gloucester los declaró a todos culpables. Los decapitaron en la ciudad aquel mismo día.

El 7 de mayo, Eduardo abandonó Tewkesbury. Apenas había salido de la ciudad cuando llegó la noticia de que habían localizado a la reina Margarita y la habían llevado a un monasterio pobre y cercano, posiblemente el priorato de Malvern, en compañía de la viuda de su hijo, Ana Neville, la condesa de Devon y lady Katherine Vaux. La reina, con el espíritu destrozado, fue trasladada a Londres en un carro. Le perdonaron la vida, pero su lucha había terminado. Pasaría los siguientes cuatro años confinada con honores, prisionera de quien otrora fuera su dama de compañía, Alice de la Pole, la anciana viuda del mayor ministro de su marido, el duque de Suffolk. En 1475, Margarita sería rescatada y enviada de vuelta junto a Luis XI, bajo cuyo patrocinio viviría el resto de su vida. Sola, derrotada y despojada de su poder, sus días de aventura habían terminado.

Hubo un último brote serio de rebelión lancasteriana: cuando las noticias de que todo se había perdido en Tewkesbury llegaron a Londres, el primo de Warwick, Thomas Neville, conocido universalmente como «el bastardo de Fauconberg», emprendió un levantamiento en Kent, el condado natal de su padre. Era un capitán de navío, pirata y soldado extremadamente hábil, y entre el 10 y el 14 de mayo navegó arriba y abajo del Támesis lanzando ataques contra las puertas y murallas de Londres por tierra y mar. Lo ayudaron varios centenares de fuerzas de élite de Calais: parece probable que esperaban sacar a Enrique VI de la Torre. Sin embargo, Eduardo se había anticipado a un ataque contra la ciudad. Anthony, conde de Rivers, había quedado al frente de las defensas de Londres, responsabilidad que ejerció con gran distinción. Fauconberg instaló cañones en la orilla sur del Támesis para bombardear las murallas de la ciudad, destruyó parte del Puente de Londres y capturó Aldgate; sin embargo, Rivers y el conde de Essex dirigieron las defensas de los londinenses, contraatacaron eficazmente desde dentro de la ciudad y finalmente sitiaron a Fauconberg y sus hombres: este tomó un barco y huyó de vuelta a través del Canal. (Más tarde lo capturarían en Southampton, lo entregarían al duque de Gloucester y sería ejecutado; su cabeza se exhibiría en el Puente de Londres, frente a Kent, de donde había traído a sus rebeldes). Con la derrota de Fauconberg se rompió el último pilar de la resistencia lancasteriana. El martes 21 de mayo de 1471, Eduardo entró de nuevo en Londres: figuraba en la procesión encabezada por el triunfante Gloucester, «con un séquito mucho mayor que cualquiera de sus ejércitos anteriores, y con estandartes desplegados y llevados ante él y los nobles de su ejército».[41] Las trompetas sonaron mientras el rey glorioso regresaba a su ciudad «para gran alegría y consuelo de sus amigos, aliados y bienquerientes [...] y para gran confusión de todos sus enemigos».

Aquella misma noche, Enrique VI murió. El confesor y biógrafo del rey, John Blacman, dijo que Enrique pasó sus últimos días teniendo visiones; en una de ellas amonestó con éxito a una mujer a la que vio a través de su ventana intentando ahogar a un niño.[42] Era difícil imaginar un habitante de la Torre de Londres más inofensivo en términos físicos, pero Eduardo ya no estaba dispuesto a mostrar más misericordia de la razonable. El cronista oficial de la victoria yorkista dijo que Enrique reaccionó muy mal ante la noticia de su derrota y la muerte de su hijo: «Se lo tomó con tanta desesperación, ira e indignación que murió de pura angustia y melancolía».[43] Esta habría sido una hipótesis insatisfactoria aun excluyendo el hecho de que Ricardo, duque de Gloucester, estaba en la Torre la noche de la muerte de Enrique. Un relato más creíble es el que da el cronista Warkworth, quien registró que Enrique fue «ejecutado» entre las once y la medianoche.[44] Envolvieron su cuerpo en lino y al día siguiente lo llevaron a San Pablo para exponerlo a la luz de las antorchas; sangró varias veces sobre el pavimento de la catedral. Más tarde, el cadáver de Enrique se llevó a la abadía de Chertsey en barco para su entierro. (Sería exhumado y trasladado a Windsor en 1484). Es posible que Enrique muriera de una paliza: mucho más tarde se descubrió que su cadáver tenía el cabello castaño claro enmarañado con lo que parecía ser sangre.[45]

La noticia del «asesinato secreto» de Enrique no tardó en circular. A mediados de junio, todos en la corte francesa sabían que, para poner fin a las guerras, Eduardo IV se había dedicado a exterminar a sus enemigos. «En definitiva —escribió un embajador—, ha decidido arrancar el problema de raíz».[46] La década de Eduardo como rey le había enseñado por fin el valor de la crueldad. En el espacio de once semanas, y contra todo pronóstico, había invadido Inglaterra, levantado un ejército, rescatado a su hijo y heredero del santuario, librado dos batallas «grandes, crueles y mortales», sofocado una rebelión, matado o capturado a prácticamente todos sus enemigos, asesinado a su rey rival y a su sucesor, y recuperado su corona.[47] No había habido un general inglés tan exitoso y afortunado desde los tiempos de Enrique V. Eduardo era, como dijo un escritor, «un conquistador de gran renombre y un monarca poderoso, cuyas alabanzas resonaban a lo largo y ancho del país».[48] No solo había reclamado su derecho con la sangre de su linaje: se lo había ganado con sangre derramada. Reinaba con indiscutible y merecida majestad. Era un rey grande y glorioso.

IV

EL ASCENSO DE LOS TUDOR 1471-1525

Pero ¿a quién dejará libre la
insana sed de poder?...
DOMINIC MANCINI

16

Ejecutar la ira

El muchacho de catorce años atravesó el sur de Gales junto a su tío cuarentón y una banda de leales servidores dirigiéndose hacia un país inestable, de bosques espesos y salpicado de castillos resplandecientes. Se dirigían al estuario del río Severn, con la esperanza de reunirse con la reina Margarita y el príncipe Eduardo para reforzar el ejército lancasteriano que pretendía destruir al pretendiente yorkista que se hacía llamar Eduardo IV. Tanto el muchacho como el hombre sabían que tendrían grandes posibilidades de victoria si lograban unir sus fuerzas a las de la reina. Diez años de exilio, insurgencia y conspiración se verían finalmente recompensados con la vuelta al poder. Llegar al valle del río era la misión más importante de sus vidas.

Ambos conocían bien los peligros a los que se enfrentaban. El hombre era un veterano de las guerras de Inglaterra: un soldado experto, con vocación y talento para la lucha insurgente. El muchacho también había conocido la violencia. Su padre había muerto prisionero antes de que él naciera. Desde los cuatro años lo habían criado como a un cautivo —si bien lo habían tratado y educado con generosidad— en el castillo yorkista de Raglan, bien defendido. Había estado bajo la tutela de William Herbert, conde de Pembroke, que lo había comprado por mil libras, le había proporcionado brillantes tutores y lo había preparado para el matrimonio con la familia Herbert. Cuando tenía doce años, Herbert lo había llevado a la batalla de Edgecote para que viera y oyera por primera vez la crueldad de los hombres que eran degollados a centenares. Herbert había perecido allí, en Edgecote: decapitado al terminar la batalla. El muchacho conocía, por tanto, la delgada línea que separa la vida de la muerte, el triunfo de la catástrofe. Como decía el viejo poema, «Este mundo es cambiante».[1]

En efecto, lo era. Acababan de pasar Chepstow cuando llegaron las terribles noticias. La matanza de Tewkesbury no había perdonado a nadie: la reina había sido capturada, el príncipe estaba muerto, y también muchos de sus aliados: desde Somerset y lord Wenlock hasta las decenas de leales servidores que se habían levantado para luchar por el derecho de los Lancaster a gobernar. Tewkesbury fue un desastre que superó incluso al horror de Towton. Eduardo y sus hermanos triunfaron. El niño y el hombre ahora sabían que pronto irían a por ellos. Seguir marchando era absurdo; el único plan racional era huir tan rápido como pudieran. Enrique Tudor y su tío Jasper detuvieron su marcha y se pusieron a salvo.

Dado que Chepstow era la ciudad más cercana, los Tudor se dirigieron allí en primer lugar. Llevaron consigo una parte de la fuerza armada que Jasper había reunido durante los primeros meses de 1471. Chepstow era una ciudad-fortaleza relativamente segura: estaba protegida tanto por sus murallas como por las defensas naturales del río Wye, y dominada por un gran castillo con torreones construido en las colinas arboladas que se alzaban sobre la ciudad. Allí se detuvieron los Tudor. Jasper trató de encontrar sentido al hecho de que Eduardo IV hubiera «derrocado completamente» a su hermanastro el rey, y debatió con sus amigos «cuál era el mejor camino que seguir».[2] No necesitó mucho tiempo para deliberar. Eduardo IV, intentando exterminar lo que quedaba de la casa de Lancaster, envió a sir Roger Vaughan —un veterano de Mortimer's Cross, donde habían capturado y ejecutado al padre de Jasper, Owen Tudor— con licencia para matar. Se describió a Vaughan como un «hombre muy valiente»; no obstante, y afortunadamente para los Tudor, no era tan hábil como Jasper en el arte de la supervivencia. El mayor de los Tudor preparó una emboscada en Chepstow cuando le avisaron de que Vaughan estaba en camino. En efecto, el caballero fue capturado cuando entraba en la ciudad, y Jasper vengó la muerte de su padre mandando decapitarlo. Sin embargo, apenas tuvo tiempo para regodearse.

Más agentes reales se acercaban, por lo que los Tudor se retiraron a toda prisa a Pembroke, en la costa occidental de Gales, donde fueron «sitiados y mantenidos con zanjas y trincheras para que no pudieran escapar».

En tiempos más felices, cuando Jasper era conde de Pembroke y el primer noble del sur de Gales durante la década de 1450, esta gran ciudad costera había sido la sede de su poder. Fue allí donde Enrique Tudor había visto el mundo por primera vez cuando nació del vientre de su madre, Margaret Beaufort, de trece años, el 28 de enero de 1457. Era un lugar que tradicionalmente había estado muy cerca de los corazones de los Tudor. Ahora, sin embargo, era una prisión. Su carcelero era Morgan Thomas, el yerno de sir Roger Vaughan. La familia Thomas había apoyado la causa lancasteriana desde hacía tiempo, pero la decisión de Jasper de matar a Vaughan había empujado a su hijo al otro bando. Durante más de una semana mantuvo inmovilizados a Jasper y Enrique, sin suministros y sin posibilidad de comunicarse con sus partidarios.

Afortunadamente, no toda la familia Thomas había perdido la fe. Morgan Thomas llevaba más de una semana acampado frente a Pembroke cuando lo atacó su hermano David, que comandó una fuerza de dos mil hombres ante las murallas de la ciudad y distrajo a los sitiadores el tiempo suficiente para que Jasper y Henry pudieran escabullirse por las puertas y huir de nuevo, esta vez seis kilómetros a través de la península suroccidental hasta «una villa junto al mar» llamada Tenby. Esta pequeña ciudad portuaria estaba tan bien protegida como Pembroke; de hecho, Jasper había ayudado una vez a reforzar sus defensas. En cualquier caso, era lo bastante robusta para mantener a raya a las fuerzas de Eduardo IV durante un par de meses, mientras los Tudor alquilaban un pequeño velero con tres mástiles y mantenían correspondencia con la corte francesa, pidiendo ayuda y prometiendo a cambio «mantener la guerra y los disturbios» todo el tiempo que pudieran. Sin embargo, su posición se volvió insostenible. A mediados de septiembre de 1471, los Tudor afrontaron lo inevitable y se dispusieron a abandonar Gales rumbo al continente. Con una raquítica tripulación de amigos y sirvientes, se amontonaron en la barca alquilada por Jasper, zarparon y confiaron sus vidas al mar. Las tormentas agitaban el Canal ante ellos.[3]

*

Cuando los Tudor zarparon a Francia, dejaron a Eduardo IV como dueño definitivo e indiscutible de su reino. Aún era un hombre joven —la batalla de Tewkesbury había ocurrido pocos días después de su vigésimo noveno cumpleaños— y se dispuso a reconstruir su reino con su habitual y enérgica bonhomía. La creciente prole engendrada por su esposa Isabel auguraba un futuro próspero para la línea real de Eduardo. Su hija mayor, Isabel, tenía seis años; sus hermanas Mary y Cecily, tres y dos. Su hermano, Eduardo, había nacido en el santuario en noviembre de 1470 y aún era un bebé, pero, en cualquier caso, era el heredero de la corona. El 11 de junio de 1471, el niño de siete meses fue nombrado príncipe de Gales y conde de Chester en una ceremonia oficiada en la abadía de Westminster, a la que siguió su investidura como duque de Cornualles. Menos de un mes después, el 3 de julio, se reunió un gran consejo en Westminster, donde cuarenta y siete arzobispos, obispos, duques, condes, barones y caballeros juraron sobre los evangelios que reconocerían al príncipe Eduardo como «verdadero e indudable heredero de nuestro [...] soberano señor, en lo que respecta a las Coronas y reinos de Inglaterra y Francia y al señorío de Irlanda».[4] Eduardo e Isabel tendrían seis hijos más durante los nueve años siguientes: Margaret, nacida en abril de 1472; Ricardo, duque de York, en agosto de 1473; Anne, en noviembre de 1475; George, duque de Bedford, que nació en marzo de 1477, pero murió a los dos años; Catherine, en agosto de 1479, y Bridget, en noviembre de 1480. Todos menos George sobrevivirían a sus primeros años. Una familia lozana y numerosa crecía en torno al rey.

Una de las primeras acciones de Eduardo durante su segundo reinado fue fijar una larga lista de protocolos y ordenanzas para su casa y las de sus hijos. Su afición por la brillante y ritualizada corte de su cuñado Carlos, duque de Borgoña, había crecido durante sus meses de exilio en los Países Bajos, en una corte que, según John Paston, solo la del rey Arturo había superado.[5] En 1472 se elaboró un extenso manual de instrucciones para organizar la vida doméstica y ceremonial de un rey inglés, llamado el *Libro Negro.*[6] En él se establecía hasta el más mínimo detalle de decoro y protocolo en la presencia real, la deferencia debida a los visitantes de cualquier rango y las raciones debidas a los sirvientes y funcionarios, por humildes que fueran. El *Libro Negro* lo contenía todo, desde cuántas hogazas, jarras de cerveza, velas y leños debían entregarse a un barón residente en la corte real hasta cómo debía doblarse y presentarse el mantel del rey cuando se sentaba a cenar en compañía de sus súbditos. Describía una corte cuyo esplendor igualaba al de cualquier corte inglesa anterior y que impresionaba a cualquier visitante extranjero por su dominio de la moda y el culto principesco. No se trataba simplemente de una corte de imitación borgoñona: era un establecimiento real deslumbrante y singularmente inglés, que se remontaba a los gloriosos días de Eduardo III, poderoso antepasado del rey del siglo XIV.[7] Su estilo y grandilocuencia tuvieron su par en las obras arquitectónicas que comenzaron durante el segundo reinado de Eduardo IV, sobre todo en la reconstrucción de la capilla del colegio de San Jorge en Windsor, el hogar espiritual de la Orden de la Jarretera, que se convirtió en una obra maestra de la arquitectura gótica: amueblada con sillería de coro tallada con minuciosidad, decorada con brillantes estatuas y vidrieras y provista de ornamentadas vestiduras para uso del clero del colegio. Durante cinco años, Eduardo gastó 6572 libras para mejorar Windsor, al tiempo que emprendía una amplia reconstrucción de las fortalezas y palacios de Calais, Nottingham, Westminster, Greenwich, Eltham y Fotheringhay, la sede de los York en las Tierras Medias.

Sin embargo, además de erigir bellos edificios y organizar la casa real, había un reino que administrar. La muerte de Warwick, Montagu y otros rebeldes dejó franjas de tierra por reasignar en el suroeste de Inglaterra, las Tierras Medias occidentales y el norte. Eduardo también reclamó voluntariamente tierras y cargos que previamente habían sido enajenados a la Corona mediante la aprobación de un acta de restitución en el parlamento en 1473. Esta era una herramienta que ya había utilizado en 1461, 1463 y 1467, y que tenía el doble beneficio de fortalecer las finanzas reales al tiempo que permitía la posibilidad de un patrocinio barato mediante la concesión de exenciones. Eduardo abordó el problema de la redistribución de tierras, títulos, cargos y autoridad como un rompecabezas político: encajó zonas sensibles del país bajo el liderazgo de hombres en los que creía poder confiar, la mayoría de los cuales procedían del círculo familiar. Las tierras de Devon, Cornualles y el suroeste cayeron en manos del hijastro del rey, Thomas Grey, que se convirtió en marqués de Dorset en 1475. William Herbert, hijo y tocayo del difunto lord Herbert, se convirtió en conde de Pembroke y en un principio también se le confió la supervisión de Gales, antes de que dicha función la asumiera un consejo bajo la autoridad del joven Eduardo, a quien se le habían concedido los títulos tradicionales de heredero de príncipe de Gales y conde de Chester.[8] El consejo del príncipe operaba desde la antigua sede yorkista de Ludlow, en las fronteras, y su poder en Gales lo ejercían la reina y su hermano, el conde Rivers.

Las extensísimas propiedades de Warwick —que, de haber muerto de forma natural, habrían ido a parar a su hermano Montagu y a las dos hijas de este— se repartieron en gran parte entre los hermanos del rey.[9] En las Tierras Medias, al veleidoso Clarence le confiaron algunas heredades y un grado limitado de autonomía y poder, pero finalmente su autoridad quedó eclipsada por la de William, lord Hastings, el gran amigo, servidor, capitán militar y compañero de Eduardo. Eduardo mantuvo cierto control directo sobre las Tierras Medias, y más tarde casó a su segundo hijo, Ricardo, duque de York, con la hija del duque de Norfolk, que tenía intereses en la región. La autoridad real delegada se entretejía así en una colcha de retales que hilvanaba a los hijos, hermanos y familia extensa del rey como no se había intentado desde el apogeo de Eduardo III.[10] En el centro de todo, el hábil rey seguía interesado y centrado en los asuntos de gobierno. En las discusiones era capaz de demostrar un conocimiento concreto y muy local de la política. Nombró a hombres relacionados con su casa para que sirvieran como jueces de paz y alguaciles locales, para que formaran parte de las comisiones judiciales itinerantes conocidas como «oyer and terminer» y para que hicieran el trabajo del consejo real en las regiones.[11] Los tentáculos del poder real directo se extendieron más profundamente que en ningún otro momento que se recuerde en los condados de Inglaterra. Un cronista observó que el dominio de los funcionarios reales que controlaban el gobierno de «castillos, bosques, casas señoriales y parques» era tal que «ninguna persona, por muy astuta que fuera», podía cometer un delito sin ser «inmediatamente acusada del mismo a la cara». Poco a poco se fue reconstruyendo la maquinaria necesaria para mantener la ley y el orden en el reino.

La reconstrucción de Inglaterra y del poder real por parte de Eduardo se basó en gran medida en el servicio de lugartenientes duros y leales, y pocos gozaban de tanta confianza después de 1471 como su hermano menor, Ricardo, duque de Gloucester. Se le concedieron las tierras de los Neville en el norte de Inglaterra, una zona del país conflictiva y peligrosa, fronteriza con el impredecible reino enemigo de Escocia. Se requería un líder de rectitud intachable, destreza militar, valor y astucia, características de las que había hecho gala en el transcurso de las últimas crisis. Para reforzar su posición, en 1472 Gloucester se casó con la hija menor de Warwick, Ana Neville. (Su hermano Clarence, por supuesto, se había casado con la hermana mayor de Ana, Isabel, durante su rebelión en 1469). Gloucester también recibió enormes extensiones de tierra del ducado de Lancaster, el honor de Richmond —que había pertenecido al padre de Enrique Tudor, Edmund— y el señorío efectivo sobre Henry Percy, conde de Northumberland. Poseía tierras en Gales y Anglia Oriental y, además, servía como condestable y almirante de Inglaterra.

En 1472, con solo veintidós años, Ricardo de Gloucester empezaba a padecer escoliosis, una curvatura de la columna vertebral que le hacía caminar con el hombro derecho levantado y la espalda encorvada, y que podría haberle provocado dolor y dificultad para respirar.[12] Años después, Nicolás von Popplau, un visitante alemán en Inglaterra, observaría que, aunque Ricardo era alto —medía 1,72 metros; no tanto como su hermano Eduardo, pero sí mucho para la época—, era delgado y con brazos y piernas delicados. De todas formas, cualesquiera que fueran los defectos físicos de Ricardo, no disminuyeron su prestigio ni a los ojos de su hermano ni a los de nadie: durante la década de 1470 se lo aclamó como el militar de mayor rango en Inglaterra tras el rey, un príncipe eficaz en el norte y el lugarteniente más importante y de mayor confianza de Eduardo IV. Tenía, dijo Von Popplau, «un gran corazón».[13]

No podía decirse lo mismo de George, duque de Clarence. Él fue uno de los principales beneficiarios de la preferencia de Eduardo IV por la conciliación y la misericordia: había recibido un trato extremadamente generoso, habida cuenta de su papel fundamental en la crisis que había obligado a su hermano a abandonar el trono en primer lugar. Clarence poseía extensos territorios en las Tierras Medias y fue, junto con Gloucester, uno de los primeros en beneficiarse de la muerte del conde de Warwick. Sin embargo, el reparto de las propiedades de Warwick provocó muchas fricciones entre Clarence y Gloucester desde 1472 hasta 1474, las cuales se tradujeron en desórdenes en todas las Tierras Medias y en un creciente dolor de cabeza para el rey. Eduardo había consentido a su descuidado hermano menor y tolerado su comportamiento atroz y desleal durante muchos años, pero finalmente aprendió que Clarence nunca podría redimirse ni convertirse en uno de los parientes fiables y sagaces en los que basaba gran parte de su política real. La caída en desgracia del duque sería espectacular, incluso para los estándares de esa época tan cruda y despiadada.

*

El viernes 16 de enero de 1478, los grandes hombres de Inglaterra se reunieron en la Cámara Pintada del palacio de Westminster para la apertura del parlamento. Hasta el último rincón de la gran sala estaba decorado con murales desvaídos de escenas bíblicas e históricas dispuestas en seis grandes franjas horizontales, que se elevaban hasta lo alto de las paredes de nueve metros. Las historias representadas incluían las del rey David, los macabeos y la destrucción del templo. También había enormes figuras de dos metros que representaban las virtudes victoriosas sobre los pecados, ángeles con coronas que se abalanzaban sobre las ventanas y una sublime representación de san Eduardo el Confesor el día de su coronación.[14] En medio de todo este esplendor el rey Eduardo IV estaba sentado en su trono real. Ante él se encontraban los representantes de sus súbditos, y Thomas Rotherham, canciller de Inglaterra y obispo de Lincoln, estaba listo para dirigirse a ellos.

El obispo se sirvió de dos textos —tanto del Antiguo como del Nuevo Testamento— para su exposición. El primero era el famoso Salmo 23: *Dominus regit me et nihil mihi deerit,* 'El Señor es mi pastor, nada me faltará'.[15] El Señor, explicaba Rotherham, era el protector de su pueblo. Él era la esencia de su salvación y, al mismo tiempo, era su deber absoluto obedecer a su señor. Esto llevó al obispo a su segundo texto, la carta de san Pablo a los romanos, en la que advertía a sus corresponsales que «el rey no lleva la espada sin causa».[16] Este ominoso pasaje explica que aquellos que se resisten al poder justo serán condenados, y que, al llevar la espada, un rey piadoso es designado como «vengador para ejecutar la ira sobre los malhechores». El obispo concluyó su intervención volviendo al salmo y recordando a su auditorio que, «si el Señor los gobierna, nada les faltará, sino que los llevará a pastar a los campos». Para todos los reunidos en la Cámara Pintada aquella mañana de invierno, era claro y meridiano lo que Thomas Rotherham tenía en mente.

El duque de Clarence estaba en la Torre de Londres y llevaba allí más de seis meses. Hacia el 10 de junio había sido convocado a una audiencia con el rey, el alcalde y los concejales de Londres. Eduardo le había reprendido en persona antes de ordenar su encarcelamiento. No era ningún secreto que el rey y su díscolo hermano mediano se miraban «con ojos no muy fraternales». Sin embargo, había algo extraordinario en el hecho de que un rey encarcelara sumariamente a su pariente adulto más cercano y se preparara para someterlo a juicio ante los lores en el parlamento.

El comportamiento de Clarence había sido problemático durante algún tiempo. Su disputa con Gloucester por el reparto de las propiedades de Warwick y Neville entre 1472 y 1474 casi había desembocado en un enfrentamiento armado y, desde luego, no había ayudado a Eduardo a estabilizar el reino tras su regreso al trono. El acuerdo que Eduardo impuso en 1474 para poner fin a esta disputa había otorgado a ambos hombres porciones de las tierras que ansiaban, pero había dejado a Clarence muy insatisfecho.[17] Hizo «cada vez más por alejarse de la presencia del rey», enfurruñándose en silencio durante las reuniones del consejo y negándose a comer o beber en compañía del monarca. Su ira era la de un hijo mediano superado por un prodigioso hermano menor. Gloucester se perfilaba como la mano del rey en el norte y su magnate de mayor confianza; mientras, Clarence se sentía humillado: Eduardo le había quitado su señorío favorito y su sede ducal de Tutbury, en Staffordshire, y también se había negado a permitirle ejercer sus funciones militares como lugarteniente de Irlanda.

Los asuntos personales también habían inflamado el resentimiento fraternal. Cuando Gloucester se casó con Ana Neville en 1472, ella concibió inmediatamente y le dio un hijo, Eduardo de Middleham. Por su parte, la experiencia matrimonial de Clarence fue mucho más desafortunada. En diciembre de 1476, su esposa Isabel murió a la edad de veinticinco años. Aunque dejó dos hijos —Margaret y Edward— que llegarían a la edad adulta, su fallecimiento marcó terriblemente a su marido. Es probable que Isabel muriera a causa de las secuelas del parto, pero a Clarence no le pareció así. Tal vez porque el dolor lo había enloquecido, tal vez porque era de natural vengativo, corto de miras e insensato, decidió vengarse de la muerte de su esposa. A las dos de la tarde del sábado 12 de abril de 1477, una turba de ochenta «personas alborotadoras y mal gobernadas» leales al duque descendió sobre la mansión de Cayford, en Somerset, y apresó a una mujer llamada Ankarette Twynho, que había sido sirvienta personal de la duquesa Isabel. Transportaron a Twynho por todo el país a gran velocidad: de Cayford a Bath, de Bath a Cirencester y de Cirencester a Warwick, donde llegó el lunes 14 de abril al anochecer y fue encerrada en una celda. A las seis de la mañana del día siguiente, arrastraron a la desdichada mujer al ayuntamiento de Warwick, donde Clarence la juzgó personalmente y la acusó de haber matado a Isabel dándole «una ponzoñosa bebida de cerveza mezclada con veneno». Era una acusación ridícula —sobre todo porque el crimen, supuestamente, había tenido lugar el 10 de octubre de 1477, más de dos meses antes de la muerte real de la duquesa—, pero Clarence se aseguró de que, a las tres horas de llegar al consistorio, Ankarette Twynho fuera presentada ante el tribunal, acusada de asesinato, juzgada, declarada culpable, arrastrada por las calles de Warwick y ahorcada. Ni siquiera se pretendió aparentar justicia; de hecho, varios de los miembros del jurado, a quienes se amedrentó para que emitieran un veredicto de culpabilidad, al parecer se acercaron a Twynho con «gran remordimiento de conciencia, sabiendo que habían dado un veredicto falso» y «pidieron perdón lastimosamente» antes de que la desafortunada dama fuera ejecutada.[18]

Esto ya habría sido una indiscreción grave en sí misma: subvertir el proceso judicial y ejecutar a inocentes no era una conducta propia de un duque de sangre real. Sin embargo, lo más probable es que se le hubiera perdonado..., de no ser por la intervención de Clarence posteriormente en otro caso criminal mucho más grave.

En este segundo caso estaban implicados tres hombres: John Stacey y Thomas Blake —un miembro y un capellán del Merton College de Oxford— y Thomas Burdet —un violento terrateniente de las Midlands—, que fueron arrestados y acusados de predecir la muerte del rey mediante brujería. A mediados del siglo XV, los fenómenos de la brujería, la alquimia, la astrología y la hechicería se tomaban muy en serio; después de todo, habían contribuido treinta años antes a la caída de Humphrey, duque de Gloucester, a través de su esposa Leonor Cobham. Ante un tribunal compuesto por algunos de los nobles más importantes de Inglaterra, se acusó a los hombres de haber intentado predecir las fechas de la muerte de Eduardo IV y de su hijo mayor, para que «el rey, al saberlo, se entristeciera [...] de modo que su vida se acortara». Los tres fueron declarados culpables. El 19 de mayo de 1477, Burdet y Stacey fueron arrastrados hasta Tyburn y ahorcados, sin dejar de alegar su inocencia mientras permanecían en el cadalso. Se indultó a Blake; y eso habría sido todo si Clarence no hubiera decidido intervenir, ya que, de forma intrigante, Burdet había sido uno de sus sirvientes. Dos días después de los ahorcamientos, Clarence entró en una reunión del consejo, leyó declaraciones de inocencia en nombre de los muertos y volvió a marcharse. Aunque la asociación de Burdet con Clarence no había levantado sospechas sobre el duque, su obstinada defensa de un traidor convicto sí lo hizo.

Estos fueron los acontecimientos que, en el verano de 1477, convencieron a Eduardo IV de que Clarence era demasiado peligroso para dejarlo solo. La primera señal del disgusto del rey fue su prohibición explícita de que Clarence se casara de nuevo. Eduardo IV «puso todos los impedimentos posibles» a los potenciales emparejamientos con María de Borgoña —la única heredera de Carlos el Temerario tras la muerte del duque borgoñón en 1477— o Margaret Stewart, hermana de Jacobo III de Escocia.[19] La enemistad entre Eduardo y Clarence se intensificó a partir de ese momento, avivada, según un cronista, por «aduladores que corrían de un lado a otro y llevaban de aquí para allá las palabras que se habían dicho los dos hermanos, aunque se hubieran dicho en el más secreto de los armarios».[20]

Cuando el parlamento de enero de 1478 se reunió en la Cámara Pintada ante el rey, todos los presentes tenían claro que el duque tenía las horas contadas. El otoño anterior a la reunión del parlamento, quienes rodeaban al rey —principalmente sus parientes Woodville— se habían dedicado a elaborar un caso contra Clarence que iba mucho más allá de las afrentas a la justicia, al proceso judicial y al decoro político cometidas tras la muerte de su esposa. Todos los delitos cometidos por el duque en el pasado se habían agrupado en una nómina de crímenes punibles que podían utilizarse para destruirlo. Cuando se convocó, el parlamento estaba repleto de hombres, sirvientes y asociados del rey y la reina que durante los meses siguientes, mientras se instruían los casos en la abadía de Westminster, fueron testigos de una extraordinaria y despiadada escena de drama político en la que Eduardo IV, sin el apoyo de ningún otro abogado, presentó un caso personal contra su hermano. «Ni una sola persona pronunció una palabra contra el duque, excepto el rey», escribió un cronista, que también señaló que a Clarence se le negó el derecho de abogado: «Ni un solo individuo respondió al rey, excepto el duque». Se citaron testigos, pero a los observadores les parecieron meros títeres reales. Estaba claro desde el principio que Clarence estaba condenado. Fuera de Westminster, el rey había programado una serie de fastuosas fiestas y desfiles para celebrar el matrimonio de su segundo hijo, Ricardo, duque de York, de cuatro años, con Anne Mowbray, de seis años y única heredera del duque de Norfolk. La numerosa familia real, dominada por los Woodville y sus nobles cónyuges, festejaba y se divertía mientras que, en el interior de una tensa cámara parlamentaria, Clarence era destruido sistemáticamente por su propio hermano.

Finalmente, el proceso se cerró a principios de febrero de 1478. Henry Stafford, duque de Buckingham —cuñado del rey por su matrimonio con Catherine Woodville— compareció ante el parlamento y pronunció el veredicto. Se declaró a Clarence culpable de traición por una abrumadora lista de cargos, enumerados en una acta que posteriormente se aprobó contra él. Se lo acusó de haber participado en una «conspiración contra [el rey], la reina, su hijo y heredero y gran parte de la nobleza del país». Ignorando el hecho de que Eduardo «siempre le había amado y recompensado generosamente», había «ofendido gravemente al rey en el pasado, procurando su exilio del reino y trabajando en el parlamento para excluirlo a él y a sus herederos de la corona. Todo ello fue perdonado por el rey, pero el duque continuó conspirando contra él, con la intención de destruirlo tanto por fuerzas internas como externas». Luego vino la lista de crímenes específicos:

> [El duque] trató de poner a los súbditos [de Eduardo] en su contra diciendo que Thomas Burdet había muerto falsamente y que el monarca había recurrido a la nigromancia. También dijo que el rey era un bastardo, no apto para reinar, e hizo que los hombres le prestaran juramento de fidelidad sin exceptuar su lealtad al rey. Acusó al monarca de quitarle su sustento y de pretender su destrucción. Consiguió posición bajo el gran sello de un acuerdo hecho entre él y la reina Margarita por el que se le prometía la corona si la línea de Enrique VI fracasaba. Planeó enviar a su hijo y heredero al extranjero para ganar apoyos, y traer en su lugar a un falso niño al castillo de Warwick.

> Planeó levantar la guerra contra el rey dentro de Inglaterra e hizo prometer a los hombres que estarían listos en cuanto se los avisara con una hora de antelación. El duque se ha mostrado incorregible y perdonarlo amenazaría el bien común, que el rey está obligado a mantener.[21]

El acta de acusación señalaba que se condenaba al duque por alta traición. Eduardo la firmó personalmente.

El rey dudó durante unos días si ejecutar la sentencia que exigían los supuestos crímenes de su hermano. Sin embargo, los parlamentarios se quejaron del retraso y, finalmente, George, duque de Clarence, fue ejecutado en la Torre de Londres el 18 de febrero. Nunca se ha determinado el método exacto de su ejecución, pero una larga tradición sostiene que se le sumergió la cabeza en un barril de vino de malvasía hasta el ahogamiento.[22] Sus huesos se enterraron más tarde en la abadía de Tewkesbury. Fue un final desafortunado para un hombre que en vida había sido un incordio, un irresponsable y un ingrato. Murió víctima de su propia temeridad. Eduardo lamentó la muerte de su hermano e hizo muchas y costosas provisiones para inmovilizar sus finanzas y su patrimonio, pero, en cualquier caso, su reinado fue más seguro gracias a la eliminación de Clarence. En 1479, casi todas las amenazas al reinado de la casa de York —tanto externas como internas— habían desaparecido. Solo quedaba un hombre que apenas planteaba un mínimo desafío a la seguridad dinástica de la Corona inglesa: lejos, al otro lado del mar, Enrique Tudor aún sobrevivía como un tenue faro para la causa lancasteriana. En 1478, difícilmente podría haber parecido menos peligroso para Eduardo IV, el rey que había demostrado ampliamente lo que san Pablo había dicho una vez a los romanos: «Los que se resistan acarrean condenación para sí mismos».[23]

17

El único diablillo que quedaba

Jasper y Enrique Tudor llegaron al pequeño puerto pesquero de Le Conquet, en Bretaña occidental, a mediados de septiembre de 1471. La travesía fue accidentada y tormentosa, pero el viento fue benévolo y llevó la barca hasta el territorio del duque Francisco II de Bretaña. Francisco era un político inteligente y un anfitrión cortés. Cuando Jasper y Enrique llegaron a su corte, los trató «muy bien como prisioneros». Tal era su condición.[1] Los Tudor permanecerían a merced del duque durante más de una década.

Mientras Eduardo reconstruía Inglaterra, Jasper y Enrique vivían como honorables fugitivos al otro lado del mar. La sede ducal de Francisco era el castillo de Hermine, en Vannes: un palacio grandioso y bien fortificado, equipado con buenos establos, pistas de tenis y su propia ceca. Tras someterse a la autoridad de Francisco, los Tudor fueron tratados con «honor, cortesía y favor» y agasajados como si «hubieran sido hermanos [del duque]». El duque prometió que serían libres de «ir y venir a su antojo sin peligro». Sin embargo, naturalmente, no fue así. En octubre de 1472, Jean du Quélennec, almirante de Bretaña, trasladó a los Tudor desde Vannes a su castillo de Suscinio, donde los mantuvo: era un escondite amurallado pequeño, pero soberbio, situado en una península entre el océano y la bahía de Morbihan. Más tarde, cuando se temió que Suscinio fuera demasiado vulnerable a una incursión de secuestro desde el mar, se los trasladó a Nantes. Allí se convertirían en peones políticos en las intrigas diplomáticas entre el duque Francisco, Luis XI de Francia y Eduardo IV.

Durante la década de 1470, aunque Eduardo estaba ocupado con la pacificación tanto de su reino como de su hermano, nunca olvidó —de hecho, lo atormentaba— que el único lancasteriano de importancia que quedaba estaba fuera de su alcance. En palabras del historiador italiano Polidoro Virgilio, Enrique era «el único diablillo que quedaba de la sangre de Enrique VI», y el rey inglés se empeñó en solicitar su regreso desde Bretaña con «regalos, promesas y plegarias» en numerosas ocasiones.[2]

Luis de Francia rivalizó contra él por la custodia de Enrique. El rey francés sospechaba, con razón, que la posesión de los Tudor sería una baza muy útil con la que comprometer a su rival inglés. Luis intentó sacar a Jasper y Enrique de Bretaña en 1474, y envió a un embajador, Guillaume Compaing, para argüir que, puesto que Jasper era pensionista de Francia —y primo del propio Luis—, él y su sobrino debían liberarse bajo custodia francesa. El duque Francisco se negó, pues también consideraba que la posesión de los Tudor era una baza con la que él mismo podía comprometer a Francia, pero accedió a sacar a Jasper y Enrique de Nantes. A principios de 1474, se trasladó a Jasper al castillo Josselin, a cuarenta kilómetros de Vannes, mientras que a Enrique lo internaron en el castillo de máxima seguridad recién construido de Largöet, bajo la vigilancia del mariscal de Bretaña, Jean de Rieux. Fue encarcelado lujosamente una vez más; en esta ocasión, en el sexto piso de los siete que conforman la enorme y octogonal torre de Elven.[3] No era la primera vez que Enrique Tudor, de diecisiete años, vivía cómodo, pero sin poder ir a ninguna parte.

En junio de 1475, Eduardo IV invadió Francia con un gran ejército financiado por los impuestos ingleses a una escala que no se había visto desde la época de Enrique V. Se declaró, al modo tradicional, rey de Francia y duque de Normandía y Gascuña, evocando las reclamaciones de todos sus predecesores Plantagenet desde Enrique II y Ricardo Corazón de León. Se sirvió de una flota prestada de quinientos barcos holandeses y desembarcó en Calais con hasta mil quinientos hombres de armas, mil quinientos arqueros y, «además, un gran número de soldados de infantería». Aun admitiendo que las estimaciones podían exagerarse, un estrecho colaborador del rey francés consideraba que el ejército inglés era «el más numeroso, el mejor disciplinado, el mejor organizado y el mejor armado con el que ningún rey de esa nación había invadido Francia».[4] Tras algunas escaramuzas menores e infructuosas, la expedición terminó el 29 de agosto, cuando Luis XI y Eduardo se reunieron en el puente sobre el río Somme, en la ciudad de Picquigny, para discutir los términos del acuerdo. Eduardo arrancó a Luis una tregua de siete años y una generosa pensión. En comparación con las grandes campañas de la guerra de los Cien Años, que Eduardo esperaba emular, la invasión de 1475 fue un paseo anodino por el campo, apenas notable por el hecho de que el rey había conseguido, como era su costumbre, recaudar una enorme cantidad de impuestos para, finalmente, no luchar en las campañas que pretendía financiar. Sin embargo, el tratado de Picquigny también precarizó la posición de los Tudor: según sus términos, Luis se comprometía a no atacar Bretaña. Con la esperanza de que el duque Francisco se mostrara agradecido, Eduardo volvió a intentar sacar a Enrique Tudor de Bretaña y llevarlo ante la justicia inglesa con la condición de que no sería maltratado. Estuvo cerca de conseguirlo. Al cabo de un año, cansado de que lo molestaran con el asunto, Francisco accedió a repatriar a su protegido.

En noviembre de 1476, los barcos ingleses se balanceaban en las aguas de la costa bretona, listos para recibir al pródigo Tudor. Sin embargo, cuando lo condujeron al puerto de Saint-Malo, Enrique, «sabiendo que lo llevaban a la muerte, por la agonía de su mente cayó en el camino en una fiebre».[5] Fingida, real o psicosomática, esta enfermedad bastó para salvarlo. Se refugió en una de las iglesias de Saint-Malo para recuperar la salud y, durante ese periodo, el duque Francisco cambió de opinión. Envió mensajeros para convocar a Enrique de vuelta al castillo de Hermine. Jasper se unió a él desde Josselin. Los Tudor habían escapado por poco de los intentos de Eduardo de recapturarlos. El rey se dio cuenta de que tendría que elegir una táctica diferente si quería erradicar la última amenaza que quedaba para su trono.

*

De vuelta en Inglaterra, Margaret Beaufort, la madre de Enrique Tudor, había seguido un camino más conciliador mediante la política de la restauración yorkista. Pequeña de estatura, astuta y resiliente, Margaret era una mujer extraordinaria. Sabía leer y escribir, era una perspicaz mujer de negocios y, sobre todo, nunca olvidó su deber de proteger la herencia y el futuro de su hijo. A pesar del trauma que sufrió al dar a luz a Enrique en el castillo de Pembroke aquel invierno de 1457 azotado por la peste, cuando solo tenía trece años, se casó dos veces desde la muerte de su primer marido, Edmund Tudor. En 1461 se casó con Henry Stafford, segundo hijo de Humphrey Stafford, difunto duque de Buckingham. Esto significó la separación de su hijo cuando solo tenía cuatro años, aunque ella había visitado al niño en el castillo de Raglan durante su juventud. La restauración de Enrique VI había permitido un breve reencuentro, y Margaret había llevado al joven Enrique Tudor en un paseo en barcaza por el Támesis para visitar al rey en Westminster. (Polidoro Virgilio dejó constancia de que el viejo y simplón monarca había mirado al niño y le había dicho: «Este, en verdad, es aquel a quien tanto nosotros como nuestros adversarios debemos ceder y entregar el dominio», una enigmática declaración a la que Margaret asignaría más tarde un gran significado).[6] Cuando Eduardo IV volvió al poder, las circunstancias separaron de nuevo a madre e hijo. Al primo hermano de Margaret, Edmund, duque de Somerset, lo habían sacado de su santuario y decapitado tras la batalla de Tewkesbury, mientras que a su primo John, marqués de Dorset, lo asesinaron durante los combates. Jasper y Enrique habían huido al continente. Margaret había visto a Enrique por última vez el 11 de noviembre de 1470, pero en todo ese tiempo no había dejado de buscar la manera de asegurar su herencia —una considerable extensión de tierras y rentas en el sur de Inglaterra y las Tierras Medias— y transmitir lo que pudiera a su exiliado —y único— hijo.

El marido de Margaret, Stafford, murió el 4 de octubre de 1471, después de seis meses sufriendo dolencias y complicaciones relacionadas con las heridas que había recibido luchando en la batalla de Barnet. El instinto de supervivencia de Margaret la llevó a infringir el protocolo social según el cual las viudas debían guardar un año de luto antes de volver a casarse. Todo parece indicar que había disfrutado de una relación afectuosa con Stafford, pero que, incluso antes de enterrarlo, ella ya había iniciado las negociaciones para una unión con otro barón del reino: Thomas, segundo lord Stanley, un magnate del norte con extensas tierras y poder en el noroeste y —más importante aún— muy buenas conexiones con la corte yorkista. Cuando Eduardo IV formalizó la nueva y fastuosa organización de la casa real, nombró a Stanley mayordomo, el puesto más prestigioso disponible, con acceso regular al rey y margen para todo tipo de intrigas políticas. La posición de Stanley en la casa le permitió entablar una estrecha relación de trabajo con los Woodville. A lo largo de la década de 1470, lord Stanley y lady Margaret se acercaron al círculo familiar yorkista. En una espléndida ceremonia oficiada en 1476 para volver a enterrar al viejo Ricardo de York en el mausoleo familiar de Fotheringhay, Margaret asistió a la reina Isabel y a sus hijas. En 1480, durante el bautizo de Bridget —la última de los hijos de Eduardo IV e Isabel— en Eltham, se permitió a Margaret llevar al bebé hasta la pila bautismal. Encabezaba una procesión de cien caballeros y escuderos; todos portaban antorchas y Thomas Grey, el hijastro mayor del rey y marqués de Dorset, los acompañaba.[7] Poco a poco fue ganándose el favor de la realeza.

La lenta, pero constante integración de Margaret Beaufort en el círculo real funcionó justo como pretendía. Después de 1476, cuando el rey fracasó en su intento de sacar a Enrique Tudor de Bretaña por la vía diplomática, empezó a considerar otros medios para neutralizar la reducida amenaza que el joven podía suponer. Entonces recurrió a Stanley y Margaret para establecer las bases sobre las que traer a Enrique a casa e integrarlo en los estándares de la sociedad inglesa.

El primer obstáculo desapareció con la muerte de George, duque de Clarence en la Torre de Londres. Clarence había poseído las tierras del condado de Richmond —antiguo título de Edmund Tudor— y su muerte dejaba un cebo tentador para Enrique, a quien ahora le podían ofrecer el regreso a Inglaterra como noble de primer rango. Impulsados por el rey, Margaret y Stanley empezaron a trabajar para conseguirlo: en algún momento —desconocido— se redactó un indulto real para Enrique sobre la base de la carta que había nombrado originalmente a Edmund conde de Richmond en noviembre de 1452.[8] Más o menos al mismo tiempo, Margaret y el rey discutieron si sus hijos compartían los grados de parentesco cuyo matrimonio estaba prohibido sin el consentimiento papal: teóricamente, dicha conversación precedería a un matrimonio entre Enrique Tudor y una de las princesas reales. Finalmente, el 3 de junio de 1482 se redactó en Westminster un documento donde Eduardo IV acordaba con Stanley y Margaret la enajenación de las propiedades pertenecientes a la madre de esta. De tales propiedades, Margaret podía obtener una rica herencia para Enrique. El acuerdo estipulaba que se permitiría heredar al joven a condición de que regresara a Inglaterra «para estar en gracia y favor de la alteza del rey». Eduardo estampó su sello en el documento. El escenario estaba preparado para que Enrique volviera a casa, si bien, ya en 1482, el renegado de veinticinco años apenas había conocido su casa durante unos pocos meses de su vida. Entonces sobrevino el desastre.

*

El 9 de abril de 1483 Eduardo IV murió en su cama del palacio de Westminster. Aunque no estaba «agotado por la vejez ni aquejado de ninguna enfermedad conocida», enfermó los días previos a Pascua tras una excursión de pesca. Una rápida y grave enfermedad lo llevó de la buena salud a la muerte en menos de quince días, tres semanas antes de su cuadragésimo primer cumpleaños. Durante su juventud había sido un hombre alto y muy apuesto, pero al llegar a la madurez se puso como un tonel, gordo y lujurioso, lo que llamó la atención de hombres de dentro y fuera del reino. Años de vida cada vez más libertina habían acabado con él.[9] La fiesta y la fornicación eran prerrogativa de los reyes, pero, incluso para los estándares reales, Eduardo se había entregado de lleno a los excesos. Tuvo numerosas amantes —la más famosa fue Elizabeth Shore, la elocuente hija de un mercader londinense que el rey compartió con lord Hastings— y al menos dos hijos ilegítimos de diferentes madres: hubo un niño llamado Arthur

Plantagenet, nacido de una oscura dama de la corte hacia 1472 y nombrado lord Lisle mucho más tarde; una hija, Grace, y probablemente muchos más. A Eduardo «le encantaba entregarse a la holganza y los placeres», escribió el historiador y diplomático Philippe de Commines, que había visto de primera mano al rey en acción durante las negociaciones de paz de 1475.[10] Polidoro Virgilio, que conoció y entrevistó a muchos de los socios de Eduardo, observó que el rey se había «dado a la lujuria corporal, a la que estaba inclinado por su propia disposición».[11] El historiador italiano Dominic Mancini ofreció una descripción aún más vívida de Eduardo: dijo que «era inmoderado en la comida y la bebida: tenía la costumbre [...] de tomar un emético por el placer de atiborrar su estómago una vez más [...] después de recuperar la corona había engordado en los lomos, mientras que antes no solo había sido alto, sino más bien delgado y muy activo».[12] Commines pensó que el rey había muerto de una apoplejía, lo que podría significar cualquier cosa, desde un derrame cerebral a un ataque al corazón. En otros lugares de Europa se dijo que la causa de la muerte había sido comer demasiada fruta y verdura el Viernes Santo, aunque esto probablemente obedecía más a la famosa corpulencia de Eduardo que a la ciencia médica.[13] En vista de su estilo de vida, hoy podemos especular que Eduardo podría haber sufrido una enfermedad renal crónica, una afección mortal que solo se manifiesta en las fases finales agudas. O tal vez sucumbió a un virus como la gripe, que hizo sus primeras apariciones significativas en Inglaterra a partir de la década de 1480.[14] Nunca lo sabremos.

A pesar de su gordura y holgazanería, Eduardo IV había sido el político más capaz y el soldado con más talento que había llevado la Corona inglesa desde Enrique V. Había acabado con las despiadadas guerras civiles causadas por la prolongada ineptitud de Enrique VI, la política obstinada de su padre, Ricardo de York, y las intrigas de Richard, conde de Warwick y George, duque de Clarence. No consiguió todo esto solo con grandes victorias en el campo de batalla, sino gracias a una aguda comprensión de las bases para una buena realeza. Fue un logro aún más notable habida cuenta de que nunca vio a otro hombre gobernar Inglaterra de forma competente. A causa de su bonhomía natural se sentía a gusto en compañía de todos, desde los sirvientes más humildes hasta los magnates de su círculo de amigos, consejeros y asesores. Aunque las dos partes de su reinado habían sido turbulentas, la segunda había supuesto una notable mejora con respecto a la primera. Había integrado o aniquilado a los disidentes sin piedad. Había reunido un gran ejército —aunque desaprovechado— para servir en Francia, que recordaba a las hordas de su antepasado Eduardo III durante las décadas de 1340 y 1350, y la magnificencia de la corte inglesa se había elevado a niveles gloriosos. «Una vez apaciguada toda la división intestina, dejó un reino riquísimo y abundante en todas las cosas, que a causa de las guerras civiles había recibido casi vacío tanto de hombres capaces como de dinero», escribió Virgilio. Aunque las arcas no rebosaran, es cierto que a su muerte dejó Inglaterra mucho más estable de lo que la había encontrado.

Si Inglaterra fue restaurada por Eduardo IV, también sufrió un duro revés con su muerte. Si algo les habían enseñado las tribulaciones de las últimas seis décadas a los ingleses era que la prosperidad del reino dependía en gran medida del buen juicio del hombre que llevaba la corona. En 1483, sin embargo, no había ningún hombre preparado, y se avecinaban difíciles problemas: en 1482 se había iniciado una guerra con Escocia, que requería una cuidadosa atención real y un considerable gasto militar; además, ese mismo año las relaciones al otro lado del mar se habían vuelto mucho más delicadas debido al tratado de Arrás, firmado entre Luis XI de Francia y un nuevo gobernante de Borgoña, el archiduque Maximiliano I de Habsburgo, el cual dificultaba la tradicional estrategia inglesa de enfrentar a estas dos grandes potencias. Eran tiempos potencialmente peligrosos, pero el hijo y heredero de Eduardo tenía doce años y medio, y su hermano y heredero Ricardo, duque de York, aún no había cumplido los diez. Una vez más, el destino de Inglaterra dependía de un niño o, mejor dicho, del buen servicio y la buena voluntad de los adultos a su alrededor.

*

Cuando Eduardo IV murió, su hijo mayor se encontraba en Ludlow, el suntuoso castillo de Shropshire que servía de sede al consejo que presidía como príncipe de Gales. El consejo del príncipe se convocaba bajo su autoridad, pero en la práctica todos sus asuntos los trataba el gobernador, tutor y tío del joven, Anthony Woodville, conde de Rivers. Durante más de diez años, Rivers había servido de guía y mentor al príncipe de Gales, manteniéndolo ocupado en una vida que su padre había abandonado hacía tiempo. Pasaba largas horas con «caballos, perros y otros ejercicios juveniles para vigorizar su cuerpo».[15] El hermano de la reina, de cuarenta y tres años, era un dechado de caballerosidad y un entusiasta mecenas y practicante de la piedad y las letras del Renacimiento. Reputado como el mejor caballero de Inglaterra, Rivers había tenido el honor de justar con el Bastardo de Borgoña en el famoso torneo de 1467. Desde entonces había pasado gran parte de su vida como caballero andante, cabalgando por Europa para guerrear contra los infieles con un cilicio bajo su pesada armadura. Rivers había luchado contra los sarracenos en Portugal, había peregrinado a Roma y Santiago de Compostela, mantenía buenas relaciones con el papa Sixto IV y era un entusiasta hombre de letras. Colaboró con el comerciante pionero William Caxton, que en 1475-1476 había llevado una imprenta a Inglaterra por primera vez. Rivers aprovechó la nueva tecnología de Caxton para publicar traducciones al inglés de los *Dichos y proverbios de los filósofos* y los *Proverbios* de Christine de Pisan, así como muchas de sus propias obras de versos moralizantes. Caxton escribió sobre Rivers de forma laudatoria, diciendo que «concibe bien la mutabilidad y la inestabilidad de esta vida presente, y que desea con gran celo y amor espiritual [...] que aborrezcamos y abandonemos por completo los abominables y condenables pecados que se usan comúnmente hoy en día; [como] el orgullo, el perjurio, las terribles palabrotas, el robo, el asesinato y muchos otros».[16] Era, en resumen, el tutor modelo para un joven rey que crecía durante una época de guerra, pero también de ciencia floreciente, y, como es natural, su presencia junto al muchacho había tranquilizado al viejo rey tanto en vida como en su lecho de muerte.

De hecho, Eduardo había dado instrucciones explícitas sobre la educación del príncipe, exigiendo que «ningún hombre se sentara a su mesa sino [...] a discreción del [...] conde Rivers».[17]

La muerte de Eduardo IV, sin embargo, convirtió la posición dominante de Rivers en un asunto mucho más complicado. La proximidad física y emocional del conde con el joven rey lo convertía ahora, potencialmente, en el hombre más poderoso del país. Eduardo V estaba en una edad muy sensible. Doce años: era el momento en que un rey podía empezar a mostrar voluntad propia y liderar al Gobierno que emanaba de su corona; sin embargo, todavía era una edad infantil, muy susceptible a la influencia —o, de hecho, a la mala influencia— de quienes estaban más cerca de él. Rivers lo entendía bien, pues, además de un gran caballero, era un astuto político. Apenas seis semanas antes de la muerte del rey, Rivers había solicitado a su abogado en Londres copias de las cartas por las que se lo nombraba jefe de la casa del príncipe, las cuales le otorgaban el mando explícito de la persona real y discreción para trasladarlo de un lugar a otro. Por lo tanto, en abril de 1483, Rivers era muy consciente del valor político de su procura de Eduardo V. De hecho, todos quienes no pertenecían al círculo Woodville eran también muy conscientes del asunto.

El testamento de Eduardo IV se ha perdido, pero parece que en su lecho de muerte trató de establecer varios compromisos que podrían haber orientado a la realeza durante el temprano reinado de su hijo. Había intentado personalmente reconciliar a quienes lo rodeaban y seguían enzarzados en viejas disputas: llevó a lord Hastings a su cabecera y le ordenó que hiciera las paces con Thomas Grey, marqués de Dorset, el hijo mayor de la reina. Aunque Dorset estaba casado con la hijastra de Hastings, ambos «mantenían una enemistad mortal»: eran rivales fronterizos en las Tierras Medias y, según el escritor Mancini, rivales por los abrazos de «amantes a las que habían secuestrado o intentado atraer el uno del otro».[18] A continuación, para equilibrar el hecho de que su hijo permaneciera cómodamente al cuidado de Rivers y los Woodville, parece que el rey moribundo nombró a su fiel hermano Ricardo, duque de Gloucester, el siguiente en la línea de sucesión al trono después del joven duque de York; en la práctica, esto equivalía a nombrarlo el hombre más importante del reino para que asumiera el mando del gobierno en la posición efectiva de protector. Si esto era así, entonces era casi exactamente el mismo acuerdo que Enrique V había intentado mientras agonizaba en Vincennes unos sesenta años antes, cuando había nombrado a Thomas Beaufort, duque de Exeter, para asumir la responsabilidad de la persona del infante Enrique VI, y a otro duque de Gloucester —Humphrey— para controlar el Gobierno real. Separar el mando de la casa del nuevo rey del mando del gobierno era un método lógico para repartir el poder. Sin embargo, y desgraciadamente, no era nada realista en términos políticos.

Nada más conocerse la muerte de Eduardo, sus consejeros que se encontraban en Londres se reunieron para debatir la mejor forma que debía adoptar el nuevo gobierno. Se sugirieron dos soluciones. La primera era el establecimiento de un protectorado, que según Mancini era lo que el viejo rey había ordenado en su testamento. El único candidato plausible para el papel de protector era Ricardo, duque de Gloucester, el noble de sangre real adulto de mayor rango. Gloucester estaba lejos, en el norte de Inglaterra, supervisando los esfuerzos militares contra los escoceses. En cuanto se enteró de la muerte de Eduardo, acudió a York para asistir a una ceremonia fúnebre en la que lloró la pérdida de su hermano. Sin embargo, el dolor no lo distrajo de la política: durante su luto, Gloucester encontró tiempo para escribir al consejo y exponerle su pretensión de ejercer como protector, para lo cual lord Hastings presionó con fervor en Londres. A Hastings le motivaban dos factores muy obvios. Naturalmente, desconfiaba de Thomas Grey, marqués de Dorset, y de los Woodville, que le profesaban una «extrema animadversión» y con los que tan mal se había reconciliado.[19] Hastings había perdido su puesto de chambelán de la casa real a la muerte de Eduardo; es muy posible que temiera que, bajo un gobierno dirigido por los Woodville, también lo privaran de su capitanía de Calais. En cualquier caso, y más allá de esas razones, a Hastings lo movía la lealtad. Ningún hombre, salvo quizá Gloucester, había sido más cercano o fiel a Eduardo IV; para Hastings era una cuestión de honor defender los deseos de su difunto señor.

Sin embargo, ni la voluntad de un rey muerto ni las protestas de sus amigos sirvieron de nada. Hastings fue rechazado por los consejeros «que favorecían a la familia de la reina». Se decidió que no habría protectorado: Eduardo V comenzaría su reinado inmediatamente. Sería coronado el 4 de mayo y gobernaría como rey adulto, con un consejo convocado para asesorarlo y asistirlo. Gloucester tendría un asiento en este consejo, pero no tendría preeminencia. Fue una victoria para los Woodville, y Mancini afirma que Dorset se regodeó diciendo que «somos tan importantes que incluso sin el tío del rey [es decir, Gloucester] podemos tomar y hacer cumplir estas decisiones».[20] El 14 de mayo se enviaron cartas a Ludlow para convocar a Rivers y Eduardo V en Londres; tendrían que estar allí el 1 de mayo, acompañados por una modesta fuerza de no más de dos mil hombres. Entretanto, se enterró al rey anterior.

Las exequias de Eduardo IV fueron formidables. El día de su muerte, el cuerpo del rey, ancho y con el torso desnudo, se expuso durante doce horas a la vista de todos los lores, obispos y concejales presentes en Westminster.[21] Posteriormente, Eduardo permaneció de cuerpo presente durante ocho días; unos días más tarde, el 20 de abril, se lo trasladaría —tirado por caballos y vestido de negro— a la capilla de San Jorge de Windsor para ser enterrado. Se celebró un extraordinario servicio solemne y se cantaron misas por el alma del difunto. Finalmente, cuando se depositó el cuerpo del rey en la tierra, sus principales oficiales de estado rompieron sus báculos ceremoniales y los arrojaron sobre el ataúd para simbolizar el fin de su reinado. Inmediatamente después, los heraldos reales lanzaron un gran grito: «Le roy est vive», '¡El rey está vivo!'. Entonces la atención volvió a Eduardo V.

Rivers y el joven rey partieron de Ludlow hacia Londres la última semana de abril. En lugar de tomar la ruta más directa, dieron un rodeo a través de las Tierras Medias. Gloucester, que regresaba del norte para la coronación, había contactado con Rivers y lo había persuadido para que unieran sus fuerzas y entraran triunfalmente en Londres. El martes 29 de abril, las dos partes se aproximaron en Northamptonshire. A Gloucester lo había recibido Henry Stafford, duque de Buckingham, y ambos se alojaron esa noche en la ciudad de Northampton. Por su parte, Rivers, Eduardo V y el hijo de la reina, sir Richard Grey, se encontraban a un par de millas de distancia; sus hombres se habían dispersado para pernoctar en los pueblos y aldeas que salpicaban la campiña, entre los que se encontraba Grafton Regis, la antigua residencia de los Woodville. Se había acordado que Gloucester y Buckingham se presentarían a su nuevo rey al día siguiente y, para preparar esta importante ocasión familiar, Rivers y Richard Grey cabalgaron hasta la posada de Gloucester, donde compartieron una agradable cena la noche del 29 de abril. Se los recibió con «un semblante especialmente alegre y jovial, y, sentados a cenar a la mesa del duque, pasaron todo el tiempo en una conversación muy agradable». Es posible que departieran sobre la campaña de Escocia, en la que Rivers y su hermano sir Edward Woodville habían servido brevemente bajo el mando de Gloucester, y también sobre los negocios inmobiliarios que ocupaban incesantemente las mentes de los magnates ingleses: solo un mes antes, Rivers había pedido a Gloucester que arbitrara a su favor en una disputa de tierras, lo cual implicaba un importante grado de confianza y parentesco entre ambos. Ya fuera sobre estos u otros asuntos, los cuatro grandes hombres conversaron hasta altas horas de la noche antes de retirarse a dormir, no sin antes acordar levantarse temprano por la mañana.

Comenzaron la jornada con la primera luz. La presentación al nuevo rey se celebraría en Stony Stratford, dieciocho millas al sur por Watling Street, la antigua calzada romana que atravesaba diagonalmente el centro de Inglaterra. Habrían tardado unas tres horas en cubrir el trayecto cabalgando al paso. Sin embargo, no llegaron a completar el viaje. Los magnates, acompañados por un nutrido cuerpo de soldados de Gloucester, cabalgaban juntos cuando los dos duques se detuvieron de repente, comunicaron a Rivers y Grey que estaban arrestados «y ordenaron que fueran conducidos [como] prisioneros al norte de Inglaterra».[22] Entonces Gloucester, Buckingham y sus hombres armados montaron en sus caballos y partieron al galope hacia el rey. Ordenaron a los centinelas que cabalgaran a lo largo del camino e impidieran que se divulgara la noticia de su golpe. La táctica pareció funcionar. Alcanzaron rápidamente a un Eduardo V sobresaltado, arrestaron a su chambelán, sir Thomas Vaughan, y despidieron a casi todos los asistentes reales amenazando con matar a cualquiera que desobedeciera. Luego se arrodillaron ante su nuevo soberano con las gorras en las manos y declararon que habían venido para salvaguardar su reinado y protegerlo de la intrigante insolencia de los Woodville.

Eduardo V solo tenía doce años, pero no tardó en darse cuenta de lo que escondían las bonitas palabras de su tío Gloucester. Según Mancini, el joven replicó «diciendo que solo tenía los ministros que su padre le había dado [...], no había visto nada malo en ellos y deseaba conservarlos a menos que se demostrara lo contrario [...]. En cuanto al gobierno del reino, tenía plena confianza en los pares del reino y en la reina». Al mencionar el nombre de Isabel Woodville, Buckingham replicó que «gobernar reinos no era cosa de mujeres, sino de hombres, por lo que si [el rey] albergaba alguna confianza en ella, más le valía renunciar a esta». En ese momento, Eduardo se dio cuenta de que los duques «exigían más que suplicaban». Estaba tan a su merced como los hombres que habían arrestado: él también era víctima de un golpe inesperado y desconcertante. El indefenso Eduardo les siguió la corriente. Su último día de libertad real había llegado bruscamente a su fin.

*

El domingo 4 de mayo, Ricardo, duque de Gloucester, acompañó a Eduardo V a Londres. El rey iba vestido de terciopelo azul; su tío iba de negro de pies a cabeza. Los recibieron el alcalde, los concejales y una delegación de quinientos ciudadanos vestidos de violeta. A ninguno de estos caballeros tan bien ataviados se les había escapado que el 4 de mayo era la fecha prevista para la coronación del rey. Gloucester anunció que esta se pospondría siete semanas: se celebraría el domingo 22 de junio y la seguiría inmediatamente la apertura del parlamento el martes 24 de junio. Esto permitiría que «la coronación y todo lo relativo a la solemnidad se celebraran con mayor esplendor».[23] Mientras tanto, el 8 de mayo, Gloucester obtuvo del consejo el derecho a actuar como protector del reino, un cargo que, según los contemporáneos, recordaba al ejercido por otro duque de Gloucester, Humphrey, el tío de

Enrique VI. Sin embargo, mientras que el viejo Humphrey se había visto frustrado a lo largo de su carrera por las imposiciones sistemáticas de sus pares, Ricardo parecía gozar del «poder de ordenar y prohibir en todos los asuntos, igual que un rey».[24]

Se había neutralizado a los Woodville con extraordinaria rapidez. Se encerró a Rivers y sir Richard Grey en el antiguo castillo del conde de Warwick en Sheriff Hutton, Yorkshire, una enorme fortaleza cuadrangular que había servido a Gloucester como una de sus principales residencias cuando lo enviaron a mantener el orden en el norte durante el reinado de su hermano. Mientras tanto, el 1 de mayo, la reina había huido horrorizada a Westminster en busca de refugio, «en las mismas condiciones que antes de la batalla de Barnet», según un cronista.[25] Se llevó con ella a sus hijas, a su hijo de nueve años, el príncipe Ricardo, duque de York, y a su hijo mayor, Thomas Grey, marqués de Dorset; pronto se les uniría Lionel Woodville, otro hermano de la reina. Sir John Woodville, el hermano menor de la monarca, estaba destinado al mar, defendiendo las costas inglesas de la piratería francesa. Cuando se enteró de las maniobras contra su familia, huyó de aguas inglesas y desembarcó en Bretaña. El 9 de mayo, al día siguiente del nombramiento de Ricardo como protector, se envió al joven rey a la Torre de Londres, supuestamente por su propia seguridad, si bien rara vez los regios ocupantes de aquella torre habían estado seguros.

Mientras tanto, Ricardo se trasladó a Crosby Place, en Bishopsgate, una de las mansiones más impresionantes y modernas de toda la ciudad; era una lujosa vivienda de piedra y madera que sobresalía por encima de cualquier otra propiedad residencial de Londres. Desde allí ordenó una constante campaña propagandística contra los Woodville: arguyó carromatos repletos de armas que, según afirmaba, la familia de la reina había intentado utilizar contra él, y los acusó de haber robado del tesoro real. Hastings, confirmado en su puesto de chambelán de la casa del nuevo rey, puso su sagacidad al servicio de su majestad. Según un autor bien informado, Hastings estaba «eufórico [...] y tenía la costumbre de decir que no se había hecho nada más que transferir el gobierno del reino de dos personas de la sangre de la reina a dos personas más poderosas de la sangre del rey [...] derramando tanta sangre como la que manaría de un dedo cortado».[26] Sin embargo, no todo fue tan sencillo.

Al actuar de forma tan despiadada para derrocar a los Woodville, Ricardo demostró el mismo instinto de liderazgo ágil y audaz que había caracterizado los mejores momentos de su difunto hermano Eduardo. Su motivación para dar un golpe de estado contra la familia no es difícil de deducir: solo el prestigio le exigía gozar del control del gobierno durante la minoría de edad de su sobrino, y la experiencia de toda su vida le sugería que una acción directa y decisiva contra posibles rivales era esencial en tiempos de incertidumbre política. La casa de York era muy consciente de sus propias tribulaciones; habría supuesto una profunda traición a la historia de la familia permitir que advenedizos como Rivers y Dorset intervinieran y controlaran el reino mientras el único duque de sangre real se mantenía al margen.

Sin embargo, tras encarcelar al rey y dispersar parcialmente a sus enemigos, Ricardo se encontró en una posición un tanto incómoda. Sus altivas acciones se asemejaban demasiado a las de su padre durante el reinado de Enrique VI: hacerse con el control de Inglaterra mediante un golpe de estado era, en cierto modo, la parte fácil; construir un gobierno real duradero y estable sobre la base del equilibrio de poder entre facciones era una tarea bastante más difícil. El 22 de junio el rey debía ser coronado, y en ese momento los poderes de Ricardo como protector se evaporarían. Había muchas posibilidades de que el niño Eduardo V, tan asombrado y agraviado cuando se lo alejó por la fuerza de la familia y los sirvientes a quienes amaba y en quienes confiaba, buscara vengarse de su presuntuoso tío de treinta años. Como mínimo, Ricardo podía esperar que el rey lo obligara a liberar a Rivers y Grey, y seguramente también vería al resto de los Woodville salir de sus cuchitriles.

Evidenció su desesperación cuando, durante las breves semanas en que ejerció como protector, Ricardo intentó conseguir una sentencia legal que le permitiera condenar a Rivers, Grey y Vaughan por traición y decapitarlos. El consejo se negó a aceptarlo; señaló que, dado que Rivers y el resto no habían cometido ningún acto verdadero de traición, no existía ningún fundamento legal para decapitarlos. Los intentos de Ricardo por neutralizar a quienes consideraba sus rivales no hicieron sino aumentar su alienación. Cuando se celebró una reunión del consejo a principios de junio en Westminster, la reina salió brevemente de su santuario para asistir; permaneció sentada en silencio, sin que nadie le dirigiera la palabra durante las dos horas que duró la reunión.[27]

Acababa la primavera, comenzaba el verano y las preocupaciones de Ricardo aumentaban. Era como si se hubiera convertido en su padre. Hasta la fecha, la lealtad había definido toda su carrera. Sin embargo, las acciones emprendidas en defensa de lo que él consideraba el legado de su hermano —si bien iniciadas con el genuino espíritu de proteger el reino— lo estaban llevando a un callejón sin salida. En cuanto perdiera el control del poder que había tomado, sería tan vulnerable como aquellos a quienes había desplazado. De algún modo, la lealtad debía equilibrarse con la más genuina forma de autoconservación.

Aunque los asuntos cotidianos del Gobierno progresaban sin sobresaltos, Ricardo se volvía más paranoico a medida que se acercaba la coronación. Los días 10 y 11 de junio envió cartas a sus hombres leales de Yorkshire para solicitarles apoyo militar urgente en la capital y advertirles de que «la reina, su sangre, partidarios y afines [...] han pretendido y pretenden a diario asesinarnos y destruirnos por completo a nosotros y a nuestro primo el duque de Buckingham y a la antigua sangre real de este nuestro reino». Si tal complot existía fuera de la mente de Ricardo, pasó desapercibido para otros autores. Sin embargo, parece que la estrategia de convocar al equivalente de un ejército en Londres sobrepasó a algunos de los que se habían mantenido más cerca del protector. Si el objetivo del golpe había sido, siquiera en parte, proteger el legado de Eduardo IV, ahora Gloucester amenazaba con destrozar lo mismo que pretendía defender.

En algún momento, mientras Gloucester convocaba a sus fieles del norte «en números temibles e inauditos» a través del antiguo y directo camino de York a Londres, parece que lord Hastings comenzó a perder su confianza en el régimen por el que tanto se había esforzado. Compartió sus preocupaciones con otros dos antiguos leales, Thomas Rotherham, arzobispo de York, y John

Morton, obispo de Ely.[28] Tanto si había comprendido cabalmente la ambición de Gloucester como si no, esta es la única explicación plausible para lo que ocurrió el viernes 13 de junio. Hastings, Rotherham y Morton se reunieron para un consejo rutinario en la Torre a las diez de la mañana, «como era su costumbre». Según Mancini, habían caído directamente en una trampa.

> Cuando los hubieron admitido en las dependencias más íntimas, el protector, según lo acordado de antemano, gritó que le habían preparado una emboscada y que habían venido con armas ocultas para ser los primeros en atacar. En ese momento, los soldados, que habían sido apostados allí por su señor, entraron a toda prisa con el duque de Buckingham y mataron a Hastings con el pretexto de traición; arrestaron a los otros, a quienes se les perdonó la vida, según se supuso, por respeto a la religión y a las órdenes sagradas.

Fue una ejecución sumaria de la crueldad más impresionante, que sobrecogió a los autores de la época.[29] «¿A quién perdonará la malsana sed de poder, si se atreve a violar los lazos del rey y la amistad?», se preguntaban. Estaba claro que Gloucester, acorralado y desesperado, estaba dispuesto a realizar cualquier movimiento para aferrarse al poder. Si vaciló en algún momento, contó con el apoyo del duque de Buckingham, a quien probablemente lo movían los deseos evidentes y egoístas de ver derrotados a los Woodville y a los Hastings, así como ascender él mismo a la posición que merecía por su sangre Plantagenet y que se le había negado durante tanto tiempo.

Con Hastings muerto y la ciudad de Londres confusa y asustada, la decadencia degeneró hacia la locura asesina. El lunes 16 de junio, el cardenal Bourchier, arzobispo de Canterbury, fue a Westminster y persuadió a la reina para que liberara de su custodia a su segundo hijo en la línea real, Ricardo, duque de York, pues era absolutamente necesario que desempeñara un papel destacado en la próxima coronación. Se reunió con su hermano mayor Eduardo V en la Torre; allí también se les unió el joven hijo del difunto duque de Clarence, Edward, conocido como conde de Warwick, que entonces solo tenía ocho años. Al día siguiente se anunció que la coronación quedaba cancelada, al igual que el parlamento que debía celebrarse a continuación.

El domingo 22 de junio, el teólogo y doctor Ralph Shaa se presentó en St Paul's Cross para predicar el extraordinario —y falso— descubrimiento de que el matrimonio de Eduardo IV con Isabel Woodville se había celebrado cuando Eduardo ya había contraído matrimonio con otra persona: lady Eleanor Butler, hija del eminente soldado lancasteriano John Talbot, conde de Shrewsbury. Por estos motivos, argumentó Shaa, Eduardo V y Ricardo, duque de York eran ilegítimos y, por tanto, no se podía permitir que el primero ocupara el trono. En su lugar, Ricardo, duque de Gloucester, de quien se decía que tenía un parecido físico inconfundible con su padre, el duque de York, debería ocupar el trono en lugar de sus sobrinos.[30] Tres días después, el duque de Buckingham se presentó en el ayuntamiento, y posteriormente en el castillo de Baynard, para proclamar que, puesto que Eduardo V y Ricardo, duque de York, eran bastardos, y puesto que el hijo de Clarence, Edward, conde de Warwick, estaba arruinado por la proscripción de su padre, era Ricardo, duque de Gloucester, «el único superviviente de la estirpe real [...] con derecho legal a la corona y que podía asumir sus responsabilidades gracias a su competencia. Su trayectoria y su moral intachable serían sin duda garantía de su buen gobierno».[31] Mientras Buckingham hablaba, se sometía al conde Rivers, sir Richard Grey y sir Thomas Vaughan a un juicio rápido por traición ante el conde de Northumberland muy lejos en el norte, en el castillo de Pontefract. La sangre de los tres no tardó en congelarse en el suelo.

Al día siguiente, Ricardo, duque de Gloucester, asumió formalmente la corona como Ricardo III, nombrado por un grupo de nobles, obispos y londinenses reunidos apresuradamente y encabezados por su mano derecha, el duque de Buckingham. Aceptaron con mansedumbre su ridícula afirmación de que los jóvenes príncipes eran bastardos, y él aceptó su aclamación como rey de Inglaterra antes de sentarse en el trono de mármol tallado de Westminster Hall, en una ceremonia que evocó —probablemente de forma intencionada— aquella en la que su hermano había tomado el poder en 1461. «Sedicioso y vergonzoso», fue el resumen del continuador de Crowland.*[32] La sensación de impotencia cayó sobre una capital que había vivido más agitaciones, cambios de régimen y reveses de la fortuna durante los treinta años anteriores que durante los trescientos que los precedieron. Miles de tropas del norte seguían marchando hacia Londres con espadas, arcos y corazas pulidas que resonaban conforme se acercaban. Los rumores bullían en las calles de Londres y, según los charlatanes, una profecía popular —tres reyes ostentarán la corona en tres meses— se había hecho realidad.[33]

La coronación de un nuevo rey, que tanto había tardado Gloucester en organizar para su sobrino encarcelado, se emprendió ahora con una prisa casi bochornosa. El domingo 6 de julio de 1483, Gloucester y su esposa, Ana Neville, celebraron una misa en Westminster, fueron coronados y se celebró una fiesta con «todas las circunstancias correspondientes». El nuevo rey se entronizó en una silla con cojines de tela de oro. Cuando el ritual lo exigía, se postraba cómodamente ante el altar mayor, con las rodillas protegidas tanto por damasco carmesí y terciopelo como por damasco blanco bordado con pequeñas flores doradas. En sus oídos resonaban gozosamente las trompetas y el canto de los juglares, algunos traídos a Inglaterra desde lugares tan remotos como Roma. Tras el servicio religioso en la abadía, el nuevo rey cenó cuarenta y seis platos diferentes, incluyendo carne de vaca y cordero, grulla asada y pavo real, naranjas y membrillos.[34] Cuando terminaron las solemnidades y el festín, Ricardo celebró una audiencia con los nobles que había convocado como testigos de su usurpación; les ordenó que regresaran a sus condados y vigilaran que se mantuviera el orden y la justicia para con sus súbditos. Como muestra de integridad moral, hizo que Elizabeth Shore, la antigua amante de su hermano y lord Hastings, fuera expuesta en el cepo de Londres y sometida a penitencia abierta como castigo por la iniquidad de su vida. «Y así enseñó a otros a practicar lo justo y lo bueno, tal y como él mismo no haría», escribió un cronista con sorna.[35]

* La *Crónica de Crowland* (o *Croyland)* es una crónica o conjunto de crónicas escritas en la abadía del mismo nombre. Cubre distintos periodos, y las partes más tardías, que abordan el final del siglo XV, reciben el nombre de «continuaciones». *(N. del T.)*

18

Júzgame, oh, Dios

Los últimos avistamientos registrados de los príncipes de la Torre —como se los conoce popularmente en la actualidad— ocurrieron a finales del verano y principios del otoño de 1483, durante el mes que siguió a la toma de la corona por parte de su tío.[1] Tras el asesinato de Hastings, se apartó de la presencia de los chicos a todos los sirvientes que habían estado a disposición de Eduardo V y su hermano Ricardo; se les pagó su último salario el 9 de julio.[2] En la Gran Crónica de Londres se escribió que se había visto a los chicos «jugando y disparando en el jardín de la Torre», quizá hasta el 29 de septiembre.[3] Sin embargo, Dominic Mancini escribió que «fueron retirados a los apartamentos interiores de la Torre propiamente dicha, y día tras día empezaron a ser vistos más raramente tras las rejas y ventanas, hasta que finalmente dejaron de aparecer por completo».[4]

Eduardo V tenía doce años y había recibido una buena educación. Presumiblemente sabía lo suficiente sobre la historia inglesa y sobre la naturaleza humana como para anticipar su destino. Los reyes depuestos no sobrevivían. «El médico Argentine, el último de los asistentes de cuyos servicios disfrutó el rey, informó de que el joven rey, como una víctima preparada para un sacrificio, buscaba la remisión de sus pecados mediante la confesión diaria y la penitencia, porque creía que la muerte se acercaba».[5] Así era. Para cuando el calor estival dejó de calcinar los muros encalados de la Torre de Londres, Eduardo, que «tenía tanta dignidad en toda su persona y tanto encanto en su rostro», había desaparecido junto con su hermano pequeño. «He visto a muchos caballeros romper a llorar y lamentarse cuando se lo mencionaba después de que desapareciera de la vista de los hombres», escribió Mancini.[6] En noviembre de 1483, la política inglesa actuaba según el supuesto de que nunca volvería a verse a los príncipes de la Torre con vida.[7]

Aún no sabemos cómo murieron los muchachos. Durante los años posteriores se rumoreó que los habían asfixiado con un colchón de plumas, ahogado en un barril de malvasía o envenenado, pero no eran más que rumores. Es posible que los huesos y dientes que se descubrieron enterrados en una caja de madera bajo las escaleras de la capilla de la Torre Blanca sean de los príncipes, pero no se han analizado lo suficiente como para confirmarlo.[8] Solo podemos estar seguros de que primero se desheredó a los niños, luego se los privó de su libertad y de sus criados, y después desaparecieron, de forma que sus contemporáneos en toda Europa los dieron por muertos. La persona que más se benefició de tal desaparición fue Ricardo III.

Casi desde el comienzo de su reinado, Ricardo había recorrido su nuevo reino: había viajado a lo largo del Támesis, a través de Windsor y Reading hasta Oxford y Woodstock, girando hacia el oeste hasta su ciudad ducal de Gloucester y volviendo después a las Tierras Medias, York y el norte. Todas eran zonas donde había gozado de más poder nobiliario, y a las cuales deseaba —o se sentía obligado a— demostrar toda su gratitud por su apoyo. Ricardo evitó deliberadamente ir a Gales, al oeste del país o a cualquiera de los otros territorios que se habían asociado más estrechamente con los Woodville y el consejo del príncipe, a través del cual habían ejercido su poder. En estas zonas concedió mercedes y cargos a Henry, duque de Buckingham, su amigo y partidario más leal hasta entonces.[9] Confió gran parte del sureste y Anglia Oriental a su leal aliado lord Howard, recién ascendido al cargo de duque de Norfolk.

Mientras viajaba, Ricardo intentaba demostrar que era un rey capaz de impartir buen gobierno y justicia, mientras que el reinado de su hermano había degenerado en la lujuria y la negligencia. Más tarde sostendría que el reinado de Eduardo IV se había arruinado porque se deleitaba en «la adulación y la lisonja» y que, «llevado por la sensualidad y la concupiscencia», había «seguido el consejo de gente insolente, viciosa y de avaricia desmesurada, despreciando el consejo de gente buena, virtuosa y prudente». El llamamiento de Ricardo al país fue muy similar al que su padre había hecho en 1460: afirmaba representar «la prudencia, la justicia, el valor principesco y la virtud excelente».[10] Dondequiera que iba lo recibían con pompas y ceremonias, y él respondía desplegando un esplendor y munificencia dignos de la realeza.

El físico de Ricardo III no era imponente. Había nacido con el aspecto moreno de su padre, pero sin la extraordinaria estatura de sus hermanos, y, aunque solo tenía treinta años, para entonces la columna vertebral ya se le había torcido del todo, lo cual debió de causarle una incomodidad física extrema y le hacía caminar con un hombro más alto que el otro. Tenía tics nerviosos: rechinaba los dientes y, como describió el historiador Polidoro Virgilio, «mientras pensaba en cualquier asunto, se mordía continuamente el labio inferior». Virgilio, que escribió más tarde y con cierto prejuicio, también dijo que el rey «continuamente con la mano derecha envainaba y desenvainaba hasta la mitad la daga que siempre llevaba». Sin embargo, dijo, ni siquiera los detractores de Ricardo podían negar que durante su vida relativamente breve había demostrado tener «un ingenio agudo, providente y sutil» y poseer «valor [...] alto y feroz». Sobre todo, era brillante y decidido, «un hombre muy temible por su circunspección y celeridad».[11]

Así, a pesar de su aspecto físico disminuido, Ricardo aún podía proyectar una imagen de majestuosidad. En su avance hacia el norte, viajó con un enorme séquito que incluía numerosos obispos, condes y barones, una embajada diplomática española, su esposa, su hijo de nueve años, Eduardo de Middleham —que, como heredero, era ahora llamado príncipe de Gales y conde de Chester— y su sobrino cautivo, el hijo de Clarence, Edward, conde de Warwick. Ricardo concedió cartas de privilegios a las ciudades que visitaba, y otorgó a algunas el nuevo derecho a nombrar alcaldes y concejales. Se negó generosamente a aceptar las habituales ofrendas dinerarias que le ofrecía cada ciudad: en su lugar, pagó las reparaciones de los castillos y saldó viejas deudas, incluida una gran suma pendiente por la tumba de Clarence en la abadía de Tewkesbury. «Organizaba las fiestas y banquetes más espléndidos y suntuosos con el fin de ganarse el afecto de la gente», escribió un cronista.[12] En York celebró un banquete de gran esplendor en el que lució su corona. Durante su larga estancia en la ciudad, prometió grandes riquezas y libertades a los ciudadanos, a la catedral y a los habitantes de la zona. Por todas partes repartió su insignia personal: pequeñas insignias en forma de jabalí, de las que se distribuyeron trece mil. El jabalí *(boar)* era un juego de palabras visual con Eboracum, el antiguo nombre romano de York, que solía abreviarse como Ebor; repartiendo dicha insignia, Ricardo estaba declarando que era un rey del norte. La gente del norte le devolvió su admiración. Un ejemplo fue John Rous, historiador afincado en Warwick que tenía al menos sesenta años en el momento de la visita de Ricardo. John era experto en el largo y complejo pasado de la casa de Plantagenet, y describió al nuevo rey como «por verdadero matrimonio, sin discontinuidad ni mancilla alguna de la ley, descendiente directo del rey Enrique II por línea masculina». Teniendo en cuenta el tumulto y la confusión en la vida de Rous, esta extravagante afirmación olía más a adulación que a hecho. Sin embargo, era un testimonio de la energía con la que Ricardo vendía su realeza al reino.

En cualquier caso, Ricardo subestimó peligrosamente el poder del sur al establecer su posición como rey del norte. A finales de julio, llegaron inquietantes noticias a la corte itinerante: se había descubierto un complot para sacar a los príncipes de la Torre. Se iban a incendiar edificios londinenses para provocar un pandemónium que distrajera a los guardias de la Torre, de forma que los príncipes salieran de su prisión. Ricardo respondió enviando órdenes al sur para que se juzgara y ejecutara a los conspiradores, al menos uno de los cuales era un antiguo miembro de la casa de Eduardo IV y otro, un alto funcionario de la Torre. También ordenó a los soldados que rodearan la abadía de Westminster para impedir la huida de las mujeres Woodville que se refugiaban allí. Es muy probable que también diera las instrucciones que condujeron a la muerte de los príncipes de la Torre. Nunca se descubrió el nombre del verdadero asesino —aunque sir James Tyrell, sirviente de Ricardo, hizo una ambigua confesión muchos años después—. Philippe de Commines, que escribía desde la corte francesa, oyó que el acto había sido orquestado por el duque de Buckingham, aunque esto también es poco probable.[13] Si Buckingham fue el responsable de ejecutar las órdenes de Ricardo de matar a los príncipes, entonces fue el último acto leal que llevó a cabo. En octubre de 1483 se volvió contra el rey que había ayudado a coronar, se unió a una rebelión de viejos asociados del antiguo rey Eduardo IV y ofreció su lealtad al único candidato a la realeza aún vivo y vagamente plausible: Enrique Tudor.

*

El hecho de que alguien hubiera considerado a Enrique Tudor como posible rey era un signo inequívoco del infortunio que había asolado a la Corona inglesa. Su padre, Edmund, había sido medio hermano de Enrique VI, y su madre Margaret Beaufort tenía una pequeña proporción de sangre Plantagenet en sus venas. En circunstancias normales, tales condiciones difícilmente habrían supuesto una reivindicación dinástica seria a la realeza. En 1483, Enrique apenas era el heredero de una familia lancasteriana galesa caída en desgracia, y de poca importancia, que había vivido la mayor parte de su vida en los castillos del sur de Gales y el oeste de Bretaña, y era desconocido para la mayoría de la población de Inglaterra, ya fuera noble o plebeya. Sin embargo, la usurpación de la corona por Ricardo III había roto todas las reglas del decoro político, lo cual había abierto posibilidades nuevas e impensables hasta entonces. Mientras que en un pasado muy lejano se había obligado a abandonar el trono a reyes adultos como Eduardo II y Ricardo II en castigo por un largo y tiránico desgobierno, y mientras que la locura de Enrique VI había llevado al sistema político inglés a una guerra civil que le costó la corona, Eduardo V no había hecho nada para merecer su destino. Fue un rey intachable cuyo único defecto había sido cumplir doce años. Era inevitable que muchos miembros de la familia Woodville y afines al viejo rey nunca aceptaran a Ricardo III como su soberano y se esforzaran activamente por sustituirlo. En términos más generales, el violento y cínico golpe de Ricardo, que se había hecho con el cargo mediante argumentos falsos y tácticas asesinas, asestó un duro golpe a la frágil dignidad de una corona por la que llevaban casi treinta años luchando. Desde los oscuros días de la década de 1140, cuando el rey Esteban y la emperatriz Matilde se habían repartido el reino en una guerra civil que los contemporáneos llamaron el Naufragio, los reyes de Inglaterra no habían sido tan vulnerables a los asaltos. Así pues, si Ricardo podía apoderarse de la corona, ¿por qué no iban a poder arrebatársela a él?

Los rebeldes que conspiraron para quemar Londres durante el verano y sacar a los príncipes de la Torre habían intentado ponerse en contacto con Enrique Tudor antes de ser descubiertos. Como creían que Eduardo V estaba vivo, no se comunicaron con Enrique con la intención de hacerlo rey, pero ahora se encontraba «en su propia libertad» en Bretaña y, por tanto, los disidentes lo consideraban un posible aliado en la lucha contra el usurpador Ricardo III.[14] La situación ardía entre los leales a Eduardo, y a principios de agosto estallaron varias conspiraciones y rebeliones que acercaban cada vez más a Enrique Tudor a sus corazones. Los hombres se preparaban para levantarse contra el nuevo régimen en todos los condados del sur de Inglaterra. A finales de agosto, Ricardo III estaba lo bastante preocupado como para ordenar al duque de Buckingham que dirigiera comisiones de traición a condados de todo el sureste, desde Kent, Sussex, Surrey y Londres hasta los condados del este y sudeste de Inglaterra. Aproximadamente un mes después, el 22 de septiembre, el rey destituyó a su magistrado supremo, Robert Morton, temiendo que la traición se extendiera a las filas de la administración real. De hecho, ya había penetrado mucho más profundamente en el círculo real. A finales de septiembre, se hablaba abiertamente de la muerte de los príncipes.

El 24 de septiembre, desertó Buckingham, el aliado más entusiasta y mejor recompensado de Ricardo. Según un testimonio, escribió desde su castillo galés de Brecon a Enrique Tudor para pedirle «que reuniera una gran flota y trajera un ejército y un gran número de extranjeros de Bretaña con ellos por mar, y que desembarcaran en este reino para destruir la muy real persona [de Ricardo]».[15] Aunque Buckingham había sido el más ferviente seguidor y facilitador de la usurpación de Ricardo, así como el hombre que más se había beneficiado del derrocamiento de los Woodville, ahora estaba persuadido de que su fortuna aumentaría aún más si se volvía a cambiar de bando. Durante los años siguientes se sugirió que lo hizo porque Ricardo había tardado demasiado en concederle una parte del condado de Hereford que, según él, le correspondía a causa de un matrimonio celebrado por uno de sus antepasados en el siglo XIV.[16] Parece que, en septiembre de 1483, Buckingham estimó que el movimiento rebelde que se extendía por el sur sería suficiente para apartar a Ricardo del trono, por lo que su supervivencia y ascenso político dependían del apoyo a los rebeldes. Sin embargo, estaba muy equivocado.

Es revelador que Eduardo IV nunca considerara a Buckingham una figura adecuada ni para una importante dotación terrateniente ni para una participación significativa en el Gobierno. Al igual que el duque de Clarence, Buckingham parecía vanidoso y corto de miras.[17] Fuera como fuere, su deserción supuso un grave problema para Ricardo III. Ya se habían mantenido comunicaciones clandestinas entre los círculos de Margaret Beaufort —la madre de Enrique Tudor— e Isabel Woodville —la viuda de Eduardo, escondida en el santuario de la abadía de Westminster—: las mujeres estaban decididas a casar a Enrique con la hija mayor de Eduardo IV, Isabel de York. Esta alianza uniría formalmente al resto del apoyo lancasteriano en Inglaterra con lo que quedaba de la facción de los Woodville.[18] En el otoño de 1483 sus planes se entrelazaron tanto con la rebelión generalizada del sur como con las maquinaciones de Buckingham. A pesar de los intentos de Ricardo III por ganarse la lealtad y la confianza de su reino, ahora se enfrentaba al primer desafío serio a su gobierno, menos de cuatro meses después de haber tomado la corona.

Durante las tres semanas y media que pasaron desde que escribió su carta a Enrique Tudor, Buckingham hizo todo lo posible por reunir un ejército en sus tierras del sur de Gales, para lo cual concentró hombres y municiones en el castillo de Brecon. Un tiempo pésimo dificultó las tareas: la lluvia de otoño azotó la tierra y provocó que los movimientos de tropas fueran trabajosos y desagradables. Buckingham también se vio perjudicado por su reputación de «hombre duro e intransigente», por la cual lo despreciaban los mismos campesinos a los que intentaba llamar a la acción. Sin embargo, al final consiguió reunir una «gran fuerza de soldados galeses» y contactar con los díscolos hombres de Kent, que nunca necesitaron mucho estímulo para sublevarse contra el orden establecido. No atendió las cartas cada vez más beligerantes que le enviaba Ricardo, quien le exigía que abandonara sus conspiraciones y acudiera a la presencia real de inmediato.[19]

Por desgracia para Buckingham, los hombres de Kent comenzaron su rebelión demasiado pronto. Intentaron sublevarse el viernes 10 de octubre, pero volvieron a caer rápidamente cuando Thomas Howard, duque de Norfolk, dirigió una fuerza de resistencia desde Londres. Los disturbios se extendieron por el sur de Inglaterra: hubo levantamientos locales en Sussex, Essex, Oxfordshire, Berkshire, Hampshire, Wiltshire y en el suroeste, en Somerset, Devon y Cornualles. Sin embargo, no parece que estuvieran muy bien coordinados. La amenaza de un nuevo estallido de guerra civil tampoco contó con el apoyo serio de la nobleza. Lord Stanley, el marido de Margaret Beaufort, se negó a reclutar a sus hombres en el noroeste, y la mayoría de los magnates regionales también se cruzaron de brazos. Buckingham dudó y no comenzó su campaña occidental hasta el sábado 18 de octubre, cuando ya era demasiado tarde. Cuando el duque se preparó para marchar hacia el este de Inglaterra se encontró con que las incesantes lluvias habían desbordado las orillas del Severn, inundado las tierras circundantes e imposibilitado el tránsito por el río. Los galeses del ejército del duque fueron «llevados al campo de batalla contra su voluntad y sin ningún deseo de luchar por él». Los habían amedrentado a principios de octubre y para finales de mes solo querían volver a casa, secarse los pies y evitar cualquier contacto con el hombre que los mandaba.[20]

Buckingham se dirigió al noreste, hacia las marcas, e hizo todo lo posible por levantar al pueblo de Herefordshire. Desgraciadamente, ya les había llegado la noticia de que Ricardo III se dirigía con un ejército desde el norte para enfrentarse al duque rebelde, por cuya cabeza ofrecía una recompensa de mil libras por haberse «vuelto traidoramente contra nosotros en contra del deber de su lealtad».[21] Ante el fracaso, Buckingham abandonó lo que quedaba de su ejército y se escondió en Shropshire, en casa de su criado Ralph Bannister, a quien conocía y en quien confiaba desde su infancia. Sin embargo, la confianza tenía sus límites. Bannister delató a Buckingham el 1 de noviembre. Sir James Tyrell lo capturó y llevó a Salisbury, en Wiltshire, donde Ricardo, que había cabalgado imperiosamente por su reino en busca de los rebeldes, repartía justicia. Los hombres de Ricardo interrogaron a Buckingham, que confesó «sin tortura» y pidió «libertad para hablar con el rey Ricardo». Su petición se rechazó con rotundidad y el domingo 2 de noviembre lo arrastraron al mercado de Salisbury, donde lo decapitaron.

Muchos siglos después se encontró un esqueleto decapitado, con el brazo derecho también cortado, bajo la cocina de un pub llamado Saracen's Head, justo donde se supone que fue ejecutado Buckingham. Los huesos se desintegraron nada más tocarlos. Solo dejaron polvo tras de sí.[22]

*

Mientras la cabeza de Buckingham rodaba por el suelo de la plaza del mercado de Salisbury, las olas del mar zarandeaban a Enrique Tudor. Su madre lo había mantenido informado de los acontecimientos en Inglaterra, y Enrique había pasado septiembre y octubre en Bretaña acondicionando una flota de quince barcos, suficiente para llevar una fuerza de cinco mil soldados a Inglaterra para una invasión. Su padrino en esta gran aventura fue su antiguo carcelero, el duque Francisco II, que proporcionó barcos, marineros y un considerable préstamo dinerario para ayudar al exiliado de veintiséis años en su misión. Salieron con buen viento de Paimpol, un agradable pueblo de pescadores en el extremo norte de la costa bretona, probablemente la noche del 1 de noviembre. Sin embargo, como sabía cualquiera que hubiera desafiado el canal de la Mancha durante los tormentosos meses de oscuridad, el tiempo podía torcerse rápidamente. Enrique y su tío Jasper sufrieron el azote de «un cruel vendaval» que empujó a algunos de sus barcos hacia el norte, a Normandía, mientras que otros fueron devueltos a Bretaña. Finalmente, el barco de Enrique llegó a duras penas a la costa inglesa de Poole, donde ancló junto al otro navío que había atravesado a salvo la tempestad. En tierra divisaron varios vigías que esperaban su llegada. Sin embargo, algo le hizo sospechar a Enrique. Envió una pequeña embarcación para investigar y, cuando entró en contacto con los hombres en tierra, todos gritaron que los había enviado Buckingham para saludar a Enrique y llevarlo al heroico cuartel general rebelde, «que el propio duque tenía a mano con un ejército excelente».[23] Era una trampa, y Enrique podía olerla. El viento seguía soplando en dirección a Normandía. Levó anclas y lo siguió, dejando Inglaterra en manos de un triunfante Ricardo III y abandonando la lucha para otro día. Fue una decisión muy sabia.

El 3 de noviembre, durante su ausencia, un pequeño grupo de rebeldes ingleses había proclamado rey a Enrique en Bodmin, pero al regresar a Bretaña se encontró con que su posición era tan débil como siempre. Sus acciones durante la rebelión de Buckingham lo habían confirmado como un enemigo impenitente de la Corona inglesa. La posibilidad de rehabilitarse en la nobleza inglesa —tan cercana en 1482— estaba ahora muerta. La única opción que le quedaba a Enrique era reclamar directamente la corona. En una ceremonia celebrada en la catedral de Vannes el día de Navidad de 1483, sus partidarios le rindieron homenaje como si se tratara de un gobernante ungido y él, a su vez, juró casarse con Isabel de York en cuanto se hiciera realidad su derecho a la corona. Sin embargo, no sabía muy bien cómo lo conseguiría. Las relaciones internacionales sufrían un embrollo considerable: Luis XI de Francia había muerto el 30 de agosto de 1483; el sucesor que había dejado, Carlos VIII, tenía trece años, y la regente era su hermana mayor, Ana. El valor de Enrique como peón en las relaciones entre Inglaterra, Francia y Bretaña había disminuido, al igual que la probabilidad de que Francisco II —cuya salud empezaba a flaquear— quisiera financiar una segunda invasión de Inglaterra.

La principal fuente de esperanza de Enrique residía en la pequeña, pero creciente comunidad de exiliados que habían huido de Inglaterra tras el fracaso de la rebelión de Buckingham, con sus vidas en peligro y sus propiedades arruinadas. No escaseaban los desterrados. En enero de 1484, Ricardo III convocó su primer parlamento y lo utilizó para lanzar un ataque en toda regla contra sus enemigos, mancillar la memoria del reinado de su hermano y asegurar la lealtad de todos los señores de Inglaterra a su propio gobierno y al futuro gobierno de su heredero, Eduardo de Middleham, príncipe de Gales. El acta *Titulus Regius* elogiaba a Ricardo como único heredero legítimo de su padre, Ricardo de York, y condenaba el «ingrato matrimonio fingido» entre Eduardo IV e «Isabel la Gris» —como ahora se conocería a Isabel Woodville—, que, según el acta, «fue presuntuosamente celebrado sin el conocimiento y el consentimiento de los señores de esta tierra, y también mediante hechicería y brujería cometidas por la citada Isabel y su madre Jacquetta, duquesa de Bedford».[24] En una reunión especialmente convocada en una sala de comités de Westminster, «casi todos los lores del reino» prestaron juramento de adhesión al príncipe Eduardo «como su señor supremo, en caso de que algo le sucediera a su padre».[25] A continuación, el parlamento se dispuso a destruir sistemáticamente a quienes Ricardo consideraba que lo habían traicionado el otoño anterior.

El parlamento de enero aprobó proscripciones contra un gran número de enemigos de Ricardo, entre los que destacaban Thomas Grey, marqués de Dorset; John Morton, obispo de Ely; Lionel Woodville, obispo de Salisbury, y Peter Courtenay, obispo de Exeter, así como Margaret Beaufort, que conservó su vida y su libertad, pero cuyas tierras se transfirieron a su marido. Así pues, Dorset y los obispos se encontraban entre quienes fijaron su residencia en Bretaña, donde se encontraron en compañía de sir Edward Woodville, Richard Woodville y muchos más viejos y leales servidores de Eduardo IV, entre ellos sir Giles Daubeney y John Cheyne, que habían sido asistentes personales del anterior rey; John Harcourt, antaño fiel seguidor de lord Hastings, y Reginald Bray, relacionado con Margaret Beaufort y los Stanley. Todos eran fugitivos y muchos lo habían perdido prácticamente todo. Ahora compartían el deseo desesperado de que Enrique Tudor invadiera Inglaterra de nuevo para echar a otro rey ungido.

*

Puede que Ricardo III fuera un usurpador, pero también podía ser generoso y comprensivo cuando atendía cuestiones de gobierno más generales. Durante las Navidades de 1483 se había concentrado en la difícil situación de los pobres de Inglaterra, incapaces de obtener justicia debido a los elevados costes del sistema legal. Una concesión fechada el 27 de diciembre lo muestra concediendo un pago anual vitalicio de veinte libras a su secretario John Harington, que servía al tribunal de peticiones. Este tribunal estaba destinado a escuchar las «cuentas, peticiones y súplicas de los pobres», lo cual les ofrecía una vía de reparación legal que no los arruinara económicamente.[26] Después de las celebraciones de Año Nuevo, viajó por Kent y, al igual que había hecho durante su viaje hacia el norte, se negó a aceptar regalos costosos de las ciudades por las que pasaba: en Canterbury, rechazó gentilmente una bolsa ricamente decorada con más de treinta libras de oro y ordenó que su contenido «se entregara de nuevo a las personas de las que se había recaudado dicha suma».[27]

El parlamento de enero de 1484, en tanto que se ocupaba de legitimar la reclamación de Ricardo a la corona, también sugirió que, como rey, se inclinaba a los principios de justicia y equidad. Una ley concedía que «todos los jueces de paz de cada condado, ciudad o pueblo tendrán autoridad y poder para conceder fianzas [...] a su discreción», lo que significaba que todas las personas condenadas por delitos graves podrían, en teoría, ser liberadas hasta que se las juzgara, y no sufrir la confiscación de sus bienes antes de poder defenderse en los tribunales.[28] Los préstamos forzosos conocidos como benevolencias, que habían sido utilizados por Eduardo IV, se declararon ilegales. Cuando se gravaban impuestos, estos recaían sobre todo en los comerciantes extranjeros, pero incluso en este caso Ricardo se mostró relativamente ilustrado: aseguró que el floreciente comercio de libros nuevos quedara exento de derechos de importación y que todo escritor, impresor y encuadernador pudiera negociar libremente, «de cualquier nación o país que sea o vaya a ser».[29]

Sin embargo, las circunstancias extremas que rodearon el ascenso de Ricardo al trono no facilitaron que ni todas las políticas progresistas del mundo lograran la unidad de su reino de la noche a la mañana. Uno de sus mayores problemas fue su dependencia de los hombres que lo habían ascendido al poder, lo cual le impidió construir un gobierno amplio e integrador que representara los intereses de todo el reino. Sus principales sirvientes, entre los que se encontraban William Catesby, Richard Ratcliffe, Francis, lord Lovell, sir James Tyrell y Robert Brackenbury, no tenían ninguna relación con Eduardo IV, y en su mayoría eran hombres que habían servido a Ricardo como duque.[30] Además, su casa estaba repleta de norteños en quienes podía confiar, lo cual, sin embargo, empeoró la sensación de división norte-sur en su reinado.

Lo peor de todo es que Ricardo simplemente tuvo mala suerte. El rey sufrió la primera tragedia personal de su reinado el 9 de abril de 1484, cuando murió su querido hijo pequeño, el príncipe Eduardo. Tenía unos diez años. El niño había crecido en los castillos del norte; de hecho, había nacido en Middleham, donde disfrutó de la vida de aprendizaje y entretenimiento común a todos los chicos de su clase: los viajes en carroza por la campiña, la juerga de los bufones en su casa y la participación ocasional en ostentosas ceremonias en las que su padre proclamaba su condición de heredero de la corona.[31] Sin embargo, la infancia era una época peligrosa de la vida, y la muerte del príncipe Eduardo, tras una breve enfermedad, supuso un duro golpe para Ricardo y la reina Ana. La noticia llegó a Nottingham y sumió a la afligida pareja real en «un estado casi rayano en la locura, debido a su repentino dolor».[32] Las esperanzas a largo plazo para el régimen de cualquier usurpador dependían de la estabilidad sucesoria. Aunque Ricardo había engendrado varios hijos bastardos —entre ellos un tal John de Pontefract, a quien nombró caballero en York en 1483 y reconoció como «nuestro querido hijo bastardo» cuando lo nombró capitán de Calais en 1485—, Eduardo de Middleham era el único hijo que podría haber heredado convincentemente la corona. Su muerte fue una catástrofe incluso para un gobernante tan tenaz como Ricardo III.[33]

La muerte del príncipe Eduardo obligó a Ricardo a intentar capturar a Enrique Tudor con más ahínco. Con Francisco de Bretaña enfermo, el rey de Inglaterra jugó su baza a través de Pierre Landais, el tesorero bretón. En septiembre de 1484, estaba a punto de llegar a un acuerdo por el que intercambiaría la custodia de Enrique por el título de conde de Richmond, que los reyes ingleses habían concedido antiguamente a los duques de Bretaña. Por casualidad, Enrique supo de estas negociaciones justo cuando estaban a punto de concluir. Los Tudor, con su corte de exiliados, se habían establecido en Vannes, pero estaba claro que el ducado, que les había servido de refugio durante tanto tiempo, se había convertido en un lugar peligroso. A principios de septiembre, Jasper Tudor dirigió una pequeña avanzadilla de huida por la frontera bretona, cerca de la ciudad de Rennes. Dos días más tarde, Enrique lo siguió, galopando por la frontera disfrazado de mozo de cuadra. A finales de septiembre, la mayoría de sus partidarios se habían unido a ellos. Era una carrera por la libertad muy arriesgada, ya que fuera del territorio bretón los Tudor no gozaban de salvoconducto ni de la protección diplomática que los había mantenido a salvo durante tantos años. Sin embargo, en 1484, con un Ricardo sin herederos decidido a cazar y exterminar al principal enemigo que le quedaba, la apuesta merecía la pena.

Afortunadamente para Enrique, dio sus frutos. El Gobierno de Carlos VIII no recibió a los Tudor con inquietud ni hostilidad, sino con deleite. No había entusiasmo en la corte francesa ante la perspectiva de una renovada alianza anglo-bretona, y la huida voluntaria de los Tudor reducía aún más las posibilidades de que esto ocurriera. Así pues, los enviados del rey francés recibieron a los renegados ingleses con honores, los obsequiaron con dinero, ropa y alojamiento, y los animaron a mantener sus planes de invadir el reino de Ricardo. Mientras invernaban en Francia, se vieron reforzados por un goteo constante de desertores y simpatizantes: John de Vere, conde de Oxford, escapó del castillo de Hammes, en el Pale de Calais, y se unió a los Tudor en noviembre; el pujante académico y clérigo Richard Fox ofreció su apoyo desde su puesto en la Universidad de París, y antiguos miembros de la casa de Eduardo IV siguieron trayendo suministros y mensajes de Inglaterra para la corte de los Tudor en el exilio.

Todo esto resultaba extremadamente molesto para Ricardo, cuyos intentos de instituir una realeza estable y amplia se veían socavados por la existencia de una posible autoridad rival, por pequeña y remota que fuera. El 7 de diciembre de 1484, el rey emitió una proclama contra los Tudor y sus aliados desde el palacio de Westminster. Los describió como rebeldes, traidores, asesinos y extorsionadores «contrarios a la verdad, el honor y la naturaleza». La proclama condenaba la «codicia ambiciosa e insaciable» de Enrique, que lo llevaba a «usurpar [...] el nombre y el título de la realeza de este reino de Inglaterra, sobre el que no tiene ningún tipo de interés, derecho o color, como todo el mundo sabe». Si los rebeldes lograban sus planes de invasión, advirtió Ricardo, cometerían «los más crueles asesinatos, matanzas, robos y desheredamientos que jamás se hayan visto en ningún reino cristiano». Se llamó a todos los súbditos naturales, «como buenos y verdaderos hombres ingleses, a esforzarse con todas sus fuerzas para defenderse a sí mismos, a sus esposas, hijos, bienes y herencias». Estarían en buena compañía, ya que Ricardo, «un príncipe de buena voluntad, diligente y valiente, someterá su realísima persona a todo el trabajo y dolor necesarios en nombre de la resistencia y el sometimiento de sus dichos enemigos».[34]

En efecto, Enrique Tudor había empezado a autoproclamarse rey de Inglaterra. Sobre la época de su huida de Bretaña a Francia comenzó a firmar documentos con la inicial «H», una presunción considerable que ningún rey inglés no ungido había adoptado antes que él. Su intención de casarse con la hija mayor de Eduardo IV, Isabel de York, seguía intacta, aunque Ricardo estaba decidido a subvertir dicho propósito. El 1 de marzo de 1484, Ricardo había llegado a un acuerdo con Isabel Woodville por el que ella y sus hijas podían abandonar el santuario de Westminster, donde habían permanecido durante casi un año. El rey había jurado públicamente que, si los Woodville salían «y se dejan guiar, gobernar y degradar ante mí, entonces me encargaré de garantizar sus vidas [...] [y] los pondré en lugares honestos de buen nombre y fama».[35] Ricardo prometió a las niñas casamientos honorables y tierras modestas para su manutención. En la Navidad de 1484 empezaron a circular rumores de que pretendía deshacerse de la reina Ana y casarse él mismo con su sobrina Isabel, a pesar de una cercanía familiar que rozaba lo grotesco hasta para los estándares aristocráticos del siglo xv. La perspectiva era desagradable —algunos la llamaron «incestuosa» y afirmaron que provocaría el «aborrecimiento del Todopoderoso»—, pero, después de todo, se trataba de Ricardo, cuya actitud hacia los miembros de su familia había demostrado ser cualquier cosa menos compasiva. ¿Podría casarse con Isabel? «Parecía que de ningún otro modo podría afianzar su poder real o poner fin a las esperanzas de su rival», escribió un cronista.[36]

La reina Ana murió el 16 de marzo de 1485. Solo tenía veintiocho años y sobre su muerte hubo rumores de envenenamiento. Estas habladurías, combinadas con las escabrosas especulaciones sobre las intenciones de Ricardo, bastaron para incitar al rey a hacer una declaración pública en presencia del alcalde y los ciudadanos de Londres poco después de Pascua. Sus disgustados consejeros le habían advertido de que mantener sus planes de casarse con Isabel no solo le acarrearía «reproches verbales, sino que todo el pueblo del norte, en el que depositaba su mayor confianza, se rebelaría contra él». Por esta razón, Ricardo se plantó en el gran salón del Hospital de San Juan y negó dichos planes «en voz alta y clara», asegurando a su pueblo que no pretendía casarse con la hija de su hermano. Se habían alcanzado los límites de la decencia.

El 23 de junio de 1485, Ricardo emitió otra proclama contra los rebeldes Tudor en Francia. Condenaba la «sangre bastarda de Enrique, tanto por parte de padre como de madre», y advertía de «la desheredación y destrucción de toda la sangre noble y venerable de este reino para siempre» si se producía una invasión Tudor.[37] Evidentemente, a Ricardo le preocupaba mucho su corona. Según Virgilio, el rey permanecía «vejado, atormentado y angustiado en su mente con el temor casi perpetuo del regreso del conde Enrique y sus confederados, por lo que tuvo una vida miserable».[38]

Sin embargo, no estaba más nervioso que Enrique Tudor. También según Virgilio, «el rumor sobre las intenciones de Ricardo hacia Isabel de York le pellizcaba el estómago». Además, tenía que lidiar con las vacilaciones del hermanastro de Isabel, el marqués de Dorset, que coqueteaba con la idea de volver a Inglaterra como súbdito leal del rey. En pleno verano estaba claro que ambas partes necesitaban una resolución. Enrique, en particular, sintió que su oportunidad de golpear a Ricardo era efímera e inaplazable. Pidió prestadas unas modestas cuarenta mil libras tornesas* a Carlos VIII, solicitó consejo a su tío Jasper y a los demás exiliados destacados, armó una pequeña flota con cuatro mil hombres —algunos sacados apresuradamente de las cárceles de Normandía— y zarpó de Honfleur, en la desembocadura del río Sena. Se dirigían al extremo occidental de Gales, la tierra originaria del abuelo de Enrique, Owen Tudor, y donde Edmund y Jasper Tudor habían ejercido su dominio durante el reinado de Enrique VI hasta que se vieron obligados a huir cuando Eduardo IV retomó su reino en 1471. Su viaje, impulsado por la brisa del sur, duró siete días: tiempo suficiente para que quienes tripulaban la flota de invasión consideraran la enormidad de lo que estaban a punto de intentar.

Philippe de Commines describió sucintamente a Enrique Tudor como «sin poder, sin dinero, sin derecho a la Corona de Inglaterra».[39] Sin embargo, este improbable pretendiente a la corona de Inglaterra desembarcó en Mill Bay, cerca de Milford Haven, el domingo 7 de agosto de 1485. Vadeó el agua salada hasta la húmeda arena galesa, se arrodilló y besó el suelo, y pronunció las palabras del Salmo 43: «Júzgame, oh, Dios, y defiende mi causa».[40] Por fin había llegado su hora.

* También conocida como libra de Tours, fue la moneda francesa desde el siglo XIII hasta 1795, cuando la reemplazó el franco. *(N. del T.)*

19

La guerra o la vida

Marcharon a través de las montañas bajo el signo del dragón. Enrique Tudor y sus aliados llevaban poco más de una semana en camino; viajaban cautelosos a través de la campiña galesa, irregular y, en ocasiones, inhóspita. Franceses, galeses, exiliados ingleses y un puñado de escoceses formaban este ejército heterogéneo, pero sobre los estandartes de la campaña reunían sobre sus cabezas algunos símbolos que aclaraban sus intenciones. La cruz de san Jorge y la vaca parda de la familia Beaufort indicaban la intención real y la ascendencia lancasteriana. El dragón rojo sobre un fondo verde y blanco recordaba a quienes se cruzaran con ellos que, como galés, Enrique podía relacionarse no solo con Enrique VI —que había concedido a Edmund y Jasper Tudor el derecho a utilizarlo como símbolo heráldico—, sino con antiguos reyes de los britanos como Cadwaladr, cuyas hazañas celebraban los bardos.[1]

Su ruta durante la primera semana de marcha los había llevado hacia el noreste desde Mill Bay, pasando por Haverfordwest hasta Cardigan, y luego bordeando la costa hasta Aberystwyth. No era el camino más directo hacia el enemigo jurado de Enrique, el hombre al que describía como «ese odioso tirano Ricardo, último duque de Gloucester, usurpador de nuestros derechos» en sus cartas a la alta burguesía galesa. Sin embargo, era el camino más seguro: por un lado, el sur de Gales estaba bien protegido contra los Tudor; por otro lado, Enrique albergaba la esperanza de que su padrastro lord Stanley y su hermano sir William Stanley le ofrecieran su considerable poderío militar desde sus propiedades en el norte de Gales y el noroeste de Inglaterra.

El domingo 14 de agosto, los invasores se encontraban en Machynlleth, la pequeña ciudad del valle de Dyfi que había sido la capital rebelde de todo el país en tiempos de Owain Glyndwr, y desde la cual se podía girar directamente hacia el este y atravesar las montañas del centro de Gales, descendiendo a través de las marcas para llegar a Inglaterra por la fértil llanura de Shropshire. Incluso en pleno verano se trataba de una campiña accidentada y difícil, pero al cabo de tres días los hombres de Enrique habían arrastrado sus pies y sus armas por el terreno elevado y se acercaban a Shrewsbury. Las Tierras Medias inglesas y su oportunidad de apoderarse del reino se abrían ante ellos.

De todos los hombres y mujeres que habían luchado por la Corona inglesa durante ese siglo, tal vez el menos familiar para la mayoría de los súbditos de dicha corona era Enrique Tudor. Un rostro delgado con pómulos altos enmarcaba una nariz larga y fina, rasgo que compartía con su madre, Margaret Beaufort. Sus ojos redondos y algo caídos formaban un triángulo apretado con su boca fina y curvada hacia abajo, y su cabello oscuro y ondulado le caía casi hasta los hombros. Como apenas había vivido en Inglaterra, prefería hablar en francés. Sin embargo, ya había adoptado el estilo y el porte de un rey coronado, y sus cartas pidiendo apoyo sugieren que se sentía más que cómodo en el retórico y persuasivo lenguaje que se esperaba de un monarca inglés: «Queremos y os rogamos, y a vuestra lealtad os encomendamos y ordenamos directamente que, con toda la premura posible, reunáis a [vuestra] gente y sirvientes [...] defensivamente preparados para la guerra [y] acudáis a nosotros en busca de nuestra ayuda y asistencia [...] para la recuperación de la corona de nuestro reino de Inglaterra, que nos pertenece por derecho», escribió desde Machynlleth a sus posibles partidarios entre la alta burguesía galesa.[2] A muchos de estos partidarios galeses también les ofreció la seductora perspectiva de que, si salía victorioso, se restaurarían las antiguas libertades legales del principado. Sin embargo, la mayoría de los contemporáneos juzgaba tan improbable la rebelión de los Tudor que los refuerzos apenas llegaron a cuentagotas.

Mientras Enrique cabalgaba por las montañas, Ricardo III recibió la noticia de que por fin había llegado el ataque que tanto había esperado. Se encontraba en Nottinghamshire a mediados de agosto y, según un cronista bien informado, se «alegró» con la noticia, celebrando la llegada de Enrique como «el día tan deseado [...] para triunfar con facilidad sobre una facción tan despreciable». La familia Stanley era el único aliado serio que los Tudor podían esperar, pero Ricardo había tomado medidas para asegurarse su lealtad: mientras lord Stanley estaba ausente y lejos del rey en Lancashire, había accedido a dejar a su hijo y heredero, George, lord Strange, bajo supervisión real. Ricardo no confiaba en los Stanley —de hecho, había declarado traidores a sir William y a su socio sir John Savage, solo como medida disuasoria para quienes se plantearan unirse a la rebelión—, pero tenía suficiente control sobre ellos como para creer que vacilarían antes de atacar a su rey ungido.

Sin embargo, a medida que los Tudor bajaban de las montañas hacia Inglaterra, descubrieron que su asociación con los Stanley empezaba a jugar a su favor. El miércoles 17 de agosto, en cuanto llegaron a Shrewsbury, el alguacil, Thomas Mitton, bajó el rastrillo contra ellos y les juró que tendrían que caminar sobre su vientre —es decir, sobre su cadáver— antes de que se les permitiera pasar por las calles de la ciudad. Tras una breve pausa, los Stanley comunicaron a Mitton que a Enrique se le daría asistencia y se lo trataría con cortesía. El ejército rebelde pudo seguir adelante y, para proteger su juramento y su honor, Mitton se tumbó en el suelo delante de Enrique y le permitió pasar por encima de su vientre.

Enrique fue ganando impulso poco a poco. Aunque la nobleza seguía estando escasamente representada —de los rangos más altos solo John de Vere, conde de Oxford, estaba con él—, el ejército rebelde comenzó a nutrirse con caballeros que bien mantenían relación con la familia Stanley, bien permanecían leales a la memoria de Eduardo IV, Buckingham e incluso el duque de Clarence. Los Stanley podían poner hasta tres mil hombres en el campo de batalla, aunque lord Stanley se negó a unir formalmente sus fuerzas a los aproximadamente cinco mil efectivos de los Tudor. El viernes 19 de agosto estaban en Stafford. Al día siguiente habían llegado a Lichfield. El domingo, el ejército de Enrique acampaba en los alrededores de Atherstone, cerca de la frontera entre Warwickshire y Leicestershire.

Para entonces, Ricardo III había viajado de Nottingham a Leicester y había reunido un ejército descrito como «mayor del que jamás se había visto en Inglaterra reunido en nombre de una sola persona». La mañana del domingo 21 de agosto, el rey salió de Leicester liderando a su ejército, con el duque de Norfolk y el conde de Northumberland a su lado y la corona sobre su cabeza. «Con la mayor pompa» y con «poderosos lores, caballeros y escuderos, junto con una innumerable multitud del pueblo llano», Ricardo cabalgó hacia el oeste, hacia donde sus exploradores le habían dicho que lo esperaba Enrique Tudor.[3] Al anochecer, poco más de una milla separaba a los ejércitos del rey y del pretendiente. Ambos estaban dispuestos a enfrentarse a su destino.

*

Ricardo III se despertó temprano el lunes 22 de agosto, tras una mala noche. Lo había atormentado «un sueño terrible» en el que «veía imágenes horribles [...] de espíritus malignos que le acechaban de forma evidente [...] y no le dejaban descansar».[4] Era tan temprano que el rey no tenía preparado el desayuno en su campamento; tampoco había ningún capellán despierto que pudiera celebrar la misa. Sin embargo, el malestar de la noche no disuadió al rey de la batalla, sino que endureció su ánimo. En opinión de Ricardo, su enemigo era el último obstáculo para la estabilidad definitiva de su reino. Declaró que, si resultaba vencedor, aplastaría a todos los partidarios de la facción contraria, sobre todo porque creía que Enrique Tudor haría exactamente lo mismo si se invirtieran los papeles. Ese día, dijo a sus compañeros, «acabaría con la guerra o con la vida».[5] También decidió que portaría su corona real en la batalla. Todo lo que era, todo lo que poseía, estaría en juego a la vista de todos.

Los dos ejércitos acamparon a ambos lados de un lugar que los lugareños llamaban Redesmere. Era una llanura pantanosa situada bajo la pronunciada pendiente de la colina de Ambion, en medio de una campiña verde salpicada de pueblos y pequeñas aldeas, como Market Bosworth, un poco más al norte. El campamento real se había levantado en Sutton Cheney, cerca de la colina: unos quince mil hombres poblaban los campos, y a todos se los animaba a alimentarse y refrescarse antes de los esfuerzos que les esperaban. La moral era prudente: ningún hombre llevaba en el campo más de un par de semanas, pero los ánimos se habían visto afectados por un par de situaciones comprometidas. Los cautivos reales sir Thomas Bourchier y Walter Hungerford, ambos encarcelados en la Torre bajo sospecha de conspiración en 1483, habían escapado mientras los trasladaban bajo custodia, y habían conseguido unirse a Enrique Tudor. También se sugirió, algún tiempo después de la batalla, que durante la noche anterior al combate alguien pintarrajeó la tienda del duque de Norfolk con un lema derrotista:

> Jack de Norfolk, no seáis demasiado atrevido,
> pues Ricardito, tu amo, ya está comprado y vendido.

Apenas había amanecido en el campamento cuando vieron al enemigo desde el mirador de la colina de Ambion. Marchaban en formación de batalla hacia el noreste, a través de los campos de cereal que se extendían entre la colina y los pueblos de Atterton y Fenny Drayton. Enrique Tudor había emprendido la acción antes que los hombres de Ricardo; ahora, los soldados del rey se preparaban velozmente para el asalto.

El ejército de Ricardo parecía tan feroz como el rey insomne que lo comandaba. Dispuestos en una única fila, se extendían a lo largo de kilómetros unos junto a otros, a caballo y a pie: relucían las espadas, armaduras y afiladas puntas de flecha, así como las docenas de esbeltos cañones de serpentina encadenados junto a sus primos más gruesos, las bombardas. Algunos soldados de infantería llevaban pistolas y, cuando todos los artilleros reales empezaron a disparar, los estallidos ensordecedores y el humo cáustico saturaron el aire de la madrugada. Según se disparaban las flechas, al estruendo se le unió el chasquido de las cuerdas de los arcos y la lluvia mortal de madera emplumada que volaba hacia la carne.

El astuto y experimentado John de Vere, conde de Oxford, lideraba la vanguardia rebelde; los aliados de Enrique, John Savage y Gilbert Talbot, dirigían el flanco izquierdo y el derecho, respectivamente. El propio Enrique estaba detrás de las líneas, rodeado por unos pocos hombres agrupados en torno al portaestandarte de los Tudor, sir William Brandon. Afortunadamente para Ricardo III, no había ningún Stanley entre las filas rebeldes. Aunque lord Stanley y sir William estaban presentes cerca del campo de batalla, mantuvieron sus fuerzas reunidas y apartadas, dispuestas a un kilómetro y medio de distancia, desde donde podían observar el desarrollo de la batalla antes de comprometerse con alguno de los bandos. Esto no fue útil para nadie, salvo para los propios Stanley. En un arrebato de ira, Ricardo envió un mensaje para que el hijo de lord Stanley, lord Strange, a quien había traído como rehén al campo de batalla, fuera decapitado sumariamente para castigar a los Stanley por su falta de compromiso. Sin embargo, en medio del caos, el estruendo y el pánico de la batalla, la orden no llegó a cumplirse.

Es difícil reconstruir lo que ocurrió después. La vanguardia de Enrique, al mando de Oxford, se sirvió de la parte más pantanosa del campo como defensa natural en su flanco derecho y se topó con la vanguardia real cuando bajaba por la colina de Ambion. Ambas chocaron de frente y lucharon cuerpo a cuerpo ferozmente, con los cascos bajados sobre los rostros. Oxford había ordenado a las tropas rebeldes que lucharan en grupos reducidos y compactos, a no más de «tres metros de los estandartes», según Virgilio.[6] Esto causó cierta confusión a sus enemigos, vigilados por Enrique Tudor desde detrás de sus líneas mientras el rey Ricardo observaba desde más arriba en la colina.

Enrique Tudor y su guardia personal seguían apelotonados en un pequeño grupo bajo su estandarte real. A Ricardo, nunca falto de valentía personal, esto le pareció una oportunidad para poner fin a la batalla en poco tiempo. Su enemigo era un hombre que había vivido veintiocho años sin comandar tropas; él, Ricardo, era un curtido veterano de numerosas y difíciles batallas. «Enardecido, espoleó a su caballo» y cargó por el lado de la vanguardia hacia donde se encontraba su enemigo. Aún llevaba la corona en el casco.[7]

Ricardo se abalanzó sobre los hombres de Enrique con una velocidad mortífera. Su asalto causó tal terror y daño al líder rebelde que su portaestandarte cayó muerto y el estandarte, que marcaba la posición del comandante, cayó al suelo. Aquella era una situación muy peligrosa para cualquier ejército, ya que la caída del estandarte se asociaba generalmente con la derrota y probable muerte de quien lo portaba. Sin embargo, Enrique no desfalleció, aunque «sus propios soldados [...] ya casi no tenían esperanzas de victoria».[8] Su tenacidad tuvo recompensa. Al ver a Enrique en apuros —y quizá también tras recibir noticia de que se había ejecutado la sentencia de muerte de lord Strange—, sir William Stanley cargó con su ejército de reserva y se unió a los Tudor en el último momento. Tres mil hombres frescos entraron abruptamente en el campo de batalla, dispersaron al ejército real y abrumaron a Ricardo, que luchaba a la vista de su rival.

Parece que Ricardo perdió o se quitó su casco de combate en algún momento. Aquello le costó la vida. Recibió varios golpes de soslayo que le cortaron el cuero cabelludo y le fracturaron pequeños trozos de cráneo. Luego recibió un golpe fuerte y directo de una pequeña hoja puntiaguda en la parte superior de la cabeza, que le atravesó el cráneo. Por último, un arma pesada y afilada —puede que fuera la amplia y curvada hoja de una alabarda— atravesó el aire y le seccionó gran parte de la base del cráneo, lo que le abrió una herida enorme, tal vez lo bastante grave como para matarlo al instante.[9] «El rey Ricardo murió solo, luchando con valentía en el corazón de la batalla», escribió Virgilio.[10] Murió, si no como un héroe, sí como un soldado firme y valiente. Acabaría «con la guerra o con la vida», había gritado el rey la víspera de la batalla. El destino decidió que sería la vida: a un autor de la época le maravillaba que «no se había oído hablar de un rey de Inglaterra muerto en una batalla campal en su propio reino desde los tiempos del rey Harold».[11] Su muerte puso fin a la contienda, que se conocería como la batalla de Bosworth. Una vez finalizados los combates, despojaron al rey Ricardo de su armadura, lo montaron a caballo y lo trasladaron a Leicester para enterrarlo en la nave de la iglesia de Greyfriars. En algún lugar de su último viaje, su cuerpo fue maltratado y humillado: le clavaron un cuchillo o una daga en las nalgas desnudas con tanta fuerza que le dañaron el hueso de la pelvis. Después, su cuerpo acuchillado y ensangrentado se arrojó a una tumba poco profunda, cavada a toda prisa. «Dios, que es misericordioso, perdona sus fechorías», escribió un cronista.[12]

*

Una vez ganada la batalla de Bosworth, Enrique Tudor dio gracias a Dios, subió a la ladera más cercana y se dirigió a los hombres que permanecían exhaustos en el campo de batalla ante él. Dio las gracias a los nobles y caballeros que habían luchado a su lado, ordenó que se atendiera a los heridos y se enterrara a los muertos, y luego recibió la aclamación de sus soldados, que bramaron: «¡Dios salve al rey Enrique!». Lord Stanley, que estaba cerca, vio su momento. La maltrecha corona de Ricardo III, desprendida junto con su casco en la refriega, había aparecido «entre los despojos de la batalla». Como hacedor de reyes, Stanley ejerció su derecho a colocar la corona vacía sobre la cabeza de Enrique Tudor, «como si ya hubiera sido proclamado rey por mandato del pueblo». A continuación, el grupo victorioso abandonó el campo de batalla y se dirigió hacia Londres a paso lento, pero regio.

Enrique VII fechó oficialmente su reinado el domingo 21 de agosto, víspera de la batalla de Bosworth, ingenio que le permitió presentar la victoria como sanción divina a su reinado. En consecuencia, dado que Dios había aprobado el reinado de Enrique, Stanley lo había «coronado» —de la manera más informal— y su rival Ricardo III estaba muerto —todo un lujo para un usurpador—, estaba dispuesto a retrasar su coronación oficial más de dos meses. En parte fue por seguridad, ya que a finales del verano de 1485 Londres estaba plagada de una «enfermedad del sudor, de la que moría mucha gente de repente».[13] Por tanto, la fecha de la coronación de Enrique se fijó para el domingo 30 de octubre de 1485, lo que daba tiempo suficiente para que la epidemia desapareciera y se preparara una espléndida ceremonia. Enrique sabía que era un político desconocido, cuyo reinado exigía una brillante propaganda para demostrar que no era un intruso, sino un digno sucesor tanto de Enrique VI como de Eduardo IV. La extravagancia era, pues, una necesidad política.

Sir Robert Willoughby redactó los informes de la coronación, que describen un frenesí de actividad entre los orfebres, los comerciantes de telas, los bordadores, las sederas, los sastres, los peones, los barqueros y los guarnicioneros de Londres. Se encargaron metros de terciopelo, satén y seda de color carmesí, negro y púrpura real, que se utilizaron para confeccionar hermosas chaquetas, medias, sombreros, túnicas, tapices, cojines y cortinas. A los partidarios de Enrique se les encargaron sombreros emplumados con plumas de avestruz, botas de fino cuero español y llamativos trajes de color negro y carmesí.[14] Incluso los caballos iban elegantemente ataviados: sus estribos estaban cubiertos de terciopelo rojo, mientras que borlas y botones de seda adornaban sus ronzales. Se gastaron más de cincuenta libras en encargar ciento cinco rastrillos de plata y oro —el símbolo familiar de Margaret Beaufort— para distribuirlos entre los privilegiados invitados. Costaron mucho más incluso que las cuatro espadas ceremoniales que llevaba la comitiva de Enrique: dos con la punta afilada y dos sin filo. En total, se gastaron más de mil quinientas libras en solemnidades y celebraciones.[15]

El nuevo rey compró a los bordadores de Londres grandes adornos y colgaduras que representaban claramente los símbolos del nuevo reinado. Destaca una partida de las cuentas reales de la coronación: cuatro libras, trece chelines y cuatro peniques pagados «a John Smith, bordador, por el bordado de una gualdrapa de terciopelo azul con rosas rojas con oro de Venecia y pies de dragón». En la coronación se exhibieron muchos emblemas. Algunos eran tradicionalmente ingleses, como las armas de san Edmundo y san Eduardo el Confesor; otros eran genéricamente caballerescos, como la «gualdrapa con halcones» bordados por Hugh Wright. Sin embargo, varios eran particulares del nuevo rey Tudor y su familia. Las armas de Cadwaladr anunciaban el vínculo de Enrique con los antiguos reyes britano-galeses de la tradición artúrica. (Tal ascendencia también la habían reivindicado los yorkistas, que trazaban con orgullo sus antiguas raíces a través de la línea Mortimer). Las numerosas imágenes de dragones rojos y llameantes y de sus garras sugerían un linaje similar. Sin embargo, las mayores sumas se gastaron para encargar rosas rojas con detalles dorados. La imagen de la rosa no era ni mucho menos original: la rosa blanca había sido una de las principales insignias de la casa de York, junto con el sol dorado, con el que se combinaba a menudo. Es cierto que las rosas rojas se habían asociado ocasionalmente con los reyes lancasterianos desde Enrique IV, y que el poeta galés Robin Ddu había asociado a los Tudor con ese símbolo cuando anhelaba un tiempo en que «las rosas rojas reinarán con esplendor».[16] Sin embargo, ningún rey de Inglaterra había adoptado la rosa roja como su emblema principal de forma tan deliberada.

La coronación se celebró con la pompa oportuna, y los papeles más destacados corrieron a cargo del pequeño grupo de nobles ingleses a quienes Enrique podía considerar sus íntimos. Entre ellos estaban su tío Jasper Tudor, ahora duque de Bedford; su padrastro Thomas, lord Stanley, que se convirtió en conde de Derby, y sir Edward Courtenay, otro de los exiliados bretones, a quien se concedió el antiguo título de conde de Devon que ostentaron sus antepasados. Los tres desempeñaron papeles importantes en el desfile, al igual que John de Vere, conde de Oxford, cuya lealtad tuvo su recompensa en el banquete de coronación, donde colocó la corona sobre la cabeza del rey. Todos habían sido dignamente premiados por su largo sufrimiento y su fe en la causa de los Tudor. Sin embargo, ninguno gozó de mayor recompensa que Margaret Beaufort, la madre del rey: según John Fisher —su confesor durante la última parte de su vida—, «lloró maravillosamente» cuando la corona se colocó sobre la cabeza de su hijo.

Margaret ostentaba el título de condesa de Richmond y recuperó las tierras que Ricardo III había puesto a nombre de su marido. Se la declaró *femme sole,* un estatus legal especial que le otorgaba total independencia, y se le concedió una hermosa mansión junto al Támesis en Coldharbour, que sirvió como residencia principal en Londres. Sin embargo, ver coronado rey a su hijo, el niño que tan devastadoramente le habían arrancado de su vientre en un frío castillo galés asolado por la peste cuando ella solo tenía trece años, fue sin duda la mayor recompensa que una madre podía desear. Durante todo el reinado de Enrique, se trató a Margaret como una especie de semirreina: se le permitía vestir a la manera de una consorte y —durante sus últimos años— firmar como «Margaret R», un uso explícitamente real. Su hijo la consultaba sobre prácticamente todos los asuntos, desde política exterior hasta cuestiones legales y seguridad interna. Su casa señorial de Collyweston, en Northamptonshire, se reformó con un estilo palaciego y serviría de base para la Corona en las Midlands orientales. Se le confió el estatus y la autoridad de reina, que ejerció con fruición.

No era, por supuesto, la reina. En 1483, Enrique VII había jurado solemnemente que se casaría con Isabel de York. Ahora, como rey, estaba obligado a cumplir su palabra. El 10 de diciembre, en el primer parlamento de Enrique, el presidente de la Cámara, Thomas Lovell, solicitó que su «alteza real tomara para sí a la ilustre dama Isabel, hija del rey Eduardo IV, como esposa y consorte; con lo que, por la gracia de Dios, muchos esperan ver la propagación de la descendencia de la estirpe de los reyes, para consuelo de todo el reino».[17] El rey, entronizado ante toda la asamblea, dijo al parlamento que estaba «contento de proceder de acuerdo con su deseo y petición». La boda debía celebrarse el 18 de enero de 1486.

El matrimonio de Enrique con Isabel no se limitaba a un mero cumplimiento de su palabra o un compromiso popular, sino que era vital para su manifiesto real. No era ningún secreto que su reclamo de sangre como rey lancasteriano era débil; no era un heredero tan directo de Enrique VI como para gozar de una aceptación plena de su persona. En gran parte, Enrique había sido nombrado rey porque era un candidato para quienes buscaban un sustituto de Eduardo IV, por lo que casarse con la hija mayor de Eduardo era esencial para mantener ese apoyo e intentar restaurar la estabilidad en la línea real inglesa. Es importante señalar que, antes de casarse con Isabel, Enrique se aseguró de que había sido aclamado y coronado rey por derecho propio, por el juicio de Dios: no podía permitirse ser juzgado como una mera marioneta de los yorkistas, ni —menos aún— como un gobernante por derecho de su esposa. (En 1486, un grupo de embajadores ingleses recibió instrucciones de decir al papa que Enrique había ganado «el trono de sus antepasados» con «ayuda divina», y que se casaba con Isabel para «poner fin a la guerra civil»).[18] De hecho, utilizó el matrimonio para proyectar un mensaje político sutil y eficaz, simbolizado en un llamativo motivo visual. Su matrimonio estaba representado por otra rosa: no era la célebre y antigua rosa blanca de York ni la rosa roja de Lancaster, adoptada de forma más bien precipitada, sino de una mezcla perfecta de ambas: la rosa Tudor, blanca superpuesta al rojo, que constituía un emblema de unión comprensible hasta para la mente más obtusa. La doble rosa Tudor simbolizaba de un vistazo la causa tanto de las guerras que habían destrozado Inglaterra durante el convulso siglo XV, como de su solución. Todo, decía la rosa, se debía a la división entre las casas de Lancaster y York. Todo, decía también la rosa, se resolvía ahora con la unión de ambas. «Se decretó por armonioso consentimiento que una casa se formaría a partir de dos familias que una vez habían luchado en odio mortal», escribió Bernard André, poeta contemporáneo de la corte.[19] Era, cuando menos, una lectura muy simplista de la historia. Sin embargo, perduraría durante siglos.

La boda se celebró como de costumbre, con «antorchas de casamiento, lecho nupcial y otras decoraciones apropiadas», seguidas de «gran magnificencia [...] en las nupcias reales y la coronación de la reina. Los regalos fluyeron libremente por todas partes y todos los recibieron, mientras que los banquetes, bailes y torneos se celebraron con liberal generosidad para [...] magnificar la alegre ocasión».[20] La nueva reina se quedó embarazada en la noche de bodas o poco después, y la pareja real partió hacia el norte en marzo de 1486, para demostrar a todo el reino el poder y la buena fortuna del nuevo rey. A su paso se toparon con algunos disturbios menores, pero la mayor parte de la campaña transcurrió en paz. En York, corazón del antiguo régimen, el primer desfile urbano que recibió al nuevo rey empleó un dispositivo mecánico que mostraba una gigantesca rosa roja, que se fundió con una rosa blanca antes de que surgieran otras flores en abundancia, «mostrando que la rosa es la principal de todas las flores». Por último, una corona descendió de una nube para laurear toda la escena.[21] El mensaje era claro y meridiano.

*

La reina Isabel se puso de parto en septiembre de 1486, en el Priorato de San Swithun, Winchester. No era un lugar cualquiera. La antigua capital de Inglaterra estaba estrechamente relacionada con el rey Arturo y sus caballeros de la Mesa Redonda. La residencia de la reina se situó allí deliberadamente, con la esperanza de que diera a luz un hijo y heredero cuya vida y reinado reavivaran el glorioso pasado.[22] Desde los primeros tiempos de los Plantagenet, la rica y culta élite inglesa había mantenido el gusto por las historias nacionales que comenzaban con las hazañas de Bruto, Cadwaladr y Arturo. La moda seguía vigente. En 1485, Caxton había impreso la *Morte d'Arthur* de Thomas Malory, que ofrecía un nuevo compendio de relatos sobre los días de Camelot. Los orígenes y los ideales de la realeza inglesa se hallaban en estas remotas historias de la isla, y Enrique VII se había propuesto vincularse estrechamente a ellas.[23] Este afán implicaba alumbrar a su propio heredero a la corona en un lugar con la mayor significación histórica posible.

En este espectáculo de génesis dinástica, Isabel desempeñó su papel a la perfección. El 20 de septiembre dio a luz a un hijo sano que fue bautizado, como no podía ser de otra manera, con el nombre de Arturo. «Que los sacerdotes entonen himnos apropiados con grandes alabanzas y rueguen a los espíritus benditos que favorezcan al niño, para que pueda magnificar las espléndidas hazañas de su progenitor y superar a sus antepasados en piedad y armas», escribió un adulador Bernard André.[24]

Se invistió a Arturo muy pronto con todos los paramentos de la condición principesca: al nacer se convirtió en duque de Cornualles; a los tres años fue nombrado príncipe de Gales y conde de Chester y ordenado caballero del Baño. Cuando aún no había cumplido los cinco años, se convirtió en caballero de la Jarretera y ocupó el puesto de la Jarretera en Windsor, que había quedado vacante desde la desaparición de Eduardo V. Fue nombrado alcaide del norte, si bien las funciones prácticas del cargo las desempeñó Thomas Howard, conde de Surrey. Fue nombrado lugarteniente del rey cuando Enrique VII viajó fuera de Inglaterra. Después de su infancia, el niño recibió la tutoría del mismo Bernard André que había escrito tales exaltaciones con motivo de su nacimiento; André informó de que su alumno era vigoroso, rápido para aprender y bien versado en los clásicos. Enrique deseaba establecer a su hijo exactamente en el mismo papel que el joven Eduardo V: crear un consejo de príncipes en Ludlow para desplegar el dominio real sobre Gales y las marcas. Al igual que el consejo de Eduardo V lo había dirigido un tío de confianza —el conde Rivers—, la autoridad del príncipe Arturo la ejerció su tío abuelo, Jasper Tudor, duque de Bedford, un hombre que en muchos sentidos era el más leal de todos.

Al príncipe Arturo pronto se le unió una hermana, Margarita, nacida en Westminster el 28 de noviembre de 1489. Un hermano, el príncipe Enrique, nació el 28 de junio de 1491, y una segunda hermana, María, el 18 de marzo de 1496. En el caso del segundo príncipe, Enrique VII siguió una vez más el protocolo de la época de Eduardo IV: el pequeño Enrique fue nombrado alcaide de los Cinque Ports y mariscal de Inglaterra en torno a su primer cumpleaños, y el niño recibió el importante y evocador título de duque de York. Su investidura oficial tuvo lugar el 1 de noviembre de 1494, Día de Todos los Santos, con una celebración desmedida. El rey organizó un gran torneo de tres días de duración, con brillantes premios, entre ellos pesados anillos de oro engastados con rubíes, esmeraldas y diamantes; se celebraron grandes banquetes y bailes, veinte hijos de nobles fueron armados caballeros y prácticamente toda la comunidad política del reino asistió a un solemne servicio en la cámara del parlamento en Westminster, donde el pequeño desfiló con sus mejores galas junto a sus padres, ambos con sus coronas ceñidas. La historia del reinado de Enrique VII, representada en una serie de desfiles y actos de estado, era sencilla: estaba sanando el reino a través de su familia.

Sin embargo, a pesar del éxito del rey Enrique y de la reina Isabel a la hora de engendrar herederos, publicitar su unión y llenar el país de rosas unidas, seguía habiendo quienes deseaban que la agitación y la violencia que habían atormentado a Inglaterra durante tanto tiempo pudieran reavivarse de algún modo para que la nueva familia usurpadora pudiera ser derrocada. De hecho, el nombramiento del príncipe Enrique como duque de York cuando solo tenía tres años fue una respuesta directa a un complot contra su padre. Tres generaciones de historia inglesa habían hecho inevitable que cualquiera con el más mínimo rastro de sangre real en sus venas pudiera ser un candidato plausible a la realeza..., tanto si la persona estaba viva como si estaba muerta.

20

La envidia nunca muere

El día de la Ascensión de 1487, en la catedral de Christchurch de Dublín, un joven disfrutó de una coronación bastante inesperada. Junto al castillo de Dublín y la otra catedral de la ciudad, dedicada a san Patricio, Christchurch era el mayor edificio de la ciudad y, por extensión, uno de los más magníficos de toda Irlanda. El domingo 24 de mayo vivió uno de sus momentos más extraordinarios: un niño de diez años, con vestidos deslumbrantes y arropado por Gerald Fitzgerald, conde de Kildare, y John de la Pole, conde de Lincoln, fue coronado Eduardo VI, rey de Inglaterra y Francia.

Su nombre —o, más probablemente, su seudónimo— era Lambert Simnel. Pudo ser un huérfano de Flandes o un niño llamado John de Oxfordshire. Es posible que su padre fuera un carpintero llamado Thomas Simnel, especializado en el montaje de los componentes de madera para órganos musicales en los colegios e iglesias de Oxford y su floreciente universidad. También pudo ser panadero o zapatero. De su madre se sabe muy poco.[1] Lo que sí se sabe es que había aparecido en Dublín el otoño anterior y que, desde ese momento, lo que afirmaba sobre su origen y su historia personal había entusiasmado a la población local. Lambert era un joven apuesto, con «modales cortesanos», según un autor, y sin duda lucía radiante a la luz de la primavera en la catedral, cuando fue coronado con una pequeña areola de oro tomado de la cabeza de una estatua de la Virgen María, y, posteriormente, cuando lo pasearon por las calles de la ciudad a hombros de un lord local para ser celebrado y agasajado en el castillo.[2] Se acuñaron hermosas monedas con su imagen y se grabó un magnífico sello para él, que mostraba al niño entronizado mientras sostenía el orbe y el cetro. Sin embargo, no se trataba de un rey de Inglaterra.

Lambert Simnel era un impostor. Afirmaba ser Eduardo, conde de Warwick, el joven hijo de George, duque de Clarence, que había vivido la mayor parte de su vida en confinamiento: primero en Sheriff Hutton, luego en el palacio londinense de Margaret Beaufort en Coldharbour y finalmente en la Torre de Londres, que era justo donde se encontraba el día de la Ascensión de 1487. Warwick había sido condenado por la rebelión de su padre contra Eduardo IV: se lo había anulado política y legalmente en el momento de la ejecución de su padre, y fue más o menos ignorado mientras Ricardo, duque de Gloucester, primero, y Enrique Tudor, después, reclamaban la corona. De no haber sido por la proscripción de Clarence, habría sido el último miembro masculino directo de la casa real de York. En cambio, había pasado de ser prisionero de Ricardo III a serlo de Enrique VII. Sin embargo, su imitador había conseguido, en menos de un año, reunir un preocupante apoyo opositor contra el joven reinado de Enrique VII. Para desgracia del verdadero rey, tal movimiento estaba a punto de provocar una invasión de Inglaterra a gran escala.

Los orígenes del complot para presentar a Simnel como «Eduardo VI» son oscuros. Parece que todo surgió en Oxfordshire, bajo la tutela de un sacerdote llamado William Simonds y el patrocinio político de tres renegados del reinado de Ricardo III: Francis, vizconde Lovell; Robert Stillington, obispo de Bath, y John de la Pole, conde de Lincoln, que, como sobrino de Ricardo III, había sido el presunto heredero en la batalla de Bosworth. Lo más importante de todo es que el complot contaba con el apoyo de Margarita, duquesa viuda de Borgoña y hermana mayor de Ricardo III, que gobernaba los Países Bajos desde el palacio de Malinas, cerca de Amberes, en nombre de su hijo Felipe el Hermoso. Margarita era una política extraordinaria y una firme defensora de lo que creía que eran los intereses de su familia. Se negó a aceptar que Enrique VII se convirtiera en rey y extendió la protección de su corte a los exiliados que compartían su objetivo de socavar la joven monarquía de los Tudor desde lejos.

Desde hacía tiempo, Enrique VII estaba informado de que había un pretendiente suelto en Irlanda. Su propia experiencia debió prepararle para el hecho de que, tras haber tomado la corona por la fuerza, otros pretendían hacer lo mismo. Lo pondrían a prueba, pero él reaccionaría con decisión. El 2 de febrero de 1487 había intentado acabar con la conspiración haciendo desfilar al verdadero Eduardo por las calles de Londres desde la Torre. Posteriormente había ordenado de forma sumaria que Isabel Woodville fuera despojada de sus bienes y enviada a un lujoso retiro en la abadía de Bermondsey, mientras que su hijo mayor, el marqués de Dorset, debía ser encarcelado en la Torre. En realidad, nada sugiere que ninguno de los dos estuviera implicado: Isabel, como madre de la reina, tenía muy pocas motivaciones para conspirar y derrocar la Corona, y menos aún en nombre del hijo de Clarence. Dorset era de temperamento voluble y no se había confiado en él para que se uniera a la campaña de Bosworth, pero nada apuntaba a que estuviera conspirando contra el rey. Sin embargo, Enrique VII no estaba dispuesto a correr riesgos, y tanta cautela resultaría acertada. El 4 de junio de 1487, un ejército de mil quinientos mercenarios alemanes y cuatro mil campesinos irlandeses desembarcó en Furness, en la costa de Cumbria, en el extremo noroeste de Inglaterra. Estaban dirigidos por Simnel y su titiritero John, conde de Lincoln, y capitaneados por el temible capitán suizo Martin Schwartz, un hombre «admirablemente hábil en el arte de la guerra».[3]

Marcharon rápidamente a través de la parte baja de las montañas de Cumbria y los Peninos hasta Wensleydale, luego bordearon York hasta Doncaster y bajaron en dirección a Newark. Mantuvieron un ritmo trepidante: el 15 de junio ya se acercaban al río Trent, la tradicional línea divisoria entre el norte y el sur de Inglaterra. El rey no podía vacilar. Se trataba de una invasión a gran escala, al menos tan severa como la que el propio Enrique había emprendido dos veranos antes. Las llamas de las almenaras se elevaban en el aire para anunciar la presencia de las hordas que marchaban por la columna vertebral de Inglaterra. La Corona peligraba una vez más en el campo de batalla.

Enrique estaba en Kenilworth, en las Midlands orientales, cuando Simnel y Lincoln desembarcaron. Inmediatamente puso a su reino en estado de guerra. Mientras se reunía un ejército real, se destinó al alto mando a Jasper, duque de Bedford y John, conde de Oxford. Los Stanley recibieron una comisión independiente para defender su zona de autoridad. Otros nobles leales, como lord Lisle, lord Scales, sir Rhys ap Thomas y los condes de Shrewsbury y Devon, también fueron convocados para servir en el frente. Se enviaron proclamas por todo el país para exigir que se mantuviera el orden público. El propio rey cabalgó a Coventry y luego a Leicester, reuniendo a sus tropas y preparándose para el asalto. En Leicester, el cadáver de Ricardo III, que llevaba poco tiempo en su tosca tumba de la iglesia de los Greyfriars, debió de recordarle al rey la inconstancia de la fortuna. En cualquier caso, Enrique no permaneció mucho tiempo en la ciudad. Para cuando el ejército de Simnel y Lincoln llegó al Trent, él ya había reunido una gran fuerza —quizá el doble de grande que la de los invasores— que acampó a la sombra del castillo de Nottingham. Era el fin de semana de la festividad del Corpus Christi, normalmente una época de procesiones, desfiles y representaciones de misterios. Sin embargo, con mercenarios extranjeros al asalto de las Tierras Medias inglesas, no se pensaba en otra cosa que en rechazar al enemigo. «Como palomas ante una tormenta negra —escribió Bernard André citando la *Eneida* de Virgilio—, los hombres empuñaron sus armas de inmediato. El ejército real avanzaba al encuentro de la multitud de bárbaros».[4]

Ambos ejércitos se encontraron efímeramente al sureste de Newark, cerca de la orilla inferior del serpenteante Trent, donde la antigua calzada romana cortaba un camino directo desde Leicester hasta su final en Lincoln. El viernes 15 de junio, el ejército rebelde había acampado durante la noche cerca de la aldea de East Stoke: una fuerza de ocho mil hombres en total, formada por un contingente de mercenarios extranjeros muy bien entrenados que portaban alabardas, ballestas y unos rifles largos y primitivos llamados arcabuces; leñadores irlandeses semidesnudos con lanzas en las manos, y diversas bandas de arqueros, jinetes y artilleros del norte de Inglaterra que los líderes rebeldes habían conseguido reunir para su causa durante su larga marcha hacia el sur. El ejército real, repleto de veteranos de Bosworth y grandes comitivas nobiliarias, pernoctó en los alrededores de Radcliffe, a varias millas de distancia en dirección a Nottingham. Los exploradores de Enrique, enviados al amanecer, se apresuraron a regresar al campamento para informar al rey de que habían visto tropas rebeldes alineadas y listas para luchar en la cima de una colina cerca de East Stoke —un lugar que los lugareños llamaban simplemente Stoke—.

Las prolongadas mañanas de principios de junio significaban que, incluso tras una marcha breve, los hombres de Enrique llegaron al campo de batalla alrededor de las nueve. Enrique pronunció un discurso mientras se disponían en formación de batalla frente a la fuerza de Simnel, mucho más pequeña. Más tarde, André pondría en boca del rey una versión más libre y poética, pero el sentido de sus palabras —que Lincoln había tomado «descaradamente» su causa aliado con «una mujer insignificante y desvergonzada», Margarita de Borgoña, y que el rey ahora confiaba en que «el mismo Dios que nos hizo vencedores» en Bosworth «nos dará el triunfo»— bien podría haber sido verídico.[5]

Los rebeldes iniciaron la lucha lanzando un enjambre de virotes de ballesta que zumbaron hacia las líneas reales. Los arqueros de Enrique VII, sin embargo, devolvieron los proyectiles con fuerza redoblada. Dado que muchos de los soldados rasos del ejército de Simnel y Lincoln eran combatientes irlandeses desarmados y vulnerables, más acostumbrados a luchar cuerpo a cuerpo que a soportar andanadas de flechas, el resultado fue una masacre.

En lugar de quedarse parados y sufrir la aniquilación a distancia, los rebeldes cargaron y comenzó una violenta lucha cuerpo a cuerpo. Esto convenía tanto a los sofisticados mercenarios continentales como a los feroces hombres de la Irlanda rural. La refriega duró sobre una hora, hasta que la superioridad numérica de Enrique se impuso y el enemigo comenzó a desintegrarse. Ambos ejércitos sufrieron graves pérdidas, pero fue el bando rebelde el que sufrió la carnicería más espantosa. Unos cuatro mil combatientes de Simnel y Lincoln murieron, muchos por heridas de flecha, y su sangre se acumuló en grandes charcos por todo el campo y corrió hasta lo más profundo de una hondonada boscosa conocida después como la Cloaca Roja. Al final, casi todos los comandantes y capitanes rebeldes, incluidos Lincoln, Martin Schwartz y lord Lovell, yacían muertos. Lambert Simnel fue capturado y llevado a la Torre, donde le dieron un trato caballeroso y lo pusieron a trabajar al servicio del rey. (Con el paso de los años ascendería de personal de cocina a un puesto como cetrero). Mientras tanto, Enrique VII desfilaba desde el campo de batalla por segunda vez en otros tantos años, y llevó a su ejército a la ciudad de Lincoln para celebrarlo: se atiborraron de lucios, capones, ovejas y carne de buey, y ahorcaron a algunos de los soldados rasos irlandeses e ingleses que se habían atrevido a rebelarse. La noticia de la victoria se extendió por todo el país; en Londres, donde habían circulado rumores de que el rey había sido derrotado y asesinado, los partidarios de Enrique la recibieron con especial alegría. Las habladurías eran inverosímiles: Enrique había confiado su reinado a la Providencia, y la Providencia había bendecido su realeza una vez más. En retrospectiva, la batalla de Stoke adquiriría un gran significado, pues fue la última que Enrique, o cualquier otro rey de su dinastía, tendría que librar para salvaguardar la Corona.

Sin embargo, aunque ya había pasado el último choque de ejércitos, el peligro no había terminado del todo. Casi tan pronto como se capturó a Simnel, surgió otro pretendiente que molestaría al rey Tudor durante muchos años.

*

A finales de 1491, un mercader bretón llamado Pregent Meno zarpó de Lisboa rumbo a Irlanda para vender sedas. Llegó a Cork, en el escarpado extremo sureste del país: una ciudad pantanosa que se extendía por varias islas, donde las tiendas y las casas se amontonaban unas junto a otras en un entramado de calles laberínticas. Por allí caminaban exiliados y conspiradores: disidentes que tenían motivos para odiar el régimen del rey inglés al otro lado del mar y que buscaban constantemente la forma de perjudicarlo.

Acompañaba a Meno un joven de diecisiete años del norte de Francia llamado Pierrechon de Werbecque, cuyo nombre completo derivarían sus enemigos en un anglicismo burlón: Perkin Warbeck. Había nacido alrededor de 1474 en Tournai, en las tierras fronterizas entre Francia y los Países Bajos. Tenía, según Virgilio, una «mente aguda e ingeniosa» y hablaba inglés y otros idiomas.[6] Sus padres lo habían puesto a aprender con otros mercaderes y, desde que tenía unos diez años, había llevado una vida itinerante por las ciudades comerciales de Europa occidental, desde Amberes hasta Lisboa, donde conoció a Meno. Finalmente llegó a Irlanda y llamó la atención de John Atwater, antiguo alcalde de Cork y figura central en la red de simpatizantes yorkistas de la ciudad. Tanto si vieron en Warbeck una semejanza con otro joven famoso como si solo les pareció un muchacho emprendedor al que podían persuadir para sus propósitos —o ambas cosas—, se ganaron su confianza y lo convencieron para que se uniera a su complot. Al igual que Lambert Simnel, Warbeck también sería un impostor; solo que esta vez, en lugar de hacerse pasar por Eduardo, conde de Warwick, el protagonista de la farsa sería el más joven de los príncipes de la Torre: Ricardo, duque de York.

De haber seguido vivo a finales de 1491, Ricardo habría tenido diecisiete años, como Warbeck: la edad perfecta para asumir la corona. Su muerte era un hecho generalmente aceptado: el primer parlamento de Enrique VII había condenado a Ricardo III por «derramar sangre de niños, además de otros muchos agravios, odiosas ofensas y abominaciones contra Dios y los hombres».[7] Sin embargo, como nunca se había encontrado ningún cadáver ni juzgado a asesino alguno, quienes quisieran convencerse de que Ricardo había escapado de la Torre todavía podían autoengañarse.[8] Esa era precisamente la ingenua credulidad de la que dependían los rebeldes de Cork cuando convencieron a Warbeck para que se hiciera pasar por el príncipe perdido.

Una vez establecido como «Ricardo», se presentó a Warbeck ante el conde de Desmond, que respondió con un apoyo entusiasta. A continuación, se ofreció por toda Europa occidental a cualquiera que deseara molestar y acosar al rey Tudor.

El primero en aprovecharlo fue Carlos VIII de Francia, de veintiún años, cuyo primer gran proyecto como rey fue casarse —de forma un tanto ilegal— con Ana de Bretaña, de cuatro años y heredera del ducado de su padre enfermo, Francisco II. Al casarse con Ana, Carlos pretendía anexionar Bretaña a Francia y acabar para siempre con su independencia de la Corona francesa. Enrique VII conocía bien al duque Francisco desde sus años de exilio y era comprensible que se inclinara en apoyo de los bretones. Carlos, por su parte, siguió un camino trillado en la diplomacia internacional: desde el estallido de las guerras civiles inglesas en la década de 1450, los gobernantes extranjeros habían comprendido el valor de cobijar a pretendientes alternativos a la Corona inglesa. (Durante los últimos tiempos, Francisco II había dado asilo a Enrique Tudor, los duques de Borgoña habían apoyado a Eduardo IV y Margarita de Anjou había establecido su renegada corte lancasteriana bajo la protección de Luis XI de Francia durante la década de 1460). La mayoría de los pretendientes serios a la corona habían acabado asesinados, pero, dejando a un lado ese inconveniente, la política no había perdido su sensatez. Así, a partir de marzo de 1492, Perkin Warbeck fue alojado por la corte francesa.

Enrique se tomó el alojamiento de Warbeck en Francia como una auténtica declaración de guerra. El año anterior, el parlamento le había concedido una importante subvención fiscal para enviar tropas a defender Bretaña. Ahora, el dinero se destinó a un fin más agresivo. Durante el verano se enviaron barcos ingleses para hostigar la costa normanda. En septiembre, a pesar de lo avanzado del año y de ser una época peligrosa para hacer campaña, el propio Enrique se embarcó en la costa sur rumbo a Calais con un ejército muy numeroso —unos quince mil hombres— a sus espaldas. Pasaron unos días acampados antes de marchar veinte millas costa abajo hasta la ciudad francesa de importancia más cercana, que resultó ser la localidad portuaria de Boulogne. Cuatro columnas de tropas inglesas descendieron sobre la ciudad y la sitiaron. Según Virgilio, «la ciudad contaba con una guarnición decidida, que la defendió enérgicamente. Sin embargo, antes de que se recurriera a una violenta lucha, de repente corrió por el campamento el rumor de que se había acordado la paz».[9] Así fue. El objetivo de Carlos era anexionarse Bretaña, no involucrarse en una nueva entrega de la guerra de los Cien Años, y estaba dispuesto a pagar a Enrique para que aceptara sus deseos. El resultado fue el tratado de Étaples, sellado en noviembre de

1492, por el que Enrique suspendía su invasión y se retiraba de los asuntos bretones, y Carlos accedía a pagar a los ingleses una cuantiosa indemnización por sus gastos de guerra, junto con la promesa de una pensión muy generosa de cincuenta mil coronas de oro anuales durante los quince años siguientes. También aceptó dejar de apoyar a los pretendientes al trono de Enrique. Después de tres meses de campaña y prácticamente sin derramamiento de sangre —salvo por la muerte de John Savage, un caballero demasiado entusiasta que fue emboscado frente a Boulogne por soldados franceses, contraatacó con demasiada vehemencia en lugar de someterse y murió—, Enrique llevó a su ejército de vuelta al otro lado del Canal con una sensación muy similar a la de triunfo.

Las decididas e inflexibles acciones de Enrique aseguraron que la corte de Carlos VIII solo fuera una parada temporal para Warbeck. Sin embargo, no se dejaría frustrar; cuando el tratado de Étaples le cerró las puertas de Francia, el pretendiente siguió adelante. Esta vez se dirigió a la corte que se había convertido en el principal foco europeo del sentimiento anti-Tudor: el círculo de Margarita de York, duquesa viuda de Borgoña y confabuladora suprema de los Países Bajos.

El hecho de que Margarita aceptara a Perkin Warbeck como su propio sobrino —aun sabiendo, sin duda, que era un fraude— fue una muestra de su ferocidad política y su devoción por la memoria de sus hermanos. A pesar del matrimonio de Enrique VII con su sobrina, Margarita nunca aceptó su derecho a gobernar y estaba dispuesta a buscar cualquier medio de incomodarlo. «Lo que la gente suele decir es cierto —escribió Bernard André—: La envidia nunca muere».[10] Ciertamente, nunca murió en Malinas, y Margarita dio la bienvenida a Warbeck a su deslumbrante corte: lo instruyó en su historia a partir de sus propios recuerdos como parte de la casa de York y le presentó a los grandes hombres de su círculo continental. Entre ellos destacaba Maximiliano, rey de Alemania, coronado emperador del Sacro Imperio Romano Germánico en 1493 en una ceremonia a la que se invitó a Warbeck. Aquí había otro jugador para el que parecía ser un peón bien colocado. Se trató al hombre que se hacía llamar Ricardo IV con la reverencia debida a un rey, y viajó un tiempo con Maximiliano mientras Margarita contactaba con disidentes en Inglaterra para incitarlos a la rebelión en nombre del pretendiente. Sin prisa, pero sin pausa, el complot para promover a este joven y colocarlo en el trono inglés fue cobrando impulso.

Nada de esto gustaba lo más mínimo a Enrique VII. Según Virgilio, «Enrique temía que, a menos que el engaño fuera rápidamente reconocido como tal por todos, se produciría una gran agitación».[11] Lo más inquietante fue que el rey empezó a recibir informes de que el círculo rebelde de los Países Bajos tenía conexiones en Inglaterra; algunas, peligrosamente cercanas a la casa real. Según se rumoreaba, entre quienes mantenían desleal contacto con Warbeck figuraban el ambicioso y voluble John Ratcliffe, lord Fitzwalter, sir Robert Clifford y William Worsley, el deán de San Pablo. La primavera de 1493, el rey se enteró de que esta camarilla de nobles había enviado a Clifford a los Países Bajos para reunirse con Warbeck, evaluar si era realmente Ricardo, duque de York, y si le satisfacía lo que veía, informarle de que esperara una cálida bienvenida cuando cruzara el Canal y reclamara su trono.

En respuesta, Enrique exacerbó sus defensas durante casi dieciocho meses: envió espías al continente para que le proporcionaran información sobre Warbeck y los rebeldes e intentó colocar agentes encubiertos en su círculo. También vigiló estrechamente los puertos ingleses, difundió propaganda tanto en su país como en el extranjero para desprestigiar al pretendiente a la corona e impuso embargos comerciales a las ciudades mercantiles de los Países Bajos. El nombramiento del joven príncipe Enrique como duque de York en noviembre de 1494 formaba parte de esta estrategia de socavar a Warbeck: crear un legítimo duque de York significaba que, al menos, uno de los dos pretendientes era falso.

Sin embargo, la investidura del príncipe Enrique como duque de York no puso fin a la conspiración de Warbeck. Más bien al contrario, el peligro parecía acercarse cada vez más a la corona. A finales de 1494, los agentes de Enrique consiguieron «apartar» a sir Robert Clifford de la causa del pretendiente y le sonsacaron una gran cantidad de información. La revelación más sorprendente fue que un supuesto simpatizante yorkista se encontraba en el corazón de la casa y la familia reales: sir William Stanley —el chambelán y tío adoptivo del rey, héroe de Bosworth y hermano del hacedor de reyes, Thomas, conde de Derby— supuestamente había dicho de Warbeck que «nunca tomaría las armas contra el joven si supiera con certeza que era realmente el hijo de Eduardo».[12] Si los ingleses de más alto rango estaban dispuestos a creer que Ricardo estaba vivo y que podría volver para reclamar su corona, entonces Enrique no podía permitirse tratar a Warbeck sino con un celo mortal.

La supuesta vacilación de Stanley fue un duro golpe para Enrique VII, si bien lo afrontó con rapidez. A pesar del riesgo de enemistarse con Derby, el rey sometió a sir William a juicio en Westminster Hall los días 30 y 31 de enero de 1495. Stanley fue «condenado por un crimen capital y ejecutado» por decapitación el 16 de febrero. Mientras tanto, las medidas de seguridad se intensificaron aún más, tanto en casa —donde las defensas costeras rechazaron un intento de desembarco en Deal, en Kent, el 3 de julio— como en Irlanda, adonde enviaron a sir Edward Poynings para imponer la disciplina real por medios severos y autoritarios.

Warbeck seguía en libertad. Tras su fallida invasión de Kent, navegó a través de una Irlanda ahora hostil hacia el reino de los escoceses, donde buscó la protección del rey Jacobo IV. «Los habitantes del lugar, engañados por sus insinuaciones e invenciones, creyeron que era [Ricardo IV] y se adhirieron tenazmente a él», escribió André.[13] Fue un fracaso una vez más. Jacobo IV lo reconoció como «príncipe Ricardo de Inglaterra» y le dio cobijo, hombres, una generosa cuenta de gastos para ropa, sirvientes y caballos y una esposa aristocrática, lady Katherine Gordon, hija de un conde y prima lejana del rey.[14] En septiembre de 1496, los escoceses invadieron el norte de Inglaterra en nombre de Warbeck, quemando y saqueando los desafortunados pueblos del país fronterizo. Sin embargo, la vista de la bandera del pretendiente solo provocó apatía en los corazones de los ingleses que la vieron y, casi tan pronto como habían llegado, Jacobo y su aspirante a príncipe se escabulleron de vuelta a la frontera sin haber conseguido nada.

La respuesta de Enrique a los escoceses por apoyar al irritante Warbeck fue severa. El parlamento de enero de 1497 gravó formidables impuestos con el fin de enviar una enorme fuerza militar al norte «para la adecuada corrección de las crueles y malvadas acciones [de Jacobo IV]». La invasión, prevista para el verano, nunca llegó a materializarse, pues el peso de los impuestos sobre los súbditos ingleses de Enrique provocó una rebelión fiscal en junio del mismo año: miles de habitantes de Cornualles marcharon hasta Blackheath y tuvieron que ser derrotados por una fuerza militar al mando de Giles, lord Daubeney, sucesor de sir William Stanley como lord chambelán. Sin embargo, la seriedad de las intenciones de Enrique convenció a Jacobo IV de que, probablemente, Warbeck daba más problemas que ventajas, por lo que se envió al joven suplantador a continuar sus aventuras en otro lugar. Warbeck zarpó hacia Cork en julio de 1497, y dos meses más tarde emprendió la que sería su última gesta por el reconocimiento: invadir Cornualles en Land's End con el propósito desesperado de reavivar el espíritu rebelde de principios de verano. Unos cuantos miles de ignorantes excitados se reunieron bajo su estandarte y sitiaron Exeter, pero fueron dispersados fácilmente por Edward Courtenay, conde de Devon; a finales de mes, Warbeck había sido capturado. El 5 de octubre fue llevado ante el rey en Taunton. Allí, por fin, admitió que no era Ricardo IV y ofreció una confesión completa de sus orígenes, con lo que concluyó formalmente sus pretensiones.

Al igual que Simnel, Warbeck fue mantenido honorablemente en la corte real una vez descubierto su fraude. Su esposa, lady Catherine, se puso al servicio de la reina y se la trató muy bien «por su nobleza».[15] Warbeck, sin embargo, carecía del buen sentido que había llevado a Simnel a comportarse adecuadamente en el servicio real. En junio de 1498, mientras viajaba con la corte real, intentó escapar. Lo recapturaron en Sheen y, tras exhibirlo dos veces en el cepo y obligarlo a confesar de nuevo su impostura en público, lo arrojaron a la Torre de Londres para el resto de su vida. Resultó que no sería mucho tiempo. Uno de sus compañeros de cautiverio era Eduardo, conde de Warwick, el hombre al que Simnel había suplantado. Warwick tenía ahora veinticuatro años y parece que su largo encarcelamiento había adormecido su cerebro: Polidoro Virgilio escribió que había estado «tan alejado de la vista de hombres y animales que no podía distinguir fácilmente una gallina de un ganso».[16] En el otoño de 1499 se urdió un complot entre los dos prisioneros y algunos ciudadanos de a Londres —posiblemente agentes provocadores— que planeaban sacarlos de la Torre y poner a Eduardo en el trono en lugar de Enrique. Escapar —o incluso tramar una fuga— era un delito grave y el castigo podía ser severo. Así pues, se juzgó a ambos en Westminster Hall ante John de Vere, conde de Oxford, en su calidad de lord gran senescal. Warwick fue decapitado en Tower Hill el 28 de noviembre de 1499 y Warbeck fue ahorcado en Tyburn, tras verse obligado a confesar por última vez que no era ningún Plantagenet, sino un aventurero, un impostor y un fraude. Cuando el siglo llegaba a su fin, las cabezas de los nobles seguían rodando y las piernas de los traidores aún se agitaban patéticamente bajo la soga del verdugo. Si el ciclo de violencia que había engullido a la Corona inglesa durante casi cinco décadas parecía llegar a su fin, era solo porque quedaban muy pocos candidatos a quienes matar.

21

Blanche Rose

Los barcos llegaron al puerto de Plymouth a las tres de la tarde del 2 de octubre de 1501, tras haber navegado entre fuertes vientos, enormes olas y el aterrador destello de los relámpagos sobre un mar embravecido. La flota había tardado cinco días en llegar desde el puerto cántabro de Laredo, pasando por el extremo norte de Bretaña antes de subir a la costa sur de Inglaterra. A pesar del mal tiempo, el valioso tesoro había llegado sano y salvo: Catalina de Aragón, princesa española de quince años, se apeó para recibir el protocolario homenaje de la multitud congregada, que la aclamó, según uno de sus acompañantes, como si «hubiera sido la salvadora del mundo entero».[1]

Sin duda fue, de algún modo, la salvadora de Inglaterra. Una alianza matrimonial con Fernando e Isabel, los gobernantes conjuntos de España, se había gestado durante más de doce años: en principio, según lo acordado en el tratado de Medina del Campo de 1489, Catalina ya se había casado dos veces por poderes con el príncipe Arturo, pero ahora estaba aquí en persona para desempeñar su papel en la creación de la nueva dinastía real de Inglaterra.

Este fue, en cierto sentido, el punto culminante del reinado de Enrique VII. Durante dieciséis años había librado una dura batalla para mantener la corona que había tomado en Bosworth: había rechazado a otros pretendientes, decorado su reino con incontables símbolos y recordatorios del triunfo de los Tudor y, con su esposa Isabel, engendrado diligentemente una nueva familia real. Se había librado de conspiraciones dinásticas y de una importante rebelión fiscal. Había defendido su corona en el campo de batalla y, posteriormente, a través de las redes diplomáticas de Europa. Mantuvo un férreo control de las finanzas reales dirigiendo gran parte de la recaudación de Inglaterra a través de su cámara —y no del fisco—, estrategia que le exigía mucho tiempo, pero que le permitía controlar los detalles de la política y evitar las críticas sobre la debilidad financiera de la Corona inglesa a las que tantos de sus predecesores se habían enfrentado. Había enviado un gran ejército a Francia y apenas lo había utilizado para obtener una suculenta pensión. Por si fuera poco, ahora estaba a punto de celebrar una alianza con una gran potencia continental y un matrimonio que sería lo bastante fructífero como para asegurar el reinado de los Tudor durante una segunda generación.

Arturo y Catalina se casaron en la catedral de San Pablo el domingo 14 de noviembre, mediante una magnífica ceremonia y con las armas de los tres reinos tradicionalmente reclamados por la casa de York —Inglaterra, Francia y España— en un lugar destacado, junto a todos los demás símbolos heráldicos de la monarquía de Enrique: los dragones galeses, los galgos de Richmond y la fidelísima rosa. Toda la catedral estaba decorada con costosos tapices de Arrás que representaban «actos nobles y valerosos» y «el asedio de ciudades nobles». Enrique e Isabel observaban desde una discreta tribuna —«construida a medida con ventanas de celosía», escribió un testigo—, oculta a la vista de la congregación para no distraer la atención de la joven y espléndida pareja, vestida de pies a cabeza de satén blanco.[2] A pesar de su restringida visión de los acontecimientos, el rey y la reina se habrían sentido satisfechos al oír a las multitudes, tanto dentro como fuera de San Pablo, aclamando «¡Rey Enrique!» y «¡Príncipe Arturo!». Habría sido difícil imaginar una victoria mayor, y la familia real lo celebró como era debido. Después de quince días de mascaradas, bailes, justas y celebraciones, los recién casados se trasladaron a la sede de la autoridad de Arturo: Ludlow y las marcas en su principado de Gales.

El matrimonio del príncipe Arturo no era el único paso que Enrique VII había dado para ampliar las conexiones de su familia. También llevaba tiempo negociando el casamiento de Margarita, de doce años, con Jacobo IV de Escocia, cuyo apetito por asaltar e incendiar el norte de Inglaterra disminuiría si se lo atraía a una unión dinástica. El tratado se concluyó dos meses después de las celebraciones nupciales de Arturo, y Margarita acabaría casándose con el rey escocés en una magnífica ceremonia celebrada en el palacio de Holyrood, en Edimburgo, el 8 de agosto de 1503. Sin embargo, para entonces el desastre había envuelto a la casa Tudor.

El 2 de abril de 1502, el príncipe Arturo murió en Ludlow a consecuencia de una enfermedad debilitante que pudo ser tuberculosis, pero también algún tipo de cáncer.[3] Solo tenía quince años, y su esposa enviudó a los dieciséis. Enrique VII y la reina Isabel estaban desolados, y, aunque la reina intentó consolar a su marido sugiriendo que ambos eran lo bastante jóvenes para tener más hijos, la muerte de Arturo fue un golpe del que el rey nunca se recuperaría. Puso todas sus esperanzas de una sucesión limpia sobre los hombros del príncipe Enrique, que se acercaba a su décimo cumpleaños.[4] Inmediatamente se abrieron negociaciones para que Enrique se casara con Catalina, que a ojos ingleses seguía siendo igual de prometedora como futura reina. Sin embargo, la experiencia vital de Enrique VII desaconsejaba confiar en tan escasas esperanzas de futuro.

Otra muerte de los Tudor se produjo pocos meses después de la de Arturo. El tranquilo y solitario tío del rey, Owen Tudor, monje de Westminster, murió cerca de los setenta años y fue enterrado poco antes de junio de 1502.[5] Sin embargo, esto no fue nada comparado con la desgracia que siguió el 11 de febrero de 1503, cuando la reina Isabel también murió tras el nacimiento prematuro de su última hija, una niña llamada Catalina. El astrólogo personal del rey le había dicho que su esposa viviría hasta la admirable edad de ochenta años. Sin embargo, murió el día que cumplía treinta y siete. Su hija Catalina solo le sobrevivió una semana. El rey pagó unas dos mil ochocientas libras por un funeral solemne y multitudinario para su esposa, por el que todas las iglesias de Londres se vistieron de negro. Su dolor era profundo, casi tangible. En menos de dieciocho meses, todos sus planes para el futuro de su dinastía se habían derrumbado.

La sombra proyectada por la muerte de Arturo fue larga y oscura, y cambió por completo el carácter del reinado de Enrique VII. El estado de ánimo general del rey pasó de la celebración a la desconfianza; de repente, sus temores de perder todo aquello por lo que había luchado parecían más reales que nunca. En consecuencia, comenzó a mirar con recelo a muchos de sus súbditos y a sospechar de todos aquellos que, a su juicio, podrían tener algún motivo para desafiar su gobierno.

La principal víctima de los presentimientos del rey fue la familia De la Pole, una numerosa prole nacida de Juan de la Pole, duque de Suffolk, y su esposa, Elizabeth Plantagenet, hermana de Eduardo IV. El mayor de estos hijos era el conde de Lincoln, que había muerto como rebelde en la batalla de Stoke, con Lambert Simnel a su lado. Durante los años que siguieron a Stoke, Enrique no había considerado oportuno condenar a los hermanos de Lincoln a causa de la violenta traición de su hermano. Sin embargo, tras la muerte de Arturo, los jóvenes con conexiones yorkistas no necesitaron hacer mucho para atraer las sospechas del rey. Cuatro hombres De la Pole vivían a principios de siglo: Edmund, Humphrey, William y Richard. Humphrey era monje y, por tanto, neutral en términos políticos. Los otros, sin embargo, podían considerarse peligrosos.

El primero fue Edmund de la Pole, conde de Suffolk. Aunque leal durante la década de 1490 —en 1497 ayudó a sofocar a los rebeldes de Cornualles en Blackheath—, cercano a su prima la reina y asiduo asistente a las fiestas de la corte y a las grandes ocasiones de Estado, Edmund tenía algunos motivos de descontento, derivados principalmente de sus problemas económicos. Era demasiado pobre para mantenerse como duque y había sido degradado al rango de conde cuando heredó su título en 1493, pero incluso en este estado reducido mantenía su título nobiliario en condiciones tan onerosas que la mayor parte de sus ingresos anuales se desviaban a la Corona, lo que significaba que estaba «avergonzado por deudas muy pesadas».[6] Se había visto aún más humillado por su implicación en un caso legal iniciado en 1498, en el que se lo acusó de asesinar a un hombre llamado Thomas Crue y se le pidió que se disculpara para recibir el perdón real. Además, todos los que seguían inclinados hacia la casa de York lo reconocieron como un aspirante veterano por el lado de Eduardo IV. Endeudado, con problemas políticos, demandado por los enemigos del rey y, si creemos el relato de Virgilio, «audaz, impetuoso y fácilmente irritable», Suffolk comenzó a agitarse contra el rey.

Cometió su primer desafío el 1 de julio de 1499, cuando abandonó Inglaterra sin permiso real y viajó a Picardía para intentar contactar con la decana yorkista Margarita de Borgoña. Esto provocó un grave incidente diplomático. En octubre, Suffolk fue llevado a casa, obligado a disculparse ante el rey y multado con mil libras —más de un año de ingresos—, lo que empeoró aún más sus finanzas. Se interrogó a sus amigos y socios, y su esposa, Margaret Scrope, quedó bajo vigilancia real. Entonces, como si hiciera falta una advertencia más a los posibles conspiradores, en noviembre de 1499 se decapitó a Eduardo, conde de Warwick. El rey Enrique estaba dejando claras sus intenciones.

Sin embargo, si todo esto pretendía obligar a Suffolk a obedecer, tuvo precisamente el efecto contrario. En noviembre de 1501, mientras se celebraba la boda de Arturo y Catalina de Aragón, se escabulló una vez más de Inglaterra junto a su hermano menor, Richard de la Pole, y atravesó Europa hasta llegar a la corte del emperador del Sacro Imperio Romano Germánico, Maximiliano, en Imst. Le habían asegurado que allí encontraría apoyo para la causa que durante los siguientes cinco años pregonaría abiertamente: él, y no cualquier miembro de la familia Tudor, era el legítimo rey de Inglaterra.

Cuando se enteró de la deserción de Edmund, el primer paso de Enrique fue acorralar y castigar a todos aquellos que pudiera relacionar con la Rosa Blanca, como habían empezado a llamarlo los partidarios de Suffolk. Richard de la Pole había huido al continente con Edmund, pero su hermano, sir William de la Pole, no, por lo que fue arrestado y arrojado a la Torre indefinidamente. (Acabaría muriendo allí en la década de 1530). William, lord Courtenay, el heredero del condado de Devon que se había casado con Catherine —la hermana menor de la reina—, también fue encarcelado y permaneció encerrado durante casi una década. Caballeros anteriormente leales como sir James Tyrell, sir John Wyndham y varios otros relacionados —aunque débilmente— con la Rosa Blanca fueron ejecutados. Se forzó a Tyrell antes de morir para que confesara haber asesinado a los Príncipes en la Torre, lo que fue una estrategia eficaz de Enrique para recordar a sus súbditos que los muchachos de Eduardo IV estaban muertos y su causa no merecía crédito. Además de estos prohombres, también docenas de criados, sirvientes reales y comerciantes ordinarios fueron detenidos, interrogados y, en muchos casos, condenados a una muerte miserable. Enrique volvió a tejer una red de espías e informantes por toda Europa. Hubo buenas noticias en 1503, cuando la más vehemente oponente extranjera del rey, Margarita de Borgoña, murió en Malinas el 23 de noviembre. Ese mismo año, Maximiliano cedió a las continuas presiones diplomáticas y accedió a concluir su apoyo financiero a los De la Pole. Sin embargo, Enrique no pudo hacerse con Suffolk en persona. Intentó organizar su asesinato a través de agentes reales en Calais, pero también en vano.[7] El parlamento inglés de enero de 1504 condenó a los De la Pole por «tramar y conspirar falsa y traidoramente la muerte y destrucción del rey, nuestro soberano señor, y el derrocamiento de su reino», y los proscribió en ausencia.[8] Aun así, nada de esto se tradujo en la muerte o el regreso de De la Pole, si bien en 1505 Enrique había exprimido la causa de la Rosa Blanca hasta tal punto que prácticamente ninguna corte u oficial en Europa se atrevería a ofrecer ayuda financiera. Desde marzo de 1504, se encerró a Richard de la Pole en Aquisgrán como rehén para asegurar las deudas que la familia había contraído allí, y solo logró escapar en 1506. Suffolk, mientras tanto, se vio constreñido a vagar por los Países Bajos con un grupo cada vez más reducido de ayudantes y partidarios: vivía a base de deudas, vestía con harapos y empeñaba sus posesiones para comer. En casa, continuaba la violenta persecución de los sospechosos de simpatizar con la Rosa Blanca. En octubre de 1505, el patético Suffolk se encontraba en Namur bajo la custodia del hijo mayor de Maximiliano, Felipe el Hermoso, duque de Borgoña, y se preparaba para intentar hacer las paces con Enrique VII, poner fin a su triste penuria y regresar a casa con la gracia que pudiera, rezando para que, al menos, le perdonaran la vida. Sin embargo, los acontecimientos lo abrumarían.

A mediados de enero de 1506, Felipe, archiduque de Borgoña y su esposa Juana zarparon de Flandes rumbo a España, donde

Felipe debía tomar posesión de la Corona de Castilla.[9] Mientras la pareja navegaba, «se levantó de repente una tormenta maligna». Fue una de las más feroces jamás conocidas, y un cronista londinense recordaba que sopló «con tal violencia que volcó casas y árboles débiles», arrancó las tejas y la paja de los tejados, inundó el campo y derribó la veleta de lo alto de la catedral de San Pablo.[10] (Se estrelló contra una taberna llamada el Águila Negra y causó daños considerables).

Felipe y Juana tuvieron suerte de no ahogarse en alta mar. Sus barcos llegaron a puerto en Weymouth, donde Felipe, «poco acostumbrado a las olas del océano» y «agotado en cuerpo y mente», estuvo encantado de desembarcar de su maltrecha nave.[11] Sin embargo, el deleite no duró mucho. La pareja recibió una espléndida bienvenida como invitados del rey inglés, pero bajo las galas y la hospitalidad se escondía una cruda realidad política: Felipe y Juana eran ahora prisioneros de Enrique. Los términos para su liberación eran dos: un acuerdo comercial muy favorable a los mercaderes ingleses y un acuerdo de retorno de Edmund de la Pole.[12] A finales de marzo, oficiales ingleses recogieron a Suffolk en Calais y lo trasladaron al otro lado del canal de la Mancha. Solo a su regreso Felipe y Juana pudieron seguir su camino. A pesar de sus promesas de que indultaría al fugitivo y lo devolvería a sus antiguos dominios, Enrique arrojó a Suffolk a la Torre de Londres. La Rosa Blanca nunca volvería a ver la luz del mundo.

*

Los padecimientos y decepciones de la edad madura provocaron un lamentable declive en Enrique VII. Tenía cuarenta y nueve años cuando Edmund de la Pole fue finalmente devuelto a sus garras, y, a medida que su vista fallaba y su salud empezaba a tambalearse, se volvió cada vez más retraído, desconfiado y tiránico. Sus sirvientes y consejeros más fieles empezaron a morir. Su tío Jasper Tudor, duque de Bedford, había muerto en 1495, retirado de la vida pública desde su sexagésimo cumpleaños, unos cuatro años antes. El cardenal John Morton, que había sido un fiel y diligente arzobispo de Canterbury desde el principio del reinado, murió en 1500. Sir Reginald Bray, canciller del ducado de Lancaster, que desde mucho antes había sido un leal servidor de Bosworth, expiró en 1503. El padrastro del rey, Thomas Stanley, conde de Derby, murió en 1504. El círculo de confianza en torno al rey se estrechaba cada año. Como consecuencia, el enfoque del gobierno de Enrique, que hasta ahora se había basado en una estricta supervisión personal —especialmente con respecto a los asuntos financieros—, degeneró en un gobierno extorsivo. Enrique llegó a considerar todo poder externo como una amenaza para el suyo propio. Comenzó a servirse de un amplio sistema de fianzas y reconocimientos, por el que individuos ricos e influyentes se veían obligados a pagar al rey sumas exorbitantes en caso de disgusto, como medio para garantizar su buen comportamiento. Este sistema, utilizado a gran escala y prácticamente sin precedentes, estuvo estrechamente relacionado con dos jóvenes oficiales de la corona, vehementes y despiadados: sir Richard Empson y Edmund Dudley. Su administración era aborrecida en el reino, y sus nombres representaban la perversión del gobierno que afligió los últimos años del rey. Enrique estaba cada vez más enfermo y su reino estaba cada vez peor dirigido. Durante sus últimos tiempos insistió en emplear métodos que no se habían visto en Inglaterra desde los días más oscuros antes de la deposición de Ricardo II en 1399. Durante los primeros años de su reinado, Enrique había demostrado ser un rey muy exitoso y consciente de su majestuosidad, si bien nunca había gozado de la fácil bonhomía que había caracterizado el gobierno del hombre al que pretendía suceder, Eduardo IV. Sin embargo, al final gobernó desde el miedo, y tuvo suerte de que los mejores candidatos rivales a la corona estuvieran muertos, exiliados o encerrados.

Murió el 21 de abril de 1509, tras una larga enfermedad, y le sucedió su hijo de diecisiete años, Enrique VIII. La sucesión fue un asunto tenso y confidencial. Lo dirigió una enjuta y artrítica Margaret Beaufort, que ya se acercaba a los sesenta y seis años, pero que seguía siendo una figura política tan aguda como siempre. Sin embargo, el esfuerzo le pasó factura. Murió el 29 de junio de ese mismo año y fue enterrada en una tumba de asombrosa belleza en la nueva capilla mariana de la abadía de Westminster, obra del escultor italiano Pietro Torrigiano, que también había realizado la tumba de Enrique VII. Había vivido lo suficiente para presenciar la coronación de su nieto: el triunfo culminante de una vida llena de acontecimientos. Desde la ascensión de Enrique V en 1413, ningún rey adulto —o casi— había heredado el trono de su padre. Margaret Beaufort, una mujer asombrosa en cualquier época, había sido una pieza clave en las largas luchas que se libraron por la Corona inglesa. La victoria y la reivindicación fueron suyas.

El joven Enrique llegó al trono seguro de sí mismo y dispuesto a gobernar. Había recibido una buena educación, era encantador y carismático: un príncipe realmente apto para el renacimiento del estilo cortesano, los gustos y el mecenazgo que se gestaban en el norte de Europa. Había sido bendecido con el hermoso tono y la radiante belleza de su abuelo Eduardo IV: alto, apuesto, bien proporcionado y gallardo. Veía a sus súbditos como los iguales y aliados con quienes había crecido, y no como enemigos de raíces extranjeras de los que sospechar y a los que perseguir. Uno de los primeros actos del nuevo rey fue conceder un indulto general, aunque excluyendo a los De la Pole, a los detestados Empson y Dudley y a otras ochenta personas. Poco después se casó con Catalina de Aragón, la viuda de veintitrés años de su hermano. Entonces, tan pronto como le fue posible tras la muerte de su padre y su abuela, el nuevo rey —siguiendo el modelo de su legendario antepasado Enrique V— comenzó a planear una guerra en Francia. En el transcurso de un siglo se habían perdido todas las tierras francesas tradicionalmente reclamadas por los reyes ingleses, y, al igual que sus antepasados Plantagenet, el joven Enrique se propuso recuperarlas.

A partir de 1512, Enrique enviaría ejércitos a través del canal de la Mancha para atormentar a los franceses. Si bien no fueron especialmente exitosas, estas campañas fueron, cuando menos, muy estimulantes para una sociedad militar que había tenido muy pocas oportunidades de luchar en el extranjero desde la década de 1450. Desde el principio, su joven rey parecía comprender de forma natural el estilo y el arte de la realeza. Emular a Enrique V no era un reto que pasara únicamente por la mente de Enrique VIII. En 1513-1514, se había publicado un libro titulado *The First English Life of Henry V,* donde el autor alababa la memoria del héroe de Agincourt con el propósito explícito de guiar al nuevo rey hacia «el ejemplo de la gran sabiduría y discreción [de Enrique V]», y rogaba que pudiera ser «evocado en su dicha guerra» contra los franceses.[13] (En esto, el autor encontró un público mucho más dispuesto que el humanista italiano Tito Livio Frulovisi, cuya *Vita Henrici Quinti* había ignorado Enrique VI en la década de 1430).

Sin embargo, el propósito de Enrique VIII como rey no se limitaba a ser una mera versión de Enrique V. El nuevo monarca era también, como señalaron alegremente los poetas y propagandistas del nuevo reinado, la manifestación viva del mito que los Tudor habían levantado sobre sí mismos: Enrique era, citando a su tutor John Skelton, «la rosa roja y blanca a la vez». No era ni Lancaster ni York, sino ambos: el heredero tanto de Enrique VI como de Ricardo de York; la unidad personificada. La rosa de los Tudor siguió abundando como motivo de su reinado: adornó edificios y decoró palacios reales; se pintó en libros de coro y manuscritos ilustrados para la biblioteca del rey, e incluso se garabateó en el rollo de oraciones privado del monarca.[14] La esperanza, que se había congelado durante la última etapa de Enrique VII, volvió a despertarse con la llegada de su hijo.

Sin embargo, bajo su apariencia fanfarrona y audaz, Enrique VIII podía ser tan despiadado como lo había sido su padre. Aunque su posición había mejorado mucho como rey que había heredado su corona legítimamente en lugar de habérsela arrancado a un rival moribundo en el campo de batalla, no podía permitirse el lujo de ignorar las vulnerabilidades dinásticas que habían preocupado tanto a su padre. En la Torre, Edmund de la Pole era un prisionero potencialmente peligroso; por su parte, Richard de la Pole seguía en libertad en algún lugar al otro lado del mar. Aunque Enrique VIII podía permitirse ser magnánimo en su recién estrenada realeza —restituyó sus propiedades a Margaret Pole, la hija de George, duque de Clarence, y la ascendió a una posición digna e independiente otorgándole el antiguo título familiar de condesa de Salisbury—, sabía que no era totalmente inmune ante los enemigos de su padre... y, si era necesario, estaba dispuesto a actuar rápida y cruelmente para contenerlos.

El catalizador fue la guerra de Enrique en Francia. Como rey joven e impulsivo, con ganas de demostrar su valía y con un nuevo primer ministro virtuoso y pujante llamado Thomas Wolsey, Enrique lanzó una segunda invasión de Francia en 1513, que dirigió él mismo; mientras tanto, la reina Catalina se quedó en casa como regente para supervisar las renovadas hostilidades con el rey escocés Jacobo IV.[15] Sin embargo, Enrique no podía ir a Francia y arriesgar su vida en la batalla sabiendo que tenía en cautividad a un hombre que había reclamado para sí la corona de Inglaterra recientemente. «Se temía que, cuando el rey estuviera fuera del país, el pueblo pudiera desear una revolución; podrían sacar a Edmund de la Torre por la fuerza [y] dejarlo en libertad», escribió Virgilio.[16]

Poco antes de embarcarse a Francia, el rey ordenó que finalizara la estancia en prisión de Edmund de la Pole, antiguo conde de Suffolk. El 4 de mayo de 1513, se sacó a la Rosa Blanca de la prisión, se la arrastró hasta Tower Hill y se la decapitó sumariamente.

*

Sin embargo, quedaba una más. Se había cortado una Rosa Blanca, pero otra crecía del mismo tallo. Richard de la Pole andaba suelto desde que se fugó de Inglaterra con su hermano en 1501. Tras la captura y repatriación de su hermano, se trasladó a Buda, en el reino de Hungría, donde gozó de un improbable éxito en su carrera en el exilio bajo la protección del rey Ladislao II, que le pagó una pensión hasta 1516 y se aseguró de que se mantuviera lejos del alcance de los frustrados reyes ingleses. Seguro económicamente y belicoso por naturaleza, Richard se distinguió en el campo de batalla: luchó en las guerras que asolaban los inestables reinos y feudos del norte de Italia, el sur de Francia y la península española. Era un capitán talentoso, valiente y respetado por quienes lo vieron luchar, y no tardó en hacer amigos poderosos, entre ellos el delfín francés, Francisco. A partir de 1513, cuando asesinaron a su hermano, reclamó el título de duque de Suffolk y adoptó el apodo de Rosa Blanca —o variaciones como Blanche Rose o La Rosa Blancha—.[17]

Como siempre ocurría en la política y la guerra continentales, la posesión de un pretendiente rival al trono inglés era una bendición para cualquiera que deseara vejar al rey de Inglaterra. Así, cuando Enrique VIII invadió Francia en 1513, Luis XII reconoció a Richard de la Pole como legítimo rey de Inglaterra. La transacción estaba clara: si Enrique deseaba reabrir las guerras extranjeras de sus antepasados Plantagenet, Luis estaba más que encantado de reabrir la cuestión de la sucesión inglesa. En 1514 equipó a De la Pole con un ejército de doce mil hombres, mucho mayor que la fuerza que había acompañado a Enrique VII cuando cruzó el mar y depuso a Ricardo III en 1485. Se rumoreaba que estaban listos para partir de Normandía en junio de 1514, y es muy posible que lo hubieran hecho si Enrique VIII no hubiera rehusado enviar otro costoso ejército a Francia aquel verano. En su lugar, optó por firmar una paz con el anciano rey francés, mediante la cual María, la hermana de dieciocho años de Enrique, se casó con Luis y se convirtió en reina de Francia. (Solo ocuparía el cargo durante tres meses, ya que Luis murió el día de Año Nuevo de 1515 y lo sucedió su primo, Francisco I).

La paz fue oportuna y evitó la amenaza de una invasión yorkista, pero seguía estando claro que, bajo el tenaz desafío de Richard de la Pole, Enrique VIII no podía permitirse ignorar la amenaza de la Rosa Blanca, como tampoco se lo había podido permitir su padre. En poco tiempo había recurrido a las mismas tácticas que el antiguo rey: contratar asesinos, encargar a espías que trabajaran en los canales europeos y ejercer presión diplomática para mantener a raya a la Rosa Blanca. Sin embargo, nada de eso funcionó. Al igual que Enrique VIII, Francisco I era un rey joven, enérgico y lleno de vida, decidido a causar impresión y, más importante aún, era amigo de Richard de la Pole, por lo que el apoyo a la Rosa Blanca continuó. En 1516, 1521, 1522, 1523 y 1524 hubo rumores de una invasión o de un levantamiento en nombre del futuro Ricardo IV. Ninguno llegó a materializarse, pero Enrique y sus ministros rara vez podían olvidar que cada movimiento en el extranjero costaba un precio en la armonía doméstica. En última instancia, solo el inesperado efecto de una batalla librada al otro lado de Europa proporcionaría a Enrique VIII la seguridad dinástica que tanto ansiaba.

*

Antes de que saliera el sol el 24 de febrero de 1525, un ejército francés dirigido por Francisco I en persona se movía alrededor de las murallas de Pavía, una ciudad militar bien fortificada en el corazón de Lombardía, a unos treinta kilómetros al sur de Milán. Más de veinte mil hombres habían acampado en formación de asedio alrededor de Pavía durante casi cuatro meses para matar de hambre a los nueve mil hombres, en su mayoría mercenarios, que se encontraban dentro de las murallas. Estaban a punto de enfrentarse a una fuerza de relevo igual de poderosa, compuesta por combatientes leales al emperador español Carlos V, con quien Francisco mantenía lo que sería una guerra larga, compleja y sangrienta por el dominio de la península Itálica. El asalto comenzó al amanecer: el estruendo de los cañones y arcabuces se mezclaba con el ruido de los cascos de la caballería mientras dos ejércitos gigantescos se enfrentaban con ferocidad absoluta.

Richard de la Pole estaba al mando de la infantería francesa. Luchaba junto a otro capitán experimentado y capaz, Francisco I de Lorena, que comandaba una unidad de mercenarios lansquenetes conocida como la Banda Negra. Sin embargo, el 24 de febrero no fue un día feliz para ninguno de los dos. Durante la batalla, que duró casi cuatro horas, el ejército francés fue dividido y derrotado por el afán imperial español, feroz y brillantemente organizado. Francisco I fue derribado de su caballo e inmovilizado en el suelo antes de que Carlos V lo recogiera con caballerosidad y lo tomara como prisionero. Las bajas en el bando francés fueron terribles, e incluyeron a muchos comandantes y capitanes. Los franceses perdieron una miserable batalla y, con ella, su posición en Lombardía, de la que se retirarían casi tan pronto como la batalla hubo terminado. Al final de la lucha, Richard de la Pole —la Rosa Blanca, último nieto que quedaba de Ricardo de York y rey rival de Inglaterra— yacía muerto.

El impacto y la magnitud de la derrota francesa sorprendieron a muchos en Europa. Sin embargo, hizo las delicias de Enrique VIII y del cardenal Wolsey. La fortuna, que tanto y durante tanto tiempo había favorecido a los franceses en la guerra, ahora les daba la espalda: su rey estaba cautivo y humillado, y sus ejércitos, destruidos. Enrique por fin podía plantearse seriamente emular las hazañas de su antepasado Enrique V: asaltar Francia, recuperar el antiguo patrimonio Plantagenet y restaurar el dominio inglés desde Normandía hasta Gascuña. Incluso podía fantasear, si sus aliados se mostraban dispuestos, con recuperar la corona de Francia que Enrique VI había llevado por última vez en París en 1431. Todo esto podía concebirse sin la fastidiosa perspectiva de que un rey francés conjurara a otro títere para reclamar el trono inglés. De la Pole había muerto. La guerra en el extranjero ya no implicaría la conspiración y la intriga en casa. Ahora la conquista no comprometería la seguridad dinástica. Los fantasmas del siglo anterior podían olvidarse.

Un historiador francés del siglo XVIII describió —o tal vez imaginó— la conversación entre Enrique VIII y el mensajero que encontró al rey en la cama durante los primeros días de marzo de 1525 y le comunicó el resultado de la batalla de Pavía. Tras hablar largo y tendido sobre la captura de Francisco I y la destrucción del ejército francés, el mensajero le dio la maravillosa noticia sobre la última Rosa Blanca. Se dice que Enrique exclamó: «¡Que Dios se apiade de su alma! Todos los enemigos de Inglaterra han desaparecido». Luego señaló al mensajero y gritó: «¡Dadle más vino!».[18]

Epílogo

¿A cuántos hombres, en nombre de Dios inmortal, has matado?

La muerte de la postrera Rosa Blanca en 1525 fue el último estertor de oposición a la Corona enraizado en las guerras que habían sacudido el reino desde el primer estallido de violencia en la década de 1450, durante el reinado de Enrique VI. Por lo general, la generación que gobernaba y movía Inglaterra durante la década de 1520 ya no era veterana de Bosworth o Stoke. Cualquiera que hubiera participado en alguna de esas batallas tendría más de cincuenta años, una edad cercana a la vejez para los estándares de la época. Pocos podían recordar ya los horrores de Towton. La generación de Enrique VIII era hija de una paz relativa: aunque los ancianos hablaran de la violencia de la guerra civil y recordaran las feroces batallas en las Tierras Medias, las marcas de Gales, las afueras de Londres y el lejano norte, lo cierto era que la mayoría de los protagonistas y participantes en dichas guerras llevaban mucho tiempo muertos. Sus heridas pasaban a la historia y el folclore.

Una razón muy importante para ello fue que la cuestión central que había originado las guerras parecía haberse resuelto. No se trataba de la derrota de una nobleza poderosa, de la destrucción de un sistema que hoy llamamos «feudalismo bastardo» o de un cambio radical en las estructuras de poder de Inglaterra, como a veces se ha argumentado. Más bien fue el resultado de la restauración de una realeza decidida y legítima que habrían reconocido los hombres que habían vivido un siglo antes, durante el apogeo de los Plantagenet. Enrique VIII no solo era un rey que había heredado su corona por derecho de nacimiento y no por conquista: era un príncipe majestuoso, asertivo y guerrero, que combinaba la fanfarronería y las agallas de Eduardo IV con el gusto por todos los adornos del principado renacentista que era común a los otros grandes monarcas de su generación, muy especialmente Francisco I de Francia y Carlos V, rey de España y emperador del Sacro Imperio Romano Germánico. Aunque en la década de 1480 la guerra de las Dos Rosas se había convertido en una guerra de legitimidad dinástica, su origen no fue una disputa de sangre, sino la incapacidad del sistema político inglés para hacer frente al reinado inane —y, por ello, destructivo— de Enrique VI. Este rey vacilante, pacífico y piadoso desencadenó medio siglo de cataclismos políticos.

Enrique VIII difícilmente podría haber presentado un carácter más diferente. «Nuestro rey no busca el oro, ni las gemas, ni los metales preciosos, sino la virtud, la gloria y la inmortalidad», escribió el erudito y cortesano inglés lord Mountjoy al gran humanista holandés Erasmo cuando Enrique VIII accedió al trono en 1509. Enrique tenía muchos defectos —como demostraría durante la segunda mitad de su reinado—, pero durante sus primeros años evidenció que, finalmente, la autoridad personal de la Corona había sido restaurada por un rey cuyo derecho a gobernar era más robusto que el de cualquiera de sus predecesores desde 1422. Así pues, la ascensión de Enrique resolvió dos problemas a la vez: abordó el ambiguo y azaroso problema de la autoridad personal ejercida por el hombre que se convertía en rey, así como la cuestión de la legitimidad por derecho de sangre, que había quedado abierta en 1460 cuando Ricardo de York había decidido abandonar su búsqueda de liderazgo político y reclamar la corona. Los símbolos e imágenes básicos de la realeza de los Tudor presentaban a Enrique VIII como la encarnación de la rosa roja y la rosa blanca reunidas. Comprendió su papel y lo desempeñó a la perfección.

Esto no quiere decir, por supuesto, que Enrique pudiera permitirse ignorar las amenazas dinásticas, como había demostrado el periplo de Richard de la Pole. Las líneas alternativas Plantagenet y yorkistas de ascendencia real eran escasas, pero aún existían. Durante la primavera de 1521, Enrique se había afanado despiadadamente para presentar cargos de traición —conspirar o imaginar la muerte del rey— contra Edward Stafford, duque de Buckingham, cuya longeva línea de ascendencia lo conectaba con Eduardo III a través de Thomas de Woodstock, y cuya bocaza, orgullo insufrible y porte arrogante los había heredado claramente de su padre, el insensato duque y hacedor de reyes que se había rebelado contra Ricardo III. Buena parte del crimen de Edward consistió en criticar la política real, escuchar profecías sobre la vida del rey y murmurar que él mismo podría ser un monarca mejor algún día. Esto fue suficiente para derrocar al mayor noble de Inglaterra. Buckingham fue sometido a un juicio amañado en Westminster Hall, recibió un veredicto de culpabilidad de un lloroso duque de Norfolk y fue decapitado en la Torre de Londres el 17 de mayo de 1521. Los cargos que se le imputaban eran mayoritariamente falsos, y su juicio se orquestó para concluir en la inevitable sentencia. Es difícil imaginar que Buckingham hubiera sido tan maltratado por el rey de no ser por su sangre Plantagenet, de la que tan orgulloso estaba.

Otras familias nobles podrían haber preocupado a Enrique si este les hubiera seguido dedicando atención, pero a finales de la década de 1520 la mente del rey estaba ocupada con asuntos dinásticos de otro tipo. Su matrimonio con la viuda de su hermano, Catalina de Aragón, solo le había dejado una hija —la princesa María—, y la que sería su segunda esposa, Ana Bolena, lo había seducido por completo. Las cuestiones de reforma religiosa que estallaron a raíz de su búsqueda del divorcio a principios de la década de 1530 propiciaron nuevas divisiones políticas, tan mortíferas como las que habían existido entre las diversas facciones de Lancaster, York, Neville, Tudor, etcétera, durante el siglo XV. Sin duda, las cuestiones dinásticas seguían vivas, pero ahora se fundían con la política religiosa, moldeada por las preocupaciones domésticas y la psicología sexual de Enrique, cada vez más monstruosa, así como su ansia de poder y grandeza.

Fue en este contexto en el que persiguió a la familia Pole: condenó a la anciana Margaret Pole a la horrible carnicería en el tajo de la Torre en 1541; maldijo el nombre del cardenal Reginald

Pole por toda Europa e hizo que otro de los hijos de Margaret, Henry Pole, lord Montagu, fuera ejecutado por alta traición el 9 de enero de 1539 junto a Henry Courtenay, marqués de Exeter. El principal delito de Montagu y Exeter fue oponerse al rey en cuestiones de religión y rebelarse —o ser sospechosos de rebelarse— contra la supremacía real. El hecho de que Margaret Pole fuera hija de George, duque de Clarence, y uno de los últimos vínculos que quedaban con las guerras del siglo XV no bastaba para justificar su decapitación en 1541. Sin embargo, es probable que fuera un factor agravante para su ejecución.

De todos modos, la muerte de Margaret Pole sigue representando un punto de inflexión: era la última aristócrata que podía afirmar seriamente que llevaba sangre Plantagenet en las venas. Los vestigios de las familias York, Beaufort, Hollande, De la Pole y Pole habían desaparecido. Los Neville y los Stafford habían sido apaleados hasta la sumisión. La antigua nobleza no se había destruido como unidad social, pero muchas grandes y antiguas familias sí habían sido aniquiladas. «¿A cuántos hombres, en nombre de Dios inmortal, has matado?», escribió Reginald Pole, furioso contra Enrique por el asesinato sumario de su madre. La respuesta era simple: los suficientes. La política que agitaba los corazones de los hombres y llevaba sus airadas manos a las espadas había cambiado decisivamente su foco de las cuestiones dinásticas a las de fe. Tras la muerte del rey en 1547, los mayores conflictos durante los reinados de sus hijos no fueron Lancaster contra York, sino evangelismo contra papismo, reforma contra tradición y, en última instancia, protestantismo contra catolicismo. La guerra de las Dos Rosas había terminado.

*

Pero, aun así…, el sábado 14 de enero de 1559, hacia las dos de la tarde, Isabel, la hija menor de Enrique VIII, atravesó Londres a caballo, desde la Torre hasta Westminster, en vísperas de su coronación. Como de costumbre, se había organizado una fastuosa serie de desfiles para ilustrar las muchas maneras en que la majestad de la nueva reina era justa y digna.

En la esquina entre Fenchurch Street y Gracechurch Street se levantó un gran escenario en mitad de la calle, «abovedado con almenas» y construido en tres niveles separados. Según el registro oficial de la procesión:

> [...] en el nivel inferior se levantó un asiento real, donde se colocaron dos personajes que representaban al rey Enrique VII y a Isabel, su esposa, hija del rey Eduardo IV [...] [no] divididos, sino que uno de ellos, que era el rey Enrique, procedente de la casa de Lancaster, estaba rodeado de una rosa roja, y el otro, que era la reina Isabel, heredera de la casa de York, estaba rodeado de una rosa blanca. [...] De las dos rosas brotaron dos ramas reunidas en una, que se dirigieron hacia arriba hasta el segundo nivel [...] donde se colocó una, que representaba al valiente y noble príncipe rey Enrique [VIII].

Al lado de este Enrique se sentaba su segunda esposa, Ana Bolena, y en el tercer nivel sobre ellos se colocaba una última figura que representaba a la propia Isabel I, «coronada y ataviada como los demás príncipes». Todo el desfile estaba «adornado con rosas rojas y blancas, y en el primer plano, en una hermosa corona, estaba escrito [...] "La unión de las dos casas de Lancaster y York"». Se hizo un gran juego con el nombre de Isabel: explicaron que, al igual que Isabel de York, que trajo la unidad al reino a través de su matrimonio, la nueva Isabel «mantendría lo mismo entre sus súbditos». La unidad, decía el relato oficial, «era el fin que perseguía todo el proyecto».[1]

Los hombres y mujeres de Londres, boquiabiertos al paso de la procesión de la reina, habrían comprendido al instante la versión de la historia que sugería el desfile de rosas. Al fin y al cabo, se había repetido durante más de setenta años. Los edificios se decoraron con las rosas de los Tudor y otros emblemas asociados a la dinastía. Las grandes vidrieras instaladas en las iglesias durante el siglo XVI resplandecían con pétalos rojos y blancos.[2] Cualquiera que hubiera tenido la suerte de hojear los libros de la biblioteca real habría encontrado las exquisitas ilustraciones de las páginas decoradas con rosas rojas, blancas y Tudor —en muchos casos se añadieron a los libros heredados de reyes anteriores, en particular de Eduardo IV—. También otros libros se blasonaron con la historia dinástica simplificada de la guerra de las Dos Rosas. En ninguna parte se expresa más claramente la teleología de los Tudor que en el título completo de la crónica de Edward Hall: «La unión de las dos nobles e ilustres familias de Lancaster & York, que durante mucho tiempo han estado en continua disputa para la salvación de este noble reino, con todos los actos realizados en los dos tiempos de los príncipes, tanto de un linaje como del otro, comenzando en tiempos del rey Enrique IV, el primer sucesor de esta división, y así sucesivamente hasta el reinado del alto y prudente príncipe, el rey Enrique VIII, la indudable flor y verdadero heredero de ambos linajes».[3] Por si esto no fuera lo suficientemente explícito, la portada de la edición de 1550 de la crónica de Hall, del editor Richard Grafton, ilustraba la idea con claridad: las ramas de un rosal crecían desde la parte inferior de la página y se retorcían alrededor del título; a ambos lados estaban ocupadas por miembros rivales de la fragmentada dinastía Plantagenet. En la parte superior de la página, como no podía ser de otra manera, aparecía la figura magnífica y oriunda de Enrique VIII, el mesías, el fin de la historia.

Aquel diseño fue un motivo tan popular que se repitió y reutilizó en otras obras sin relación entre sí: el mismo árbol genealógico introducía la sección de los *Cuentos de Canterbury* en las ediciones de John Stow de 1550 y 1561 de las obras de Chaucer.[4] Del mismo modo que John, duque de Bedford había llenado la Francia ocupada de genealogías que legitimaban la monarquía conjunta durante la década de 1420, y del mismo modo que Eduardo IV había recopilado con tesón genealogías que trazaban su legítima ascendencia real desde siglos remotos, los Tudor transmitieron el mensaje —muy sencillo y visual— tanto de su derecho a gobernar como de su relato de la historia. Durante el reinado de Isabel, la mera imagen de las rosas rojas y blancas entrelazadas bastaba para evocar al instante toda la historia del siglo XV: la corona había entrado en disputa y desorden por la deposición lancasteriana de Ricardo II en 1399; esto había provocado casi un siglo de guerra entre dos clanes rivales, lo cual no era sino un castigo divino por el derrocamiento de un rey legítimo;

finalmente, en 1485, los Tudor habían reunido a las familias y salvado el reino. Así de sencillo.

En la década de 1590 —cuando Isabel I ya era anciana, su reinado declinaba y empezaba a vislumbrarse una nueva crisis de gobierno—, la historia de los Tudor del siglo XV no solo era una cuestión histórica, sino un motivo de entretenimiento público. Una generación de dramaturgos desenterró el material de las monumentales historias de Hall y su sucesor Raphael Holinshed, y lo aprovechó para darle forma una nueva y muy bien recibida forma de espectáculo: el teatro histórico. Una de las épocas más populares para su representación fue el siglo XV, y el más grande de todos esos dramaturgos fue William Shakespeare.

En 1591, o alrededor de esa fecha —el momento exacto es objeto de controversia—, Shakespeare escribió —o, más probablemente, contribuyó a escribir— la obra que hoy se conoce como *Enrique VI, Parte I.* Los acontecimientos de la obra se refieren a las primeras etapas de la guerra de las Dos Rosas: se describe la pérdida de las tierras de Inglaterra en Francia y la agitación política resultante. En la famosa escena del «jardín de rosas», Ricardo de York —llamado aquí Ricardo Plantagenet— y otros nobles discuten y se alinean en dos facciones, eligiendo rosas rojas o blancas para representarse a sí mismos:

RICARDO PLANTAGENET
[…]
Quien sea un caballero bien nacido
y se atenga a la honra de su cuna,
si estima que yo he expuesto la verdad,
que arranque de esta mata, como yo, una rosa blanca.
(Arranca una rosa blanca).

SOMERSET
Y quien no sea adulador ni vil ni cobarde,
y ose defender a la parte de la verdad,
que arranque de este espino, como yo, una rosa roja.
(Arranca una rosa roja).

WARWICK
No me gustan los colores, y sin color
de vil adulación o servilismo,
yo arranco esta rosa blanca con Plantagenet.

SUFFOLK
Y yo esta rosa roja con Somerset,
y digo que, a mi juicio, él está en lo cierto.
[...]

SOMERSET
Bien, hallaré quienes lleven mis sangrantes rosas [...].[5]

Los matices de la historia política podían perderse en el bullicio del teatro isabelino tardío. Sin embargo, la mera visión de los actores vestidos de aristócratas eligiendo rosas para formar equipo estaba diseñada para comprenderse al instante. *Enrique VI, Parte I* formó parte del ciclo de las dos tetralogías históricas de Shakespeare: ocho obras que, si se ordenan según su cronología histórica, van desde *Ricardo II* a *Ricardo III,* y que retratan toda la historia del siglo XV anterior a los Tudor.[6] El mensaje que había urdido Enrique VII casi cien años antes se había afianzado en la conciencia pública... y ahí ha permanecido, más o menos, desde entonces.

*

Como hemos visto, la guerra de las Dos Rosas y la destrucción de la casa de Plantagenet no fueron el trágico castigo a dos facciones divididas por la sangre por su pecado de deponer a Ricardo II. Todo el mal del siglo XV no se encarnó en un villano Ricardo III, como tampoco el matrimonio de Enrique VII e Isabel de York supuso una salvación instantánea. Más bien, fue un periodo despiadado y a veces oscuro, de profunda inestabilidad política, que derivó en el colapso de la autoridad real y del dominio inglés en Francia bajo Enrique VI. En un sistema en el que la ley, el orden, la justicia y la paz dependían en tan buena medida de la persona del rey y del cargo de la Corona, el reinado de Enrique VI —y su vida posterior entre la deposición en 1461 y su muerte diez años después— fue un desastre. Durante las décadas de 1420 y 1430, el sistema de gobierno inglés fue lo bastante sólido para hacer frente a la minoría del rey; sin embargo, no fue lo suficientemente robusto para lidiar con un rey adulto que no cumplía con su papel. Durante un tiempo, con Enrique VII se intentó rehabilitar su memoria: se propuso al viejo rey como candidato a la santidad por haber realizado milagros como curar a un hombre que había sido atropellado por un carro o a un niño que se había lesionado durante un partido de fútbol.[7] Sin embargo, durante el reinado de Enrique VIII, este interés se abandonó discretamente en favor de la veneración a Enrique V, el ejemplo más inspirador para el rey. Resultaba difícil mantener la fascinación por un hombre cuyo triste, angustioso y prolongado reinado causó a la Corona inglesa un daño a largo plazo que tardó décadas en repararse.

Eduardo IV deshizo gran parte del terrible daño que había causado Enrique VI al reparar buena parte del entramado del Gobierno real y asumir la realeza con extraordinario brío y capacidad; sin embargo, cometió dos errores garrafales. El primero fue casarse con Isabel Woodville, cuya numerosa familia no podía asimilarse fácilmente en un sistema político que acababa de sufrir una sacudida tan dura. El segundo fue morir en abril de 1483, un asunto en el que no pudo influir mucho a corto plazo, si bien es posible argumentar que él mismo propició su declive físico durante sus últimos años a causa de su glotonería y ociosidad. De todos modos, la combinación de un niño heredero y una facción Woodville que no podía o no quería acomodarse era demasiado para un sistema político frágil y desgastado. Dicho esto, la despiadada usurpación de la corona por parte de Ricardo III no fue prevista —ni pudo serlo— por nadie, y desencadenó un periodo de sangriento desasosiego durante el que la Corona podía caer en manos de cualquiera que mostrara una cepa de sangre real y reuniera un ejército extranjero. Fue esta batalla, librada «en caliente» entre 1483 y 1487 y «en frío» entre 1487 y 1525, la que ganaron los Tudor, no la guerra de las

Dos Rosas en su conjunto. En cualquier caso, el hecho es que los Tudor ganaron, y, como todos los vencedores históricos, se reservaron el derecho a narrar su historia: una historia que ha perdurado hasta nuestros días.

Notas

ABREVIATURAS UTILIZADAS EN LAS NOTAS

CCR	*Calendar of Close Rolls*
CPR	*Calendar of Patent Rolls*
CSP	*Milan Calendar of State Papers and Manuscripts in the Archives and Collections of Milan 1385-1618*
CSP	Spain *Calendar of State Papers, Spain*
CSP	Venice *Calendar of State Papers Relating to English Affairs in the Archives of Venice*
EHD	*English Historical Documents*
EHR	*English Historical Review*
L&P	Letters and Papers, Foreign and Domestic, Henry VIII (edición en línea)
POPC	Proceedings and Ordinances of the Privy Council
PROME	Parliament Rolls of Medieval England (edición en línea)

INTRODUCCIÓN

1. El embajador francés en Inglaterra, Charles de Marillac, consideraba a Margaret «mayor de ochenta años»; Eustace Chapuys, el embajador imperial, la consideraba «de casi noventa». L&P XVI 868; CSP Spain, 1538-42, 166.
2. Para esto y más adelante, véase H. Pierce, *The Life, Career and Political Significance of Margaret Pole, Countess of Salisbury 1473-1541* (University of Wales, Bangor, 1996), capítulo 8 *passim.*
3. CSP Spain, 1538-42, 166.
4. D. Seward, *The Last White Rose: Dynasty, Rebellion and Treason – The Secret Wars against the Tudors* (Londres, 2010), 291.
5. CSP Venice, V (1534-54) 104-6.

6. *Ibidem,* 108.
7. M. Callcott, *Little Arthur's History of England* (Londres, 1835), 112. Para otros usos históricos y desarrollo de la frase, véase OED «Rose», 6a. Eng. Hist.
8. W. A. Rebhorn (ed. y trad.), *The Decameron, Giovanni Boccaccio* (Londres/Nueva York, 2013), 351 n. 3.
9. Véase por ejemplo BL Arundel 66 f. 1v; BL Egerton 1147 f. 71; BL Royal 16 f. 173v.
10. Especialmente la familia D'Arcy. Véase H. Gough y J. Parker, *A Glossary of Terms Used in Heraldry* (Londres, 1894), 500-1.
11. Robbins, R. H. (ed.), *Historical Poems of the Fourteenth and Fifteenth Centuries* (Nueva York, 1959), 215-18.
12. B. Williams, *Chronique de la traison et mort de Richart Deux roy Dengleterre* (Londres, 1846), 151; véase *infra,* n. 24 al capítulo 18.
13. H. Riley (ed.), *Ingulph's Chronicle of the Abbey of Croyland with the Continuations of Peter of Blois and Anonymous Writers* (Londres, 1908) (en adelante *Croyland Continuations),* 506.
14. Un buen ejemplo es BL 16 F II, especialmente f. 137: este libro, encargado bajo Eduardo IV, quedó inacabado a la muerte del rey y se completó bajo Enrique VII, cuyos artistas lo cubrieron generosamente con rosas rojas y otras insignias lancasteriano-tudorianas.

I COMIENZOS

1. REY DE TODO EL MUNDO

1. T. Johnes (ed.), *The Chronicles of Enguerrand de Monstrelet,* I 439.
2. T. Rymer, *Foedera, conventiones, literae, et cujuscunque generis acta publica, inter reges Angliae, et alios quosuis imperatores, reges, [...] ab anno 1101, ad nostra usque tempora, habita aut tractata; [...] In lucem missa de mandato Reginae* (Londres, 1735), IX 907.
3. El amigo asesinado de Carlos era el condestable de Francia, Olivier de Clisson.
4. Para un análisis exhaustivo de la enfermedad de Carlos, véase R. C. Gibbons, *The Active Queenship of Isabeau of Bavaria, 1392-1417: Voluptuary, Virago or Villainess* (University of Reading, 1997), 27-40.
5. *Henrici Quinti Angliae Regis Gratia,* citado en *EHD* IV 211-18
6. *Ibid.*

7. Para un relato sucinto de las conquistas de Enrique tras Agincourt, véase J. Barker, *Conquest: The English Kingdom of France 1417-1450* (Londres, 2009), 1-45.
8. A consecuencia de esto, nunca se ha rehabilitado la popularidad de la reina Isabel en la historia francesa. Se la calumnia frecuentemente como la mayor ramera y traidora de su época, cuyas numerosas fechorías sexuales incluyeron un romance con el duque Felipe y el nacimiento bastardo del delfín. Para un acercamiento objetivo, véase T. Adams, *The Life and Afterlife of Isabeau of Bavaria* (Baltimore, 2010) y Gibbons, *Active Queenship* e «Isabeau of Bavaria» en *Transactions of the Royal Historical Society* 6 (1996).
9. Speed citado en A. Strickland, *Lives of the Queens of England, from the Norman Conquest: With Anecdotes of their Courts* (12 vols, Londres, 1840-8), III 97.
10. *Ibidem,* III 98.
11. J. Shirley (trad. y ed.), *A Parisian Journal 1405-1449* (Oxford, 1968), 151.
12. Rymer, *Foedera,* IX 920.
13. J. Watts, *Henry VI and the Politics of Kingship* (Cambridge, 1996), 113.
14. *Ibidem,* 439.
15. Gower, citado en G. L. Harriss, *Shaping the Nation: England 1360-1461* (Oxford, 2005), 588.
16. *Ibidem,* 588-94.
17. El «Cuento de Agincourt» está impreso en *EHD* IV 214-15.
18. Citado en Strickland, *Queens of England,* III 101.
19. D. Preest (trad.) y J. G. Clark (intro.), *The Chronica Majora of Thomas Walsingham (1376-1422)* (Woodbridge, 2005), 438.
20. C. L. Kingsford, *Chronicles of London* (Oxford, 1905), 162-5.
21. Strecche en *EHD* IV 229.
22. Shirley (ed.), *Parisian Journal,* 356 n. 1.
23. B. Wolffe, *Henry VI* (2ª ed., Londres, 2001), 28.
24. Para un análisis de todas las minorías reales de la Inglaterra medieval, véase C. Beem (ed.), *The Royal Minorities of Medieval and Early Modern England* (Nueva York, 2008), *passim.*
25. Eclesiastés 10, 16.

2. GOZÁBAMOS DE PERFECTA SALUD

1. R. A. Griffiths, *The Reign of King Henry VI* (Stroud, 1981), 51-7; Wolffe, *Henry VI,* 29-38.

2. Para más información sobre la historia de la residencia, véase R. Brook, *The Story of Eltham Palace* (Londres, 1960), *passim.*
3. H. M. Colvin, *History of the King's Works* (Londres, 1963), II 934-5
4. La mejor explicación del marco conceptual y la realidad del gobierno a principios del siglo xv es la de Watts, *Henry VI,* 13-101.
5. De hecho, la regencia de Francia se legó en primer lugar por el testamento de Enrique a Felipe el Bueno de Borgoña, con la estipulación de que, si declinaba la tarea, el gobierno recaería en Bedford; a la muerte de Carlos VI, esto es precisamente lo que ocurrió.
6. Kingsford, *Chronicles of London,* 279-80.
7. *Ibid.,* 281.
8. CCR Enrique VI 1422-9, 46.
9. CCR Enrique VI 1422-9, 54.
10. POPC III 233.
11. POPC III 86-7.
12. PROME 1428.
13. J. Gairdner (ed.), *The Historical Collections of a Citizen of London in the Fifteenth Century ('Gregory's Chronicle')* (1876), 159. Para un resumen detallado de la disputa Gloucester-Beaufort, véase Griffiths, *Henry VI,* 73-81; G. L. Harriss, *Cardinal Beaufort: A Study of Lancastrian Ascendancy and Decline* (Oxford, 1988), 134-49; y L. Rhymer, «Humphrey Duke of Gloucester, and the City of London» en L. Clark (ed.), *The Fifteenth Century* 8, 47-58.
14. *Ibid.*
15. Pedro, duque de Coimbra, era el segundo hijo de Felipa de Lancaster y de su marido Juan I. Su abuelo materno era Juan de Gante y, por tanto, era primo hermano de Enrique VI. Fue famoso por sus extensos viajes por Europa, y regresaría a Inglaterra más tarde, en la década de 1420, para la coronación de Enrique VI.
16. Kingsford, *Chronicles of London,* 84.

3. NACIDO PARA SER REY

1. El mejor análisis de la batalla de Verneuil es el de M. K. Jones, «The Battle of Verneuil (17 August 1424): Towards a History of Courage» en *War in History* 9 (2002), al que sigue este relato.
2. Shirley (ed.), *Parisian Journal,* 198; Jones, «Battle of Verneuil», 398.
3. «Book of Noblesse», citado en *ibid.,* 407. La «adoración» *(worship* en el original) era un concepto medieval que podríamos entender como «honorable respeto y gentileza».

4. Shirley (ed.), *Parisian Journal,* 200.
5. BL Add. MS 18850 f. 256v.
6. Jean de Wavrin, citado en J. Stratford, *The Bedford Inventories: The Worldly Goods of John, Duke of Bedford, Regent of France (1389-1435)* (Londres, 1993), 108 n. 15.
7. Barker, *Conquest,* 74. El texto francés de las ordenanzas de Bedford de 1423 puede encontrarse transcrito como apéndice a B. J. H. Rowe, «Discipline in the Norman Garrisons under Bedford, 1422-35» en *EHR* 46 (1931) 200-6.
8. Barker, *Conquest,* 67-9.
9. B. J. H. Rowe, «King Henry VI's Claim to France in Picture and Poem» en *The Library* s4, 13 (1932), 82.
10. BL MS Royal 15 E VI, reimpreso en parte en S. McKendrick, J. Lowden y K. Doyle, *Royal Manuscripts: The Genius of Illumination* (Londres, 2011), 379 y disponible en su totalidad en línea en bl.uk/catalogues/illuminatedmanuscripts.
11. Aunque Bedford no se dio cuenta, esta estrategia de propaganda sería el modelo —o, al menos, el arquetipo— para los reyes rivales a ambos lados del Canal durante el siglo siguiente. Véanse pp. 224-5.
12. Rowe, «King Henry VI's Claim», 78.
13. F. W. D. Brie, *The Brut: or, The Chronicles of England* (Londres, 1908), II 454. Sobre el asedio de Orleans y el papel de Juana de Arco en su relevo, véase Barker, *Conquest,* 95-124.
14. Para consultar la última biografía de Juana, véase *Joan of Arc* (Londres, 2014), de Helen Castor, que el presente relato sigue en varios puntos.
15. POPC III 340.
16. Véase la nota 15 del capítulo 2. Para los detalles de la ceremonia aquí incluidos, véase *Brut,* II 454; *Gregory's Chronicle,* 161-77; el orden tradicional de servicio para las coronaciones inglesas en el siglo xv, conocido como *Forma et Modus,* está impreso y traducido en L. G. Wickham Legg (ed.), *English Coronation Records* (Londres, 1901), 172-90.
17. *Gregory's.*
18. *Brut,* II 460.
19. Shirley (ed.), *Parisian Journal,* 271.
20. *Ibid.,* 272. El esnobismo parisino ante los esfuerzos culinarios de otras razas parece ser un rasgo atemporal.
21. H. N. MacCracken, *Minor Poems of John Lydgate* (Oxford, 1961-2), II 630-1; J. G. Nichols, *Chronicle of the Grey Friars of London* (Camden Society, v53, 1852), 16.

4. OWEYN TIDR

1. F. Palgrave, *Antient Kalendars and Inventories of the Treasury of His Majesty's Exchequer* (Londres, 1836), II 172-5.
2. POPC V 46-7.
3. Para las vidas de los antepasados de Owen Tudor, véase R. A. Griffiths y R. S. Thomas, *The Making of the Tudor Dynasty* (Gloucester, 1985), 5-24, y R. L. Thomas, *The Political Career, Estates and «Connection» of Jasper Tudor, Earl of Pembroke and Duke of Bedford (d.1495)* (tesis doctoral, University of Wales, Swansea, 1971), capítulo 1, 1-29.
4. Carta de Catalina de Valois citada en *DNB,* «Catherine de Valois».
5. J. A. Giles (ed.), *Incerti scriptoris chronicon Angliae de regnis trium regum Lancastriensium Henrici IV, Henrici V et Henrici VI* (Londres 1848), 17.
6. La propia historia familiar de Catalina así se lo indicaba: su hermana mayor, Isabel, había sido la esposa de otro rey de Inglaterra, Ricardo II, y, tras la deposición y muerte de este, había regresado a Francia para casarse con Carlos, duque de Orleans.
7. PROME Febrero 1426, punto 34.
8. Sir John Wynn de Gwydir, citado en Thomas, *Jasper Tudor,* 13.
9. PROME septiembre 1402, artículos 88-102.
10. Harriss, *Cardinal Beaufort,* 178-9 n. 34, ha especulado con la posibilidad de que Edmund Tudor fuera hijo de Catalina y Edmund Beaufort, en cuyo caso la posterior casa de Tudor habría tenido raíces Beaufort por ambas partes. Me parece más probable que si Edmund Beaufort tenía alguna relación con Edmund Tudor fuera la de padrino, más que la de padre biológico.
11. Véase Thomas, *Jasper Tudor,* 19-20.
12. Archivos Nacionales SC 8/124/6186.
13. Las excavaciones realizadas en el cementerio de la Abadía de Bermondsey revelaron una elevada incidencia de traumatismos corporales, en particular de fracturas curadas, entre los enterrados allí. Informe del Centro de Bioarqueología, museumoflondon.org.
14. *Brut,* II 470-1.
15. El relato del arresto de Owen Tudor ante el consejo privado, citado aquí, se encuentra en POPC V 46-50.
16. *Ibid.,* 49-50. El artículo que acompaña el acta del consejo detallando el arresto de Owen parecen ser notas preparatorias para un discurso al propio rey, que explicaban lo que Owen había hecho y ensayaban

todas las razones por las que a Enrique deberían indignarlo los «maliciosos propósitos e imaginación» de su padrastro.

17. Véase M. Bassett, «Newgate Prison in the Middle Ages», en *Speculum* 18 (1943), *passim.*
18. Robin Ddu citado y traducido en H. Evans, *Wales and the Wars of the Roses* (Cambridge, 1915), 70 n. 3.
19. Los sacerdotes eran necesarios para celebrar la misa, un rito que, entonces como ahora, estaba prohibido a las mujeres. La guía más completa sobre la vida medieval en la abadía de Barking puede encontrarse en T. Barnes, *A Nun's Life: Barking Abbey in the Late Medieval and Early Modern Periods* (tesis de maestría, Portland State University, 2004).
20. Rymer, *Foedera,* X 828.
21. Thomas, *Jasper Tudor,* 26; Rymer, *Foedera,* X 828.

II ¿QUÉ ES UN REY?

1. *Brut,* II 516.

5. EL BUEN SEÑOR DE SUFFOLK

1. Para la idea de que la población de Inglaterra había empezado a concebir la coherencia histórica de la guerra de los Cien Años a principios del siglo xv, véase W. M. Ormrod, «The Domestic Response to the Hundred Years War» en A. Curry y M. Hughes (eds.), *Arms, Armies and Fortifications in the Hundred Years War* (Woodbridge, 1994), 83-5.
2. C. D. Taylor, «Henry V, Flower of Chivalry» en G. Dodd (ed.), *Henry V: New Interpretations* (York, 2013), 218. Los nueve de la fama eran Héctor, Alejandro Magno, Julio César, Josué, David, Judas Macabeo, el rey Arturo, Carlomagno y Godofredo de Bouillon, héroe de la Primera Cruzada.
3. *Vita Henrici Quinti,* traducida en J. Matusiak, *Henry V* (Londres, 2013), 3-4.
4. Para la datación y procedencia del famoso retrato «Windsor» de Enrique VI, véanse las notas en http://www.npg.org.uk/collections/search/portraitConservation/mw03075/King-Henry-VI.
5. Ver Griffiths, *Henry VI,* 241.
6. POPC IV 134.

7. M. James (ed.), *Henry VI: A Reprint of John Blacman's Memoir, with Translation and Notes* (Cambridge, 1919) (en adelante «Blacman»).
8. *Ibid.,* 36-8.
9. Harriss, *Cardenal Beaufort,* 251.
10. Ahora catalogado en Stratford, *The Bedford.*
11. *Brut,* II 573.
12. Wolffe, *Henry VI,* 87-92; Watts, *Henry VI,* 128-34.
13. POPC V 88-9.
14. John de Wavrin (ed.), y W. Hardy (trans.), *A Collection of the Chronicles and Ancient Histories of Great Britain, Now Called England* (Londres, 1864-87), III 178.
15. *Ibid.;* Barker, *Conquest,* 121-2.
16. H. Castor, *The King, the Crown and the Duchy of Lancaster: Public Authority and Private Power 1399-1461* (Oxford, 2000), 82-93.
17. J. Gairdner (ed.), *The Paston Letters* (nueva edición, 6 vols, Londres, 1904), IV 75.

6. UN MATRIMONIO QUERIDO

1. El relato moderno más completo de la procesión de coronación de Margaret se encuentra en G. Kipling, «The London Pageants for Margaret of Anjou», en *Medieval English Theatre* 4 (1982); un resumen más difundido se encuentra en H. Maurer, *Margaret of Anjou: Queenship and Power in Late Medieval England* (Woodbridge, 2003), 17-22.
2. *Gregory's Chronicle,* 154.
3. *Brut,* II 486
4. Véase más arriba, p. 39.
5. Maurer, *Margaret de Anjou,* 41.
6. *Ibid.,* 21.
7. MacCracken, *Minor Poems of John Lydgate,* II 844-7.
8. J. Rosenthal, «The Estates and Finances of Richard Duke of York (1411-1460)» en *Studies in Medieval and Renaissance History* 2 (1965), 118.
9. Para una lista completa de los señoríos de York, véase *Ibid.,* apéndice I 194-6.
10. Comisión transcrita del documento original de la Bibliothèque nationale, París, en P. Johnson, *Duke Richard of York 1411-1460* (Oxford, 1988), 226.
11. T. Pugh, «Richard Plantagenet (1411-60), Duke of York, as the King's Lieutenant in France and Ireland» en J. G. Rowe (ed.), *Aspects of Late*

Medieval Government and Society: Essays Presented to J. R. Lander (Toronto, 1986), 122.

12. C. Carpenter, *The Wars of the Roses: Politics and the Constitution in England c. 1437-1509* (Cambridge, 1997), 98-103, ofrece una sucinta articulación de argumentos contra York como rival aislado y ansioso por la corona durante la década de 1440. Véase también Watts, *Henry VI,* 237- 8, especialmente nn. 137-40. Una lectura más «dinástica» de la década puede encontrarse en R. A. Griffiths, «The Sense of Dynasty in the Reign of Henry VI» en C. Ross (ed.), *Patronage, Pedigree and Power in Later Medieval England* (Gloucester, 1979), *passim,* pero especialmente 23-5.
13. Todo esto se basa en Griffiths, *ibid.,* 20-1.
14. Blacman, 29-30. Si bien, como es obvio, a Blacman le interesaba ensalzar la piedad y la castidad del rey, su descripción de un rey aprensivo que se desmayaba ante la visión de la carne desnuda es coherente desde el punto de vista interno y concuerda con nuestra comprensión más amplia del carácter de Enrique VI.
15. Maurer, *Margaret de Anjou,* 41.
16. La joya fue un regalo cuando Margaret quedó finalmente embarazada en 1453. J. Stevenson (ed.), *Letters and Papers Illustrative of the Wars of the English in France during the Reign of Henry the Sixth* (1861-4), II ii 208.
17. El papel de Margaret en la cesión de Maine se analiza en Maurer, *Margaret of Anjou,* 25-38; véase también B. M. Cron, «The Duke of Suffolk, the Angevin Marriage, and the Ceding of Maine, 1445» en *Journal of Medieval History* 20 (1994), 77-99.
18. *Brut,* II 511.
19. J. David (ed.), *An English Chronicle of the Reigns of Richard II, Henry IV, Henry V and Henry VI* (Camden Society v44, 1838), 116.
20. *Ibid.,* 62.
21. *Ibid.*
22. Kingsford, *Chronicles of London,* 157.

7. ¡FUERA, TRAIDORES, FUERA!

1. C. A. F. Meekings, «Thomas Kerver's Case, 1444», en *EHR* 90 (1975), 330-46, de donde se ha tomado la siguiente narración.
2. *Brut,* II 485.
3. Citado en Griffiths, *Henry VI,* 256.

4. 4 Acusación de King's Bench, reimpresa en *EHD* IV 264.
5. PROME Febrero 1449, punto 22.
6. «Entre 1437 y 1450, en todos los condados de Inglaterra, la influencia personal del rey en el ámbito de la justicia, la ley y el orden fue, en el mejor de los casos, negativa». Wolffe, *Henry VI,* 116-17.
7. Véase M. H. Keen y M. J. Daniel, «English Diplomacy and the Sack of Fougères in 1449» en *History* 59, 375-91.
8. Griffiths, *Henry VI,* 521; Harriss, *Shaping the Nation,* 584; Barker, *Conquest,* 404.
9. Una simple conversión de 372 000 libras a precios de 1450 nos daría una cifra aproximada de 202 000 000 libras a precios de 2005. Sin embargo, esto no hace justicia a la monstruosa magnitud del endeudamiento de Enrique VI, que, según las cifras parlamentarias, era de casi el 3400% de sus ingresos anuales y seguía creciendo cada año, independientemente de los costes de la guerra con Francia.
10. Ahora lo llamaríamos «déficit estructural». PROME noviembre 1449, punto 53.
11. Una burda conversión moderna de las deudas de Ricardo con la Corona sería de diez millones de libras. Una vez más, esto no hace justicia a la magnitud de la obligación financiera.
12. En 1345, Eduardo III debía solo a los mercaderes y banqueros italianos el equivalente a 400 000 libras, que quizá serían 262 000 000 libras a precios de 2005. Véase E. Russell, «The Societies of the Bardi and the Peruzzi and Their Dealings with Edward III», en G. Unwin (ed.), *Finance and Trade under Edward III* (Manchester, 1918), 93-135.
13. «A Warning to King Henry», en T. Wright, *Political Poems and Songs Relating to English History* (1859-61), II 229-31.
14. PROME noviembre 1449, punto 15.
15. Watts, *Henry VI,* 244-5.
16. PROME noviembre 1449, apéndice 1.
17. *Ibid.,* punto 49.
18. *Ibid.,* puntos 50-2.
19. Frammesley fue ejecutado tras un juicio ante el tribunal de King's Bench. R. Virgoe, «The Death of William de la Pole, Duke of Suffolk» en *Bulletin of the John Rylands Library* 47 (1965), 491 n. 3.
20. *Paston Letters,* II 146-7; *Brut,* II 516; Virgoe, «Death of William de la Pole», 494, 501.
21. M. Bohna, «Armed Force and Civic Legitimacy in Jack Cade's Revolt, 1450» en *EHR* 118 (2003), 573-4. Para el curso de la rebelión de

Cade y las discusiones sobre sus causas, véase también Griffiths, *Henry VI,* 610-65, e I. Harvey, *Jack Cade's Rebellion of 1450* (Oxford, 1991).

22. Magdalen College, Oxford, Carta Misc. 306, reimpreso en Robbins (ed.), *Historical Poems,* 63, y con ligeras variaciones en C. L. Kingsford, *Historical Literature in the Fifteenth Century* (Oxford, 1913), 359.
23. Stow publicó esto en sus *Annals:* está parcialmente reproducido y resumido en S. B. Chrimes y A. L. Brown, *Select Documents of English Constitutional History 1307-1485* (Londres, 1961), 290-1
24. Kingsford, *Chronicles of London,* 162.

8. LUEGO TRAERÍAN AL DUQUE DE YORK

1. Proyecto de ley del duque de York, reimpreso en R. A. Griffiths, «Duke Richard of York's Intentions in 1450 and the Origins of the Wars of the Roses» en *Journal of Medieval History* 1 (1975). El concepto de «respeto» (en inglés, *worschip)* se refiere al respeto y tratamiento debido a una persona de su posición.
2. Griffiths cree, en *ibid.* y «Richard Duke of York and the Royal Household in Wales in 1449-50» en *Welsh History Review* 8 (1976-1977), que York desembarcó de hecho en Beaumaris. Cf. Johnson, *Duke Richard of York,* 78: «Es dudoso que York consiguiera desembarcar». La propia petición de York a Enrique VI afirma que la llegada propuesta se detuvo y se evitó. Esto —y el hecho de que York incluyera esta queja en su petición— implica claramente que el intento de impedir su desembarco inicial en Beaumaris tuvo éxito.
3. «John Piggot's Memoranda» en Kingsford, *English Historical Literature,* 372.
4. Octavo informe del CMH, 266-7, reimpreso en inglés moderno en *EHD* 4, 265-7.
5. *Ibid.*
6. *Ibid.,* 371.
7. Carpenter, *Wars of the Roses,* 102.
8. Para un argumento a favor de la motivación dinástica de York, véase Griffiths, «The Sense of Dynasty in the Reign of Henry VI». Sin embargo, los argumentos dinásticos de York en el contexto de la década de 1460 se elaboraron en circunstancias desesperadas (véanse pp. 182-3), muy alejadas de las de septiembre de 1450.
9. Primera petición de York a Enrique VI, impresa en Griffiths, «Duke Richard of York's Intentions», 300.

10. Véase Johnson, *Duke Richard of York,* 84-5.
11. *Ibid.,* 301-4.
12. Para una visión amplia de la conducta de Somerset en Francia, véase M. K. Jones, «York, Somerset and the Wars of the Roses» en *EHR* 104 (1989).
13. PROME noviembre 1450, punto 1.
14. «Bale's Chronicle» en R. Flenley (ed.), *Six Town Chronicles of England* (Oxford, 1911), 137.
15. Kingsford, *Chronicles of London,* 162.
16. York había intentado, sin licencia real, resolver él mismo la disputa Courtenay-Bonville en septiembre de 1451. Para un relato completo de la disputa, véase M. Cherry, «The Struggle for Power in Mid-Fifteenth-Century Devonshire», en R. A. Griffiths (ed.), Patronage, the Crown and the Provinces in Later Medieval England (Nueva Jersey, 1981).
17. «Colleges: St Martin le Grand» en W. Page (ed.), *A History of the County of London* (Londres, 1909), I 555-66.
18. A. Kempe, *Historical Notices of St Martin-le-Grand* (Londres, 1825), 141.
19. *Paston Letters,* I 97-8.
20. *Ibid.,* 103-8.
21. Kingsford, *Chronicles of London,* 163. Varias crónicas más recogen versiones similares de esta historia. Para un argumento persuasivo en contra de creer esta viñeta popular, véase Johnson, *Duke Richard of York,* 112.
22. *Ibid.,* 101.

9. AFLIGIDO POR LA LOCURA

1. «Bale's Chronicle» en Flenley (ed.), *Six Town Chronicles,* 140; Kingsford, *Chronicles of London,* 163. En términos actuales, la enfermedad de Enrique podría caracterizarse como un episodio catatónico grave de depresión o esquizofrenia, pero el diagnóstico médico es imposible y esencialmente inútil a tal distancia. Para un debate reciente sobre la enfermedad de Enrique con referencia a los diagnósticos contemporáneos, véase N. Bark, «Did Schizophrenia Change the Course of English History?» en *Medical Hypotheses* 59 (2002), 416-21, aunque nótese que la interpretación del autor sobre el curso histórico del reinado de Enrique antes de 1453 difiere marcadamente de la presentada aquí. Para la enfermedad de Enrique en el contexto de su época y su

historia familiar, véase B. Clarke, *Mental Disorder in Earlier Britain* (Cardiff, 1975), *passim,* pero especialmente 176-206.
2. «Crónica de Bale», 140.
3. Los otros padrinos fueron el cardenal arzobispo Kemp de Canterbury y Anne, duquesa de Buckingham.
4. POPC VI 163-4.
5. Actas del consejo transcritas en R. A. Griffiths, «The King's Council and York's First Protectorate», *EHR* 94 (1984).
6. Boletín de John Stodeley en *Paston Letters,* I 295.
7. Para un análisis completo, véase H. Castor, *She-Wolves: The Women Who Ruled England before Elizabeth* (Londres, 2010), 339-43.
8. PROME Marzo 1453, punto 32.
9. Watts, *Henry VI,* 310 n. 220.
10. Stodeley en *Paston Letters,* I 299.
11. *Paston Letters,* III 13.
12. PROME Julio 1455, punto 18.
13. Watts da a la reunión de Leicester el ameno título de «pseudoparlamento»: Watts, *Henry VI,* 314.
14. C. J. Armstrong, «Politics and the Battle of St Albans 1455» en *Bulletin of the Institute of Historical Research* 33 (1960), 13-14. Este sigue siendo el relato autorizado de la primera batalla de Saint Albans, y gran parte del relato que aquí se presenta sigue sus argumentos.
15. Carta a los habitantes de Coventry, citada en *ibid.,* 12.
16. *Paston Letters,* III 25.
17. Para la conducta de Clifford, *ibid.* y M. Kekewich *et al.* (eds.), *The Politics of Fifteenth-Century England - John Vale's Book* (Stroud, 1996), 192.
18. *Paston Letters,* III 27.
19. Blacman, 40.
20. MS Gough London en Flenley (ed.), *Six Town Chronicles,* 158.
21. «Bale's Chronicle» en *Ibid.,* 142.
22. *Gregory's Chronicle,* 198.
23. CSP Milan, I 16-17.

III LA CORONA VACÍA

1. CSP Milan I, 1471 punto 227.

10. PRINCESA EXCELENTÍSIMA

1. *Victoria County History,* «Warwickshire», VIII 418-27.
2. Pío II, citado en P. Lee, «Reflections of Power: Margaret of Anjou and the Dark Side of Queenship» en *Renaissance Quarterly* 39 (1986), 197.
3. M. Harris (ed. y trad.), *The Coventry Leet Book, or Mayor's Register* (Nueva York, 1971), I-II 287-92.
4. Robbins (ed.), *Historical Poems,* 190.
5. El corresponsal era John Bocking; *Paston Letters,* III 75.
6. *Brut,* II 526; Davies, *English Chronicle,* 79.
7. *Brut,* II 525.
8. *Ibid.*
9. MS Gough London en Flenley (ed.), *Six Town Chronicles,* 160; *Paston Letters,* III 130.
10. Davies, *English Chronicle,* 80.
11. *English Heritage Battlefield Report: Blore Heath* (English Heritage, 1995), 8-9.
12. Griffiths, *Enrique VI,* 821.
13. La carta se conserva en Davies, *English Chronicle,* 81-3.
14. *Ibid.,* 83.
15. *Brut,* II 527.
16. *Gregory's Chronicle,* 206.
17. Davies, *English Chronicle,* 83, también recoge que la duquesa de Yorke «fue tratada y despojada de manera poco varonil y cruel». Más recientemente, se ha sugerido en P. Langley y M. Jones, *The King's Grave: The Search for Richard III* (Londres, 2013), 73, 235 que esta referencia indica que la duquesa Cecily fue violada en Ludlow a la vista de sus hijos: se trata de una interpretación bastante sensacionalista de la evidencia disponible.

11. DE REPENTE CAYÓ LA CORONA

1. Davies, *English Chronicle,* 83. Sobre Warwick y Calais, véase S. Rose, *Calais: An English Town in France 1347-1558* (Woodbridge, 2008), 81-3, también Richmond, «The Earl of Warwick's Domination of the Channel», *passim.*
2. PROME noviembre 1459, artículos 7-25.
3. G. Harriss y M. Harriss (eds.), *John Benet's Chronicle for the Years 1400 to 1462* (Camden Miscellany 44, 1972), 224.

4. Davies, *English Chronicle,* 86-90.
5. *Ibid.*, 97.
6. RPC Henry VI 1452-61, 542.
7. H. Stanford London, *Royal Beasts* (East Knoyle, 1956), 22-3. También es importante señalar que el halcón y el grillete tenían conexiones explícitamente «lancasterianas». La visión diametralmente «Tudor» de todo el siglo xv como una contienda entre casas rivales no basta para explicar los motivos de Ricardo de York durante esta etapa.
8. *Gregory's Chronicle,* 208.
9. Los papeles y cartas oficiales solían fecharse a partir de la llegada al trono del rey reinante. Renunciar a esta práctica implicaba rechazar la autoridad del soberano.
10. Carta a John Tiptoft, conde de Worcester, transcrita en Johnson, *Duke Richard of York,* 213-14.
11. *Ibid.*
12. PROME Octubre de 1460, punto 11. Se trata del primer uso registrado en el siglo xv del sobrenombre dinástico «Plantagenet», utilizado a partir de entonces y en la actualidad para describir a todos los descendientes reales de Geoffrey «Plantagenet», conde de Anjou, duque de Normandía y padre de Enrique II de Inglaterra.
13. Un precedente exitoso de la más temprana historia Plantagenet fue el tratado de Wallingford de 1153, sellado entre el rey Esteban y el futuro Enrique II, por el cual se desheredó al hijo de Esteban, Eustaquio, en favor de Enrique. Esto puso fin a la guerra civil conocida como la Anarquía.
14. CSP Milan I, punto 27.
15. *Brut,* II 530.
16. *Gregory's Chronicle,* 209.
17. Carta reimpresa en Kekewich *et al., John Vale's Book,* 142-3.
18. *Brut,* II 530.
19. E. Hall, *Hall's Chronicle containing the History of England during the Reign of Henry the Fourth and the Succeeding Monarchs to the End of the Reign of Henry the Eighth* (Londres, 1809), 250.
20. Esta es, en cualquier caso, la historia que Edward Hall registraría muchos años después; su versión de los hechos es típicamente pintoresca, pero la fuente fue el propio Aspall. Hall, *Chronicle,* 250-1.
21. CSP Venice I, punto 92.

12. CAOS

1. *Paston Letters,* III 250.
2. En la actualidad se denomina parhelio, y está causado por el reflejo de la luz solar a través de los cristales de hielo de la atmósfera. Hall, *Chronicle,* 251, es el primero en relacionarlo con la insignia del sol dorado de Eduardo. Sin embargo, puede tratarse de un error: Stanford London, *Royal Beasts,* 30-1, sostiene que el «sol que brilla» había sido un símbolo real al menos desde los tiempos de Ricardo II.
3. *Gregory's Chronicle,* 211.
4. *Ibid.* La posible y probable identificación de la mujer como amante de Owen Tudor y madre de David Tudor se hace en L. De Lisle, *Tudor: The Family Story* (Londres, 2013), 25.
5. La carta se envió el 11 de enero, día en que Warwick también dictó una carta al belicoso Francesco Sforza, duque de Milán. CSP Milan I, punto 55.
6. *Ibid.* punto 63.
7. *Ibid.,* punto 54.
8. H. Riley (ed.), *Registrum Abbatiae Johannis Whethamstede* (Londres, 1872), 390-5.
9. *Ibid.*
10. *Ibid.*
11. *Brut,* II 531.
12. La datación de la entrada de March en Londres el 26 de febrero de 1461 y un análisis del simbolismo de su investidura y coronación pueden encontrarse en C. Armstrong, «The Inauguration Ceremonies of the Yorkist Kings and Their Title to the Throne» en *Transactions of the Royal Historical Society* 30 (1948), 55 n. 2 y *passim.*
13. *Gregory's Chronicle,* 213.
14. Kingsford, *Chronicles of London,* 173.
15. MS Gough London en Flenley (ed.), *Six Town Chronicles,* 162.
16. CCR 1461-8, 54-5.
17. T. Stapleton (ed.), *Plumpton Correspondence* (Londres, 1834), 1.
18. CCR 1461-8, 54-5.
19. Pierpoint Morgan Library, Nueva York, M 775 f. 122v, citado extensamente en A. Boardman, *The Medieval Soldier in the Wars of the Roses* (Stroud, 1998), 126-7.
20. Hall, *Chronicle,* 255. Por una vez, las exageraciones del tamaño del ejército tienen visos de autenticidad.
21. Para esta sugerencia, G. Goodwin, *Fatal Colours: Towton 1461- England's Most Brutal Battle* (Londres, 2011), 157.

22. *Ibid.,* 165-6.
23. CSP Milan I, punto 78; CSP Venice I, punto 371.

13. LAS NOBLES Y LAS HUMILDES

1. C. Armstrong (ed. y trad.), *The Usurpation of Richard III: Dominicus Mancinus ad Angelum de occupatione regni Anglie per Ricardum tercium libellus* (2ª ed., 1969) (en adelante «Mancini»), 65.
2. Mancini, 67; *Croyland Continuations,* 150-1.
3. J. Halliwell (ed.), *A Chronicle of the First Thirteen Years of the Reign of King Edward the Fourth: by John Warkworth* (Londres, 1889) (en adelante «Warkworth»), 5.
4. La abadía de Reading también tenía otras conexiones reales: entre los cientos de reliquias que guardaban los hermanos de la abadía había una porción del hueso del brazo de San Eduardo Mártir, el rey sajón a quien habían asesinado en el castillo de Corfe en 978, mientras que el hijo mayor —pero de corta vida— de Enrique II, Guillermo, yacía enterrado en la abadía. *Victoria County History,* «Berkshire», II 62-73.
5. *Gregory's Chronicle,* p. 226.
6. Wavrin, *Chronicles and Ancient Histories of Great Britain,* III 184
7. Esta descripción se basa en los retratos más contemporáneos que se conservan en el Queens' College de Cambridge y en Windsor. Evidentemente, como en todos los retratos reales de la época, hay un elemento de idealismo y fantasía en estas imágenes, pero quizá menos que en las ilustraciones manuscritas de Isabel, que representan a una reina rubia, piadosa y al uso bajo la apariencia de la Virgen María. Para una guía de los retratos existentes, véase D. MacGibbon, *Elizabeth Woodville (1437-1492): Her Life and Times* (Londres, 1938), apéndice 1, 172-4.
8. *Paston Letters,* III 204-5.
9. Warkworth, 3.
10. Véase, por ejemplo, Mancini, 63.
11. CSP Milan I, punto 137.
12. El único emparejamiento real más o menos de la época que se asemeja al de Eduardo IV e Isabel Woodville fue el de Eduardo «el Príncipe Negro» y su notoria y varias veces casada prima Juana de Kent, que tuvo lugar en 1361, cuando Eduardo era heredero de la corona (de hecho, se referían informalmente a él como «Eduardo IV»). Sin embargo, incluso en este caso, el linaje real de Juana era impecable: sus abuelos eran Eduardo I de Inglaterra y Felipe III de Francia.

13. J. Gairdner (ed.), *Letters and Papers Illustrative of the Reigns of Richard III and Henry VII* (Londres, 1861), I 32.
14. *Croyland Continuations,* 115.
15. Carta de lord Wenlock fechada el 3 de octubre de 1464: véase J. Lander, «Marriage and Politics: The Neville and the Wydevilles» en *Bulletin of the Institute of Historical Research* 36 (1963) 133 n. 2(a) y C. Scofield, *The Life and Reign of Edward IV* (Londres, 1923), I 354 n. 3; CSP Milan I, items 137-8.
16. Una buena comparación histórica es el segundo matrimonio de Enrique VIII con Ana Bolena, un matrimonio de gran importancia política, provocado principalmente por el apego romántico y la frustración de Enrique. Eduardo IV no era, ni siquiera a los veintidós años, un individuo tan egoísta y egocéntrico como Enrique VIII, pero sin duda era capaz de entender las decisiones políticas a través de la lente de sus propios deseos personales.
17. *Gregory's Chronicle,* 219.
18. *Paston Letters,* III 292.
19. *Ibid.*
20. Los divertidos, pero extravagantes relatos del siglo XVI sobre el cortejo real de Fabyan, More, Hall y otros han permeado fácilmente en las historias modernas, especialmente en MacGibbon, *Elizabeth Woodville,* 34-40, que en este asunto parece más ficción que historia.
21. Carpenter, *Wars of the Roses,* 170.
22. MacGibbon, *Elizabeth Woodville,* 46.
23. *Ibid.,* 48-51.
24. Scofield, *Edward IV,* 380-4.
25. Warkworth, 5.

14. TIEMPOS DIVERSOS

1. Philadelphia Free Library MS Lewis E 201 (puede verse en alta resolución en línea a través de http://bancroft.berkeley.edu/digitalscriptorium/). Sobre el sol de oro y sus vínculos con Ricardo II, véase más arriba, n. 11 al capítulo 10. Otras genealogías similares, aunque menos espectaculares, son BL Harley Roll C.9 Membrana 19; BL Harley 7353; BL Lansdowne 456.
2. El matrimonio de Elizabeth de Burgh con Lionel de Amberes en 1352 había traído originalmente el honor del Ulster a la línea Plantagenet. Véase A. Weir, *Elizabeth of York: The First Tudor Queen* (Londres, 2013), 14.

3. M. Hicks, *Warwick the Kingmaker* (Oxford, 1998), 254
4. C. Ross, *Edward IV* (nueva edición, Londres y New Haven, 1997), apéndice III, 437-8.
5. *Gregory's Chronicle,* 237.
6. Scofield, *Edward IV,* 414-20.
7. Hicks, *Warwick the Kingmaker,* 267.
8. S. Bentley (ed.), *Excerpta Historica: or, Illustrations of English History* (1831), 227-8.
9. Warkworth, 4.
10. Stevenson (ed.), *Letters and Papers,* II, parte 2, 783.
11. *Gregory's Chronicle,* 237.
12. *Ibid.*
13. Warkworth, 5.
14. PROME Junio 1467, punto 15.
15. *Croyland Continuations,* 132-3.
16. Mancini, 63.
17. Aproximadamente 2 250 000 libras.
18. «Clarence falso, efímero, perjuro», como diría más tarde Shakespeare *(Ricardo III,* I iv 52).
19. Para esto y un debate más general sobre las rebeliones de 1469, incluidos los problemas de la evidencia, véase K. Dockray, «The Yorkshire Rebellions of 1469», en *The Ricardian* 82 (1983), *passim.*
20. Warkworth, 6; *Croyland Continuations,* 445.
21. *Paston Letters,* V 35.
22. La carta y el manifiesto están impresos en las notas a Warkworth, 46-9.
23. *Croyland Continuations,* 446.
24. Warkworth, 7.
25. *Ibid.*

15. DESTRUCCIÓN FINAL

1. *Paston Letters,* V 45-6.
2. *Croyland Continuations,* 438.
3. «Chronicle of the Rebellion in Lincolnshire, 1470», 18, en K. Dockray (ed.), *Three Chronicles of the Reign of Edward IV* (Gloucester, 1988).
4. *Ibid.,* 10.
5. CSP Milan I, 1467, punto 146.
6. *Paston Letters,* V 83.
7. Warkworth, 11.
8. *Croyland Continuations,* 462.

9. *Ibid.*
10. Blacman, 41.
11. CSP Milan I, 1471, punto 210.
12. «The Arrival of King Edward IV», 4, en Dockray (ed.), *Three Chronicles of the Reign of Edward IV.* Bolingbroke, por supuesto, afirmó que regresaba del exilio en Francia en 1399 para reclamar su derecho usurpado al ducado de Lancaster.
13. *Ibid.*, 7.
14. *Ibid.*, 10.
15. Citado en Ross, *Edward IV*, 166.
16. A. Scobie (ed.), *The Memoirs of Philip de Commines, lord of Argenton* (Londres, 1877) (en adelante «Commines»), 200.
17. A. Thomas e I. Thornley (eds.), *The Great Chronicle of London* (Londres, 1938), 215.
18. *Ibid.*
19. Carta de Margarita de York, impresa en Wavrin, *Chronicles and Ancient Histories of Great Britain,* III 211.
20. J. Bruce (ed.), *Historie of the Arrivall of Edward IV in England and the Finall Recouerye of His Kingdomes from Henry VI* (Londres, 1838), 17.
21. *Ibid.*
22. *Croyland Continuations,* 464.
23. Bruce, *Arrival of Edward IV,* 19-20.
24. *Ibid.*
25. *Ibid.*
26. Commines, 201.
27. Scofield, *Edward IV*, I 579-60.
28. Bruce, *Arrival of Edward IV*, 20.
29. Carta de Von Wesel del 17 de abril de 1471, traducida y reimpresa más recientemente en H. Kleineke (ed. y trans.), «Gerhard von Wesel's Newsletter from England, 17 April 1471» en *The Ricardian* 16 (2006).
30. *Ibid.*, 10.
31. *Ibid.* Eduardo concedió a los hermanos Neville un entierro digno: sus cuerpos se trasladaron a la abadía de Bisham para ser enterrados cerca de su padre, el conde de Salisbury.
32. Carta a John Daunt, citada en P. Hammond, *The Battles of Barnet and Tewkesbury* (1993), 81.
33. *Croyland Continuations,* 465.
34. CSP Milan I, 1471, punto 216.
35. Bruce, *Arrival of Edward IV,* 28.
36. *Ibid.*

37. *Croyland Continuations,* 466.
38. Bruce, *Arrivall of Edward IV,* 28-30, para todo lo que sigue, a menos que se indique.
39. Warkworth, 18.
40. *Croyland Continuations,* 466.
41. *Ibid.*, 467.
42. Blacman, 44.
43. Bruce, *Arrival of Edward IV*, 38.
44. Warkworth, 21.
45. W. St John Hope, «The Discovery of the Remains of King Henry VI in St George's Chapel, Windsor Castle» en *Archaeologia* (1911), 541.
46. 46 CSP Milan I, 1471, punto 220.
47. *Ibid.*, 39.
48. *Croyland Continuations,* 467.

IV EL ASCENSO DE LOS TUDOR

16. EJECUTAR LA IRA

1. Robbins (ed.), *Historical Poems*, 148.
2. H. Ellis (ed.), *Three Books of Polydore Vergil's English History* (Londres, 1844), 154-5.
3. Griffiths y Thomas, *Making of the Tudor Dynasty,* 86-7. El mal tiempo enturbió la travesía de los Tudor por el Canal.
4. *Foedera*, XI 714, citado en M. Hicks, *Edward V: The Prince in the Tower* (Stroud, 2003), 57-8.
5. *Paston Letters,* IV 298.
6. El *Libro Negro,* o *Liber Niger Domus Regis Edw. IV*, está impreso en *A Collection of Ordinances and Regulations for the Government of the Household etc.* (Londres, 1790), 15-86.
7. Véase D. Starkey, «Henry VI's Old Blue Gown: The English Court under the Lancastrians and the Yorkists» en *The Court Historian,* 1999, *passim,* pero especialmente 20-4.
8. El débil y enfermizo Herbert, conde de Pembroke, fue privado de su título en 1479, cuando este se le concedió al príncipe Eduardo y Herbert se vio obligado a aceptar una degradación al condado de Huntingdon.
9. Si Warwick hubiera muerto por causas naturales, su hermano Montagu habría heredado el patrimonio de los Neville y las hijas habrían

recibido el resto. Como Montagu también murió en batalla contra el rey y fue condenado póstumamente por traición, toda la herencia de Warwick pasó a manos reales.

10. Carpenter, *Wars of the Roses,* 187.
11. *Ibid.*, 193-4.
12. R. Buckley y otros, «The King in the Car Park: New Light on the Death and Burial of Richard III in the Grey Friars Church, Leicester in 1485» en *Antiquity* 87 (2013), 536.
13. Popelau, citado en Mancini, 136-7.
14. Colvin, *Historia de las obras del Rey*, I 499-500.
15. Salmo 23,1. Para un extracto detallado del discurso de Rotherham ante el parlamento, PROME Enero 1478, puntos 1-3.
16. Romanos 13,4.
17. Para obligar a Clarence a ceder tierras para su redistribución a, entre otros, Gloucester, Eduardo se había visto obligado a promulgar una ley general de restitución en el parlamento de 1473, excluyendo a Clarence de una larga lista de personas exentas. Para más detalles sobre la disputa de tierras entre Clarence y Gloucester, véase Hicks, *False, Fleeting, Perjur'd Clarence: George Duke of Clarence 1449-78* (Gloucester, 1992), 111-27.
18. Los detalles del caso Twynho figuran en la petición de su «primo» (probablemente su cuñado) Roger Twynho, que solicitó y recibió el indulto real en su nombre en 1478. Un tal John Thursby también fue ahorcado en el mismo proceso bajo la acusación igualmente falsa de haber asesinado a Ricardo, el hijo de Clarence. PROME Enero de 1478, punto 17; Hicks, *False, Fleeting, Perjur'd Clarence,* 137-9.
19. *Croyland Continuations*, 478.
20. *Ibid.*
21. PROME enero 1478, apéndice 1.
22. Para un análisis de la historia del vino de malvasía, véase Hicks, *False, Fleeting, Perjur'd Clarence*, 200-4.
23. Romanos 13,2.

17. EL ÚNICO DIABLILLO QUE QUEDABA

1. Commines, I 397.
2. Ellis (ed.), *Polydore Vergil,* 164.
3. Griffiths y Thomas, *Making of the Tudor Dynasty,* 88-90.
4. Commines, I 251.
5. Ellis (ed.), *Polydore Vergil,* 164-5.

6. *Ibid.*, 135; J. Lewis (ed.), *Life of Dr John Fisher* (Londres, 1855), II 269.
7. M. Jones y M. Underwood, *The King's Mother: Lady Margaret Beaufort, Countess of Richmond and Derby* (Cambridge, 1993), 58-9; MacGibbon, Elizabeth Woodville, 108.
8. Jones y Underwood, *King's Mother,* 61, citando Westminster Abbey Muniments doc. 32378.
9. *Croyland Continuations,* 483.
10. Commines, I 264.
11. El retrato a pluma de Virgilio era coherente con todos los demás al elogiar también el «ingenio», el «gran valor» y la «memoria retentiva» del rey, su diligencia, su tendencia a ser «serio y horrible con el enemigo [pero] generoso con sus amigos y conocidos» y su fortuna en la guerra. Ellis (ed.), *Polydore Vergil,* 172.
12. Mancini, 66-7.
13. Thomas Basin, citado en Scofield, *Edward IV*, 365.
14. R. Gottfried, «Epidemic Disease in Fifteenth-Century England» en *Journal of Economic History* 36 (1976), 267-8, señala casos de gripe en el siglo XV, «aunque no fue especialmente virulenta hasta 1485».
15. Mancini, 70-1.
16. W. Crotch, *The Prologues and Epilogues of William Caxton* (Londres, 1928), 39.
17. BL MS Sloane 3479, f. 53v.
18. *Ibid.,* 69.
19. *Croyland Continuations,* 485.
20. Mancini, 74-5.
21. Gairdner (ed.), *Letters and Papers,* I 4.
22. *Croyland Continuations,* 487.
23. Mancini, 82-3.
24. *Croyland Continuations,* 487, aunque el autor escribe en retrospectiva y bien puede estar influido aquí por su conocimiento de acontecimientos posteriores.
25. *Great Chronicle,* 230.
26. *Croyland Continuations,* 488.
27. C. Carpenter (ed.), *Kingsford's Stonor Letters and Papers 1290-1483* (Cambridge, 1996), 416.
28. *Croyland Continuations,* 489.
29. Mancini, 90-1.
30. Para una discusión sensata de los argumentos sobre la supuesta ilegitimidad de Eduardo V (y Eduardo IV), véase Hicks, *Edward V,* 163-6.
31. Mancini, 96-7.

32. *Croyland Continuations,* 489.
33. Señalado por Mancini 104-5: los ingleses eran bien conocidos por su afición a las profecías crípticas de este tipo.
34. A. Sutton y P. Hammond, *The Coronation of Richard III: The Extant Documents* (Gloucester, 1983), 77-9, 294-5.
35. *Great Chronicle,* 233.

18. JÚZGAME, OH, DIOS

1. La *Great Chronicle of London,* 234, informa de avistamientos de los muchachos durante la alcaldía de sir Edmund Shaa, que se extendió de la Fiesta de los Arcángeles de 1482 a la de 1483, aunque el cronista se equivoca de año y, posteriormente, tergiversa la secuencia de acontecimientos entre la desaparición de los príncipes, la muerte de la reina Ana, la rebelión de Buckingham y el aparente plan de Ricardo de casarse con Isabel de York.
2. Horrox y Hammond (eds.), BL Harleian MSS 433, III 2.
3. *Ibid.,* 234.
4. Mancini, 92-3.
5. *Ibid.*
6. *Ibid.*
7. La *Great Chronicle* data los rumores públicos de su desaparición «después de Pascua», fecha que podemos deducir como el 18 de abril de 1484. Sin embargo, véase la n. 3 del capítulo 18, donde se cuestiona la datación de los acontecimientos por parte del cronista durante este periodo.
8. Los restos hallados durante aquella excavación se conservan actualmente en la abadía de Westminster. En 1933 se analizaron de forma muy inadecuada para intentar determinar la causa de la muerte. Para un análisis, véase P. Hammond y W. White, «The Sons of Edward IV: A Re-examination of the Evidence on Their Deaths and on the Bones in Westminster Abbey» en Hammond (ed.), *Richard III: Loyalty, Lordship and Law* (Londres, 1986), 104-47. El palacio de Buckingham y la abadía de Westminster se oponen a que se realicen más pruebas con los restos. Una reciente petición electrónica dirigida al Gobierno de Su Majestad solicitando un análisis de ADN de los restos recibió solo 408 firmas (www.thepetitionsite.org).
9. Sobre la gran cantidad de concesiones a Buckingham, que le otorgaban poder sobre todo Gales y las marcas occidentales, véase Horrox y Hammond (eds.), Harleian MS 433, II 3-4.

10. Como se indica en *Titulus Regius,* PROME enero 1484, punto 5.
11. Ellis (ed.), *Polydore Vergil,* 200 («circunspección y celeridad») y 226-7. El análisis del esqueleto y la dentadura de Ricardo realizado en Leicester en 2012-13 confirmó su deformación vertebral y sus molares desgastados.
12. *Croyland Continuations,* 490.
13. Commines, II 64.
14. Ellis (ed.), *Polydore Vergil,* 197.
15. Como se describe en el acta de proscripción aprobada póstumamente contra Buckingham, PROME enero 1484, punto 3.
16. E.g. Ellis (ed.), *Polydore Vergil,* 192-3.
17. O tomando prestada la deliciosa frase de Carpenter, *Wars of the Roses,* 212, «era un hombre sin valor, y probablemente pocos lamentaron su muerte».
18. Griffiths y Thomas, *Making of the Tudor Dynasty,* 102-5; Jones y Underwood, *King's Mother,* 62-3.
19. Ellis (ed.), *Polydore Vergil,* 199.
20. *Ibid.*
21. A. Raine (ed.), *York Civic Records* (Wakefield, 1939), I 83.
22. L. Gill, *Richard III and Buckingham's Rebellion* (Stroud, 1999), 68
23. Ellis (ed.), *Polydore Vergil,* 202.
24. PROME Enero 1484, punto 5.
25. *Croyland Continuations,* 496.
26. Texto impreso en P. Hammond y A. Sutton, *Richard III: The Road to Bosworth Field* (Londres, 1985), 151.
27. Véase *Ibid.,* 151-2.
28. PROME Enero 1484, punto 21.
29. PROME Enero 1484, punto 27.
30. R. Horrox, *Richard III: A Study of Service* (Cambridge, 1989), 325-6.
31. Algunos asientos de las cuentas del príncipe Eduardo están impresos en Hammond y Sutton, *Richard III,* 174-5.
32. *Ibid.,* 497. Una tumba en la iglesia de Santa Elena y la Santa Cruz en Sheriff Hutton puede ser la de Eduardo, aunque otra tradición sostiene que fue enterrado en su lugar de nacimiento en Middleham.
33. Eduardo de Middleham fue el único hijo legítimo de Ricardo. Tuvo dos, y probablemente tres hijos ilegítimos: Sir John de Pontefract, capitán de Calais; Catherine Plantagenet, que se casó con William Herbert en 1484, pero murió pocos años después, y, posiblemente, un niño llamado Ricardo Plantagenet, que nació hacia 1469 y murió en diciembre de 1550, tras vivir anónimamente como albañil londinen-

se. El anticuario del siglo xviii Francis Peck recogió una leyenda familiar que había oído sobre Ricardo Plantagenet: al parecer, antes de su muerte afirmó haber sido testigo en Bosworth y haber sido presentado allí a su padre el rey la noche anterior a la batalla. La historia es incomprobable, pero en la iglesia en ruinas de Santa María en Eastwell, Kent, hay una tumba dedicada a Ricardo Plantagenet.
34. Horrox y Hammond (eds.), Harleian MSS 433, III 124-5.
35. *Ibid.*, III 190.
36. *Croyland Continuations,* 499. Existen pruebas, aunque delicadas y poco concluyentes, que sugieren que Isabel conocía las intenciones de Ricardo y que incluso podría haberlas considerado favorablemente. Esto se ha discutido recientemente por Weir, *Elizabeth of York,* 130-8, quien después de algunas consideraciones concluye que «no hay pruebas de los verdaderos sentimientos [de Isabel] hacia Ricardo III».
37. *Paston Letters,* VI 81-4.
38. Ellis (ed.), *Polydore Vergil,* 204.
39. Commines, II 64.
40. *Great Chronicle,* 237.

19. LA GUERRA O LA VIDA

1. Estos tres estandartes se presentaron a finales de año en San Pablo; suponemos aquí que habían estado asociados a la campaña de Enrique desde su llegada a Inglaterra.
2. Las cartas de Enrique se citan y comentan en Griffiths y Thomas, *Making of the Tudor Dynasty,* 159-65.
3. *Croyland Continuations,* 502.
4. Ellis (ed.), *Polydore Vergil,* 221. Virgilio lo utiliza para sugerir la conciencia del rey «culpable de atroces ofensas»; sin embargo, *Croyland Continuations,* 503, está de acuerdo, sugiriendo que el rey se despertó y «declaró que durante la noche había visto visiones espantosas, y se había imaginado rodeado de una multitud de demonios». Ninguna de las dos fuentes puede calificarse de favorable a Ricardo, pero ambas son de autores experimentados y bien informados.
5. Ellis (ed.), *Polydore Vergil,* 225.
6. *Ibid.*, 223.
7. *Ibid.*, 224.
8. *Ibid.*

9. Como reveló el análisis del esqueleto de Ricardo III llevado a cabo por la Universidad de Leicester en 2012-13, muy bien resumido por la doctora Jo Appleby en http://www.le.ac.uk/richardiii/science/osteology.html.
10. Ellis (ed.), *Polydore Vergil,* 224.
11. *Croyland Continuations,* 505.
12. *Great Chronicle,* 238.
13. *Ibid.,* 239.
14. Los relatos de la coronación de Enrique se encuentran en Wickham Legg, *English Coronation Records,* 198-218
15. *Ibid.* y S. Anglo, *Spectacle, Pageantry and Early Tudor Policy* (Oxford, 1969), 11.
16. Cuando el primer rey de Lancaster, Enrique IV (entonces simplemente Enrique Bolingbroke, duque de Hereford), se batió en duelo con Thomas Mowbray, duque de Norfolk en Coventry en septiembre de 1398, su pabellón «estaba cubierto de rosas rojas»: Williams, *Chronique de la traison et mort,* 153; el tesoro real del que posteriormente se hizo cargo Enrique IV contenía numerosos objetos decorados con rosas de diferentes tonalidades: Palgrave, *Antient Kalendars,* III 313-58. *«Rhos cochion mewn rhwysg uchel»:* citado y traducido en Evans, *Wales and the Wars of the Roses,* 6.
17. PROME Noviembre 1485, parte I, punto 9.
18. Gairdner (ed.), *Letters and Papers,* 421.
19. B. André, *The Life of Henry VII,* trad. D. Hobbins (Nueva York, 2011), 34.
20. *Ibid.,* 35.
21. Raine (ed.), *York Civic Records,* I 156-9.
22. Un punto de comparación interesante es el nacimiento de Eduardo II en el castillo de Caernarfon en 1284, otro foco de la mitología artúrica.
23. Las hazañas de estos reyes no eran un mero entretenimiento: a menudo tenían también fines de educación política. En 1457, el erudito James Hardyng había elaborado una monumental *Historia* que exponía las hazañas de los reyes desde los tiempos de Bruto. Hardyng había presentado su obra a Enrique VI, quien no pareció reparar en la moraleja que se pretendía.
24. André, *The Life of Henry VII,* 38.

20. LA ENVIDIA NUNCA MUERE

1. Los orígenes de Simnel se tratan extensamente en M. Bennett, *Lambert Simnel and the Battle of Stoke* (Gloucester, 1987), 42-55.

2. D. Hay (ed.), *The Anglica Historia of Polydore Vergil, AD 1485-1537* (Londres, 1950), 13.
3. André, *The Life of Henry VII,* 47 («Admirablemente hábil...»).
4. *Ibid.,* 46.
5. *Ibid.*
6. Hay (ed.), *The Anglica Historia of Polydore Vergil,* 63.
7. PROME Noviembre 1485, parte I, punto 8.
8. Como, de hecho, sigue siendo.
9. Hay (ed.), *The Anglica Historia of Polydore Vergil,* 56-7.
10. André, *The Life of Henry VII,* 60.
11. Hay (ed.), *The Anglica Historia of Polydore Vergil,* 67.
12. *Ibid.,* 75.
13. André, *The Life of Henry VII,* 66.
14. Los gastos escoceses de Warbeck están impresos en Gairdner (ed.), *Letters and Papers,* II 326-35.
15. André, *The Life of Henry VII,* 68.
16. Hay (ed.), *The Anglica Historia of Polydore Vergil,* 67.

21: BLANCHE ROSE

1. Licenciado Alcaraz, citado en G. Tremlett, *Catherine of Aragon: Henry's Spanish Queen* (Londres, 2010), 69
2. G. Kipling (ed.), *The Receyt of the Ladie Kateryne* (Oxford, 1990), 39.
3. J. Guy, *The Children of Henry VIII* (Oxford, 2013), 4; D. Starkey, *Six Wives: The Queens of Henry VIII* (Londres, 2004), 76-7.
4. Un tercer hijo, el príncipe Edmund, había nacido en 1499, pero murió en 1500.
5. Thomas, *Jasper Tudor,* 19-20.
6. Hay (ed.), *The Anglica Historia of Polydore Vergil,* 123.
7. Seward, *Last White Rose,* 138.
8. PROME Enero 1504, punto 21.
9. Felipe reclamó la corona por derecho de su esposa; la madre de Juana, la reina Isabel de Castilla, había muerto en noviembre de 1504. La otra hija de Isabel, por supuesto, era Catalina de Aragón.
10. *Great Chronicle,* 330.
11. Hay (ed.), *The Anglica Historia of Polydore Vergil,* 135.
12. El tratado se conocía en Flandes como el *Malus Intercursus* ('el tratado del mal') porque estaba muy sesgado a favor de los intereses ingleses.
13. Kingsford (ed.), *The First English Life of Henry V* (Oxford, 1911), 4

14. Véase, por ejemplo, BL Royal 8 G. vii; BL Royal 11 E. xi; BL Add MS 88929.
15. La batalla de Flodden se ganó durante la guardia de Catalina, el 9 de septiembre de 1513.
16. Hay (ed.), *The Anglica Historia of Polydore Vergil,* 203.
17. L&P IV nº 1123 y 1131.
18. Esta conversación es recogida por R. Macquereau, *Histoire générale de l'Europe* (Lovaina, 1765), y repetida en Scarisbrick, *Henry VIII,* 136. No hay fuentes y puede ser apócrifa. La primera mención de la muerte de De la Pole en el registro oficial se encuentra en L&P IV no. 1131: una carta de un empleado a Wolsey fechada el 28 de febrero de 1525. Sin embargo, la anécdota de Macquereau capta muy bien el alivio que seguramente sintió Enrique al poner fin al linaje de De la Pole.

EPÍLOGO

1. 1 J. Osborn (ed.), *The Quenes Maiesties Passage through the Citie of London to Westminster the Day before her Coronacion* (New Haven, 1960), 31-3.
2. Véase, por ejemplo, la gran rosa Tudor de la vidriera del priorato de Great Malvern, situada a la izquierda de las armas de Enrique VIII y Catalina de Aragón, o la ventana de Catalina de Aragón en el coro de la capilla de San Jorge, Windsor.
3. Hall, «Union of the Two Noble and Illustre Famelies». Como si la cuestión no estuviera suficientemente clara, Hall señaló en su introducción dirigida al joven rey Eduardo VI que «he compilado y reunido (y no fabricado) de varios escritores, tanto extranjeros como ingleses, este sencillo tratado que he llamado la unión de las nobles casas de Lancaster y Yorke, unidas por el piadoso matrimonio de vuestro nobilísimo abuelo [es decir, Enrique VII] y vuestra virtuosa abuela [es decir, Isabel de York]. Porque así como el rey Enrique IV fue el principio y la raíz de la gran discordia y decepción, así fue el piadoso matrimonio el final de todas las discusiones, títulos y debates». Hall, *Chronicle,* vii.
4. Edición de Stow's 1550 de Chaucer, Trinity College, Cambridge, STC 5075, 5076.
5. *1 Henry VI,* II iv 27-73.
6. Ordenadas según la cronología histórica, la lista completa de obras es la siguiente: *Ricardo II, Enrique IV, 1.ª* y *2.ª* parte, y *Enrique V*

(denominada «segunda tetralogía» en relación con la época de su composición); seguida de *Enrique VI, 1.ª, 2.ª* y *3.ª* parte, y *Ricardo III* (la «primera tetralogía»).

7. BL Royal 13 C VIII f. 22v, f. 62v, f. 63.

Bibliografía

FUENTES EN LÍNEA

Froissart, Jean, *The Online Froissart* (hrionline.ac.uk, V1.3/5 mayo 2012).
Diccionario Oxford de Biografía Nacional (oxforddnb.com).
Cartas y Documentos, Extranjeros y Domésticos, Enrique VIII (via british-history.ac.uk).
Rollos del Parlamento de la Inglaterra Medieval (via british-history.ac.uk).
Historia del condado de Victoria (via british-history.ac.uk).

FUENTES PRIMARIAS NO IMPRESAS

MSS adicionales 18850 y 88929 (British Library)
Arundel MS (Biblioteca Británica)
Libro de la Fraternidad de la Asunción CLC/L/SE/A/004A/ MS31692 (Guildhall Library/London Metropolitan Archives)
E101 (Archivos Nacionales)
E361 (Archivos Nacionales)
E404 (Archivos Nacionales)
Egerton MS (Biblioteca Británica)
Harley MS 7353 (Biblioteca Británica)
Lansdowne MS (Biblioteca Británica)
MS Lewis E201 (Biblioteca Libre de Filadelfia)
Real MS 13 C VIII (Biblioteca Británica)
Real MS 15 E VI (Biblioteca Británica)
Real MS 16 F II (Biblioteca Británica)
Sloane 3479 (Biblioteca Británica)

FUENTES PRIMARIAS IMPRESAS

André, B., *The Life of Henry VII,* trad. D. Hobbins (Nueva York, 2011).

Armstrong, C. (ed. y trad.), *The Usurpation of Richard III: Dominicus Mancinus ad Angelum de occupatione regni Anglie per Ricardum tercium libellus* (2ª ed., Oxford, 1969).

Bentley, S., *Excerpta Historica: or, Illustrations of English History* (Londres, 1831).

Brie, F. W. D., *The Brut: or, The Chronicles of England,* vol. II (Londres, 1908).

Brown, R. (ed.), *Calendar of State Papers Relating to English Affairs in the Archives of Venice* (1873).

Bruce, J. (ed.), *Historie of the Arrivall of Edward IV in England and the Finall Recouerye of His Kingdomes from Henry VI* (Londres, 1838).

Carpenter, C. (ed.), *Kingsford's Stonor Letters and Papers 1290-1483* (Cambridge, 1996).

Chrimes, S. B., y A. L. Brown, *Select Documents of English Constitutional History 1307-1485* (Londres, 1961).

Collection of Ordinances and Regulations for the Government of the Household, etc., A (Londres, 1790).

Crotch, W., *The Prologues and Epilogues of Guillermo Caxton* (Londres, 1928).

David, J. (ed.), *An English Chronicle of the Reigns of Richard II, Henry IV, Henry V and Henry VI* (Camden Society v44, 1838).

Devon, F. (ed.), *Issues of the Exchequer* (Londres, 1837).

Dockray, K. (ed.), *Three Chronicles of the Reign of Edward IV* (Gloucester, 1988).

Ellis, H. (ed.), *Three Books of Polydore Vergil's English History* (Londres, 1844).

Flenley, R. (ed.), *Six Town Chronicles of England* (Oxford, 1911).

Gairdner, J. (ed.), *The Historical Collections of a Citizen of London in the Fifteenth Century ('Gregory's Chronicle')* (1876).

—— (ed.), *Letters and Papers Illustrative of the Reigns of Richard III and Henry VII* (2 vols, Londres, 1861).

—— (ed.), *The Paston Letters* (nueva ed., 6 vols, Londres, 1904).

—— (ed.), *Three Fifteenth-Century Chronicles: With Historical Memoranda by John Stowe* (Camden Society, 1880).

Gayangos, P. de (ed.), *Calendar of State Papers, Spain* (1890).

Gibbs, V., *et al.* (eds.), *The Complete Peerage* (2.ª ed., Londres, etc., 1910-98).

Giles, J. A. (ed.), *Incerti scriptoris chronicon Angliae de regnis trium regum Lancastriensium Henrici IV, Henrici V et Henrici VI* (Londres, 1848).

Grose, F., *The Antiquarian Repertory* (4 vols, Londres, 1807-9).

Hall, E., *Hall's Chronicle containing the History of England during the Reign of Henry the Fourth and the Succeeding Monarchs to the End of the Reign of Henry the Eighth* (Londres, 1809).

Halliwell, J. (ed.), *A Chronicle of the First Thirteen Years of the Reign of King Edward the Fourth: by John Warkworth* (Londres, 1889).

Harris, M. (ed. y trans.), *The Coventry Leet Book, or Mayor's Register* (Nueva York, 1971).

Harriss, G., y M. Harriss (eds.), *John Benet's Chronicle for the Years 1400 to 1462* (Camden Miscellany 44, 1972).

Hay, D. (ed.), *The Anglica Historia of Polydore Vergil, AD 1485-1537* (Londres, 1950).

Hinds, A. B. (ed.), *Calendar of State Papers and Manuscripts in the Archives and Collections of Milan: 1385-1618* (1912).

Hingeston, F. C. (ed.), *The Book of the Illustrious Henries* (Londres, 1858)

Horrox, R. y P. W. Hammond (eds.), *British Library Harleian Manuscript 433* (4 vols, Gloucester, 1979-83).

James, M. (ed.), *Henry VI: A Reprint of John Blacman's Memoir, with Translation and Notes* (Cambridge, 1919).

Johnes, Thomas (trad.), *The Chronicles of Enguerrand de Monstrelet* (2 vols, 1844).

Johnston, D. R. (ed.), *The Poetical Works of Lewys Glyn Cothi* (Oxford, 1837).

Kekewich, M., *et al.* (eds.), *The Politics of Fifteenth-Century England - John Vale's Book* (Stroud, 1996).

Kingsford, C. L., *Chronicles of London* (Oxford, 1905).

——, *English Historical Literature in the Fifteenth Century* (Oxford, 1913).

—— (ed.), *The First English Life of Henry V* (Oxford, 1911).

Kipling, G., *The Receyt of the Ladie Kateryne* (Oxford, 1990).

Lewis, J. (ed.), *Life of Dr John Fisher* (2 vols, Londres, 1855).

Luders, A., *et al.*, *The Statutes of the Realm* (11 vols, Londres, 1810-28), vol. II.

MacCracken, H. N., *Minor Poems of John Lydgate* (2 vols, Oxford, 1961-2).

Macquereau, R., *Histoire générale de l'Europe* (Lovaina, 1765).

Malden, H., *The Cely Papers: Selections from the Correspondence and Memoranda of the Cely Family, 1475-1488* (Londres, 1900).

McKendrick, S., J. Lowden y K. Doyle, *Royal Manuscripts: The Genius of Illumination* (Londres, 2011).

Munro, C. (ed.), *Letters of Queen Margaret of Anjou and Bishop Beckington and Others* (Londres, 1863).

Nicholas, N. H. (ed.), *A Chronicle of London: From 1089-1483* (Londres, 1827).

Nichols, J. G., *Chronicle of the Grey Friars of London* (Camden Society, v53, 1852).

Nichols, J., y R. Gough (eds.), *A Collection of All the Wills Now Known to Be Extant of the Kings and Queens of England* (Londres, 1780).

Nicolas, N. H. (ed.), *Proceedings and Ordinances of the Privy Council* (1834-7), vols III-VI.

Osborn, J. (ed.), *The Quenes Maiesties Passage through the Citie of London to Westminster the Day before her Coronacion* (ed. facsímil, New Haven, 1960).

Palgrave, F., *Antient Kalendars and Inventories of the Treasury of His Majesty's Exchequer* (Londres, 1836).

Preest, D. (trad.), y J. G. Clark (intro.), *The Chronica Majora of Thomas Walsingham (1376-1422)* (Woodbridge, 2005).

Pronay, N. *et al.* (eds.), *The Crowland Chronicle Continuations 1459-1486* (Sutton, 1986).

Raine, A. (ed.), *York Civic Records* (Wakefield, 1939), vols I y II.

Riley, H. (ed.), *Ingulph's Chronicle of the Abbey of Croyland with the Continuations of Peter of Blois and Anonymous Writers* (Londres, 1908).

—— (ed.), *Registrum Abbatiae Johannis Whethamstede* (Londres, 1872).

Robbins, R. H. (ed.), *Historical Poems of the Fourteenth and Fifteenth Centuries* (Nueva York, 1959).

Rymer, T., *Foedera, conventiones, literae, et cujuscunque generis acta publica, inter reges Angliae, et alios quosuis imperatores, reges, … ab anno 1101, ad nostra usque tempora, habita aut tractata; … In lucem missa de mandato Reginae* (Londres, 1735).

Scobie, A. (ed.), *The Memoirs of Philip de Commines, lord of Argenton* (2 vols, Londres, 1877).

Shirley, J. (trad. y ed.), *A Parisian Journal 1405-1449* (Oxford, 1968).
Society of Antiquaries, *Household Ordinances and Regulations, Edward III to Guillermo and Mary* (Londres, 1790).
Stapleton, T. (ed.), *Correspondencia de Plumpton* (Londres, 1834).
Stevenson, J. (ed.), *Letters and Papers Illustrative of the Wars of the English in France during the Reign of Henry the Sixth* (Londres, 1861-4).
Stow, J., *The Annals, or a General Chronicle of England* (Londres, 1615).
Stratford, J., *The Bedford Inventories: The Worldly Goods of John, Duke of Bedford, Regent of France (1389-1435)* (Londres, 1993).
Thomas, A., e I. Thornley (eds.), *The Great Chronicle of London* (Londres, 1938).
Ursins, Jean Juvenal des, *Histoire de Charles VI, Roy de France* (París, 1836).
Wavrin, John de (ed.), y W. Hardy (trans.), *A Collection of the Chronicles and Ancient Histories of Great Britain, now called England* (5 vols, Londres, 1864-87).
Wickham Legg, L. G. (ed.), *English Coronation Records* (Londres, 1901).
Williams, B., *Chronique de la traison et mort de Richart Deux roy Dengleterre* (Londres, 1846).
Wright, T., *Political Poems and Songs Relating to English History* (Londres, 1859-61), vol. II.

FUENTES SECUNDARIAS

Adams, T., *The Life and Afterlife of Isabeau of Bavaria* (Baltimore, 2010)
Allmand, C., *Henry V* (Yale, 1997).
——, *The Hundred Years War: England and France at War; c.1300 - c.1450* (Cambridge, 1988).
Anglo, S., *Images of Tudor Kingship* (Londres, 1992).
——, *Spectacle, Pageantry and Early Tudor Policy* (Oxford, 1969).
Archer, R., *Crown, Government and People in the Fifteenth Century* (Stroud, 1995).
Armstrong, C., *England, France and Burgundy in the Fifteenth Century* (Londres, 1983).
Arthurson, I., *The Perkin Warbeck Conspiracy, 1491-1499* (Stroud, 1994).
Ashdown-Hill, J., *Richard III's 'Belovyd Cousin', John Howard and the House of York* (Stroud, 2009).

Baldwin, D., *Elizabeth Woodville: Mother of the Princes in the Tower* (Stroud, 2010).

——, *Stoke Field: The Last Battle of the Wars of the Roses* (Barnsley, 2006)

Baldwin, J. F., *The King's Council in England during the Middle Ages* (Oxford, 1913).

Barker, J., *Conquest: The English Kingdom of France 1417-1450* (Londres, 2009).

Barron, C., *London in the Later Middle Ages* (Oxford, 2004).

Beem, C. (ed.), *The Royal Minorities of Medieval and Early Modern England* (Nueva York, 2008).

Bell, A., A. Curry, A. King y D. Simpkin, *The Soldier in Later Medieval England* (Oxford, 2013).

Bennett, M., *Lambert Simnel and the Battle of Stoke* (Gloucester, 1987).

Boardman, A., *The Medieval Soldier in the Wars of the Roses* (Stroud, 1998).

Bramley, Peter, *The Wars of the Roses: A Field Guide and Companion* (Stroud, 2007).

Brook, R., *The Story of Eltham Palace* (Londres, 1960).

Brooke, R., *The Battle of Stoke Field* (Liverpool, 1825).

Burley, P., *et al.*, *The Battles of St Albans* (Barnsley, 2007).

Callcott, M., *Little Arthur's History of England*, (Londres, 1835).

Carleton Williams, E., *My lord of Bedford, 1389-1435: Being a Life of John of Lancaster, First Duke of Bedford, Brother of Henry V and Regent of France* (Londres, 1963).

Carpenter, C., *Locality and Polity: A Study of Warwickshire Landed Society, 1401-1499* (Cambridge, 1992).

——, *The Wars of the Roses: Politics and the Constitution in England c.1437-1509* (Cambridge, 1997).

Castor, H., *The King, the Crown and the Duchy of Lancaster: Public Authority and Private Power 1399-1461* (Oxford, 2000).

——, *She-Wolves: The Women Who Ruled England before Elizabeth* (Londres, 2010).

Cheetham, A., *The Life and Times of Richard III* (Londres, 1972).

Chrimes, S. B., *Henry VII* (Londres, 1972).

——, *Lancastrians, Yorkists and Henry VII* (2ª ed., Londres, 1966).

Clarke, B., *Mental Disorder in Earlier Britain* (Cardiff, 1975).

Colvin, H. M., *History of the King's Works* (Londres, 1963), vols. I y II.

Curry, A., y M. Hughes (eds.), *Arms, Armies and Fortifications in the Hundred Years War* (Woodbridge, 1994).

De Lisle, L., *Tudor: The Family Story* (Londres, 2013).

Dockray, K., *William Shakespeare, the Wars of the Roses and the Historians* (Stroud, 2002).

Dodd, G. (ed.), *Henry V: New Interpretations* (York, 2013).

Evans, H., *Wales and the Wars of the Roses* (Cambridge, 1915).

Famiglietti, R. C., *Royal Intrigue: Crisis at the Court of Charles VI, 1392-1420* (Nueva York, 1986).

Fiorato, V., y C. Knussel (eds.), *Blood Red Roses* (2ª edn, Oxford, 2007).

Foarde, G., y A. Curry, *Bosworth 1485: A Battlefield Rediscovered* (Oxford, 2013).

Foarde, G., y R. Morris, *The Archaeology of English Battlefields: Conflict in the Pre-Industrial Landscape* (York, 2012).

Gairdner, J., *History of the Life and Reign of Richard the Third* (Cambridge, 1898).

Gill, L., *Richard III and Buckingham's Rebellion* (Stroud, 1999).

Goodman, A., *The Wars of the Roses: The Soldiers' Experience* (Stroud, 2005).

Goodrich, N., *Charles Duke of Orleans: A Literary Biography* (Nueva York, 1963).

Goodwin, G., *Fatal Colours: Towton 1461 – England's Most Brutal Battle* (Londres, 2011).

Gough, H., y J. Parker, *A Glossary of Terms Used in Heraldry* (Londres, 1894).

Griffiths, R. A., *The Reign of King Henry VI* (Stroud, 1981).

Griffiths, R. A. (ed.), *Patronage, the Crown and the Provinces in Later Medieval England* (Nueva Jersey, 1981).

Griffiths, R. A., y R. S. Thomas, *The Making of the Tudor Dynasty* (Gloucester, 1985).

Gristwood, S., *Blood Sisters: The Hidden Lives of the Women behind the Wars of the Roses* (Londres, 2012).

Gunn, S., y L. Monckton (eds.), *Arthur Tudor, Prince of Wales: Life, Death and Commemoration* (Woodbridge, 2009).

Guy, J., *The Children of Henry VIII* (Oxford, 2013).

Haigh, P., *The Military Campaigns of the Wars of the Roses* (Stroud, 1995).

Halsted, C., *Richard III* (2 vols, Londres, 1844).

Hammond, P., *The Battles of Barnet and Tewkesbury* (Gloucester, 1993).

Hammond, P. (ed.), *Richard III: Loyalty, Lordship and Law* (Londres, 1986).

Hammond, P., y A. Sutton, *Richard III: The Road to Bosworth Field* (Londres, 1985).

Harriss, G. L., *Cardinal Beaufort: A Study of Lancastrian Ascendancy and Decline* (Oxford, 1988).
——, *Shaping the Nation: England 1360-1461* (Oxford, 2005).
Harvey, A., y R. Mortimer, *The Funeral Effigies of Westminster Abbey* (Woodbridge, 1994).
Harvey, I., *Jack Cade's Rebellion of 1450* (Oxford, 1991).
Hicks, M., *Edward V: The Prince in the Tower* (Stroud, 2003).
——, *False, Fleeting, Perjur'd Clarence: George Duke of Clarence 1449-1478* (Gloucester, 1992).
——, *Richard III* (Stroud, 2000).
——, *Warwick the Kingmaker* (Oxford, 1998).
Hookham, M., *Life and Times of Margaret of Anjou* (Londres, 1872).
Horrox, R., *Richard III: A Study of Service* (Cambridge, 1989).
Hughes, J., *Arthurian Myths and Alchemy: The Kingship of Edward IV* (Stroud, 2002).
Johnson, P., *Duke Richard of York 1411-1460* (Oxford, 1988).
Jones, M., y M. Underwood, *The King's Mother: Lady Margaret Beaufort, Countess of Richmond and Derby* (Cambridge, 1993).
Kempe, A., *Historical Notices of St Martin-le-Grand* (Londres, 1825).
Lander, J. R., *Crown and Nobility, 1450-1509* (Londres, 1976).
Langley, P. y Jones, M., *The King's Grave: The Search for Richard III* (Londres, 2013).
Laynesmith, J., *The Last Medieval Queens: English Queenship 1445-1503* (Oxford, 2004).
Lindsay, P., *On Some Bones in Westminster Abbey: A Defence of King Richard III* (Bath, 1969).
Lyle, H., *The Rebellion of Jack Cade, 1450* (Londres, 1950).
McFarlane, K. B., *England in the Fifteenth Century* (Londres, 1981).
——, *The Nobility of Later Medieval England* (Oxford, 1973).
MacGibbon, D., *Elizabeth Woodville (1437-1492): Her Life and Times* (Londres, 1938).
Matusiak, J., *Henry V* (Londres, 2013).
Maurer, H., *Margaret of Anjou: Queenship and Power in Late Medieval England* (Woodbridge, 2003).
Murray, Stephen, *Building Troyes Cathedral: The Late Gothic Campaigns* (Bloomington e Indianápolis, 1987).
Page, W. (ed.), *A History of the County of London, Volume I* (Londres, 1909).

Pollard, A., *The Wars of the Roses* (2ª ed., Basingstoke, 2001).

Ramsay, J., *Lancaster and York* (Oxford, 1892).

Rebhorn, W. A. (ed. y trad.), *The Decameron, Giovanni Boccaccio* (Londres y Nueva York, 2013).

Richardson, G., *The Hollow Crowns: History of the Battles of the Wars of the Roses* (Shipley, 1996).

Rose, S., *Calais: An English Town in France 1347-1558* (Woodbridge, 2008).

Ross, C., *Edward IV* (nueva edición, Londres y New Haven, 1997).

Ross, C. (ed.), *Patronage, Pedigree and Power in Later Medieval England* (Gloucester, 1979).

Rowe, J. G. (ed.), *Aspects of Late Medieval Government and Society: Essays Presented to J. R. Lander* (Toronto, 1986).

Scarisbrick, J., *Henry VIII* (nueva edición, New Haven y Londres, 1997).

Scofield, C., *The Life and Reign of Edward IV* (2 vols, Londres, 1923).

Seward, D., *The Last White Rose: Dynasty, Rebellion and Treason – The Secret Wars against the Tudors* (Londres, 2010).

Smith, G., *The Coronation of Elizabeth Wydeville* (Londres, 1935).

Spufford, P., *Handbook of Medieval Exchange* (Londres, 1986).

Stanford London, H., *Royal Beasts* (East Knoyle, 1956).

Starkey, D., *Six Wives: The Queens of Henry VIII* (Londres, 2004).

Steel, A., *The Receipt of the Exchequer 1377-1485* (Cambridge, 1954).

Strickland, A., *Lives of the Queens of England, from the Norman Conquest: With Anecdotes of Their Courts* (12 vols, Londres, 1840-1848).

Strong, R., *Tudor and Jacobean Portraits* (Londres, 1969).

Sutton, A., y P. Hammond, *The Coronation of Richard III: The Extant Documents* (Gloucester, 1983).

Tremlett, G., *Catherine of Aragon: Henry's Spanish Queen* (Londres, 2010).

Twemlow, F., *The Battle of Bloreheath: The First Major Conflict of the Wars of the Roses* (1912; repr. 2011).

Unwin, G. (ed.), *Finance and Trade under Edward III. Por miembros de la Escuela de Historia* (Manchester, 1918).

Watts, J., *Henry VI and the Politics of Kingship* (Cambridge, 1996).

Watts, J. (ed.), *The End of The Middle Ages?* (Stroud, 1998).

Weightman, C., *Margaret of York, Duchess of Burgundy, 1446-1503* (Gloucester, 1989).

Weir, A., *Elizabeth of York: The First Tudor Queen* (Londres, 2013).

Wilkinson, B., *A Constitutional History of England in the Fifteenth Century* (Londres, 1964).

Wolffe, B., *Henry VI* (2.ª ed., Londres, 2001).

ARTÍCULOS

Anglo, S., «The British History in Early Tudor Propaganda», *Bulletin of the John Rylands Library* 44 (1961).

——, «The London Pageants for the Reception of Katherine of Aragon in 1501», *Journal of the Warburg and Courtauld Institutes* 26 (1963).

Archbold, W., «Sir Guillermo Stanley y Perkin Warbeck», *English Historical Review* 14/55 (1899).

Armstrong, C., «The Inauguration Ceremonies of the Yorkist Kings and Their Title to the Throne», *Transactions of the Royal Historical Society* 30 (1948).

Armstrong, C. J., «Politics and the Battle of St Albans 1455», *Bulletin of the Institute of Historical Research* 33 (1960).

Autrand, F., «France under Charles V and Charles VI», *The New Cambridge Medieval History c.1300-1425* 6, ed. M. Jones (2000). M. Jones (2000).

Bark, N., «Did Schizophrenia Change the Course of English History? The Mental Illness of Henry VI», *Medical Hypotheses* 59, no. 4 (1 de octubre de 2002).

Barnes, T., «Work as a Manifestation of Faith in the English Nunnery: Barking Abbey, Essex», *Quidditas* 32 (2011).

Bassett, M., «Newgate Prison in the Middle Ages», *Speculum* 18 (1943).

Bennett, A., «A Fifteenth-Century Middle English Sermon on the Decline of the World and the Age of Stone», *Medium Aevum* 80 (2011).

Blauuw, W. H., «On the Effigy of Sir David Owen in Easebourne Church, near Midhurst», *Sussex Archaeological Collections* 7 (1954).

Bohna, M., «Armed Force and Civic Legitimacy in Jack Cade's Revolt, 1450», *English Historical Review* 118 (2003).

Brown, A. L., «The King's Councillors in Fifteenth-Century England», *Transactions of the Royal Historical Society* (1968).

Brown, L., «Continuity and Change in the Parliamentary Justifications of the Fifteenth-Century Usurpations», *The Fifteenth Century* 7, ed. Linda Clark, 2007. Linda Clark (2007).

Buckley, R., *et al.*, «The King in the Car Park: New Light on the Death and Burial of Richard III in the Grey Friars Church, Leicester in 1485», *Antiquity* 87 (2013).

Carpenter, M. C., «The Duke of Clarence and the Midlands: A Study in the Interplay of Local and National Politics», *Midland History* 11 (1986).

Cron, B. M., «The Duke of Suffolk, the Angevin Marriage, and the Ceding of Maine, 1445», *Journal of Medieval History* 20 (1994).

Cussans, J., «Notes on the Perkin Warbeck Insurrection», *Transactions of the Royal Historical Society* (1872).

Davies, C., «A Requiem for King Edward», *The Ricardian* 114 (1991).

Dockray, K., «The Battle of Wakefield and the Wars of the Roses», *The Ricardian* 117 (1992).

——, « The Yorkshire Rebellions of 1469», *The Ricardian* 82 (1983).

«English Heritage Battlefield Report: Blore Heath 1459», English Heritage (1995).

Gibbons, R. C., «Isabeau of Bavaria, Queen of France (1385–1422): The Creation of an Historical Villainess: The Alexander Prize Essay», *Transactions of the Royal Historical Society* 6 (1996).

Gill, P., «Politics and Propaganda in Fifteenth-Century England: The Polemical Writings of Sir John Fortescue», *Speculum* 46 (1971).

Gottfried, R., «Epidemic Disease in Fifteenth-Century England», *Journal of Economic History* 36 (1976).

Griffiths, R. A., «Duke Richard of York's Intentions in 1450 and the Origins of the Wars of the Roses», *Journal of Medieval History* 1 (1975).

——, «Henry Tudor: The Training of a King», *Huntington Library Quarterly* 49 (1986).

——, «The King's Council and York's First Protectorate», *English Historical Review* 94 (1984).

——, «Queen Katherine de Valois and a Missing Statute of the Realm», *Law Quarterly Review* 93 (1977).

——, «Richard Duke of York, and the Crisis of Henry VI's Household in 1450-1: Some Further Evidence», *Journal of Medieval History* 38 (2012).

——, «Richard Duke of York and the Royal Household in Wales in 1449-50», *Welsh History Review* 8 (1976-1977).

——, «The Trial of Eleanor Cobham: An Episode in the Fall of Humphrey Duke of Gloucester», *Bulletin of the John Rylands Library* 51 (1968).

Grummitt, D., «Deconstructing Cade's Rebellion: Discourse and Politics in the Mid-Fifteenth Century», *The Fifteenth Century* 6, ed. Linda Clark (2006). Linda Clark (2006).

Head, C., «Pope Pius II and the Wars of the Roses», *Archivum Historiae Pontificiae* 8 (1970).

Hicks, M., «Unweaving the Web: The Plot of July 1483 against Richard III and Its Wider Significance», *The Ricardian* 114 (1991).

Horrox, R., «Financial Memoranda of the Reign of Edward V», *Camden Miscellany* 29 (1987).

Ives, E., «Andrew Dummock and the Papers of Anthony, Earl Rivers, 1482-3», *Bulletin of the Institute of Historical Research* 41 (1968).

Jones, M., «For My lord of Richmond, a Pourpoint... and a Palfrey: Brief Remarks on the Financial Evidence for Henry Tudor's Exile in Brittany, 1471-1484», *The Ricardian* 13 (2003).

Jones, M. K., «The Battle of Verneuil (17 August 1424): Towards a History of Courage», *War in History* 9 (2002).

——, «York, Somerset and the Wars of the Roses», *English Historical Review* 104 (1989).

Keen, M. H y M. J. Daniel, «English Diplomacy and the Sack of Fougères in 1449», *History* 59 (1974).

Kekewich, M., «Edward IV, William Caxton and Literary Patronage in Yorkist England», *Modern Language Review* 3 (1971).

Khalaf, O., «lord Rivers and Oxford, Bodleian Library MS Bodley 264. A Speculum for Prince Wales? A Speculum for the Prince of Wales?», *Journal of the Early Book Society* (2011).

Kipling, G., «The London Pageants for Margaret of Anjou», *Medieval English Theatre* 4 (1982).

Kleineke, H. (ed. y trans.), «Gerhard von Wesel's Newsletter from England 17 April 1471», *The Ricardian* 16 (2006).

Lander, J., «Attainder and Forfeiture 1453-1509», *The Historical Journal* 4 (1961).

——, «Marriage and Politics: The Neville and the Wydevilles», *Bulletin of the Institute of Historical Research* 36 (1963).

Lee, P., «Reflections of Power: Margaret of Anjou and the Dark Side of Queenship», *Renaissance Quarterly* 39 (1986).

Martin, F., «The Crowning of a King at Dublin, 24 May 1486», *Hermathena* 144 (1988).

McCulloch, D., y E. D. Jones, «Lancastrian Politics, the French War, and the Rise of the Popular Element», *Speculum* 58 (1983).

McKenna, J. W., «Henry VI of England and the Dual Monarchy: Aspects of Royal Propaganda 1422-1432», *Journal of the Warburg and Courtauld Institutes* (1965).

Meekings, C. A. F., «Thomas Kerver's Case, 1444», *English Historical Review* 90 (1975).

Myers, A., «The Household of Queen Margaret of Anjou», *Bulletin of the John Rylands Library* 40 (1957).

——, «The Jewels of Queen Margaret of Anjou», *Bulletin of the John Rylands Library* 42 (1959).

Pollard, G., «The Bibliographical History of Hall's Chronicle», *Historical Research* 10 (1932).

Ransom, C., «The Battle of Towton», *English Historical Review* 4 (1889).

Rhymer, L. «Humphrey Duke of Gloucester, and the City of London», *The Fifteenth Century* 8, ed. Linda Clark, 2008. Linda Clark (2008).

Richmond, C., «The Earl of Warwick's Domination of the Channel and the Naval Dimension to the Wars of the Roses, 1456-60», *Southern History* 20/21 (1998-9).

Rosenthal, J., «The Estates and Finances of Richard Duke of York (1411-1460)», *Studies in Medieval and Renaissance History* 2 (1965).

Rowe, B. J. H., «Discipline in the Norman Garrisons under Bedford, 1422-35», *English Historical Review* 46 (1931).

——, «King Henry VI's Claim to France in Picture and Poem», *The Library* series 4, 13 (1932).

St John Hope, W., «The Discovery of the Remains of Henry VI in St George's Chapel, Windsor Castle», *Archaeologia* (1911).

Sayles, G. O., «The Royal Marriages Act of 1428», *Law Quarterly Review* 94 (1978).

Scofield, C., «The Capture of lord Rivers and Sir Anthony Woodville, 19 January 1460», *English Historical Review* 37 (1922).

Solon, P., «Popular Response to Standing Military Forces in Fifteenth-Century France», *Studies in the Renaissance* 19 (1972).

Starkey, D., «Henry VI's Old Blue Gown: The English Court under the Lancastrians and the Yorkists», *The Court Historian* (1999).

Styles, D., y C. T. Allmand, «The Coronations of Henry VI», *History Today* 32/5 (1982).

Thomson, J. A. F., «The Arrival of Edward IV: The Development of the Text», *Speculum* 46 (1971).

Virgoe, R., «The Death of William de la Pole, Duke of Suffolk», *Bulletin of the John Rylands Library* 47 (1965).

——, «The Parliamentary Subsidy of 1450», *Bulletin of the Institute of Historical Research* 55 (1982).

Winston, J., «A Mirror for Magistrates and Public Political Discourse in Elizabethan England», *Studies in Philology* 101, v4 (2004).

Wolffe, B., «Acts of Resumption in the Lancastrian Parliaments, 1399-1456», *English Historical Review* 73 (1958).

——, «When and Why Did Hastings Lose His Head?», *English Historical Review* 89 (1974).

TESIS INÉDITAS

Barnes, T., *A Nun's Life: Barking Abbey in the Late Medieval and Early Modern Periods* (Universidad Estatal de Portland, 2004).

Brown, A., *Recession and Recovery in the North-East c.1450-1540* (Universidad de Durham, 2011).

Camidge, L. M., *The Celebration of Kingship in Fifteenth-Century England* (Universidad de Exeter, 1996).

Gibbons, R. C., *The Active Queenship of Isabeau of Bavaria, 1392-1417: Voluptuary, Virago or Villainess* (Universidad de Reading, 1997).

Millard, F., *Politics and the Creation of Memory: The Afterlife of Humphrey, Duke of Gloucester* (University College de Londres, 2009).

Pierce, H., *The Life, Career and Political Significance of Margaret Pole, Countess of Salisbury 1473-1541* (Universidad de Gales, Bangor, 1996).

Rhymer, L., *The Political Career of Humphrey, Duke of Gloucester c.1413-1447* (Universidad de Cambridge, 2010).

Thomas, R. L., *The Political Career, Estates and «Connection» of Jasper Tudor, Earl of Pembroke and Duke of Bedford (d.1495)* (Universidad de Gales, Swansea, 1971).

Lista de ilustraciones

Enrique V. Retrato al óleo sobre tabla. Autor desconocido, siglo XVI. (Dulwich Picture Gallery. Wikimedia Commons)

Efigie funeraria de Catalina de Valois. Madera pintada, 1437. (Fotografía de Ann Longmore-Etheridge. Wikimedia Commons)

Enrique VI. Retrato al óleo sobre tabla. Autor inglés desconocido, siglo XVI. (National Portrait Gallery. Wikimedia Commons)

Margaret de Anjou. Miniatura (detalle) del «Libro de Shrewsbury», *c.* 1445, British Library MS Royal 15 E.VI f. 2v. (Wikimedia Commons)

Ricardo, duque de York. Detalle del frontispicio del libro Talbot Shrewsbury, *c.* 1443-1445. (British Library. Wikimedia Commons)

Eduardo IV. Óleo sobre tabla. Autor inglés desconocido, *c.* 1540. (National Portrait Gallery. Wikimedia Commons)

Elizabeth Woodville. Retrato al óleo sobre tabla. Autor desconocido, *c.* 1500. (Queens College. Wikimedia Commons)

Eduardo V. Autor desconocido. (National Portrait Gallery. Wikimedia Commons)

Reconstrucción facial de Ricardo III, en el castillo de Sudeley, 2014. (Fotografía: Mike Searle. Wikimedia Commons)

Enrique VII. Máscara mortuoria, abadía de Westminster, 1509. (Wikimedia Commons)

Perkin Warbeck. Sanguina sobre papel, *c.* 1495. (Wikimedia Commons)

Margaret Beaufort. Retrato al óleo sobre tabla, siglo XVI. En el estilo de Meynnart Wewyck. (Fotografía: Sotheby's. Wikimedia Commons)

Batalla de Barnet. Miniatura de *Histoire de la rentrée victorieuse du roi Edouard IV et son royaume d'Angleterre,* Biblioteca de la Universidad de Gante, MS 236 f. 2r. (Wikimedia Commons)

Ejecución de Somerset en Tewkesbury. Miniatura de *Histoire de la rentrée victorieuse du roi Edouard IV et son royaume d'Angleterre*, Biblioteca de la Universidad de Gante, MS 236 f. 7. (Wikimedia Commons)

Genealogía de Enrique VI. Miniatura del «Libro de Shrewsbury», *c.* 1445, British Library MS Royal 15 E.VI f. 3. (British Library. Wikimedia Commons)

Genealogía con símbolos Tudor. Miniatura de *Motetes,* Flandes, *c.* 1516, British Library MS Royal 11 E.XI f. 2. (British Library)

Portada de *The Union of the Two Noble and Illustre Famelies of Lancastre & Yorke…* de Edward Hall, 1550. (Biblioteca Conmemorativa Guillermo Andrews Clark, Universidad de California, Los Ángeles. Wikimedia Commons)

Índice onomástico

En la medida de lo posible, los títulos de los índices son fieles al texto. Los nobles están ordenados por título y por orden cronológico; si en el texto se utiliza su apellido, se incluye una referencia cruzada. Las mujeres con título y los niños están indexados por su nombre de pila; si a veces se utiliza su apellido o título, hay una segunda entrada o una referencia cruzada.

Ático de los Libros le agradece la atención
dedicada a *La guerra de las Dos Rosas,* de Dan Jones.
Esperamos que haya disfrutado de la lectura
y le invitamos a visitarnos
en www.aticodeloslibros.com,
donde encontrará más información
sobre nuestras publicaciones.

Si lo desea, puede también seguirnos
a través de Facebook, Twitter o Instagram y suscribirse a
nuestro boletín utilizando su teléfono móvil
para leer los siguientes códigos QR: